日本汉方·生药制品的创新与保护

国家知识产权局专利局专利审查协作江苏中心◎组织编写

闫 娜◎主编

知识产权出版社
全国百佳图书出版单位
——北京——

图书在版编目（CIP）数据

日本汉方·生药制品的创新与保护/闫娜主编；国家知识产权局专利局专利审查协作江苏中心组织编写. —北京：知识产权出版社，2020.5
ISBN 978-7-5130-6861-1

Ⅰ.①日… Ⅱ.①闫… ②国… Ⅲ.①中国医药学—专利—知识产权保护—研究—日本 Ⅳ.①D931.33

中国版本图书馆CIP数据核字（2020）第058909号

内容提要

本书结合日本药品知识产权保护制度和政策，详细介绍了日本汉方·生药制品的行业现状、专利申请趋势、重点申请的专利布局和策略，并针对具体生药专利介绍了日本专利撰写和审查的规定和要求，力求从整体上反映日本汉方·生药制品行业的专利布局重点和行业发展方向，为我国中医药企业提供创新和专利保护思路。

责任编辑：王玉茂　　　　　　　　责任校对：谷　洋
封面设计：博华创意·张冀　　　　责任印制：刘译文

日本汉方·生药制品的创新与保护

国家知识产权局专利局专利审查协作江苏中心　组织编写
闫　娜　主编

出版发行：	知识产权出版社有限责任公司	网　　址：	http：//www.ipph.cn
社　　址：	北京市海淀区气象路50号院	邮　　编：	100081
责编电话：	010-82000860转8541	责编邮箱：	wangyumao@cnipr.com
发行电话：	010-82000860转8101/8102	发行传真：	010-82000893/82005070/82000270
印　　刷：	天津嘉恒印务有限公司	经　　销：	各大网上书店、新华书店及相关专业书店
开　　本：	787mm×1092mm　1/16	印　　张：	22.75
版　　次：	2020年5月第1版	印　　次：	2020年5月第1次印刷
字　　数：	538千字	定　　价：	100.00元

ISBN 978-7-5130-6861-1

出版权专有　侵权必究
如有印装质量问题，本社负责调换。

编委会

主　任：陈　伟

副主任：闫　娜　刘新民

主　编：闫　娜

编　委：吴江明　曹　维　何华山　刘　明
　　　　谈寒一　于秀培　陈　典　毛　骥

出版说明

本书编写团队来自国家知识产权局专利局专利审查协作江苏中心。具体分工如下：

吴江明：前言，第六章第二节

曹　维：第一章，第四章第一节

何华山：第五章第一节～第四节，第六章第一节

刘　明：第四章第二节，第五章第五节

谈寒一：第四章第三节，附录A

于秀培：第二章第一节，附录B

陈　典：第二章第二节，附录C，附录D

毛　骥：第三章，附录E

闫　娜：全书审校

前 言

　　中医药是中国广大劳动人民经过长期实践和反复验证得到的智慧结晶，具备完整的、有民族特色的理论系统，是中国具有巨大自主创新潜力的领域，在国家经济社会发展中占据重要的战略地位。近年来，随着中国经济的高速发展，在国家政策的支持下，中国传统医药行业也逐渐复苏，2015年中国中药工业总产值7866亿元，中医药已经传播到183个国家和地区。尽管中国传统医药产业取得了一定的成就，但是其国际化道路仍然漫长。目前，中国仅占据国际中成药市场5%的份额，而从中国大批量进口粗加工中药原料的日本、韩国、美国等地的企业却垄断了国际中成药市场90%的份额。美国食品药品管理局（FDA）是现代国际公信力最强，也是食品、药品注册要求最为严格的机构，然而至今为止，仍未有来自中国的中药产品在美国成功注册上市。

　　日本汉方药是在汉方理论指导下应用的药物，在发展过程中形成了独特的体系，是由数种生药组合而成，各药分量遵古方所载，且已沿用数百年的传统方剂。日本汉方药经历了江户时代的繁荣、明治时期的衰弱，于"二战"后重新回到大众的视野中。伴随着汉方医学的回归，以及对于安全有效药物的需求逐渐增长，汉方·生药制品在日本取得了长足的发展。例如，津村株式会社已成为国际知名的汉方制剂生产企业；资生堂、花王等日化企业的草本化妆品在国际社会中声名鹊起；以生药为活性成分的特定保健用食品，如东洋新药生产的大麦若叶和甘薯若叶产品，在日本国内外均受到了消费者的欢迎；另有一批小而优的企业崭露头角，如丸善制药，以甘草为本，在天然植物研究、萃取、精制领域中锐意进取，不断创新，奠定了其在业界的声誉和地位。总体来看，日本汉方·生药制品行业在汉方药、生药提取物制品、保健食品、化妆品等方面，均实现了高速发展。

　　日本汉方·生药产业在"二战"后30余年的时间内迅速发展起来，甚至在经历"小柴胡汤事件"的不良影响后，其国际认可程度仍然不减，诸如津村株式会社等日本知名汉方·生药制品企业的销售额年年增加，国际市场份额日益增长。虽然近年来，中国的传统医药产业也呈现出良好的发展态势，药品的销量、质量均有所提高，但是相关企业对传统医药进行专利保护的意识还比较薄弱，社会上还存在不少反对中医药的声音，中药产品在美国、欧盟等国家和地区难以注册成功，国际地位不高。

　　中国中医药产业发展可以借鉴日本的成功经验，结合本国国情，加强生药源品质控制，大力发展中药制剂科学研究，加强药品质量控制，建立全方位的专利保护体系，尽快同国际药品注册标准接轨，推动传统医药产业的国际化发展。

本书将从行业基本情况、行业政策、法律法规等方面介绍日本汉方·生药制品行业现状，从专利的角度分析该行业的整体专利分布情况、典型企业的研发和专利保护策略，并结合具体案例介绍日本汉方·生药制品行业专利申请的特点和其审查过程，力求从整体上反映出日本汉方·生药制品行业的专利布局重点和行业发展方向，为我国中医药企业提供创新和专利保护思路。

目 录

第一章 汉方·生药制品的产业概览 / 1

第一节 汉方·生药制品的分类与简介 / 1
第二节 汉方·生药医药品市场与产业状况 / 6

第二章 日本药品政策及知识产权保护 / 9

第一节 日本药品政策 / 9
第二节 日本药品知识产权保护制度 / 16

第三章 汉方·生药制品行业专利态势 / 22

第四章 汉方·生药制品行业重要申请人 / 30

第一节 津　　村 / 30
第二节 丸善制药 / 84
第三节 东洋新药 / 114

第五章 日本药品专利制度 / 144

第一节 日本《特许法》的历史沿革 / 144
第二节 日本专利制度的诚实信用原则和费用减免政策 / 146
第三节 日本发明专利的申请 / 150
第四节 日本药品专利的授权条件 / 155
第五节 日本专利的审查程序 / 161

第六章 日本汉方·生药专利申请的撰写和审查 / 170

第一节　日本汉方·生药专利申请的撰写　/ 170
第二节　日本汉方·生药发明专利的审查　/ 194

附　录 / 250

附录 A　一般用汉方制剂制造销售承认基准 / 250
附录 B　津村战略处方专利申请 / 295
附录 C　津村装置设备专利申请 / 312
附录 D　丸善制药甘草相关专利申请 / 322
附录 E　东洋新药麦若叶及甘薯叶相关专利申请 / 337

第一章 汉方·生药制品的产业概览

公元5~6世纪，中国的中医思想理论传入日本，经过长期的本土化演变，于17世纪左右形成了日本独特的汉方医学体系，并延续至今。汉方指基于日本汉方医学的基本理论，对多种生药进行组合使用的方剂。长期以来，汉方·生药在日本传统医疗体系中一直占据着重要的地位，而在日本进入明治维新时代后，伴随着脱亚入欧的思潮，明治政府全面引进西方医学体系，汉方·生药在日本逐渐走向衰落。"二战"后，随着日本经济的快速发展，各种环境公害疾病及药物不良反应事件相继发生，民众对于自身的健康状况日益关注，对于安全有效药物的需求也逐渐增长，汉方·生药医药品重新进入了公众的视野。同时，伴随着生活水平的提高，民众对于天然来源的食品与日化产品的需求也日益增加，一大批含有生药成分的健康食品和化妆品开始占据市场。

第一节 汉方·生药制品的分类与简介

汉方·生药制品是指含有汉方·生药成分的工业产品，包括医药品、健康食品和化妆品。据统计，目前日本国内汉方·生药的总使用量中，医药品约占据总使用量90%，健康食品约占7%，化妆品约占3%，医药品对于汉方·生药的需求量远大于其他两个领域。❶

一、汉方·生药医药品

汉方·生药医药品是在原料生药的基础上，经过一定的加工所制备成的天然医药品，根据日本厚生劳动省医药食品局医药品医疗器械综合机构（PMDA）的定义，日本使用的汉方·生药医药品主要可分为原料生药、汉方制剂以及生药制剂，其中汉方制剂是指基于汉方医学体系配伍得到的医药品；生药制剂是指汉方医学体系之外的，由单味或多味生药加工得到的医药品（见图1-1-1）。

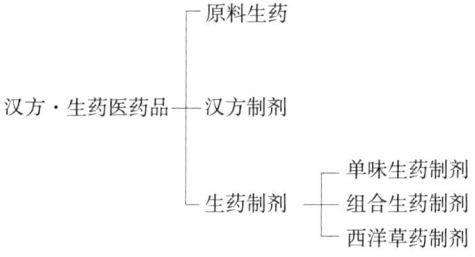

图1-1-1 汉方·生药医药品的分类

---

❶ 漢方·生薬配合化粧品ビジネスのイノベーションに期待［N/OL］．(2015-05-08)［2019-09-01］．https://bhn.jp/special/40640．

另外，依据药品的购买途径，日本医药品通常可分为医疗用医药品和一般用医药品，医疗用医药品相当于处方药，需要持有医生处方才可购买；而一般用医药品相当于非处方药，患者可根据需要在药房自行购买。因此，汉方制剂与生药制剂也有着医疗用与一般用之分。

（一）原料生药

根据日本汉方·生药制剂协会的统计，2016年，日本各制药企业使用的原料生药共264种，26784吨。其中，使用量前60名的生药占生药总使用量的92.7%，使用量排名前十的生药依次为：番泻果、甘草、茯苓、山药、桂皮、胶饴、苍术、大枣、当归、半夏。而从原料的产地来看，中国产的原料占到了总数的77.0%。日本自产原料仅占10.7%，另有12.3%的原料由其他国家生产。❶

《日本药局方》（即日本药典）中"生药"部分对于原料生药的各项标准进行了规定，包括来源、成分含量、确认试验、干燥减量、灰分等。而对于暂时没有被《日本药局方》收录的生药品种，日本厚生劳动省则会定期发布《日本药局方外生药规格》对其药用标准进行补充，在最新公布的《日本药局方外生药规格2018》中，共收录了83个品种生药的质量标准。❷

（二）汉方制剂

汉方制剂，按照购买途径，可分为一般用汉方制剂和医疗用汉方制剂，两者在药事管理上有所差别。

目前，日本国内销售的一般用汉方制剂均被《一般用汉方制剂承认基准》所收录。为满足日本国民对于汉方制剂的需要，简化药物审批流程，同时规范汉方制剂市场，日本厚生劳动省于1972～1974年制定发布了《一般用汉方处方承认审查内规》（即旧基准），该基准包含从日本汉方古籍中挑选出的适合作为一般用医药品（即非处方药）使用的处方共210个，并对其生药组成、用法用量以及功能效果等进行了详细的规定。❸

随着日本经济的高速发展，人们的生活习惯与卫生观念发生了较大改变，越来越多的国民开始关注轻度疾病的预防与生活质量的改善，通过一般用医药品实现"自我医疗"（self - medication）的观念被广泛接受。为应对国民对于一般用医药品的新需求，日本厚生劳动省于2002年召开了"一般用医药品承认审查合理化等研讨会"，对"汉方药的活用"进行了讨论。❹ 根据会议的提案，日本厚生劳动省组织专家对一般用汉方处方进行了重新研究，最终在2008年制定并发布了新的《一般用汉方制剂承认基

---

❶ 山本豊．日本における原料生薬の使用量に関する調査報告［J］．生薬学雑誌，2019，73（1）：16 - 35．
❷ 厚生労働省医薬・生活衛生局医薬品審査管理課長．日本薬局方外生薬規格2018について：薬生薬審発1214第1号［A/OL］．（2018 - 12 - 14）［2019 - 09 - 01］．https：//www.mhlw.go.jp/web/t_doc?dataId = 00tc3795&dataType = 1&pageNo = 1．
❸ 合田幸広，袴塚高志．一般用漢方製剤の承認基準について［J］．医薬品情報学，2010，11（4）：210 - 215．
❹ 一般用医薬品承認審査合理化等検討会．セルフメディケーションにおける一般用医薬品のあり方について［R/OL］．（2013 - 11 - 08）［2019 - 09 - 01］．https：//www.mhlw.go.jp/shingi/2002/11/s1108 - 4.html．

准》(即新基准),新基准收载的处方达到了 213 个,同时,为了体现汉方医学中"证"的思想,新基准中以体力❶表现的形式对内服处方的使用限制进行了明确化❷。之后,经过多次的处方追加,2017 年最新《一般用汉方制剂制造销售承认基准》中收录的处方已经达到 294 个❸(参见附录 A)。对于被收录在承认基准中的汉方制剂,如果厂家想要进行制造销售,仅需要提供说明其药物特性、药物标准和试验方法以及稳定性相关的材料,而无须像常规的一般用医药品一样,提供药理、代谢、毒性及临床试验数据❹,这极大地方便了汉方制剂的生产与销售。

医疗用汉方制剂与一般用汉方制剂除了购买方式的差别外,其区别主要还体现在有效成分含量的不同:医疗用汉方制剂必须含有原料生药提取物的全量,而一般用汉方制剂只需含有全量的 50% 以上即可。有效成分含量的差异导致医疗用汉方制剂的效果要优于一般用汉方制剂,但这也导致其存在较大的潜在副作用的风险。在日本,医疗用汉方制剂的制造、销售、审批基本参照医疗用组合物的相关规定,除基本的有效性、安全性、稳定性资料外,普通的医疗用组合物的药事审批申请中还应当提交能够证明其组合理由的临床试验及动物实验结果,而对于医疗用汉方制剂来说,书籍中所记载的配伍理由可以代替上述证明材料❺。

同时,由于医疗用汉方制剂中有效成分的多样性,通常无法明确制剂的各种效果具体是由何种成分带来,这对药物的审批造成了困难。考虑到医疗用汉方制剂的特殊性,厚生劳动省药务局于 1985 年发布了新的医疗用汉方制剂的制造基准,其主要规定了申请审批的医疗用汉方制剂,都需要提供"与标准汤剂比较试验的有关资料"。所谓标准汤剂,主要指依据古籍中的处方内容调整得到的药物煎液,对于申请制剂中的有关指标成分,其含量原则上应在标准汤剂下限值的 70% 以上❻。

截至目前,日本已批准的医疗用汉方制剂共 148 个,全部被药价基准所收载,纳入了国民医保体系。在这 148 个处方中,有 34 个被《日本药局方》收录,有 144 个亦作为一般用医药品被《一般用汉方制剂制造销售承认基准》收录。

(三) 生药制剂

生药制剂,主要指不以汉方医学体系为基础,从各生药的功效出发构成处方的药剂。从生药制剂的组成进行区分,生药制剂又可分为单味生药制剂、组合生药制

---

❶ 日本汉方医学以患者体力的盛衰代表病症的虚实,即体力强盛为实证,体力衰弱为虚证。

❷ 厚生労働省医薬食品局審査管理課長. 一般用漢方製剤承認基準の制定について:薬食審査発第 0930001 号 [A/OL]. (2008 - 09 - 30) [2019 - 09 - 01]. http://tominet.jp/yakuji/webfile/t1_c56fef2881c2f3bd2051f9d37244c07b.pdf.

❸ 厚生労働省医薬・生活衛生局長. 一般用漢方製剤製造販売承認基準について:薬生発 0328 第 1 号 [A/OL]. (2017 - 03 - 28) [2019 - 09 - 01]. https://www.mhlw.go.jp/file/06 - Seisakujouhou - 11120000 - Iyakushokuhinkyoku/0000160072.pdf.

❹ 厚生労働省医薬食品局長. 要指導・一般用医薬品の承認申請について:薬食発 0612 第 6 号 [A/OL]. (2014 - 06 - 12) [2019 - 09 - 01]. https://www.mhlw.go.jp/web/t_doc?dataId=00tc0169&dataType=1&pageNo=1.

❺ 厚生労働省医薬食品局審査管理課長. 医薬品の承認申請に際し留意すべき事項について:薬食審査発 1121 第 12 号 [A/OL]. (2014 - 11 - 21) [2019 - 09 - 01]. https://www.mhlw.go.jp/file/06 - Seisakujouhou - 11120000 - Iyakushokuhinkyoku/0000092760.pdf.

❻ 秋葉哲生. 医療用漢方製剤の歴史 [J]. 日本東洋医学雑誌, 2010, 61 (7):881 - 888.

剂和西洋草药制剂。自古以来,无论是与汉方药配合使用,还是单独发挥作用,生药制剂一直在民间发挥着重要作用。一段时间内,生药制剂医药品的审批标准与其他医药品相同,并无自身的特定标准。例如,由不同生药活性成分配合而成的医疗用组合生药制剂,其制造销售的审批需要遵循医疗用组合物的有关标准,如要求提供能够证明其组合理由的临床试验及动物实验结果。由于生药制剂已脱离了汉方医学的范畴,没有古籍成书等相关资料可以证明其组合理由,再加上生药制剂成分的复杂性和不稳定性等一系列因素为生药制剂的审批带来了困难。由于日本较为严格的医药品审批制度,长久以来,仅有少量的生药制剂被批准作为医药品,为了维持生药制剂的存续,使其在国民健康方面发挥更大的作用,关于完善生药制剂审批承认机制的呼声日益高涨。

日本厚生劳动省于2007年针对西洋草药颁布了《对于外国泛用一般用医药品草药制剂作为一般用医药品申请制造销售承认时的处理办法》,其规定对于在国外广泛使用的生药制剂,在日本进行一般用医药品承认申请时,可以使用外国审查机构所承认的注册资料或是权威学术期刊所刊登临床试验数据作为申请材料❶,这极大简化了外国生药制剂的审批流程。2015年,厚生劳动省发布了《关于生药提取物制剂的制造销售承认申请指南》,该指南中公开了生药提取物与标准煎剂之间等同性确认的比较试验方法,以及申请过程中应当涉及的生药提取物制造方法、标准以及相关试验方法❷。2017年,厚生劳动省制定颁布了《一般用生药制剂制造销售承认基准》,收录了30个单味生药制剂,并对其用法、用量以及功效主治进行了限制❸。

二、健康食品

健康食品,主要指有健康效果或机能标示的食品。近年来,添加有生药成分的健康食品日益受到消费者的欢迎,但在日本,健康食品中可以添加的生药成分受到了严格的限制。

长期以来,日本也存在类似于中国"药食同源"的思想,部分生药除了作为医药品被使用外,亦作为食品被广泛接受。药食不分虽然为一般民众带来了更多自我医疗的选择,但也使得药事的管理出现混乱,为了整顿医药、食品领域的乱象,划清医药品与食品之间的界限,厚生劳动省于1971年发布通知规定,以下物质属于医药品范畴:①含有医药品专用成分的物质;②虽然不含有专用成分,但标榜具有医药品的效

---

❶ 厚生労働省医薬食品局審査管理課長. 外国において一般用医薬品として汎用されている生薬製剤を一般用医薬品として製造販売承認申請する際の取扱いについて:薬食審査発第0322001号[A/OL]. (2007 - 03 - 22)[2019 - 09 - 01]. https://www.mhlw.go.jp/web/t_doc?dataId=00tb3378&dataType=1&pageNo=1.

❷ 厚生労働省医薬・生活衛生局審査管理課長. 生薬のエキス製剤の製造販売承認申請に係るガイダンスについて:薬生審査発1225第6号[A/OL]. (2015 - 12 - 25)[2019 - 09 - 01]. https://www.pmda.go.jp/files/000209984.pdf.

❸ 厚生労働省医薬・生活衛生局長. 一般用生薬製剤製造販売承認基準について:薬生発1221第4号[A/OL]. (2017 - 12 - 21)[2019 - 09 - 01]. https://www.mhlw.go.jp/web/t_doc?dataId=00tc3077&dataType=1&pageNo=1.

能效果，或具有医药品形状，或具有医药品用法用量的物质❶。同时还发布了"专门作为医药品使用的成分列表"（即专医列表）与"只要不标注医药品的效能效果便不认为是医药品的成分列表"（即非医列表），其中，被非医列表收录的生药可以作为食品使用，但使用部位受到严格限制。经过后续的多次追加，目前，非医列表中共收录了892种生药，其中，植物来源827种，动物来源65种❷。

另外，为了加强规范化管理，厚生劳动省还对健康食品进行了进一步细分，将其分为特定保健用食品、营养机能食品以及机能性表示食品。特定保健用食品是指含有影响生理学机能和生物学活动的保健机能成分，食用后具有特定保健目的的食品，制造销售该类食品需要接受国家针对保健机能有效性及安全性的审查。营养机能食品是指以补充生长发育、维持健康所必需营养成分为目的的食品，制造销售该类食品，必须符合国家有关的基准❸。机能性表示食品是指在包装上标示其功能的食品，生产该种健康食品的公司需要提交食品有益健康的相关科学证据。

生药成分主要被应用于特定保健用食品中，目前，日本健康食品市场上经常被使用的生药及其功效为：滋养强壮类的药用人参、刺五加、玛咖、枸杞、大蒜、大枣；肝脏机能改善类的甘草、姜黄、大蓟、菊花；明目类的蓝莓、覆盆子、毛果槭；免疫赋活类的车前草、姜黄、紫松果菊、西洋接骨木；糖尿病改善类的明日叶、匙羹藤、甘草、五层龙、乌龙茶；放松类的洋甘菊、薰衣草、贯叶连翘；抗衰老类的银杏、锯叶棕、葡萄、长命草等❹。

三、化妆品

化妆品这一概念在日本包括两种类型的产品：医药部外品和一般化妆品，人们常言的药妆（即药用化妆品），在日本实际上属于"医药部外品"的范畴。医药部外品是介于医药品与化妆品之间的一类产品，根据日本《药事法》的定义，医药部外品是指对于人体具有缓慢作用的物质。对于包含药妆在内的医药部外品的制造与销售，日本厚生劳动省采用类似于医药品的审批承认制度，对于含有全新有效成分的医药部外品，申请者需要提交包括稳定性、安全性、有效性在内的多种资料❺。同时，厚生劳动

---

❶ 厚生劳动省薬務局长. 無承認無許可医薬品の指導取締りについて：薬発第476号［A/OL］. (1971-06-01) [2019-09-01]. https://www.mhlw.go.jp/kinkyu/diet/dl/torishimari.pdf.

❷ 厚生労働省医薬・生活衛生局长. 医薬品の範囲に関する基準の一部改正について：薬生発0418第4号［A/OL］. (2018-04-18) [2019-09-01]. https://www.mhlw.go.jp/web/t_doc?dataId=00tc3377&dataType=1&pageNo=1.

❸ 厚生労働省医薬食品局食品安全部基準審査課新開発食品保健対策室长. 「健康食品」に係る制度に関する質疑応答集について：食安新発0228001号［A/OL］. (2005-02-28) [2019-09-01]. https://www.mhlw.go.jp/web/t_doc?dataId=00ta6221&dataType=1&pageNo=1.

❹ 田村幸吉. 薬用植物の健康食品、化粧品等としての利用［J］. 特産種苗, 2013, 16: 84-86.

❺ 厚生労働省医薬食品局长. 医薬部外品等の承認申請について：薬食発1121第7号［A/OL］. (2014-11-21) [2019-09-01]. https://www.mhlw.go.jp/file/06-Seisakujouhou-11120000-Iyakushokuhinkyoku/syounin_sinsei.pdf.

省还专门制定了医药部外品的原料标准,其中包含部分生药提取物❶。而对于一般化妆品,其制造销售并不需要经过审批承认,但一般化妆品的功效被严格限制在了清洁毛发、皮肤保湿等 56 种❷,并且原则上不允许含有医药品成分,同时,在化妆品基准中还列出了禁止使用及限制使用的物质清单❸。

生药提取物在医药部外品和一般化妆品(以下统称为"化妆品")中广泛使用,包括水溶性提取物、脂溶性提取物等。使用的植物部位也多种多样,如花、叶、果实、种子、根和全草等;同一植物,提取溶剂或药用部位不同,所得提取物在化妆品中的功效存在很大差异。日本化妆品中主要使用的生药及其功效主要有:保湿类的绞股蓝、芦荟、黄芩、山葛、当归、麦门冬、甘草、明日叶;抗炎类的甘草、洋甘菊、山金车花、紫根、车前草、栀子花、欧耆草、芦荟、茵陈蒿;美白类的洋甘菊、厚朴、甘草、桑白皮、当归、芍药、欧耆草、火棘、黑加仑;抗衰老类的蔷薇、童氏老鹳草、蛇麻、杉菜、大蓟、艳山姜、杨桃、莲、母菊、甘草等。

第二节 汉方·生药医药品市场与产业状况

目前,日本制造和销售医疗用汉方·生药医药品的企业共 15 家,这 15 家企业同时也进行一般用汉方·生药医药品的制造和销售,另外,还有 33 家企业制造和销售一般用汉方·生药医药品,具体企业名单如表 1-2-1 所示。

表 1-2-1 汉方·生药医药品制造销售企业名单

医疗用汉方·生药医药品 制造销售企业	一般用汉方·生药医药品制造销售企业		
株式会社ツムラ(津村)	株式会社ツムラ(津村)	イスクラ産業株式会社	ゼリア新薬工業株式会社
株式会社ウチダ和漢薬	株式会社ウチダ和漢薬	一元製薬株式会社	全薬工業株式会社
大杉製薬株式会社	大杉製薬株式会社	大草薬品株式会社	第一三共ヘルスケア株式会社
クラシエ薬品株式会社	クラシエ薬品株式会社	株式会社太田胃散	大幸薬品株式会社
小太郎漢方製薬株式会社	小太郎漢方製薬株式会社	大峰堂薬品工業株式会社	大正製薬株式会社
小西製薬株式会社	小西製薬株式会社	株式会社カーヤ	TK 製薬株式会社
三和生薬株式会社	三和生薬株式会社	北日本製薬株式会社	武田コンシューマーヘルスケア株式会社

---

❶ 厚生労働省医薬食品局審査管理課長. 医薬部外品の添加物リストについて:薬食審査発第 0327004 号 [A/OL]. (2008-03-27) [2019-09-01]. https://www.mhlw.go.jp/topics/2008/04/tp0407-2.html.

❷ 厚生労働省医薬食品局長. 化粧品の効能の範囲の改正について:薬食発 0721 第 1 号 [A/OL]. (2011-07-21) [2019-09-01]. https://www.mhlw.go.jp/web/t_doc?dataId=00tb7518&dataType=1&pageNo=1.

❸ 厚生労働省. 化粧品基準:厚生省告示第 331 号 [A/OL]. (2000-09-29) [2019-09-01]. https://www.mhlw.go.jp/file/06-Seisakujouhou-11120000-Iyakushokuhinkyoku/keshouhin-standard.pdf.

续表

医疗用汉方·生药医药品制造销售企业	一般用汉方·生药医药品制造销售企业		
ジェーピーエス製薬株式会社	ジェーピーエス製薬株式会社	救心製薬株式会社	建林松鶴堂
大晃生薬有限会社	大晃生薬有限会社	小林製薬株式会社	陶陶酒製造株式会社
太虎精堂製薬株式会社	太虎精堂製薬株式会社	剤盛堂薬品株式会社	日水製薬株式会社
帝國漢方製薬株式会社	帝國漢方製薬株式会社	株式会社阪本漢法製薬	メルスモン製薬株式会社
株式会社東洋薬行	株式会社東洋薬行	佐藤製薬株式会社	八ツ目製薬株式会社
株式会社栃本天海堂	株式会社栃本天海堂	三宝製薬株式会社	山本漢方製薬株式会社
本草製薬株式会社	本草製薬株式会社	新生薬品工業株式会社	養命酒製造株式会社
松浦薬業株式会社	松浦薬業株式会社	有限会社杉原達二商店	株式会社龍角散
—	株式会社和漢薬研究所	ロート製薬株式会社	湧永製薬株式会社

2018年，包括汉方制剂和生药制剂在内的日本汉方·生药医药品的生产总金额为1927.42亿日元。在经历2016年的短暂低迷之后，日本汉方·生药医药品市场于2017年迎来反弹，并于2018年出现爆发式增长，2018年全年生产总量相较于2017年上升了12.4%。其中，汉方制剂1794.53亿日元，占生产总量的93.1%；生药制剂132.89亿日元，占生产金额的6.9%。汉方·生药医药品（包括汉方制剂和生药制剂）生产总金额中，医药用汉方·生药医药品占78.5%，一般用汉方·生药医药品占21.0%，另有0.5%为配制用家庭药。2018年，日本医药品总生产金额为69077.22亿日元，汉方·生药医药品在其中的比例约为2.8%，较2017年的2.6%略有上升❶。

与生药制剂相比，汉方制剂在汉方·生药医药品的生产金额中占据绝对的领先地位，在汉方制剂的总生产金额中，按用途划分，医疗用汉方制剂占80.7%的份额，一般用汉方制剂和配制用家庭药分别占到18.8%和0.5%。根据已公开的数据，2018年全年，生产金额最高的10个汉方制剂分别为补中益气汤、六君子汤、芍药甘草汤、加味逍遥散、麦门冬汤、五苓散、小青龙汤、葛根汤、防风通圣汤和当归芍药散，其中，排名第一的补中益气汤的生产金额达到了94.39亿日元。

20世纪70年代中期，随着《一般用汉方处方承认审查内规》的制定，以及42个医药用处方被药价目录收载，日本的汉方·生药医药品进入了发展的黄金时期，生产金额从1976年的生产总金额95.58亿日元开始，逐年快速增长，到1987年突破千亿大关，达到1096.22亿日元，1992年到达巅峰1848.79亿日元。但随着20世纪90年代初

---

❶ 日本漢方生薬製剤協会総務委員会. 漢方製剤等の生産動態 [R/OL]. (2019-09-20) [2019-10-22]. https://www.nikkankyo.org/serv/movement/h30/all.pdf.

日本泡沫经济的破裂，再加上小柴胡汤事件❶❷所带来的对汉方制剂安全性的质疑，日本的汉方·生药医药品的发展进入寒冬，生产金额逐步下滑，最低跌至1998年的1073.53亿日元。之后，随着业内对于汉方安全性的反思以及汉方循证医学研究的逐步开展，国内民众逐步重拾对于汉方与生药的信任，再加上经济形势的总体好转，汉方·生药医药品的生产金额重现稳步上升的势头，并一直持续至今。

---

❶ 小柴胡汤事件，1989年，第1例因使用小柴胡汤而引起间质性肺炎的病例被确诊。至1993年，相继出现28例与小柴胡汤有关的间质性肺炎病例。1996年日本厚生劳动省发布警告，1994年以来有88人因服用小柴胡汤引起间质性肺炎，其中10人死亡。

❷ 本間行彦．小柴胡湯による間質性肺炎［J］．日本東洋医学雑誌，2001，52（3）：287－295．

第二章 日本药品政策及知识产权保护

第一节 日本药品政策

1947年，日本首次将汉方·生药医药品与其他有机、无机、制剂、血清医药制品一起收录于《日本药局方》中。汉方·生药医药品管理原则与化学药基本一致，多数药品政策对汉方·生药医药品和化学药同时有效。日本的医药产业发展大体经历了从最开始的利用技术引进积累原始资本，到引进基础上的改良创新，再到增加原始研发投入自主创新的阶段，日本药品政策对日本制药工业的发展产生了诸多影响。

一、日本药品政策历史沿革

（一）20世纪六七十年代

20世纪六七十年代是日本制药行业的资本原始积累阶段。在这个阶段，对日本制药行业影响最大的事件便是全民医保政策的出台。1961年，日本颁布《健康保险法》，规定所有居民必须参加健康保险，强制所有国民必须加入一种或多种形式的医疗保险。1968年，日本的医疗保险支付率达到了70%；1973年，实现了70岁以上老人免费医疗，同年实现保险者家属医疗费减免70%，并建立了对个人负担比例设定上限的高额疗养费制度。[1] 全民医保制度的实现，使得日本药品市场成为仅次于美国的全球第二大市场，为日本制药行业积累了大量的原始资本。1960~1970年，日本医药工业产值年均增长在15%以上。[2]

在研发和知识产权方面，日本的药品政策主要有两项：一是在专利法上，日本只保护药品的工艺专利，不保护化合物专利，这就给国内的制药企业仿制国外药品留下了空间；二是日本政府规定，国外制药企业不允许单独在日本国内申请药品的有效性和安全性研究，也不允许单独进行新药临床试验，如果要进行这些研究，必须有日本企业的参与。通过这些政策性壁垒，日本国内制药工业得到了日本政府的多方位的保护，限制了跨国企业进入国内市场。这一系列的贸易保护主义政策让日本国内制药企业十分依赖和热衷于代理跨国制药企业产品，但是也阻碍了制药企业的研发动力。

在汉方制剂方面，1972~1974年日本发布《一般用汉方处方承认审查内规》，在规范汉方制剂市场的同时，也大大简化了药物审批流程。1976年，42种医疗用汉方制剂被药价目录收录，正式纳入国民医保体系，这极大地促进了汉方制剂企业的发展。

---

[1] 日本製薬工業協会. 日本の薬事行政 [R/OL]. (2018-12-31) [2019-09-01]. http://www.jpma.or.jp/about/issue/gratis/pdf/19yakuji.pdf.

[2] 兴业证券医药小组. 日本医改深度报告 [EB/OL]. (2016-08-05) [2019-09-01]. http://www.mp.weixin.qq.com.

（二）20世纪八九十年代

20世纪八九十年代，日本经济经历了由盛而衰的过程，同时日美贸易摩擦日益严峻。在此背景下，其医保体系也从扩容并提高保障水平逐步趋向严格的医保控费。这个阶段药品的主要政策有：

一是控制药品价格，削减医疗支出。1982年确定的以相对定价为主的新药定价方式正式奠定了药价形成机制的基础，1992年开始，日本实施药价调整制度，频率为两年一次，依据药价调查结果调整或药价重新核算的方式，对收录到《药价基准》中的药物进行价格调控；1984年日本对《健康保险法》进行了修改，规定被雇用者的医疗保险给付额度从发生额的100%降为80%。控制药品价格、削减医疗支出的政策，终结了日本国内制药企业的巨额利润。但由于新药依旧能够获得较高的价格，因此实际上对于制药企业从事新药研发起到了催化作用。为了获得更高的利润，日本制药企业的发展重心从引入国外技术开发仿制药逐步向研发创新药转移，创新药开始不断涌现。

二是围绕贸易战，出台相关政策。1986年，日本与美国发表了关于"市场导向的个别领域谈判"中四个领域的共同报告，其中在药品、医疗器械领域，需简化认证审查手续，提高规制手续透明度。日本政府在此基础上修改和废除了一些保护性的条约：①1990年，将新药临床研究通过后审批时间从2~3年缩短为1个月；②1993年，日本宣布在5年内消除药品和医疗器械等产品的关税和非关税壁垒；③1998年开始，日本采用ICH国际通用临床规则❶。

三是专利权保护。日本现行《特许法》于1959年颁布。基于公益原因及产业政策原因，1959年版《特许法》将医药品列为不授予专利的客体。随着日本制药产业技术水平的提高，对于外国企业专利垄断的忧虑逐渐消除，在1975年修改《特许法》时，日本将医药发明列入专利保护的对象，医药发明专利保护涵盖化学物质、化学物质的医药用途、药用化学物质的制备方法、药品的外观设计等与药品相关的各方面。1987年修订《特许法》时，为了补偿医药品被有关部门批准上市占用的时间，日本设立了医药发明专利保护期限延长制度，对于药品发明专利给予适当保护期限的延长，最长可延长5年。并且在1999年修订《特许法》时，为充分确保对前沿性研究开发的投资能够得到回收，放宽了延长登记申请的条件。

四是药品试验数据保护。1980年4月，厚生劳动省医药局第483号文件，将药品再审查作为一项正式机制加以执行，并根据药物创新程度的不同规定了不同的再审查期间，由此正式确立了药品试验数据保护制度。药品试验数据保护是指在一定时间内，药品注册审批管理机构不披露新药研发者提供的试验相关数据，也不能依赖此试验数据作为在后申请上市的其他药品的依据。当相关机构接到仿制药上市申请时，如果创新药尚处于再审查期间，则该仿制药上市申请将不被受理。在日本上市的药物根据适应证及创新程度的不同可获得4~10年的保护期。

这个时期，日本医药研发以仿创药为主，也就是me－too药，是基于一些已知药物

---

❶ 格上财富．日本制药行业的发展历程简介和总结［EB/OL］．（2018－03－10）［2019－09－01］．http：// baijiahao.baidu.com/s? id=1594565656686082524&wfr=spider&for=pc.

的化学结构,进行一些化学基团的修改,形成新的分子结构不会影响药理作用机制和靶向位点。原创药历时长、耗资大、风险高、成功率低,而 me-too 药是一种研发门槛低、周期短、见效快、成功率高的研发方式,既符合当时日本制药企业的实际情况,也使日本制药企业拥有诸多属于自己的专利产品,促进了日本制药企业的研发水平,日本企业很多的 me-too 药成功登陆欧美市场。

(三) 21 世纪之后

进入 21 世纪之后,日本制药产业链初步完善,但同时也面临着国内市场增长缓慢、新药匮乏等困境。随着传统仿创型研发方式面临瓶颈,FDA 审批新药的要求日趋严格,自 2000 年后,日本新药研发步伐放缓,新药数量急剧减少。同时,随着畅销药在美国和欧洲的专利即将到期,日本制药企业的"重磅炸弹"级药品的销售额大幅减少。在此背景下,日本政府出台了一系列政策用以激励国内的创新药物研发,分别为税收优惠政策、融资政策、注册审评政策等。

1. 税收优惠政策

日本制药企业可以享受的税收优惠政策主要有税收减免、税收抵扣、加速折旧三种方式。税收减免是指研发费用比上年增加的部分按增加额的 70% 抵免所得税;税收抵扣是指用于基础技术研究的折旧资产从应纳税额中抵免 5%,中小企业可用研发支出全额的 6% 抵免应纳税额;加速折旧是指国家重点产业部门或行业引进购买的技术设备第一年可折旧其价值的 50%,促进技术设备的更新,同时减少征税基数。

2. 融资政策[1]

日本知识产权质押融资业务的开展主要以日本政策性投资银行为主,以同其他商业银行协同实施为辅。2002 年日本制定的《知识产权战略大纲》以及 2004 年出台的《知识产权推进计划》,鼓励金融机构开展以知识产权为抵押提供资金的业务。对于创新药物研发,日本政府出台了《日本高技术工业密集区开发促进及其政令、施行令》,对中小型生物医药企业提供优惠信贷。日本对单笔知识产权贷款额度可达 1 亿~5 亿日元,贷款期限一般在 4~5 年,还可以根据贷款企业的实际发展情况申请延期。知识产权质押贷款为创新药物早期研发提供充足的资金支持,保障企业的研发活动得以顺利开展。

3. 特殊的注册审评模式[2]

日本处方药的新药注册类别分为标准审评模式和特殊审评模式。特殊审评模式细分为优先审评、加速审评、例外审评。

优先审评主要适用于新药及罕用药。其中罕用药是指:①对于该药的适用患者在日本不足 5 万人;②没有可替代药品或治疗方法;③与现有药品比较,具有明显的有效性或安全性。对于新药是否适用优先审评,应综合疾病的严重性和临床上的获益评估。

---

[1] 丁锦希. 中日知识产权融资制度的比较分析——基于创新药物专利质押融资现状的案例研究 [J]. 现代日本经济, 2011 (3): 11-19.

[2] 厚生労働省医薬食品局審査管理課長. 優先審査等の取扱: 薬食審査発 0901 第 1 号 [A/OL]. (2011-09-01) [2019-09-01]. https://www.pmda.go.jp/files/000212491.pdf.

加速审评用于再生医疗产品，例如细胞/组织产品、基因产品、病毒载体等。

例外审评主要用于解决紧急情况下的公共健康问题。

总体而言，特殊审评通过加快审评速度、推动新药快速上市，在提高创新药物可获得性的同时也为药物研发企业提早带来市场回报。

二、特殊的药价形成机制

日本药价形成机制的诞生和发展与全民医保制度的建立和运行密不可分。在第一次药价调查的基础之上，第一版《药价基准》于1950年9月1日由当时的厚生劳动省正式颁布实施，这也是现行《药价基准》的雏形。而随着全民医保制度的进一步完善，对医保可报销药品的品种和价格也提出了更规范的要求。一方面，《药价基准》收录品种就是医保可报销药品的全部品种，除此之外的药品和收录药品适应证之外的诊疗行为不能享受医保支付；另一方面，《药价基准》规定的药价就是全国统一的医保支付价，药价的天花板从此正式确立。可以说，现行《药价基准》的正式实施，是日本医保制度开始强调药品公益性的重要第一步，也为之后的药品政策走向定下了基调。

围绕《药价基准》的具体制订细则，日本政府进行了一系列调整，其中，1982年确定的以相对定价为主的新药定价方式正式奠定了现行药价形成机制的基础。体外诊断试剂、疫苗（乙肝疫苗等一部分除外）、低剂量避孕药、男性勃起功能障碍改善药等使用目的为预防，或目的为疾病治疗之外的处方药被排除在《药价基准》收录范围之外，同时，药店定制药品、非处方药也被全部排除在外。

药品的收录方式也分为两种：商品名收录和通用名收录。1978年之后，绝大部分药品都是以商品名的形式被《药价基准》收录，而通用名收录的药品只限于《日本药局方》收录的疫苗品种和汉方·生药。《药价基准》收录药品从通用名改为商品名，充分反映不同制药企业生产同一成分的药品的真实市场价，从而达到缩小单个品种医保支付价与实际市场价之间价差的目的；同时商品名收录客观上也将药品的核心竞争力从价格拉回到药品质量上。目前，如果全部按商品名计算，2019年最新版《药价基准》按部分通用名计算则收录品种下降为16510种。

（一）新上市药品定价程序

日本的药品管理主要由厚生劳动省负责，规定所有处方药品必须纳入认定了药品品种和价格的药价基准目录，其中的价格表是医疗保险报销的价格基础，实际上也就限定了药品销售的最高价格。药品在获得批准后，经济课会与提出药价收录申请的企业面谈，再由医疗课制定计算方案，药价计算组织根据方案计算出新药的收录价格。在企业有异议时，药价计算组织会进行第二次计算，计算的结果由中央社保协会认可，并最终进行药价收录，将新药纳入《药价基准》目录。创新药每年会有4次定价机会，仿制药每年会有2次，每次的时间原则上在60天以内，最长不超过90天。新药定价程序如图2-1-1所示。

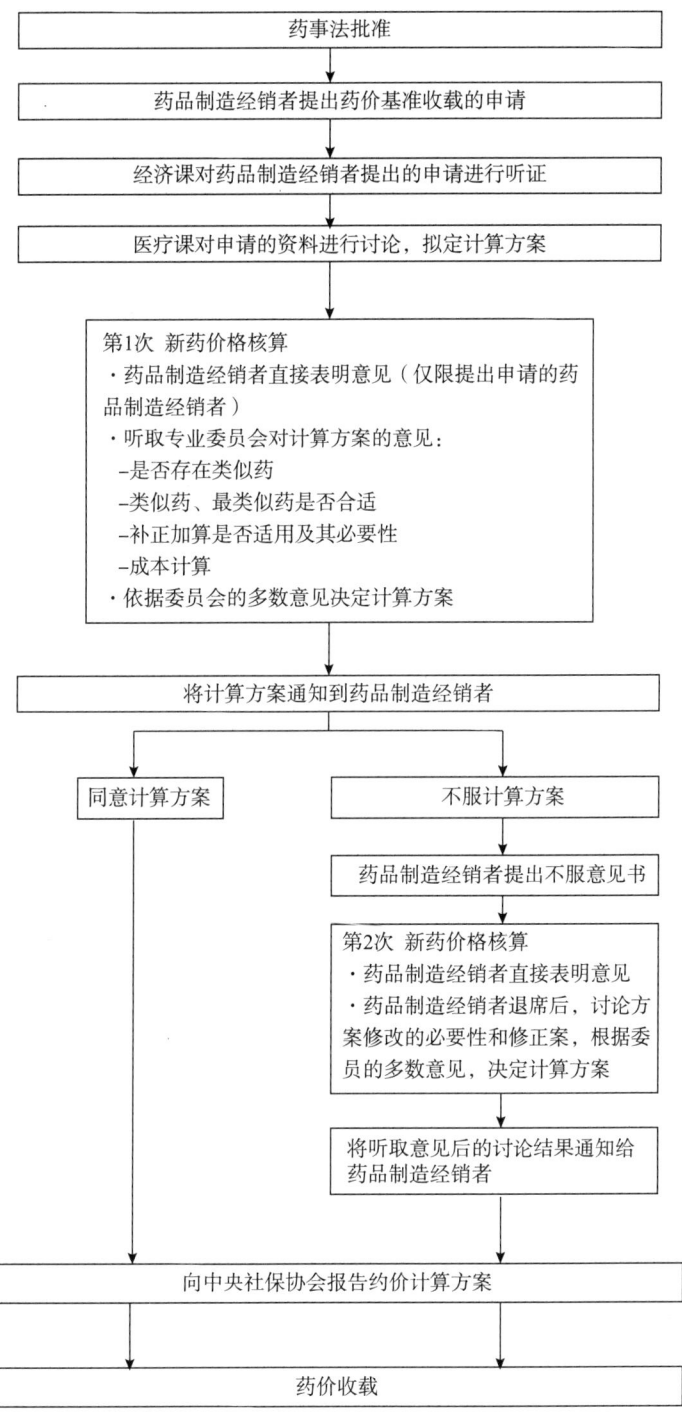

图 2-1-1 日本新药定价程序

(二) 创新药定价方法

进入《药价基准》的新上市药品，按参比药的有无和创新程度的不同，经过不同的定价方式最后确定医保报销价格。但一般而言，日本的药品定价基本上采用相对定价方式，该方式已沿用超过30年，特别是在创新药的价格制定上，因为采取了参考药效相同的类似品种进行定价的方式，对创新药的价格还是起到了一定的保护作用，这也导致了目前《药价基准》中处于专利保护期的创新药虽然数量只有18.0%，但在销售收入上占比高达55.9%，如果加上已过专利保护期的创新药，所有创新药的数量和销售收入占比分别为44.1%和80.8%。

创新药根据是否存在类似药效的参比品种遵循不同的定价流程，其中，即使是存在参比药的相对定价方式，也会因为创新程度的不同存在不同的加成方式，而没有参比药的新药采用的是绝对成本定价方式。具体程序和方法如图2-1-2以及表2-1-1所示。

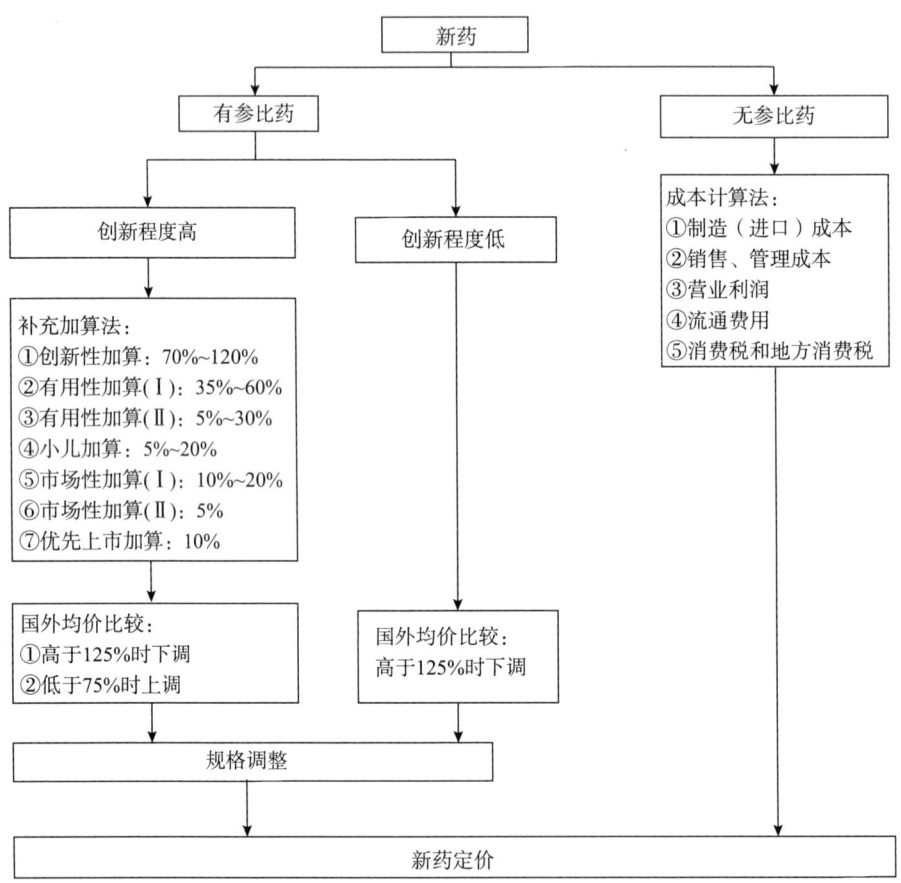

图 2-1-2　创新药定价方法

表 2-1-1 创新药补充加算方法

加算方式	加算率（%）	加算条件
创新性加算	70%~120%	以下三个条件同时满足： ①具有临床意义的新作用机制 ②相对于对照品，具有高有效性或安全性 ③客观上，该药对所治疗的疾病或对外伤的治疗方法具有改善作用
有用性加算（Ⅰ）	35%~60%	创新性加算中的三个条件需满足其中两个
有用性加算（Ⅱ）	5%~30%	满足以下条件之一： ①具有临床意义的新作用机制 ②相对于对照品，具有高有效性或安全性 ③客观上，该药对所治疗疾病或对外伤的治疗方法具有改善作用 ④客观上，改良的制剂在医疗上具有更高的实用性
小儿加算	5%~20%	满足以下所有条件： ①该药的主要适应证和疗效或者用法用量明确表示用于小儿 ②该药的类似药没有小儿药加算
市场性加算（Ⅰ）	10%~20%	满足以下所有条件： ①属于罕见疾病用药品 ②该药的类似药没有市场性加算（Ⅰ）
市场性加算（Ⅱ）	5%	①该药的主要适应证和疗效，由于市场规模小，符合另外规定的孤儿药范围的 ②该药的类似药没有市场性加算（Ⅰ）或市场性加算（Ⅱ）
优先上市加算	10%	满足以下所有条件： ①拥有美国、英国、德国、法国以及日本本国所有已上市药品所没有的新型作用机理 ②与美国、英国、德国、法国相比，在日本优先上市 ③根据美国、英国、德国、法国的研发、申请情况可以确认不是仅在日本上市 ④符合创新性加算或有用性加算（Ⅰ）的条件

（三）仿制药品定价方法

日本对于仿制药的价格管理原则既鼓励了仿制药市场的发展，又在一定程度上抑制了仿制药市场的泛滥，有利于促进仿制药行业的健康发展。获批上市的仿制药每年有 6 月和 12 月两次机会进入《药价基准》。

（1）首次登录目录的仿制药品（首仿药）价格是创新药价格的 50%。

（2）如果已有其他仿制药品列在目录上，再申请进入目录的仿制药品的价格只能按照现存仿制药品中最低的价格确定。

（3）对于内用药，如果药物品种超过 10 个以上，则价格为创新药价格的 40%。

（四）定期药品价格调整

日本每两年对《药价基准》中收载的所有品种进行一次价格调整，在此基础上对医疗保险药品目录进行修订，调整已纳入药品的价格，以减少药品保险价格与市场价格间的差异。药价调整的调查对象为所有的批发商、部分医院及诊所,调查期为1个月。药价调整的原则是药品调整后的价格不得超过调整前的价格,计算方式为:新的药价＝交易价格的加权平均值×(1+消费税率)+现行药价×(调整幅度)/100。如果存在某些药物,因为市场销量较少等原因不能够准确掌握其市场实际销售价格和销售量时,按照其最类似药改定前后药价下降幅度同比率调整。在调整药品价格时,需要考虑:①市场实际价格水平的高低;②对保险医疗的贡献度,贡献大的药品一般不降价或少降价;③基础价格较低的市场必需品可提价;④与出口价格水平比较,当国内销售价格高于国外销售价格的2倍或低于国外销售价格的1/2时,将要对国内销售价格进行调整。

(五) 效果

日本新药的定价方法充分考虑了药品的创新程度,有利于提高新药研发的积极性。首先,在同类药效比较定价的方法中,制定了创新药品药效分类和创新程度的评价标准,并以此标准确定加算率,创新程度越高的新药,对应的加算率就高。其次,参考外国平均价格进行调整,又要求将新药的计算价格与国外具有同样有效成分的药品进行比较、调整,这实际上也是利用国际价格水平来体现新药的创新程度。这两种方法不仅能够充分体现出药品的创新程度,而且使日本形成了既与国情相结合又与国际接轨的一套创新药品价格管理方法。

第二节 日本药品知识产权保护制度

日本政府出台的知识产权政策主要包括药品专利保护期限延长制度、药品专利链接制度、药品试验数据保护制度,使得医药相关知识产权的保护和运用更为全面而有效。

一、专利保护期限延长制度

(一) 制度背景

日本专利保护期限延长制度是1987年修订《特许法》时新设的,并且在1999年修订《特许法》时,为充分确保对前沿性研究开发的投资能够得到回收,放宽了延长登记申请的条件。

在医药、农药技术领域中,往往需要严格考虑产品的安全性,因此,一项发明在获得专利后,通常还需要获得有关部门的批准认可,之后才可以投入批量生产销售。在获得专利后到产品被有关部门批准上市期间,医药产品不能被销售,因此这段时间内专利权人也不能获得该发明创新带来的利益。日本为了补偿该类专利保护期限的流失,因此特别设立了专利保护期限延长制度。

(二) 法条规定

《特许法》第67条规定:专利权的保护期限自专利申请日起至20年届满。

专利发明的实施,如果因保障安全目的的法律规定而有必要获得批准等处理的,且政令中规定，就该处理的目的、程序等来看为正确履行该处理需要付出相当的时间，导致在一定时间内无法实施专利发明的，通过申请延长登记，专利权的保护期限得到 5 年限度的延长。

（三）要件

具体来说，药品专利保护期延长需要满足的条件：

（1）相关行政法规定需要批准。

包括《药事法》第 14 条第 1 款、第 9 款规定的医药品的批准、第 19 条之 2 第 1 款的批准、第 23 条之 2 第 1 款规定的关于体外诊断用医药品的认知及第 4 款的认证。

（2）为正确履行该处理需要付出相当的时间。

（3）无法实施专利发明。

1999 年以前，专利保护期限延长制度仅限于专利发明 2 年以上无法实施的情况；1999 年修订《特许法》时，为进一步促进医药创新研发，对于保护期限被侵蚀 2 年以下的情况也给予救济。申请人应当在相关专利期满 6 个月以前提出专利期限延长申请。如果预计在专利权满 6 个月前还不能得到上市批准，则申请人应提前于获得上市批准之日向日本特许厅（JPO）提交文件说明此项情况。

（4）无法实施的期间。

药品专利保护期延长的时间最长为 5 年。具体来说，即药品专利获得 JPO 注册之日（专利授权日）或者从对该药品进行临床研究之日（从时间较晚的开始计算），到该药品获得药品审批部门批准之日的时间长度。例如，某药品 2010 年 12 月获得专利授权，临床研究于 2009 年开始，且该药品于 2014 年 5 月获得批准上市，则其专利保护延长时间是"2010 年 12 月"（较晚者）到"2014 年 5 月"的时间长度，共计 4 年 5 个月。

（四）效果[1]

就申请的效果来讲，专利权保护期限的延长登记的申请提交后，保护期限被视为延长（第 67 条之 2 第 5 款），这是因为，如果专利权原本的保护期限届满后，才作出准予延长登记的决定，这期间会出现权利的真空期。如果延长登记申请的驳回决定生效，则应当排除保护期限视为延长的效果。

就延长登记的效果来讲，专利权保护期限被延长的情况下，专利权的效力限于对处理对象物品的实施，如果实施行为是关于处理对象以外的，则专利权的效力不延及此范围。例如，硝化甘油作为心脏病药物使用获得了药事上的批准，并根据该批准延长了专利权的保护期限，则延长的专利权的效力限于将硝化甘油作为心脏病药物使用的行为，而不延及将其作为炸药的行为。关于医药品，对于有效成分以及效能效果相同，而药品型号、用法、用量、制造方法等不同的实施形态，延长后的专利权同样予以保护。

---

[1] 青山纮一. 日本专利法概论［M］. 聂宁乐，译. 北京：知识产权出版社，2014.

二、专利链接制度

所谓专利链接，指仿制药上市批准与创新药品专利期满相"链接"，即仿制药注册申请应当考虑先前已经上市的药品的专利情况，从而避免可能的专利侵权。1994 年 10 月 4 日，药食审查第 762 号审查课长通知《有关承认审查相关药品专利信息的管理办法》初步确认了仿制药专利链接制度，从确保药品的稳定供给角度出发，在承认审查过程中会确认仿制药品与创新药品之间是否存在专利冲突的情况。2009 年 6 月 5 日，厚生劳动省医政局经济课长、医药食品局审查管理课长联名签发了《有关医疗用仿制药品药事法承认审查及药价收载相关药品专利的管理办法》（医政经发第 0605001/药食审查发第 0605014 号），对专利链接制度进一步明确和细化。

（一）仿制药禁令

在新药活性成分专利期尚未届满的情况下，不批准仿制药上市。

（二）蚕食申请

创新药品的部分适应证、剂型、用法用量等存在专利，则不能批准涉及这部分内容的仿制药。如果仿制药涉及的适应证、剂型、用法用量等不存在专利，或者专利已经过期，则该仿制药可以获得批准。

（三）事前协商制度

在《药价基准》收载时，创新药生产商和仿制药生产商之间可就是否存在专利侵权进行"事前协商"，其目的是稳定相关药品的供应。第一，事前协商中，如果创新药生产商与仿制药生产商没有达成协议，仿制药也可以被药价收录。此时，厚生劳动省会要求仿制药生产商提交誓约书，保障即使之后发生诉讼，接到创新药生产商的禁令要求，也不能停止仿制药品的供应，但厚生劳动省不会参与创新药生产商和仿制药生产商之间的纠纷中。第二，根据事前协商的结果，仿制药生产商判断在与创新药生产商的专利侵权纠纷中的胜诉概率，进而作出是否撤回药价收录申请的决定。一旦被药价收录，则必须在 3 个月内进入销售。根据医政经发第 0115001 号的规定，事前协商的具体流程如下：

（1）仿制药生产商申请制造销售审批时，厚生劳动省医药食品局医药品医疗器械综合机构（PMDA）会与申请人确认专利信息。

（2）批准公开发布约 3 周前，日本制药团体联合会（以下简称"日药联"）的主页上会刊出将要批准的仿制药种类、申请人等。这时，创新药生产商第一次知晓自己产品的仿制药批准信息。

（3）获得制造销售批准后，创新药生产商对仿制药生产商是否侵犯创新药的专利进行事前协商。

（4）批准日起 2 个月后，双方分别将事前协商的结果提交给厚生劳动省。

（5）根据事前协商的结果，仿制药生产商可以在药价收载的一个月前决定是否撤回药价收载的申请（仿制药生产商判断在与创新药生产商的专利侵权纠纷中的胜诉概率，或者是否能够按时进行生产销售等）。

（6）药价收录，3 个月内开始销售。

三、药品试验数据保护制度

(一) 制度背景

创新药与仿制药最大的区别在于该药品是否是由制药者独立研究与创新开发以及在此之前该药品是否进行了上市销售。仿制药，可以被认为是创新药的复制品，在剂型、安全性、性能特征和预期用途等方面与创新药相同或是生物等效。仿制药上市前一般只要向药品监管机关证明其药品包含与创新药相同的活性成分，具有生物等效性以及满足安全性与有效性即可。

药品试验数据，通常情况下，主要产生在下列阶段：①临床前期，即动物试验阶段，用于评估药物的药效学、药代动力学以及毒理学性质，评估用于人体试验的可行性；②临床试验，主要用于评估人体使用时的安全性和有效性，分为Ⅰ期、Ⅱ期、Ⅲ期，从而确定药物的功效、毒副作用、年龄和性别的影响、药物的相互作用、药物的具体剂量等。药品试验数据就是通过药理学、药代动力学、毒理学等试验获得的试验数据，可用于证明药物的安全性、有效性，以及是否符合上市和销售的标准，是药品注册管理部门批准药物上市申请的基础。同时，药品试验数据还具有权属性与公益性并存的特点，即一方面，创新药生产者对药品试验数据拥有专属权；另一方面，出于药品的可及性和公共健康的要求，公众有权知道药物的安全性和有效性。❶

药物领域高度依存于知识产权的保护，而世界贸易组织（WTO）框架下的《与贸易有关的知识产权协定》（TRIPS）第39条第3款规定：为有效防止不公正竞争，成员方应当保护未披露信息和提交政府或政府机构的信息。根据TRIPS的有关规定，药品试验数据保护有两层含义：一是保证药品数据信息不被披露；二是保护数据信息不受到不正当的商业使用。

作为WTO成员方，日本同样遵守TRIPS关于数据保护的规定，并制定了符合其本国具体国情的药品试验数据保护制度。1967年，根据厚生劳动省医药局第645号文件《关于医药品制造许可标准基本规定》，日本形成了药品试验数据保护制度的雏形，给予审批通过的新药2年再审查期限，以收集新药上市后的副作用等信息，在此期间，其后申报的相同药品不予批准。1971年，厚生劳动省医药局第591号文件通知，将药品再审查期限延长为3年。1979年，日本修订《药事法》，以法律形式确立了药品上市后监测制度，包括药物不良反应报告制度、再审查制度和再评价制度。1980年4月，厚生劳动省医药局第483号文件将药品再审查作为一项正式机制加以执行，并根据药物创新程度的不同规定了不同的再审查期间，再审查期间内，创新药生产商享有数据独占保护权，对于相应的仿制药上市申请不予受理。1993年10月，将罕见病再审查期限规定为10年。2007年4月，医药食品安全局通知第0401001号文，将含新活性成分药物（NCE类）药品再审查期限由6年延长至8年。

(二) 法条规定

《药事法》第14条之4：

---

❶ 张宇萌.TPP框架下药品试验数据法律保护研究［D］.重庆：西南政法大学，2017.

1. 对于下列各项已经通过第14条批准的药品，必须在下列各项规定的时间内申请接受厚生劳动大臣的再审查。

一、对于和受到第14条或第19条之2批准的药品具有明显不同有效成分、分量、用法、用量、效能、效果的新药，厚生劳动大臣在批准时对再审查时间作出规定。应当在调查时间截止之日起3个月内申请接受再审查。

（1）对于罕见疾病药品或其他厚生劳动省令规定的药品，厚生劳动大臣在听取药事·食品卫生审议会意见的基础上指定时间，指定时间范围为受批准日起6年至10年。

（2）对于跟已受到第14条或第19条之2批准的药品具有明显不同效能、效果的药品［（1）中的药品除外］或其他厚生劳动省令规定的药品，厚生劳动大臣在听取药事·食品卫生审议会意见的基础上指定时间，指定时间范围为受批准日起6年之内。

（3）对于（1）和（2）之外的药品，为受批准日起6年。

二、对于和新药在有效成分、分量、用法、用量、效能、效果等方面具有同一性的批准药品，厚生劳动大臣在批准时对再审查时间作出规定。规定的时间应当与相关新药申请再审查的时间一致。

2. 厚生劳动大臣认为特别有必要对适当的新药再审查时，在听取药事·食品卫生审议会意见的基础上，可以将调查时间在不超过受批准日起10年内的范围内进行延长。

3. 厚生劳动大臣的再审查，是基于再审查时获得的知识，确认第1款各项记载的药品不属于第14条第2款第3项（1）至（3）所记载的情形。

4. 第1款的申请，申请书中必须有药品使用结果相关资料以及其他厚生劳动省令规定的资料。当该申请的药品是厚生劳动省令规定的药品时，资料必须按照厚生劳动省令规定的基准进行收集和作成。

5. 第3款所述的确认，是在第1款各项药品的申请内容以及第4款前段所述资料的基础上，对该药品的品质、有效性及安全性进行调查。当第1款各项所述的药品是第4款后段所述厚生劳动省令规定的药品时，应当进行该药品的资料是否符合前款后段规定的书面或是实地调查。

6. 以第1款各项所述药品获得第14条批准者，应当依据厚生劳动省令的规定，对药品的使用结果和其他厚生劳动省令规定的项目进行调查，并将结果报告给厚生劳动大臣。

7. 对于以第4款后段规定的厚生劳动省令规定的药品接受再审查的，对于收集或接受委托制作同款后段规定资料者，或其官员或职员，在没有正当理由的情况下，不得泄露因职务而获知的有关资料收集或制作的秘密。对于其官员或职员，也是如此。

（三）要件

1. 试验数据保护的对象和期限

试验数据保护的范围，仅限于有效成分、功效等方面显著优于已有药品的新上市药物，如 NCE 类、罕见病用药等。根据《药事法》及其实施细则的相关规定，按照新批准上市药物种类的不同，药物接受再审查的时间（即药品数据独占期限）有所不同，主要分为以下几类，如表 2-2-1 所示。

表 2-2-1　试验数据保护的期限及对象

保护期限	10 年	8 年	6 年	4~6 年
适用类型	罕见病用药	NCE 类	新医疗用配合剂 新给药途径药物	新适应证 新剂量药物

2. 试验数据保护的措施

日本对于药品试验数据保护的主要措施是"不披露、不依赖"以及"不受理"。在一定时间内，仿制药企业除非获得创新药企业的授权，否则不能引用创新药企业的资料来证明自己产品的疗效以及安全性以取得药品注册管理部门的批准。药品注册主管部门也不能依赖先前审查创新药企业的资料时所获得的知识，不得允许仿制药企业不报送全套技术资料，而仅仅进行生物等效性试验即核准仿制药。PMDA 接到仿制药上市申请时，如果相应的创新药尚处于再审查期间，则将不受理该仿制药上市申请。

3. 试验数据保护程序

日本药品试验数据保护体现于药品上市后再审查过程中，可随新药审批程序分为以下四个阶段：

（1）启动阶段：完成临床试验之后，创新药公司向日本厚生劳动省提出新药上市申请，启动药品试验数据保护程序。

（2）审核阶段：厚生劳动省受理新药上市申请后，开始对该申请进行审查，确定其新药类型，确认该药物是否适用试验数据保护制度，以及适合何种保护期，同时，决定是否最终批准上市。

（3）授权阶段：新药批准上市后，符合要求的创新药物自动进入再审查阶段，随即享有数据保护期。

（4）数据保护阶段：新药获批上市后，在规定时间内进行有关新药安全性和有效性的再审查，并根据审查结果对药品的安全有效性进行再确认。在审查结束后，根据《药事法》第14条第2款的规定对再审查药品作出合格、不合格或变更要求的判定，发布再审查结果。

（四）效果

在创新药的再审查期间，厚生劳动省对于相应的仿制药上市申请不予受理，创新药公司由此获得一定期限的数据独占保护权，抵制仿制药的竞争，促进日本制药工业创新水平，日本罕见病用药研发水平由此显著提升。新药上市后，日本厚生劳动省将发布"批准概要"，其中包含了新产品的所有必要信息。再审查结束后，仿制药申报者只需验证药品规格及试验方法，并进行稳定性、生物等效性等试验即可，节约了大量的临床前及临床研究成本。

第三章　汉方·生药制品行业专利态势

本章选取 2018 年 12 月 31 日之前公开的日本汉方·生药制品行业的专利申请作为目标文献，通过人工标引和软件统计的方法从申请趋势、授权趋势、国际专利申请（PCT）趋势、领域和主题分布、申请人等多个角度进行分析，从而获取日本汉方·生药制品行业专利申请中蕴含的技术发展趋势。

一、整体态势

（一）申请趋势

检索共获得 27230 件日本汉方·生药制品行业专利申请，图 3-1-1 以申请年作为横坐标，申请量作为纵坐标，反映了自 1963 年以来日本汉方·生药制品行业每年的专利申请量趋势变化。

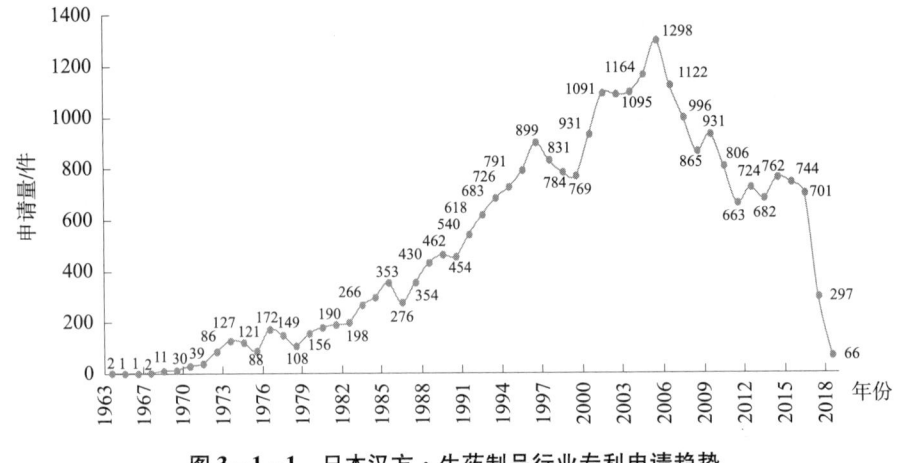

图 3-1-1　日本汉方·生药制品行业专利申请趋势

从图 3-1-1 可以看出，日本汉方·生药制品行业专利申请量呈现出了"山峰式"的发展趋势，自 1963 年起逐年递增，直到 2005 年已增长到 1298 件/年。但随之出现了"断崖式"的下降过程，并持续走低。由于 2017 年之后部分专利申请还未公开，因此 2017 年之后的申请量存在低估的可能。根据近年来申请量走势的判断，目前的申请量可能会维持在每年 700 件左右，恢复到暴涨前 20 世纪 90 年代的平稳状态。

（二）授权情况

由于早期申请审查数据的缺失，选取自 1989 年以来的申请文件，以当年专利申请的最终审查状态作为分析结果。其中，授权是指最终法律状态为授予专利权的专利申请，授权百分比是指同年申请的授权量/该年申请总量×100%，例如，2005 年的授权百分比为 2005 年申请案件的授权量/2005 年的申请总量×100%。

如图 3-1-2 所示，平均的授权百分比为 29.62%，授权量在趋势上基本与申请量一致，呈现先增后减的趋势，但是授权百分比整体呈现平稳升高的态势。2014 年之后部分专利申请尚未结案，授权量和授权百分比可能被低估。

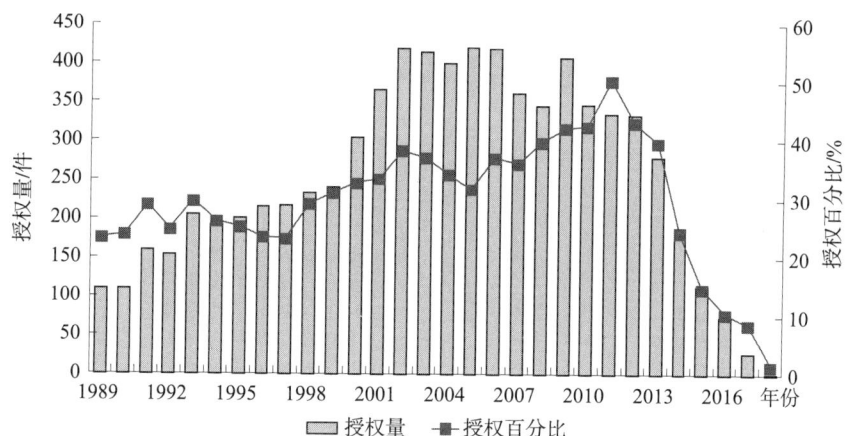

图 3-1-2　日本汉方·生药制品行业专利授权量与授权百分比变化趋势

授权周期是指申请日与特许公报文本中发行日之间的月份差值。

如图 3-1-3 所示，授权周期持续降低。由于 2014 年之后尚有部分未结案件，因此后期的授权周期与实际值相比可能存在偏短的情况。日本汉方·生药制品的授权周期从最初 1989 年的 109 个月，降至 2010 年后的不足 40 个月，缩短了 5 年多。

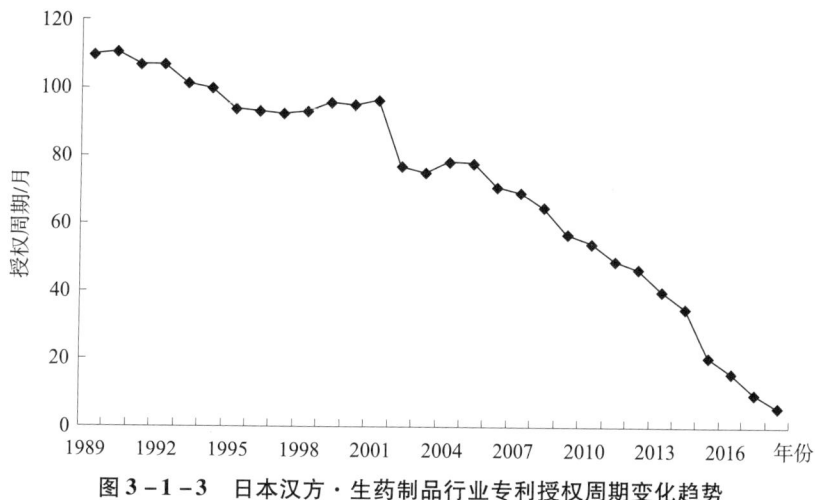

图 3-1-3　日本汉方·生药制品行业专利授权周期变化趋势

二、国际专利申请

（一）申请态势

图 3-1-4 为日本汉方·生药制品行业国际专利申请量趋势图，反映了日本汉方·生药制品行业自 1978 年以来每年的国际专利申请量和国际专利申请百分比的变化趋势。其中，国际专利申请百分比是指国际专利申请量与专利申请总量的比值。

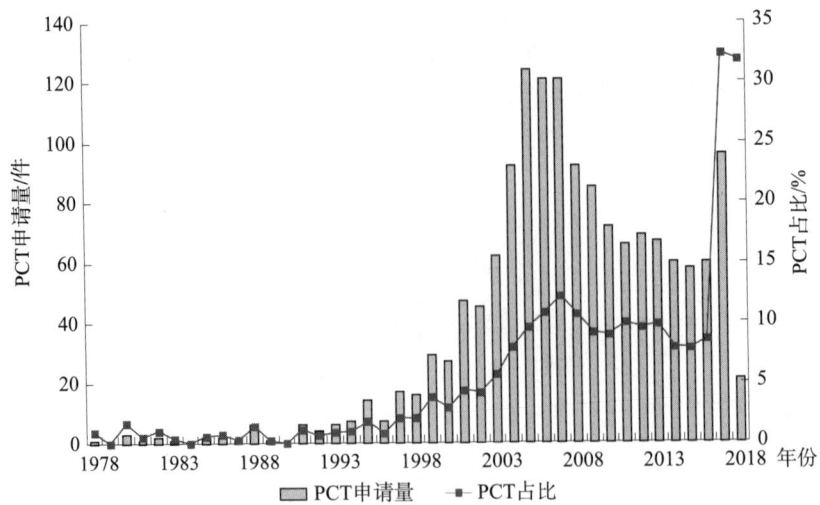

图3-1-4 日本汉方·生药制品行业国际专利申请量趋势

自1978年以来,国际专利申请量呈现逐步增长的趋势。截至2018年12月31日,共有1511件国际专利申请,尤其在2005年达到了124件申请。自2005年开始,国际专利申请量开始下降,但是国际专利申请的百分比并没有出现较大波动,其占汉方·生药总申请量的比值长期维持在10%的水平。

(二)国际专利申请重要申请人

图3-1-5为日本汉方·生药制品行业国际专利前十申请人的申请量排名。

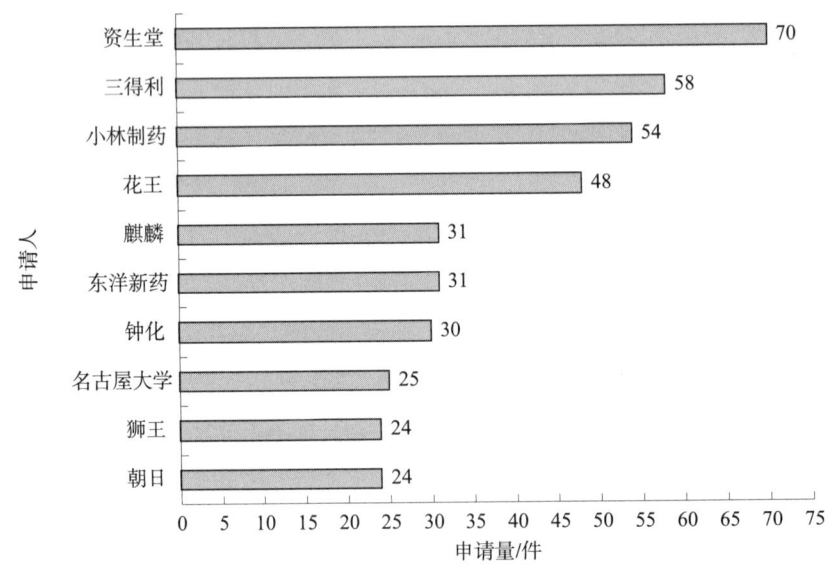

图3-1-5 日本汉方·生药制品行业国际专利前十申请人申请量排名

由图3-1-5可以看出,国际专利申请量前十申请人依次为:资生堂、三得利、小林制药、花王、麒麟、东洋新药、钟化、名古屋大学、狮王和朝日。其中，资生堂、花王、狮王为日化类企业，小林制药为医药类企业，三得利、麒麟、东洋新药、朝日为食品类企业，钟化为化学工业类企业，名古屋大学为科研院校代表。

（三）国际专利申请分布

将自1978年以来的1511件国际专利申请进行同族专利扩展，并且去除授权文本，对进入世界五大知识产权局（欧洲专利局、美国专利商标局、中国国家知识产权局专利局、日本特许厅和韩国知识产权局，以下简称"五局"）的数据进行统计。

表3-1-1 日本汉方·生药制品国际专利申请五局分布

申请目标	申请量/件
国际申请	1511
日本	1202
美国	899
中国	615
欧洲	593
韩国	450

由表3-1-1可以看出，日本汉方·生药制品行业国际专利申请进入的国家或地区中，申请量排名为美国＞中国＞欧洲＞韩国，美国是进入国家或地区阶段申请数量最高的国家，欧洲和中国也有较多的数量。五局的国际专利申请进入数量都不在少数，其中60%的国际专利申请均进入美国，可见日本汉方·生药制品申请人对于美国市场的重视程度。

三、技术领域

（一）不同领域申请量对比

图3-1-6给出了医药制品（A61P）、健康食品（A23L）、化妆品（A61Q）三大主要技术申请量的对比，以主要分类号作为横坐标，以申请量作为纵坐标。

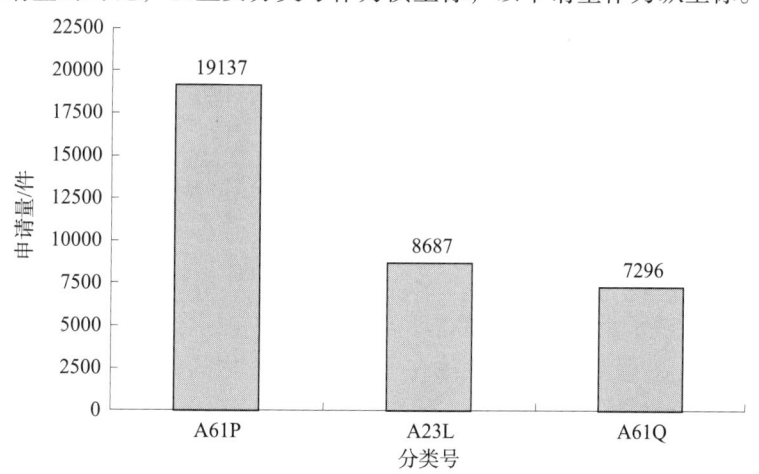

图3-1-6 日本汉方·生药制品行业医药制品、健康食品、化妆品申请量对比

从图3-1-6可以看出，A61P（医药制品）呈现主导的态势，约70%的专利文献均标引了A61P的分类号；A61Q（化妆品）和A23L（健康食品）这两个领域也有较高文献量。

（二）不同用途申请量分布

根据申请日的年份，对医药制品治疗用途、化妆品领域特定用途申请量排名前十的大组分类号进行分析，并绘制申请量随时间变化气泡图，如图3-1-7和图3-1-8所示，其中，横坐标为医药制品治疗用途、化妆品领域特定用途的大组分类号，纵坐标为申请年的区间（每5年为一个区间）。

相关分类号释义如下：

A61P 43：在A61P 1/00到A61P 41/00组中不包含的，用于特殊目的的药物。

A61P 17：治疗皮肤疾病的药物。

A61P 3：治疗代谢疾病的药物。

A61P 1：治疗消化道或消化系统疾病的药物。

A61P 9：治疗心血管系统疾病的药物。

A61P 35：抗肿瘤药。

A61P 37：治疗免疫或过敏性疾病的药物。

A61P 31：抗感染药，即抗生素、抗菌剂、化疗剂。

A61P 25：治疗神经系统疾病的药物。

A61P 29：非中枢性止痛剂，退热药或抗炎剂，例如抗风湿药；非甾体抗炎药（NSAIDs）。

A61Q 19：护理皮肤的制剂。

A61Q 5：关于毛发护理的制剂。

A61Q 7：影响毛发生长的制剂。

A61Q 1：化妆品；人体用粉；去除化妆品用的配制品。

A61Q 11：用于护理口腔中牙齿或假牙的制剂，例如，牙粉或牙膏；漱口剂。

A61Q 17：隔离制剂；制剂直接与皮肤接触，用以防护外部影响，例如阳光、X射线或其他有害射线、腐蚀性物质、细菌或昆虫螫咬。

A61Q 15：抗汗或身体除臭。

A61Q 13：香水制剂的配方或添加剂。

A61Q 9：用于去除毛发或帮助去除毛发的制剂。

A61Q 90：本小类其他各组中不包括的有专门用途的化妆品或类似梳妆配制品。

图3-1-7反映了十大治疗用途在不同时间区间内的申请量变化。

图3-1-8反映了十大化妆品用途在不同时间区间内的申请量变化。

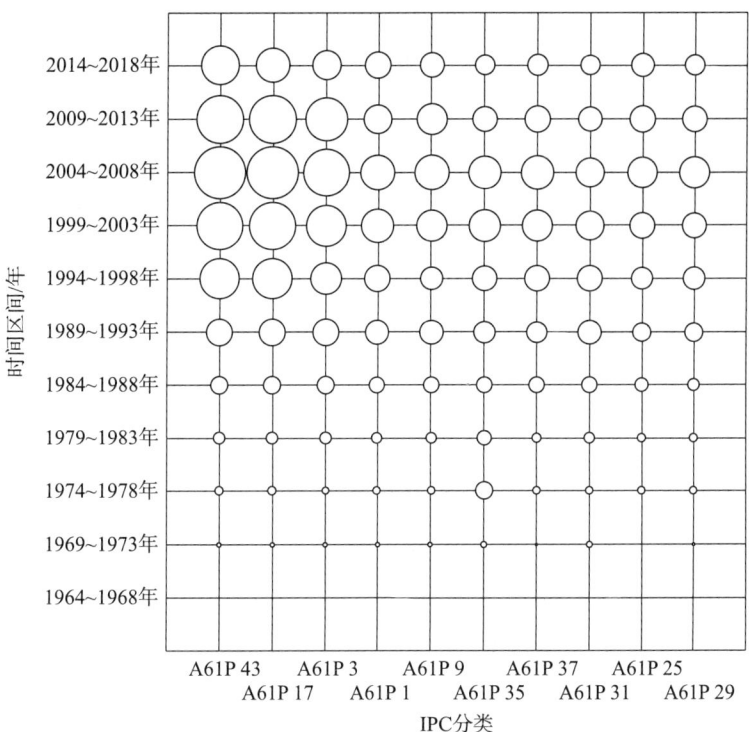

图 3-1-7　日本汉方·生药制品行业医药制品治疗用途随时间分布

注：圆圈大小表示申请量多少。

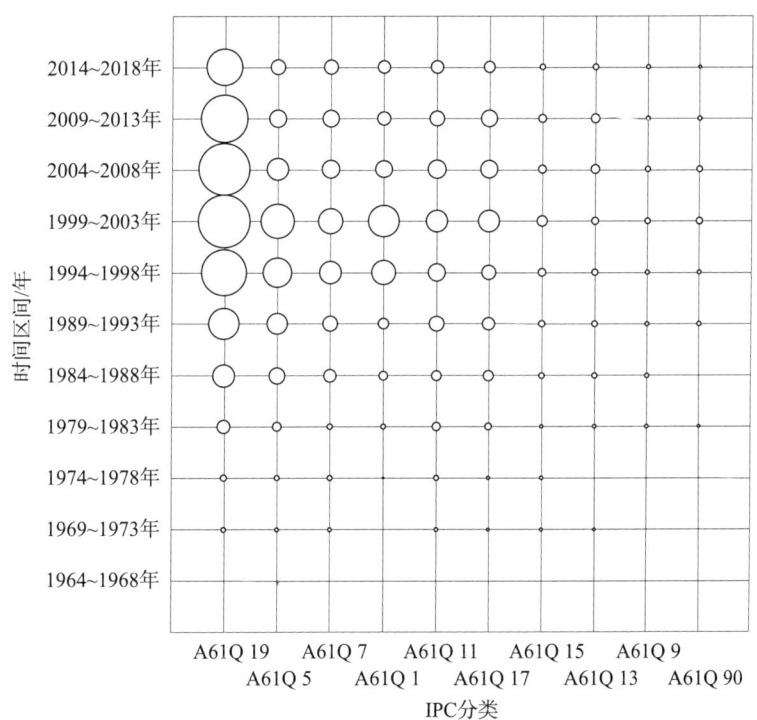

图 3-1-8　日本汉方·生药制品行业化妆品领域特定用途随时间分布

注：圆圈大小表示申请量多少。

A61P 43、A61Q 90 分别属于 A61P 和 A61Q 的兜底分类号，当涉及用途的分类号不便分类时会分入 A61P 43、A61Q 90。因此，这两个大组中涉及的用途类型较杂，不适宜作为分析对象。

可以看出，日本汉方·生药专利申请所针对适应证最为集中的领域是 A61P 17 和 A61P 3，这两个领域的申请量处于第一梯队，尤其自 1989 年以来，呈现爆发式增长的趋势。A61P 35 领域起步最早，也一直是研发的热点。随着领域研究的转移，A61P 1、A61P 9、A61P 37、A61P 31、A61P 25、A61P 29 领域申请量也显著增长，并且上述领域之间的申请量相差无几。

在化妆品的申请量中，主要呈现三个梯队，A61Q 19 处于第一梯队，申请量占据绝对领先的地位。A61Q 5、A61Q 7、A61Q 1、A61Q 11、A61Q 17 处于第二梯队，其中，A61Q 5 是开展专利申请最早的领域，申请量仅次于 A61Q 19。

四、重点申请人

（一）申请量排名前 20 位的申请人

图 3-1-9 给出了日本汉方·生药制品行业专利申请量前 20 位申请人排名。其中纵坐标为申请人，横坐标为专利申请量。

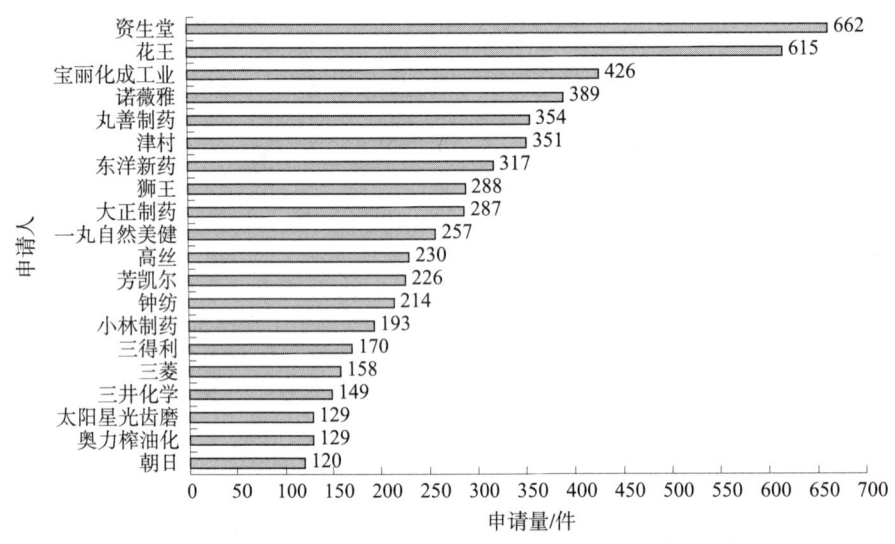

图 3-1-9 日本汉方·生药制品行业重点申请人专利申请排名

可以看出，前 20 名申请人均为企业，并且均为知名企业，多为跨国企业；按照申请量排序，前 20 名申请人为：资生堂、花王、宝丽化成工业、诺薇雅、丸善制药、津村、东洋新药、狮王、大正制药、一丸自然美健、高丝、芳凯尔、钟纺、小林制药、三得利、三菱、三井化学、太阳星光齿磨、奥力榨油化、朝日。

前 20 名申请人中，医药类企业有：津村、大正制药、钟纺、小林制药；日化类企业有：资生堂、花王、宝丽化成工业、诺薇雅、狮王、一丸自然美健、高丝、芳凯尔；食品类企业有：东洋新药、三得利、奥力榨油化、朝日；工业类企业有：三菱、三井化学、太阳星光齿磨。此外，还有丸善制药这样的医药品、化妆品原料加工型企业。

前20名申请人中，日化企业申请量普遍较高，前四名申请人均为日化企业，此外，工业类企业也开始涉足汉方·生药相关产品的研究开发。

（二）前十名申请人的申请趋势

图3-1-10为日本汉方·生药制品行业前十名申请人申请趋势图，其中纵坐标为申请年的区间（每5年为一个区间），该图反映了前十名申请人在不同时间区间内的申请量变化情况。

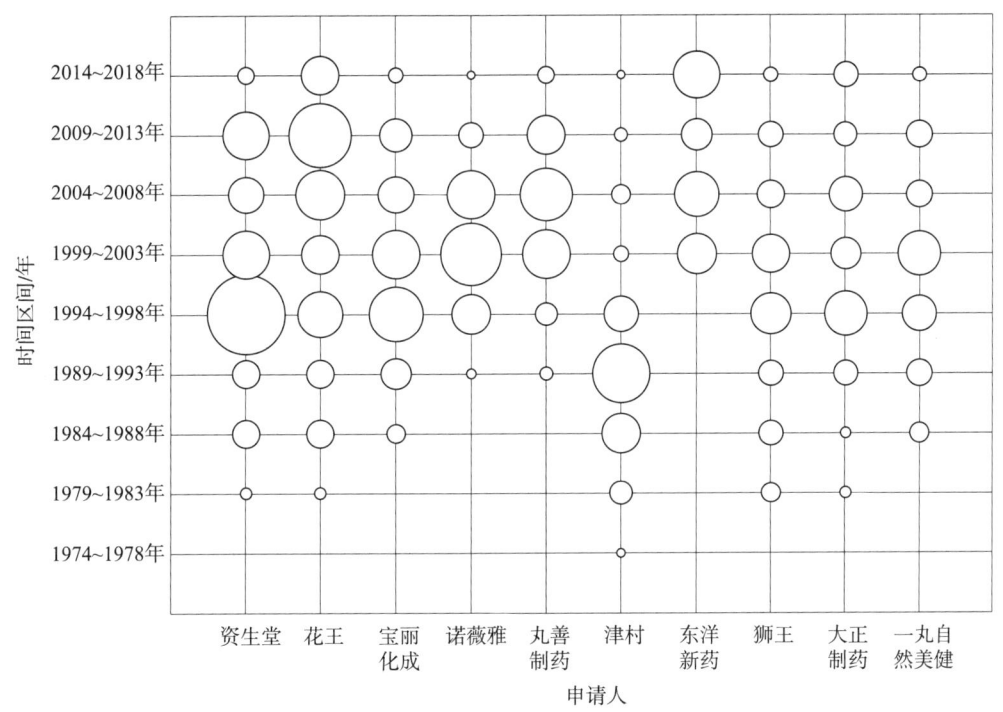

图3-1-10　日本汉方·生药制品行业前十申请人申请趋势

注：图中圆圈大小表示申请量多少。

从图3-1-10中可以看出，前十名申请人的专利申请量呈阶段式发展，基本可以概括为四个阶段。

第一阶段：20世纪80年代至90年代初，津村的申请量占据了绝对的优势地位，是该阶段当仁不让的主要申请人。

第二阶段：20世纪90年代中后期，化妆品企业逐渐兴起，资生堂在该阶段申请量最大，是该阶段重要的申请人，此外，大正制药、狮王、一丸自然美健等企业也在该阶段达到各自申请量的顶峰。从该阶段的申请量趋势可以看出，制药企业与日化企业都显示出了对汉方·生药相关产品极大的关注度。

第三阶段：1999~2008年，申请量主要来自丸善制药和诺薇雅，二者是该阶段最重要的申请人，其他如东洋新药、宝丽化成工业也表现不俗。总体来看，除丸善制药外，日化企业是该阶段专利申请的主力军。

第四阶段：2009~2018年，虽然丸善制药的申请量仍然较多，但是此时花王的申请量异军突起，占据了主要的地位，是该阶段最重要的申请人。

第四章　汉方·生药制品行业重要申请人

日本汉方·生药制品行业申请量排名前20位的申请人均为企业，且多为跨国企业，综合专利申请量、创新侧重领域以及市场地位，选取津村、丸善制药、东洋新药作为重要申请人进行重点分析。其中，津村为日本汉方制剂的龙头企业，丸善制药株式会社的主要研究方向为生药提取物的开发与利用，而东洋新药则主要致力于生药类保健品的研发。本章旨在通过分析重点企业的专利申请情况及专利技术布局，探索其对汉方·生药制品的创新与保护策略。

第一节　津村

株式会社津村（英文名：Tsumura & Co.；日文名：株式会社ツムラ）始创于1893年，创业初期名为津村顺天堂，1982年在东京证券交易所第一部上市，1988年公司名称变更为株式会社津村（以下简称"津村"）。津村作为汉方制剂的龙头企业，专注于日本传统医学即汉方医学的研究及运用，该公司共拥有129个医疗用汉方制剂（汉方处方药）品种，均被纳入了日本的医保体系中，其销售额占公司产品销售总额的95.2%[1]，同时，津村还占据了日本国内医疗用汉方制剂销售总额的83.9%，处于绝对的领先地位。1996~2017年津村销售收入及营业利润率如图4-1-1所示。

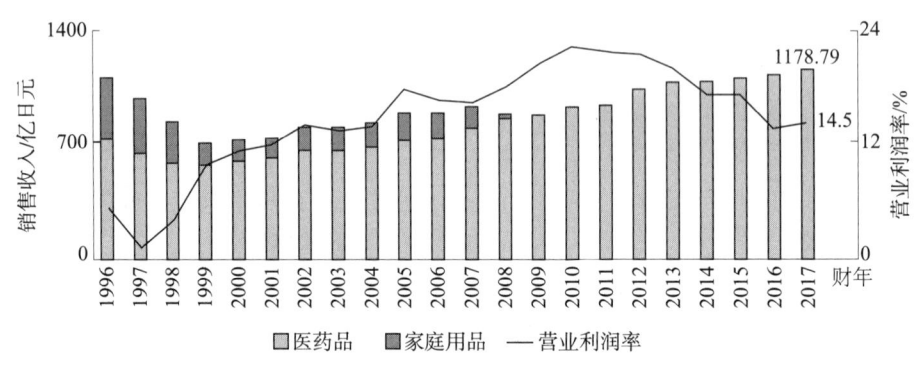

图4-1-1　津村销售收入及营业利润率

从图4-1-1可以看出，在1996~2008年，津村家庭用品的销售收入不断减少，从2009年起家庭用品占比几乎为零。医药品的销售收入经历了1994~1998年的连续下降之后，1999~2017年整体呈现上升趋势，至2017年达到1178.79亿日

---

[1] 株式会社津村企业交流室·环境社会活动宣传组. 企业报告书2018［R/OL］. (2018-10-18)［2019-09-01］. https://www.tsumura.co.jp/corporate/togoreport/pdf/2018_ch.pdf.

元。营业利润率方面，1997 年达到历史最低，在 1998～2010 年整体呈现上升的趋势，但 2010 年之后，由于原料生药采购价格的上升，利润率又进入下跌趋势，经过 2011～2016 年的连续下跌及 2017 年小幅度回升，津村 2017 年的利润率为 14.5%。

无论是从销售收入还是从营业利润率都可以看出，津村在 20 世纪 90 年代末经历了一次低谷，这与当时经济的整体环境以及汉方安全性问题的爆发有关。日本在 20 世纪 90 年代初泡沫经济破裂后，国内经济状况在十年间持续低迷，1995～1996 年虽有短暂的恢复，但受 1997 年亚洲金融危机影响，经济增长率迅速地下降，1998 年 GDP 首次出现负增长，此后几年虽经努力，但依然无法摆脱负增长的命运❶，这一时期经济的不景气也为津村等医药企业的发展蒙上了阴影。另外，1996 年 3 月，日本厚生劳动省在"紧急安全情报"中发布了关于小柴胡汤严重副作用的警告，公布了自 1994 年以来，服用小柴胡汤的患者中，共有 88 人因小柴胡汤副作用引起间质性肺炎，其中 10 人死亡。图 4-1-2 给出了小柴胡汤事件的详细说明❷。

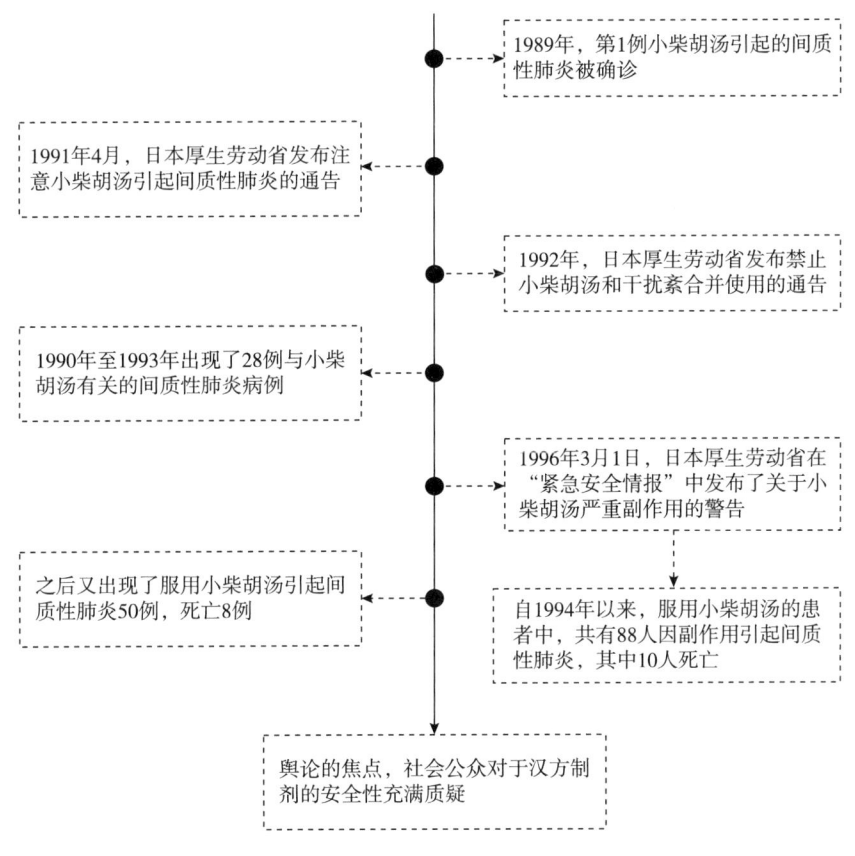

图 4-1-2　小柴胡汤事件

这起"小柴胡汤事件"，使得当时日本国内对于汉方制剂的安全性充满质疑。经济

---

❶ 钱聪，刘红波，等. 医学科研方法 [M]. 上海：上海科学技术出版社，2017.
❷ 本間行彦. 小柴胡湯による間質性肺炎 [J]. 日本東洋医学雑誌，2001，52 (3)：287-295.

泡沫的破裂以及对汉方制剂安全性的忧虑，致使20世纪90年代初以小柴胡汤为拳头产品的津村陷入了困境，销售收入和利润率均陷入了低谷。之后，随着业内对于汉方安全性的反思以及汉方循证医学研究的逐步开展，津村的整体状况才逐渐得到改善。而2010年之后，原料生药价格不断上涨，日本国内药价基准调整，导致药价不断降低，因此日本津村的利润率也不断降低。在2018年4月最近一次《药价基准》修订中，医药品价格整体平均下调7.48%，津村全部处方平均下调3%~3.5%。

因此，在原料生药价格不断上涨、药价不断降低的压力下，日本津村开始以"提高汉方制剂的信赖度"为宗旨，主要围绕"开展循证医学研究""积极推进生药的种植、品质管理和研究"来保障汉方制剂的质量和安全性。同时，以提高利润率为目标，在海外市场设立浸膏提取公司，降低原料生药的进出口成本，保障浸膏提取物的质量稳定，并积极推进汉方制剂的开发和海外上市。在经营上，为实现2021年的经营目标，津村于2016财年启动了新的6年中期经营计划，中期经营计划涉及三大重点领域："中老年人相关领域""癌症领域（支持性疗法）"和"女性相关领域"。中期经营计划中，津村提出了"通过汉方革新，创造全新价值"的主题，设定了"汉方市场的扩大与稳定成长""持续强化收益能力与现金流最大化""挑战中国新事业"三大战略课题，并提出了"致力于通过'KAMPO'创建益于人类健康的价值创造企业"的长期经营愿景。

一、创新发展方向

根据津村《企业报告书2018》，汉方市场的扩大、原料生药采购的稳定和品质管理是极为重要的经营课题。企业报告书指出，津村决意不开发新药，而是专注于遵循传统医学制作汉方制剂，研究开发费用如图4-1-3所示。

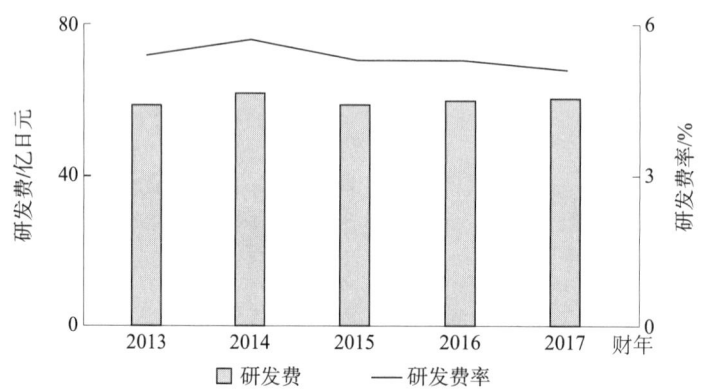

图4-1-3 津村研发费/研发费率年度变化

可见，日本津村的研发费用一直保持稳定，研究开发费率在5%以上。具体来看，主要发展方向有。

（一）致力于确立循证医学的工作

循证医学（evidence - based medicine，EBM）是指将当前最佳证据与临床专业特长、病理生理知识以及患者的偏好相整合做出医疗决策。其主要目的是以最佳证据排除无效的、昂贵的和危险的医疗决策。其核心思想是任何医疗决策的确定（包括临床医师确定治疗方案、医学专家确定治疗指南、政府部门制定卫生政策）都要基于临床科研所取得的最佳证据。证据主要来自医学期刊的研究报告，特别是随机对照试验（RCT）等设计合理、方法严谨的临床研究报告以及对这些研究进行的Meta分析（即将若干个单中心的RCT结果再进行综合分析）❶。随着日本国内外的学术杂志陆续发表关于循证医学研究方面的论文，医疗从业人员对于汉方制剂及汉方医学的认识正在发生改变。

津村认为，持续提供基础临床循证汉方医学研究及正确选择汉方医学处方等相关信息，能够促进汉方市场的扩大。因此，自2004年以来，津村在研究活动中主要把资源集中在汉方制剂的循证医学研究上。

从2004年起，津村将"在医疗需求较高的领域针对西药难以治愈但医疗用汉方制剂可发挥特效"的处方设定为"育药处方"，积极推进汉方制剂有效性和安全性的循证医学研究。从2016年起，将"通过在治疗满意度或药物贡献率低的领域构建循证医学，争取录入治疗指南"的处方设定为"Growing处方"。"育药处方"与"Growing处方"各有5种，共计10个处方。其中，育药处方指大建中汤、抑肝散、六君子汤、牛车肾气丸、半夏泻心汤，Growing处方指补中益气汤、芍药甘草汤、麦门冬汤、加味逍遥散、五苓散。

关于育药·Growing处方，津村正在努力汇总5大项目的"循证医学数据库"，具体是指临床循证医学研究、作用机理、调查副作用发生频率、药代动力（ADME）、医疗经济学数据，并把将循证收集的结果收录于诊疗指南中作为公司的重点战略。图4-1-4对育药与Growing处方的循证研究成果进行了汇总。

图4-1-5显示了医疗用汉方制剂（战略处方）的销售收入及育药·Growing处方收入占比年度变化。

育药处方以及Growing处方战略使得这10个战略处方的销售收入占公司医疗用汉方制剂销售收入的49%，体现出日本津村"产品重点突出"的经营思路。2016年，日本生产金额最高的10个汉方制剂分别为补中益气汤、六君子汤、加味逍遥散、芍药甘草汤、麦门冬汤、葛根汤、五苓散、小青龙汤、防风通圣散及当归芍药散。与上述10个汉方制剂相比，津村将大建中汤、抑肝散、牛车肾气丸、半夏泻心汤等列入了育药处方，在一定程度上可以看出津村培育新的汉方制剂增长点的发展思路。

---

❶ 韦贵红. 药品专利保护与公共健康[M]. 北京：知识产权出版社，2013.

循证医学研究状况

	处方名	产品No.	元分析	RCT*2	作用机理	副作用发生频率调查	药物动力(ADME)	医疗经济学的数据	刊载汉方处方的诊疗指南
育药处方	大建中汤	TJ-100	1	26	○	○	○	○	小儿慢性功能性便秘症诊疗、全身性硬皮病诊疗、认知症疾病诊疗、慢性便秘诊疗
	抑肝散	TJ-54	3	14	○	○	○	○	认知症疾病诊疗、主治医生应对BPSD*3的精神药物使用（第2版）
	六君子汤	TJ-43	—	19	○	实施中	○	—	功能性消化管疾病诊疗、心身疾病症诊断/治疗、胃食道反流症诊疗、全身性硬皮病诊疗
	牛车肾气丸	TJ-107	—	14	○	—	○	—	膀胱过度活动症诊疗、神经性疼痛药物疗法、男性下部尿路症状/前列腺增生诊疗、女性下尿路症状诊疗、妇产科诊疗
	半夏泻心汤	TJ-14	—	6	○	—	—	—	—
	补中益气汤	TJ-41	—	10	○	—	—	—	女性下尿路症状诊疗
Growing 处方	芍药甘草汤	TJ-68	—	11	○	○	○	—	肌萎缩性侧索硬化诊疗
	麦门冬汤	TJ-29	—	5	—	—	—	—	咳嗽、膀胱过度活动症诊疗
	加味逍遥散	TJ-24	—	4	—	—	—	—	妇产科诊疗、心身疾病诊断/治疗
	五苓散	TJ-17	—	4	—	—	—	○	慢性头痛诊疗、膀胱过度活动症诊疗

○：存在相关论文等
*2 Randomized Controlled Trial：随机比较试验。
*3 Behavioral and Psychological Symptoms of Dementia：兴奋、焦躁感、睡眠障碍等认知症的行为及心理症状。

(2018年5月现在)

图 4-1-4 育药·Growing 处方循证研究成果

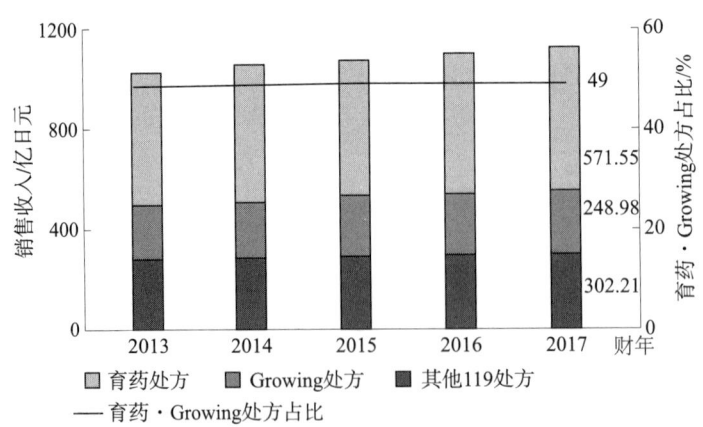

□ 育药处方　■ Growing 处方　■ 其他119处方
—— 育药·Growing 处方占比

图 4-1-5 医疗用汉方制剂（战略处方）销售收入及育药·Growing 处方收入占比

(二) 积极推进生药的品质管理，推动浸膏制剂的标准化生产

为了进行全部 129 种医疗用汉方制剂的生产，津村需要采购的原料生药达到 119 个品种，大约 80% 的原料生药来自中国，约 15% 来自日本，约 5% 来自老挝等国家。由于生药的成分因产地、品种等而异，非特定地区采购的生药可能并不适合生产汉方药，因此为了确保生药的品质稳定，津村基于汉方制剂的长期需求，扩大国内外的生药种植基地，强化制备加工及挑选加工、品质管理能力，制定并实施中长期计划。

日本津村制定并实施的"关于津村生药 GACP 的规程"由"津村生药 GACP 指南""生药生产标准书""生药可追溯体系"和"教育、监查、认证"构成。其中，生药可追溯体系是把从原料生药的产地到生药加工厂交货各环节中的种植、加工、流通、保管等记录进行收集和保管，以构建能够追溯信息的体系。通过这一体系，除汉方制剂的生产工程、流通过程的历史信息之外，还能够对从医疗机构到原料生药产地的所有历史信息进行追溯。基于与生药种植农户及产地公司直接签订合同进行采购，持续性构建和强化在中国、日本和老挝的采购网络。例如推动甘草大规模种植，确立苍术种植技术及开展病虫害防治合作，津村于 2011 年 10 月与吉林省白山市政府签署了关于合作开发"长白山人参及北药资源"战略框架协议，启动大规模人参田地种植共同研究。

此外，为降低原料生药的进出口成本，保障浸膏提取物的质量稳定，开拓海外汉方制剂市场，2001 年 7 月，津村设立上海津村制药有限公司，2018 年 3 月设立津村盛实制药科技有限公司，在中国国内开展汉方浸膏粉末生产。2018 年 6 月设立平安津村有限公司，在中国国内开展生药采购体制强化相关事业、以中药为主的分析研究相关事业，以及中药、健康食品、健康护理相关日用品等其他领域的相关业务。2017 年，上海津村制药有限公司成为中国最大的中药出口企业。

(三) 增加汉方制剂的使用，提高汉方制剂的信赖度

据日本汉方生药制剂协会于 2011 年所进行的"汉方药处方实况调查"显示，日本有 89% 的医师正在使用汉方制剂，而占津村销售额 95% 以上的正是需要医师开具处方的医疗用汉方制剂。

日本的医师国家资格没有区分西洋医学和汉方医学，同一医师既可以开具西药也可以开具汉方药的处方，但医师、研修医师对于汉方医学的关心程度及对汉方处方的熟悉程度参差不齐。因此，日本津村积极开展各类营销活动，包括组织临床研修指定医院及大学附属医院供职的医师及研修医师参加汉方学习会，提供最新的循证信息，旨在从中长期的视角来扩大医院的药物挑选范围，从而增加医师开具汉方制剂处方的数量。

图 4-1-6 对日本津村面向医师的汉方医学讲座次数进行了统计，每年讲座次数达 260 次以上，参加的人数达到了 9000 人。

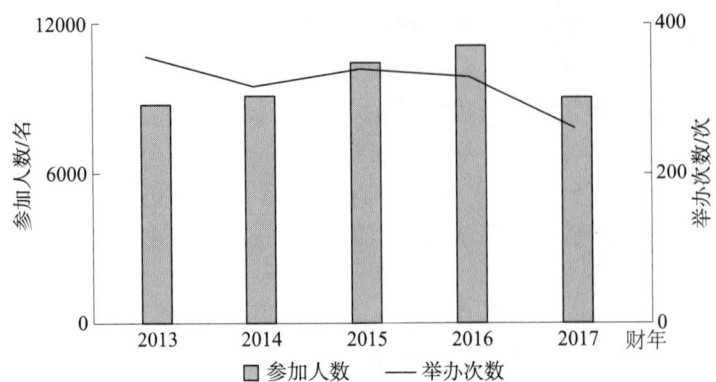

图 4-1-6 津村面向医师的汉方医学讲座

（四）挑战国际事业

日本津村在积极扩大日本国内汉方市场的同时，还建立了挑战海外市场的战略。"挑战中国事业"和筹备大建中汤（TU-100）在美国上市是日本津村海外事业的主要方面。

2016 财年，津村在中国推出了生药饮片与中药配方颗粒两项业务，2017 财年津村继续采取一系列措施推进在中国的事业，包括实现了与中国平安保险的资本合作等。日本津村的目标是，力求 10 年后的中国市场达到目前日本国内销售收入同等或以上规模。

大建中汤是津村的育药处方，日本津村从 2008 年开始着手推进 TU-100（大建中汤）在美国的临床研究，临床试验主要以过敏性大肠症候群（IBS）、肠术后轻瘫（POI）及克罗恩病为对象进行，至 2017 财年末已完成了 Phase Ⅱ 前期阶段的工作。今后，津村将与日美两国的专业医师以及统计解析方面的专家共同组成顾问团队，决定相关战略及试验。

二、专利申请态势

（一）专利申请整体趋势

图 4-1-7 显示了日本津村的整体专利申请趋势，总体上呈现了"山峰式"的趋势，与日本汉方·生药制品申请量趋势一致。

日本津村的专利申请量从 1981 年开始稳步提升，1983~1997 年（即 20 世纪 80 年代末 90 年代初）的申请量形成了明显的"山峰"态势。1998 年开始，整体申请趋势趋于平缓。由于 2015 年之后部分专利还未公开，因此 2015 年之后的申请量存在低估的可能。

图 4-1-8 显示了津村自 1971 年以来历年的专利授权量和授权百分比变化趋势。

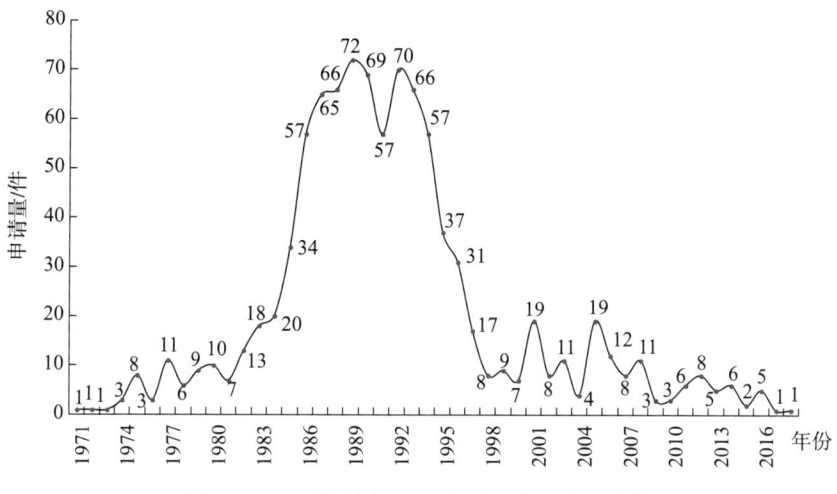

图 4-1-7 津村自 1971 年以来专利申请趋势

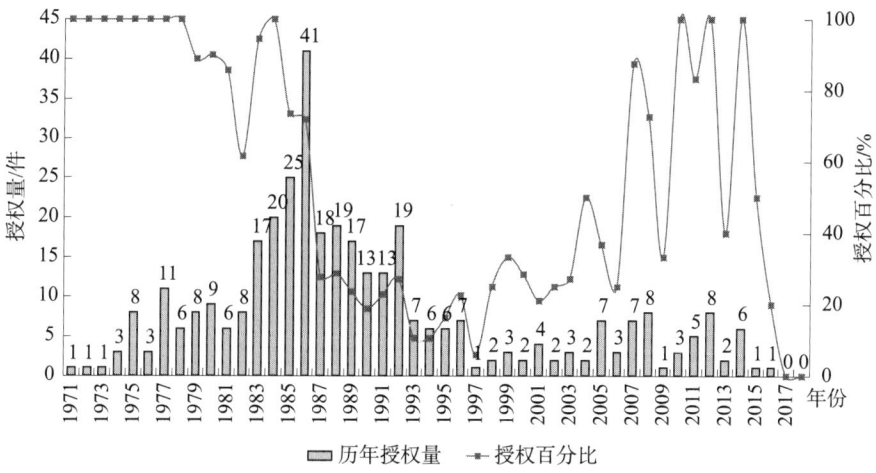

图 4-1-8 津村自 1971 年来授权专利数量和授权百分比变化趋势

1978 年以前,津村的授权百分比均为 100%,这可能与年代久远、数据库标引不全有关。1984～2003 年,授权百分比较为平稳,虽偶有波动,但是总体维持在 20% 左右,在此期间,日本津村申请了大量专利,其授权百分比长期维持在 20% 左右与此不无关系。2003 年,日本对专利费用的规定进行了修改,实质审查费用上升,申请费、专利年费下调,这使得维持时间较长的高价值专利的成本得到总体降低,而价值较低的专利申请成本大大增加。从 2004 年开始,日本津村的授权百分比整体呈上升趋势,尤其是 2009 年后,整体授权百分比达到了 80% 以上,可见日本津村在申请专利时,已经从重视数量改变为重视质量。2015 年以后,案件授权百分比较低,可能是部分案件尚未结案所致。

(二) 国际专利申请趋势

图 4-1-9 显示了津村自 1986 年以来每年的国际专利申请量变化趋势。从图 4-1-9 可以看出,从 1986 年有第 1 件国际专利申请开始,津村每年都有国际专利申请,但是整体申请量不多。

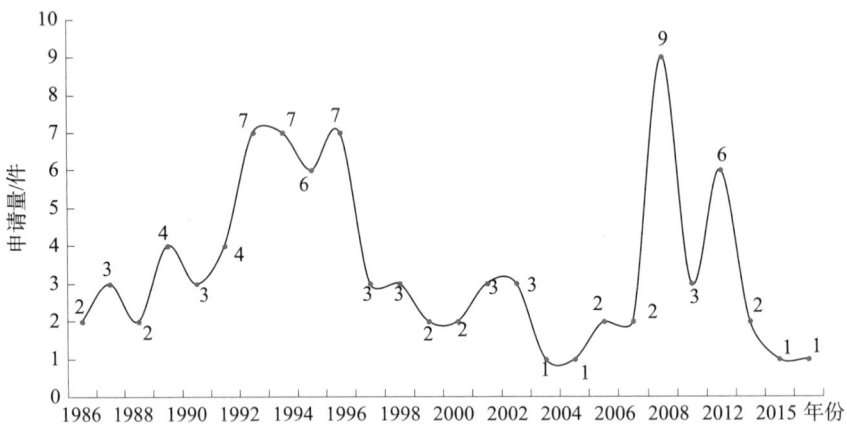

图 4-1-9　津村自 1986 年来国际专利申请量变化趋势

其中 1991～1995 年形成了一个小高峰;经历 1996～2007 年的申请低谷后,2008 年开始,国际专利申请量有了明显的增长。与图 4-1-7 比较来看,津村在 1997 年后专利年申请量较少,但多数属于国际专利申请。

(三) 国际专利申请进入国家或地区

津村国际专利申请进入的国家或地区主要分布在市场需求量较大、消费能力较强的发达国家或地区,例如美国、欧洲、澳大利亚和加拿大等,以及中药历史悠久、对中药接受认可度较高的东亚地区,例如中国、韩国等。图 4-1-10 显示了津村在五局的专利进入量和授权情况。

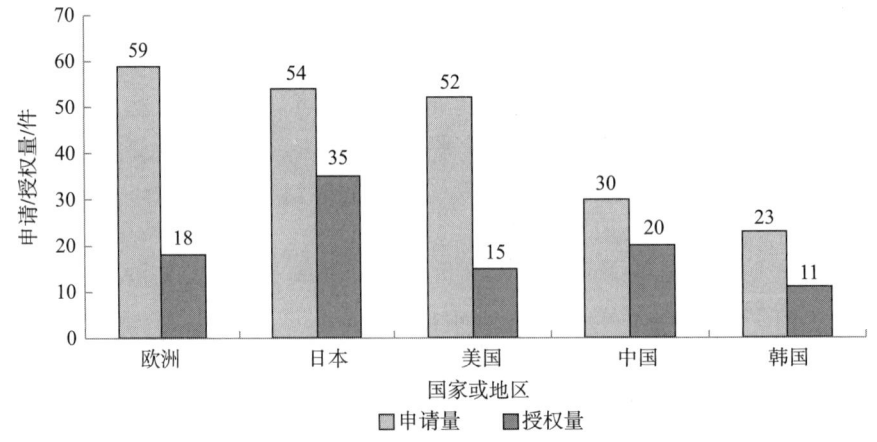

图 4-1-10　津村进入五局的专利申请量和授权量对比

在五局中，欧洲专利局的进入量最大，达到了 59 件，韩国知识产权局的进入量最少，但也达到了 23 件。从授权比例来看，虽然欧洲专利局的进入量最大，但其授权比例仅为 30.5%，而进入量倒数第二的中国国家知识产权局专利局的授权比例最高，达到了 66.7%。

（四）领域分布

图 4-1-11 显示了津村专利申请的总体领域分布情况，医药配制品、化合物、汉方·生药是津村的主要研究领域，食品、设备/检测方法的申请量相对较少。

领域分类说明如下：

含有效成分医药配制品：涉及分类号 A61K 31，含有机有效成分的医药配制品；

化合物：涉及分类号 C07，有机化学、生药的提取、天然产物的结构确定、有机化合物的结构修饰和合成等；

汉方·生药：涉及分类号 A61K 36、A61K 35/78，传统草药的未确定结构的药物制剂；

化妆品：涉及分类号 A61Q，化妆品或类似梳妆用配制品的特定用途；

设备/检测方法：涉及分类号 B65G、B65B、B01D、G01N、G01F，制药工程设备、借助于测定材料的化学或物理性质来测试或分析材料的方法；

药剂：涉及分类号 A61K 9，以特殊物理形状为特征的医药配制品；

食品：涉及分类号 A23，食品或食料及其处理。

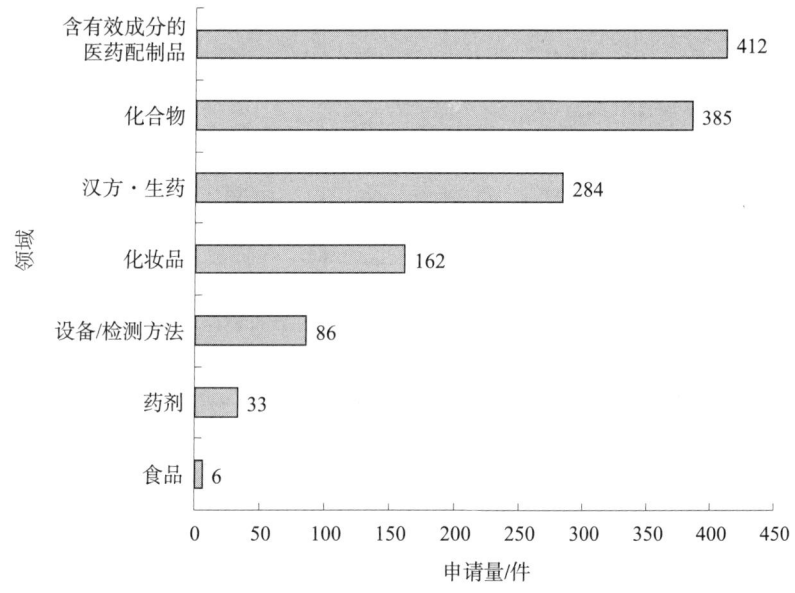

图 4-1-11 津村专利申请领域分布

图 4-1-12 展示了津村专利申请领域分布年度变化趋势。从时间来看，医药配制品、化合物、汉方·生药的专利申请更多的集中于 20 世纪八九十年代，而进入 21 世纪，其研究方向逐渐转向设备和检测领域。

20世纪八九十年代正处于产品的研发期,因此津村围绕产品,即化合物、医药配制品以及汉方·生药药物制剂积极进行专利布局,而进入21世纪后,津村做出"决意不开发新药"的战略转型,与此同时产品专利纷纷进入失效阶段,利用检测方法制定药物产品的质量标准,利用制药工程设备改善生产效率,成为保障产品质量稳定性的有效方法。

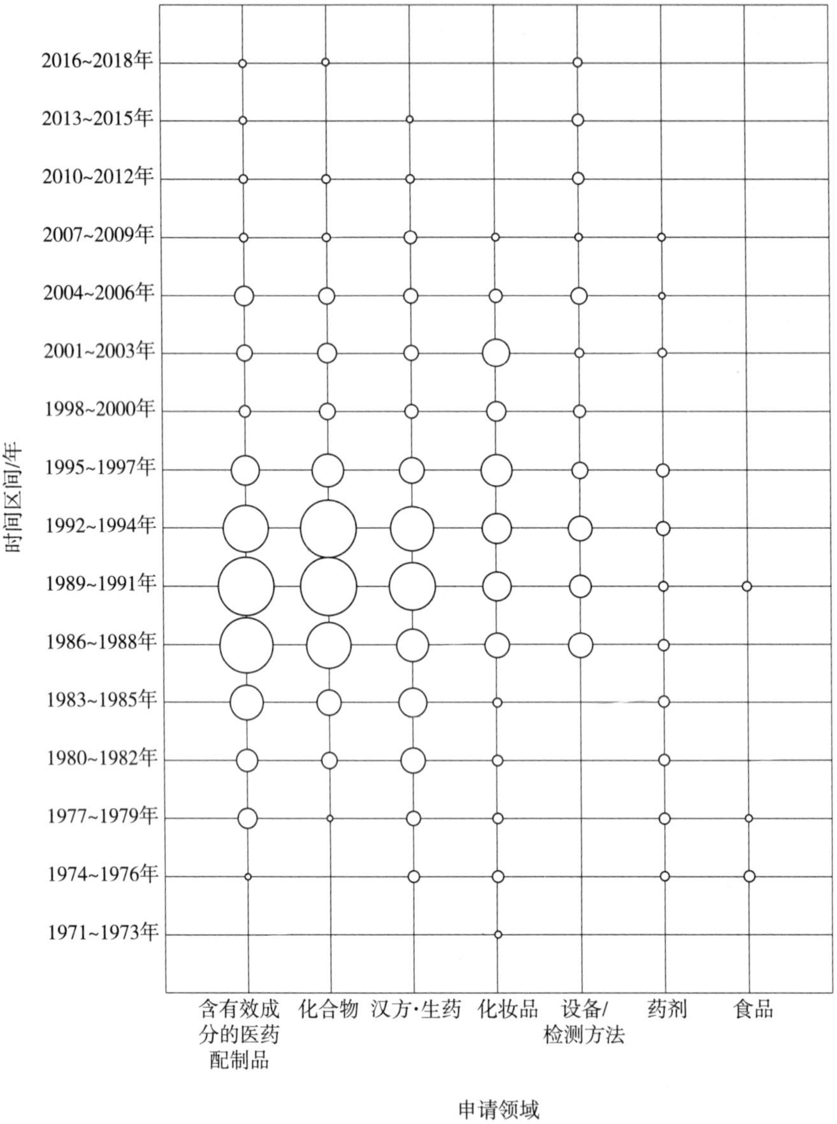

图4-1-12 津村专利申请领域随时间分布

注:圆圈大小表示申请量多少。

(五)十大适应证

图4-1-13显示了津村专利申请中涉及的疾病适应证。

相关领域分类说明：

A61P 43/00：在 A61P 1/00 到 A61P 41/00 组中不包含的，特殊目的的药物。

A61P 35/00：抗肿瘤药。

A61P 29/00：非中枢性止痛剂，退热药或抗炎剂，例如抗风湿药；非甾体抗炎药。

A61P 1/16：治疗肝脏或胆囊疾病的药物，例如保肝药、利胆药、溶石药。

A61P 37/08：抗过敏剂。

A61P 13/02：尿道或泌尿道的，例如尿的酸化剂。

A61P 15/00：治疗生殖或性疾病的药物。

A61P 25/28：治疗中枢神经系统神经变性疾病的药物，例如精神功能改善剂、识别增强剂、治疗早老性痴呆或其他类型的痴呆的药物。

A61P 3/08：葡萄糖体内平衡的药物。

A61P 9/10：治疗局部缺血或动脉粥样硬化疾病的，例如抗心绞痛药、冠状血管舒张药、治疗心肌梗死、视网膜病、脑血管功能不全、肾动脉硬化疾病的药物。

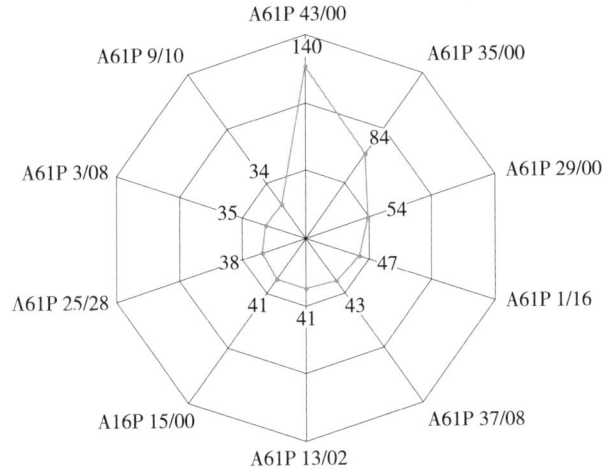

图 4-1-13　津村专利申请十大适应证 IPC 分布

注：图中数字表示申请量，单位为件。

图 4-1-14 显示了津村专利申请中疾病适应证 IPC 分布年度变化趋势。

在图 4-1-14 中，A61P 43/00 的专利申请量最多，A61P 43/00 是不便分类的药物，主要是用于特殊的、罕见病治疗，包含的疾病种类较杂，除 A61P 43/00 之外，抗肿瘤、止痛剂、肝胆药、抗过敏剂等是津村的主要研究领域。但从时间上来看，各适应证的申请量在进入 21 世纪之后明显减少，这与津村"决意不开发新药"的战略转型有关。

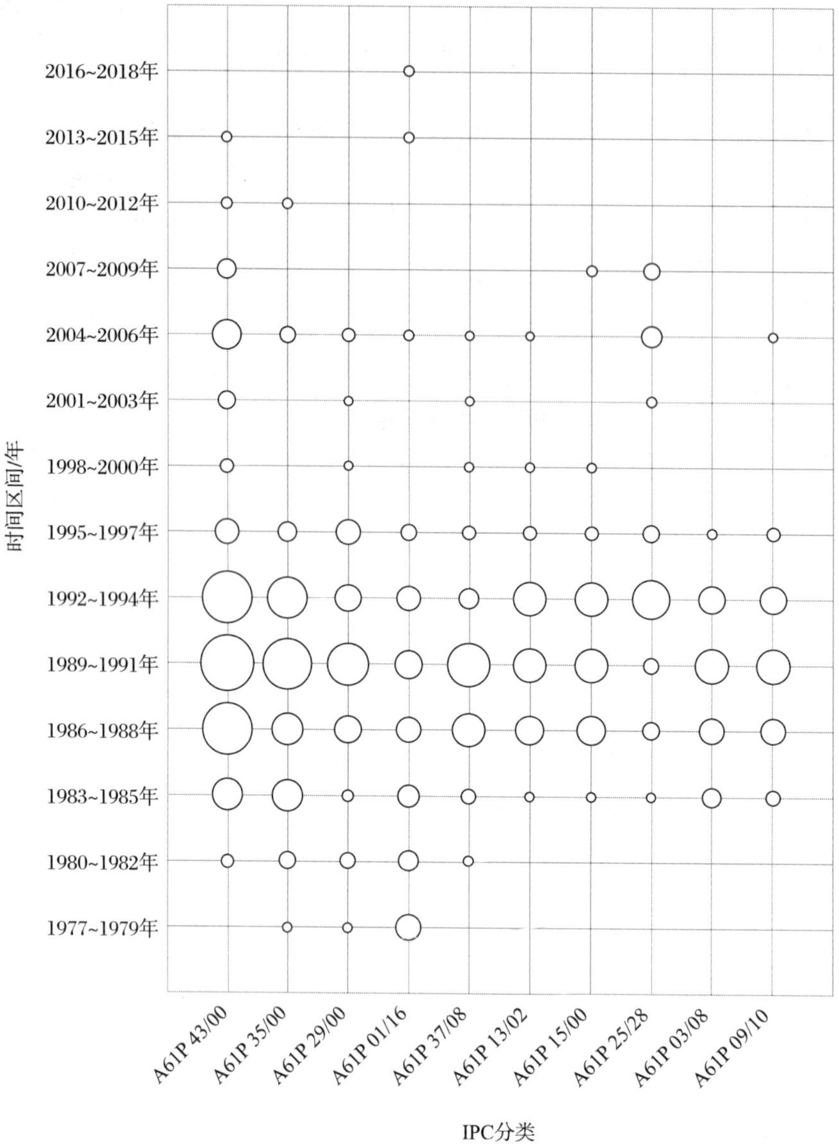

图 4－1－14　津村专利申请中疾病适应证 IPC 分布年度变化趋势

注：圆圈大小表示申请量多少。

三、战略处方的专利申请策略

津村《企业报告书 2018》记载了津村近两年销售额前十名的医疗用汉方制剂，如表 4－1－1 所示。

表 4-1-1　津村医疗用汉方制剂销售收入排名

销售收入排名	处方名	主要功能功效	2016 财年	2017 财年	增减率
			百万日元		
1	大建中汤	腹部受寒疼痛、腹部膨胀感	10328	10584	2.50%
2	抑肝散	神经机能病、失眠	7330	7571	3.30%
3	补中益气汤	病后增强体力、食欲不振	6947	7098	2.20%
4	六君子汤	胃炎、消化不良、食欲不振	6863	7044	2.60%
5	芍药甘草汤	急性肌肉痉挛的疼痛	4853	5031	3.70%
6	加味逍遥散	畏寒、月经不调、更年期障碍	4465	4534	1.50%
7	麦门冬汤	咳嗽痰多、支气管炎、支气管哮喘	4511	4511	0.00%
8	五苓散	浮肿、腹泻、头痛、中暑	3363	3722	10.70%
9	牛车肾气丸	下肢疼痛、腰痛、麻痹、排尿困难	3733	3686	-1.30%
10	葛根汤	感冒、鼻塞、热性疾病初期、肩周炎	3277	3405	3.90%
21	半夏泻心汤	发酵性腹泻、神经性胃炎、口腔炎、神经机能病	1276	1334	4.60%
129 个医疗用汉方制剂处方合计			109647	112274	2.40%

表 4-1-1 中包含了育药·Growing 处方的 10 个处方以及进入销售收入第 10 名的葛根汤,这 11 个处方构成了津村的战略处方。除半夏泻心汤之外,津村的其他 9 个育药·Growing 处方药均进入了津村医疗用汉方制剂销售收入的前十位;除牛车肾气丸、麦门冬汤之外,其他汉方制剂均有 1.4% ~ 10.70% 的增长率,其中五苓散的增长率高达 10.70%;而葛根汤是唯一进入销售收入前十的非育药·Growing 处方药。

涉及上述 11 个战略处方的专利共计 46 件,具体情况见附录 B。津村对于战略处方的专利申请有如下特点:

(一) 申请时间策略

通常来说,医药领域的专利申请中,通常包括化合物专利、化合物晶型专利、制剂专利、用途专利等类型;在申请时间上,通常采用"化合物专利→晶型专利→制剂专利"的申请时间策略。图 4-1-15 给出了典型的医药专利申请时间策略。

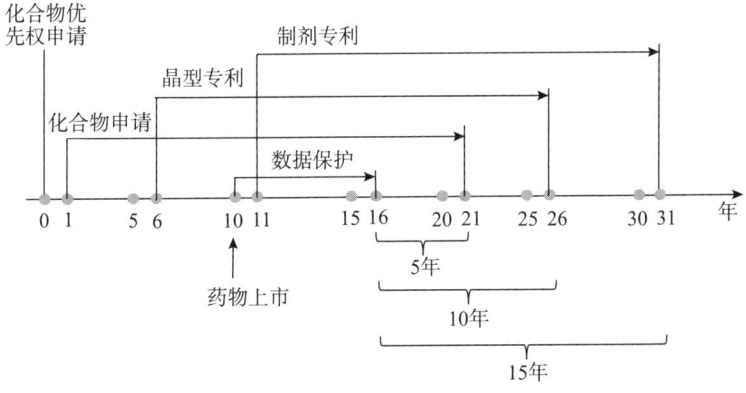

图 4-1-15　典型医药专利申请时间策略

但在汉方制剂领域，由于汉方是从汉方古籍中挑选出的古方，本身并不是新药物组合物，因此在汉方制剂领域并不存在如化合物专利这样的基础专利，由此在申请时间策略上也不会采用"化合物专利→晶型专利→制剂专利"的申请时间策略。

在汉方制剂领域，典型的创新模式有两种，一是通过明确汉方制剂的药理作用机理，为临床决策提供依据；二是通过改进制剂技术，使得汉方制剂现代化，确保质量稳定可靠。因此，汉方制剂厂家通常会根据循证医学研究成果和制剂技术改进研究成果来对汉方制剂进行相应的专利申请。

1. 津村战略处方的销售额

如图4-1-16所示，各战略处方的销售收入呈现明显的梯队形态，大建中汤的销售收入突破100亿日元，独居第一梯队；抑肝散、补中益气汤、六君子汤的销售收入在68亿~75亿日元，处于第二梯队；芍药甘草汤、加味逍遥散、麦门冬汤的销售收入在45亿~50亿日元，处于第三梯队；五苓散、牛车肾气丸、葛根汤的销售收入在32亿~37亿日元，处于第四梯队；而半夏泻心汤的销售收入约13亿日元，排名最后，处于第五梯队。

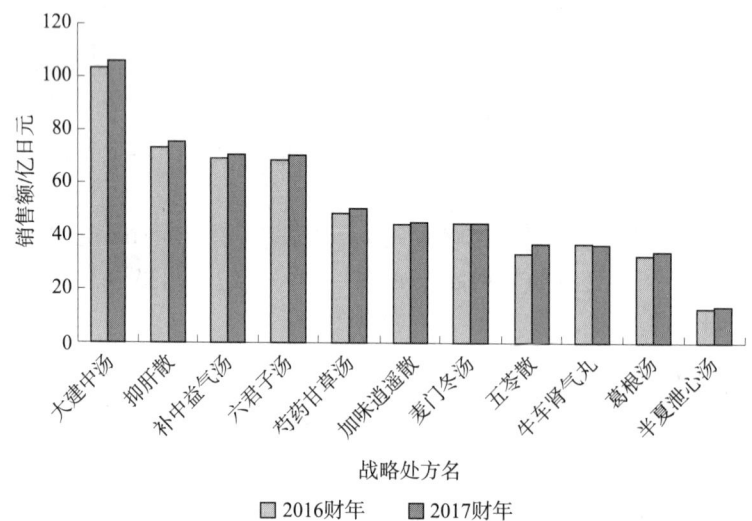

图4-1-16 津村战略处方2016~2017财年销售收入排名

可以看出，目前津村战略处方中的重点是大建中汤。

2. 津村战略处方的专利申请趋势

对津村各战略处方的专利申请变化趋势进一步统计分析。

20世纪70年代整体的专利申请量比较少，此时专利申请主要涉及五苓散和葛根汤；20世纪80年代，涉及牛车肾气丸、葛根汤、五苓散的专利申请最多；20世纪90年代，涉及五苓散、半夏泻心汤的专利申请占主要地位；21世纪后，涉及大建中汤的专利申请量明显比其他产品的专利申请要多。可见，津村战略处方的专利布局方向发生了明显变化，20世纪八九十年代以牛车肾气丸、葛根汤、五苓散为主，进入21世纪后以大建中汤为主。

2004年起,津村以医疗用汉方制剂能够发挥特殊效果的疾病为对象,设定了"育药"处方,大建中汤是津村当时设定的育药处方之一;之后,津村对大建中汤进行了大量的基础临床研究。截至目前,津村已经报告了大建中汤日本国内的副作用发生频率调查结果;对以多种生药为原料的植物药品的科学性品质评价方法的研究也取得了一定的成果。临床试验主要以过敏性大肠症候群(IBS)、肠术后轻瘫(POI)及克罗恩病为对象进行,至2017年末已完成了Phase Ⅱ前期阶段的工作。津村得出了一系列评价结果:包括"POI的治疗至今仍具有未被满足的重大医疗需求""美国医疗的特殊性决定了缩短住院时间及减少并发症的需求较高"及"大建中汤极为有望作为POI的治疗药"等,并决定2018财年后将POI锁定为大建中汤在美国上市的开发目标。图4-1-17展示了津村战略处方专利申请的变化趋势。

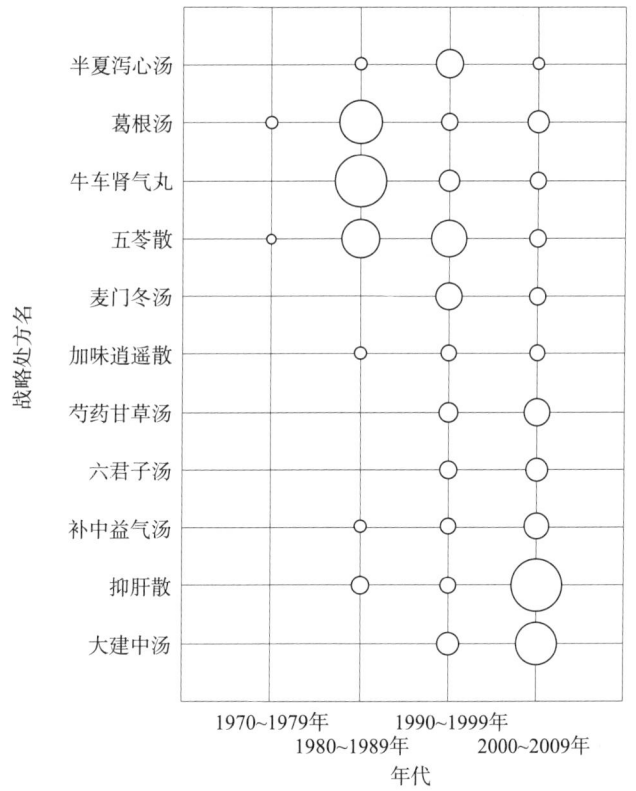

图4-1-17 津村战略处方专利申请变化趋势

注:圆圈大小表示申请量多少。

由此可见,进入21世纪后,日本津村主要致力于通过明确大建中汤的药理作用机理,重点开展大建中汤的循证研究,并形成了一定的研究成果,可以为临床决策提供科学依据。因此,在专利申请量上,涉及大建中汤的专利申请也在21世纪后呈现明显增长。

对比图4-1-16和图4-1-17可以看出,虽然五苓散、牛车肾气丸、葛根汤的专利申请量最多,但集中于20世纪八九十年代,进入21世纪后专利申请明显减少,目前仅少数专利权仍维持有效,销售收入排名在后;而大建中汤、抑肝散的专利申请集中于 21 世纪,具有明显加快布局的趋势,目前多数专利权仍维持有效,其销售收入也保持在前两名,进一步验证了目前大建中汤在津村汉方·生药产品中的地位。而对于其他的汉方制剂,例如六君子汤、芍药甘草汤、加味逍遥散、麦门冬汤等,虽然专利申请数量上并没有爆发性增长,但基本保持平稳上升的态势,在销售收入排名中依次为第三至第七名。

3. 津村战略处方的专利申请主题变化

申请主题的变化代表了创新主体研究方向的变化。图 4 - 1 - 18 给出了津村战略处方专利申请的主题分布。其中制剂/制备方法类专利申请保持平稳的申请态势,每个年代的申请量在 3~5 件;检测方法类专利申请则集中于 2000 年之后,明显占据主要地位;用途类专利申请则从 20 世纪 80 年代开始,每个年代均有一定数量的专利申请;提取方法、化合物类专利申请主要集中在 20 世纪八九十年代;而涉及中药种植方法、炮制方法的专利申请仅仅有 1 件。

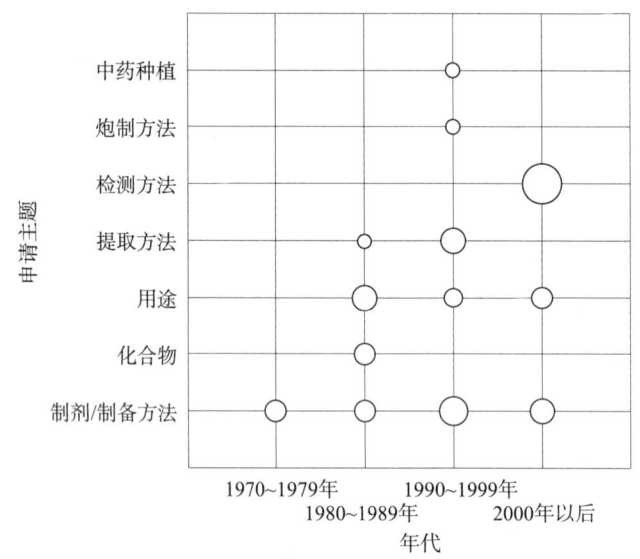

图 4 - 1 - 18　津村战略处方专利申请主题分布

注:圆圈大小表示申请量多少。

津村《企业报告书 2018》中明确指出,津村决意不开发新药,遵循传统医学制作汉方制剂。从 20 世纪 80 年代申请 3 件化合物专利之后,并无新的专利申请出现,这与"决意不开发新药"的战略转型不无关系。从 20 世纪 70 年代至今,涉及战略处方的制剂/制备方法的专利申请一直不断,津村"遵循传统医学制作汉方制剂",一直致力于提供高品质的汉方制剂,因此通过制剂/制备方法的改进来确保战略处方制剂的稳定性、安全性和有效性。进入 21 世纪,津村检测方法类的专利申请明显占据主要地位,津村为提高汉方制剂品质管理水平,建立了"原料生药的种植→原料生药的采购→汉方浸膏制剂的生产→制剂的生产→制剂的贮存"一整套品质管理体系,而检测分析技术是整个品质管理的核心。

(二) 申请地域策略

专利权具有地域性,因此在相应的国家或地区获得专利权是在当地享有专利权的前提。但在域外申请专利所需的时间成本、金钱成本比较高;因此,当进入国际化发展阶段时,企业往往会根据该产品的目标市场来选择相应的申请目的国或地区,以应对知识产权风险,阻止竞争对手的加入。

根据津村官方网站的介绍,津村建立了挑战海外市场的战略,将"挑战中国新事业"设立为三大战略课题之一,并积极筹备 TU-100(大建中汤)在美国上市。

图 4-1-19 给出了津村"挑战中国新事业"的概要。

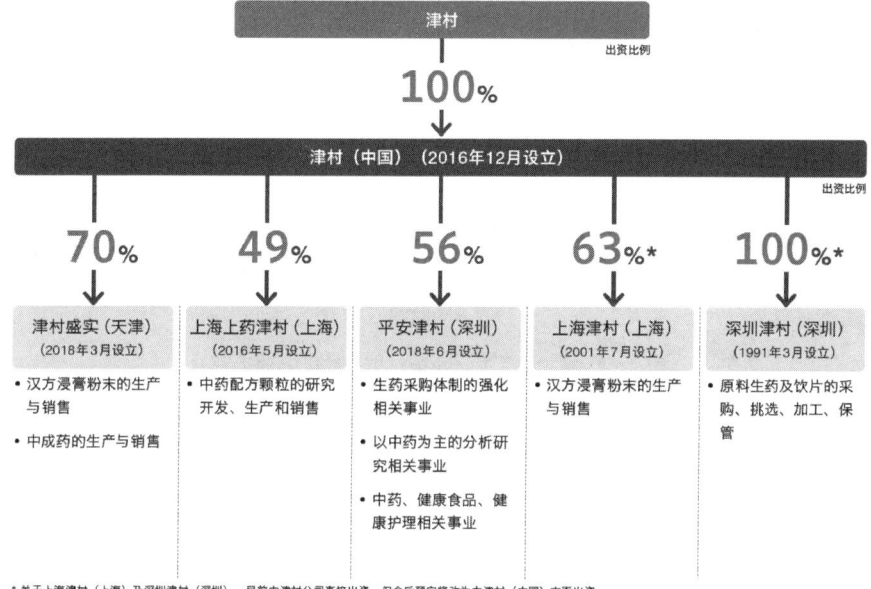

图 4-1-19　日本津村"挑战中国新事业"概要

图 4-1-20 列出了津村"挑战中国新事业"各项事业的详细内容。

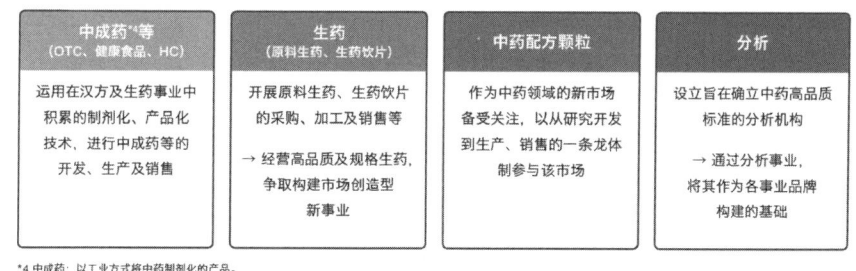

图 4-1-20　津村"挑战中国新事业"各项事业详细内容

自 1993 年设立深圳津村药业有限公司,津村就开始关注中国市场,之后相继设立了上海津村制药有限公司、上海上药津村制药科技有限公司、津村盛实(天津)制药科技有限公司;并从 2016 年开始,津村正式启动面向中国市场的生药饮片(注:生药饮片：将原料生药进行切制的产品）事业，开展面向中药配方颗粒（注：单味生药饮片经过提取、分离、浓缩、干燥、混合、造粒而制备得到的颗粒，用于中药配伍的颗粒）生产的研发工作。2018年6月，津村设立了合资公司平安津村有限公司。平安津村以在中国市场实现中药（注：中医使用的药剂）第一品牌为目标，积极强化生药采购体制，并开展以中药为主的分析研究。从而形成了中成药、生药饮片、中药配方颗粒三大产品线，并将分析检测事业作为其他各项事业的基础。

另外，从2008年开始，津村利用汉方·生药事业积累的技术和经验，以及日本国内"育药"研究中获得的基础临床数据，积极推动大建中汤获得美国处方药认证许可，筹备大建中汤在美国上市。截止目前，津村已经报告了大建中汤在日本国内的副作用发生频率调查结果；建立了多种生药为原料的植物药品的科学性品质评价方法；以过敏性大肠症候群、POI肠术后轻瘫及克罗恩病为对象进行了临床试验。至2017年年末已完成了PhaseⅡ前期阶段的工作，并决定2018年后将POI锁定为大建中汤在美国上市的开发目标。

由此可见，除了立足日本国内市场外，津村的主要海外市场是中国和美国。相应地，津村的国际专利也围绕中国和美国进行布局。在2000年之前，津村战略处方的国际专利申请数量较少，仅2件。而进入21世纪后，津村战略处方的国际专利申请显著增加（见表4-1-2）。

表4-1-2 津村战略处方国际专利申请汇总

序号	公开号	发明名称	申请年份	进入国家或地区	涉及的战略处方
1	JPH0543469A	葡萄糖醛酸酶抑制剂	1991	美国、加拿大、欧洲、日本、澳大利亚	半夏泻心汤
2	JPH05194246A	汉方硬胶囊制剂的生产方法	1992	日本、欧洲❶、美国、德国、西班牙、奥地利	芍药甘草汤、抑肝散、补中益气汤、五苓散、加味逍遥散、葛根汤、大建中汤、麦门冬汤、牛车肾气丸、六君子汤、半夏泻心汤
3	JPWO2004006945A1	含有汉方提取物的片剂组合物及其制备方法	2003	中国、美国、欧洲、韩国、德国、加拿大、西班牙、中国台湾、澳大利亚	大建中汤、五苓散、六君子汤、麦门冬汤、葛根汤、牛车肾气丸、补中益气汤
4	JP2006514494A	多成分药剂的评价方法	2005	中国、美国、欧洲、韩国、中国台湾	补中益气汤
5	WO2007088681	生长激素释放肽生产促进剂	2006	美国	六君子汤
6	JPWO2008001672A1	汉方提取物含有片剂组合物	2007	中国	补中益气汤、葛根汤、芍药甘草汤、抑肝散、加味逍遥散、牛车肾气丸

---

❶ 欧洲是指向欧洲专利局提交的申请，下同。

续表

序号	公开号	发明名称	申请年份	进入国家或地区	涉及的战略处方
7	JP2013241473A	肾上腺髓质素产生增强剂	2008	中国、美国、日本、加拿大、欧洲	大建中汤
8	JPWO2009016897A1	微波加热分解萃取分析二硫代氨基甲酸酯类农药的方法	2008	日本、中国、美国	半夏泻心汤、抑肝散、补中益气汤、大建中汤、芍药甘草汤、葛根汤、加味逍遥散、五苓散、六君子汤、麦门冬汤、牛车肾气丸
9	JPWO2009122580A1	抑肝散的生物测定方法	2008	中国	抑肝散
10	JPWO2009157083A1	抑肝散的生物测定方法	2008	中国	抑肝散、葛根汤
11	JPWO2009008266A1	抑肝散的生物测定方法	2008	中国	抑肝散
12	JPWO2009101700A1	抑肝散的生物测定方法	2008	中国	抑肝散
13	JPWO2012073881A1	大建中汤的生物测定方法及使用该方法的质量管理方法	2011	欧洲、中国、中国香港、美国、日本、韩国、中国台湾	大建中汤
14	JP2015047106A	微生物检出方法	2013	中国、日本、欧洲、美国、中国香港、韩国、中国台湾	半夏泻心汤、抑肝散、补中益气汤、六君子汤、芍药甘草汤、大建中汤、加味逍遥散、五苓散、牛车肾气丸、葛根汤、麦门冬汤
15	JP2017175999A	大建中汤之效果预测方法以及投予量决定方法	2017	中国、日本、韩国、欧洲、中国台湾、美国	大建中汤

津村战略处方进入主要国家或地区的专利数量如表4-1-3所示。

表4-1-3 战略处方国际专利申请进入国家或地区分布

国家或地区	中国	美国	欧洲	中国台湾	韩国	加拿大	中国香港	德国	西班牙	澳大利亚	奥地利
申请量/件	12	10	8	5	4	3	2	2	2	2	1

可以看出，进入中国和美国的战略处方国际专利申请最多。其中，进入中国的战略处方国际专利申请中，检测技术类专利占9件，占比达75%。这是因为，津村汉方制剂80%的原料生药从中国进口，一部分汉方制剂生产工序也在中国进行；因此，津

49

村将分析事业作为在中国各事业品牌构建的基础,甚至在中国设立了旨在确立中药高品质标准的分析机构——平安津村(深圳)。

与津村整体国际专利申请的进入国或地区分布相比,中国在五局中的排名由第四名跃升为第一名,这也符合"挑战中国事业"中"进行中成药开发"的愿景。

值得注意的是,所有涉及大建中汤的国际专利申请均进入了美国,涉及的主题包括剂型及其制备方法、用途、生物检测方法、质量管理方法、微生物检出方法、效果预测方法等,这也与"推动大建中汤在美国上市"的目标相符合。

(三)专利申请与保护概况

经统计,津村战略处方的专利中,仅有1项权利要求的专利最多,占比为39.5%;10项以下权利要求的专利申请占比达88.4%,而10项以上权利要求的专利申请数量仅占11.6%,其中权利要求项数最多的专利申请为22项(见图4-1-21)。

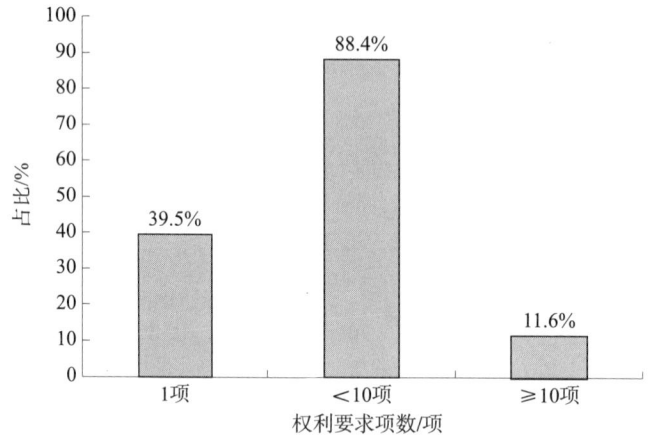

图4-1-21　津村战略处方专利申请依据权利要求项数分布

津村战略处方的专利申请授权百分比达76.7%,明显比津村整体专利的授权百分比高(约40%)(见图4-1-22)。

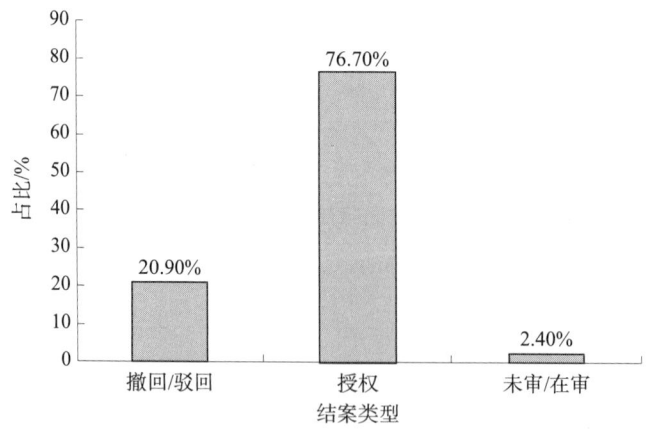

图4-1-22　津村战略处方专利申请依结案类型分布

在专利权维持情况上,目前仍维持有效的专利占比30.3%;维持20年后专利权到期的专利占比45.5%,中途弃权导致未维持20年的专利占比24.2%。其中,未维持20年的专利其实质维持权利时间均在10年以上,其中有2件专利权维持到19年,最少的1件专利权维持到12年(见图4-1-23)。

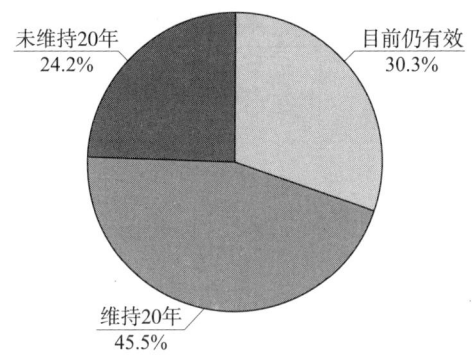

图4-1-23　津村战略处方专利权维持情况分布

此外,同族专利被引证次数也是衡量专利价值的常用指标,是指该专利族被当作对比文件的次数,同族专利被引证次数越多,则通常可以认为其专利基础价值越高。引证次数超过10次的发明专利申请有6件,占比14%(见图4-1-24)。

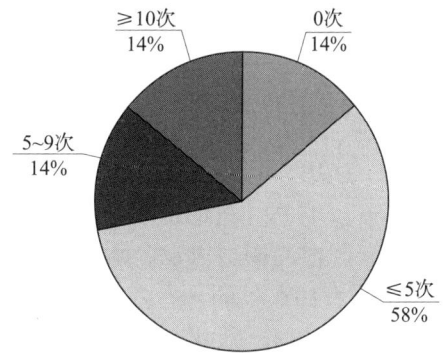

图4-1-24　津村战略处方专利被引证数分布

其中被引证最多的专利是JPH0543469A,被引证次数达43次,该专利涉及一种葡萄糖醛酸酶抑制剂,是一件进入了澳大利亚、加拿大、欧洲、日本、美国的国际专利申请,专利权由株式会社津村、第一制药株式会社、株式会社益力多本社共同持有。该件专利申请日为1991年8月9日,授权日为1995年10月25日,于2008年失效。该专利发现黄芩中含有的黄芩苷和木蝴蝶素A-7-O-葡糖苷酸;荆芥含有的木犀草素-3'-葡糖苷酸具有葡萄糖醛酸酶抑制作用,进而要求保护包括了含有黄芩和/或荆芥的汉方、生药以及两者分离出来的化合物黄芩苷、木蝴蝶素A-7-O-葡糖苷酸和木犀草素-3'-葡糖苷酸作为葡萄糖醛酸酶抑制剂的用途。该专利蕴含了津村典型的研发策略和专利申请策略:从单味药材入手,开发新的用途,并对所有含有该药材的汉方制剂进行研究,从而起到以点带面的研发效果。

(四) 代表性专利申请

在不同时期,津村的研发重点不同,综合引用次数、同族专利数量、维持有效年限等因素,筛选出4件代表性专利,如表4-1-4所示。

表4-1-4 津村代表专利汇总

序号	公开号	发明名称	申请年份	类型	涉及的战略处方	进入国家或地区
1	JPS61122217A	汉方药浸膏制剂的制造方法	1984	提取方法	抑肝散、五苓散、牛车肾气丸、葛根汤	日本国内申请
2	JPH0543469A	葡萄糖醛酸酶抑制剂	1991	用途	半夏泻心汤	澳大利亚、加拿大、欧洲、日本、美国
3	JPWO2004006945A	含有汉方提取物的片剂组合物及其制备方法	2003	制剂	大建中汤、五苓散、葛根汤、麦门冬汤、牛车肾气丸、六君子汤、补中益气汤	中国、美国、欧洲、韩国、德国、加拿大、澳大利亚、西班牙、中国台湾
4	JPWO2005121777S	多成分药剂的评价方法	2005	检测方法	补中益气汤	中国、美国、欧洲、韩国

1.【JPS61122217A】

JPS61122217A是津村于1984年11月19日申请的第1件涉及战略处方的提取方法专利,是日本国内申请,授权号为JPH0469608B2;被引用次数为7次,该专利授权后在日本维持至20年,期满失效。是日本津村的提取方法专利。

该专利涉及一种汉方药浸膏制剂的制造方法,将汉方药提取、浓缩、干燥获得提取物粉末;收集提取和/或浓缩过程中产生的含有挥发性成分的提取溶剂蒸气,浓缩后与一种或多种选自糖、淀粉、糊精、硅酸盐化合物、纤维素、黄蓍胶和阿拉伯树胶的干燥剂混合并干燥,得到粉末;将上述得到的粉末与上述汉方药浸膏制剂粉末混合。从而解决普通医疗用汉方药制剂存在的挥发性成分损失的问题,使得汉方药浸膏制剂有效成分含量长期稳定。

该方法可以广谱性地适用于多种汉方制剂,包括葛根汤、抑肝散、五苓散、牛车肾气丸、加味逍遥散等。是津村第一件涉及战略处方的提取方法专利。从该专利开始,在接下来的一年又陆续申请了3件提取方法类专利申请,为津村在汉方药浸膏制剂方面奠定了技术基础。

这3件专利的公开号分别为JPS61282319A、JPS6256434A、JPS62153222A,发明名称均为"漢方薬エキス剤の製造方法"(汉方药浸膏制剂的制造方法),原始权利要求均只有1项,均以原始权利要求得到了授权,如表4-1-5所示。

表 4-1-5　JPS61122217A 系列专利

公开号	申请日	权利要求	解决的技术问题
JPS61122217A	1984-11-19	1. 一种汉方药浸膏制剂的制造方法，用提取溶剂提取汉方药，浓缩提取物并干燥得到汉方药浸膏制剂粉末；收集提取和/或浓缩过程中产生的含有挥发性成分的提取溶剂蒸气，浓缩；冷凝凝结物，浓缩，与一种或多种选自糖、淀粉、糊精、硅酸盐化合物、纤维素、黄蓍胶和阿拉伯树胶的赋形剂混合并干燥；将上述得到的粉末与上述汉方药浸膏制剂粉末混合	解决挥发性成分损失的问题，使得有效成分含量长期稳定
JPS61282319A	1985-06-07	1. 一种汉方药浸膏制剂的制造方法，用提取溶剂提取汉方药，浓缩，向浓缩液中添加淀粉酶进行反应，反应液干燥得到粉末，与一种或多种选自糖、淀粉、糊精、硅酸盐化合物、纤维素、天然树胶赋形剂混合，以制备各种剂型	解决崩解性能的问题，改善崩解性
JPS6256434A	1985-09-04	1. 一种汉方药浸膏制剂的制造方法，用提取溶剂提取汉方药，浓缩，向浓缩液中添加固定化淀粉酶进行反应，反应液干燥得到粉末，与一种或多种选自糖、淀粉、糊精、硅酸盐化合物、纤维素、天然树胶赋形剂混合，以制备各种剂型	解决崩解性能的问题，改善崩解性
JPS62153222A	1985-12-27	1. 一种汉方药浸膏制剂的制造方法，用提取溶剂提取汉方药，浓缩，向浓缩液中加入 HLB 值 7 以上的非离子表面活性剂，干燥得到粉末，与一种或多种选自糖、淀粉、糊精、硅酸盐化合物、纤维素、天然树胶赋形剂混合，以制备各种剂型	解决溶解性能的问题，改善溶解性

JPS61122217A 系列的 4 件专利申请均只提交了 1 项权利要求，并以该原始权利要求获得了授权。具体来说，这 4 件专利全部记载了关键技术手段，例如 JPS61122217A 收集含有挥发性成分的提取溶剂蒸气，与辅料制备成粉末使用；JPS61282319A 添加淀粉酶进行反应；JPS6256434A 添加固定化淀粉酶进行反应；JPS62153222A 添加 HLB 值 7 以上的非离子表面活性剂。使得权利要求简明扼要，同时通过说明书具体的试验安排来获得说明书的支持，保障了权利要求的稳定性。但另一方面来说，这 4 件专利的权利要求 1 未限定具体的汉方药处方，也未限定具体的提取溶剂和提取参数；这种方式可以权利要求广谱性地适用于多种汉方药，具有相当大的保护范围，这也符合津村"统一制剂方法"的追求。

通过该系列专利申请，津村短短一年时间，就对汉方药浸膏制剂进行了集中的专利申请，解决了汉方药浸膏制剂挥发性成分损失、崩解性、溶解性的问题。在现代日本，医疗用汉方制剂绝大多数是原料生药提取后加工制成的"浸膏制剂"。同时，浸膏制剂是津村汉方价值链的重要一环，也是津村品质管理的重要方面，统一的规范化制备工艺是津村实现价值链和品质管理的追求。

在津村早期申请中，对汉方药浸膏制剂的制造方法进行短时间内集中专利布局，既体现了津村对汉方制剂品质的重视，也符合日本国内对汉方制剂的品质追求；同时，可以遏制竞争对手，防止竞争对手抢先布局。

2.【JPH0543469A】

JPH0543469A 是津村于 1991 年 8 月 9 日提交的一件专利申请，通过巴黎公约的途径，在澳大利亚、加拿大、欧洲、美国进行了专利申请。日本授权日为 1996 年 10 月 25 日，日本授权号为 JPH0798752B2，于 2008 年失效。专利权由株式会社津村、第一制药株式会社、株式会社益力多本社共同持有，被引用次数达 43 次。

专利 JPH0543469A 具体涉及一种 β-葡糖醛酸酶抑制剂，其包含至少一种选自黄芩苷、木蝴蝶素 A-7-O-葡糖苷酸和木犀草素-3'-葡糖苷酸的化合物；黄芩和/或荆芥穗的提取物；或者包含黄芩和/或荆芥穗的中国和日本的传统处方。β-葡糖醛酸糖苷酶抑制剂可以缓解由特定化合物给药引起的不良反应，尤其是腹泻。

（1）申请策略。

在不同的国家或地区，依据当地的专利制度，日本津村采取了不同的申请策略来进行专利布局，该专利同族的具体情况如表 4-1-6 所示。

表 4-1-6　JPH0543469A 同族专利情况

公开号	权利要求数/项 申请	权利要求数/项 授权	主题	审查结论	授权维持年限	授权权利要求
JPH0543469A	3	3	用途	授权	17 年	原始权利要求
AU1992023906A1	6	2	产品用途	授权	7 年	1. 一种抑制 β-葡糖醛酸糖苷酶活性的方法，包括给予至少一种选自黄芩苷、木蝴蝶素 A-7-O-葡糖苷酸和木犀草素-3'-葡糖苷酸的化合物 2. 一种抑制 β-葡糖醛酸糖苷酶活性的方法，包括给予黄芩和/或荆芥穗的提取物
US5447719A	12	12	用途	授权	8 年	原始权利要求
EP0558753A1	6	—	产品用途	撤回	—	—
CA2093442A1	6	—	产品用途	未审	—	—

以日本特许厅、欧洲专利局、美国专利商标局的审查结果来看，不同的申请策略，其结果也往往不同。

1) 日本申请策略（见表4-1-7）。

表4-1-7　JPH0543469A在日本特许厅的权利要求

权利要求原文	权利要求译文
【請求項1】バイカリン、オロキシリンＡ-7-Ｏ-グルクロニドおよびルテオリン-3'-グルクロニドから選ばれる少なくとも一つの化合物を含有することを特徴とするβ-グルクロニダーゼ阻害剤。 【請求項2】オウゴンおよび/またはケイガイの抽出物を含有することを特徴とするβ-グルクロニダーゼ阻害剤。 【請求項3】オウゴンおよび/またはケイガイを構成生薬とする漢方処方よりなるβ-グルクロニダーゼ阻害剤	1. 包含至少一种选自黄芩苷、木蝴蝶素Ａ-7-Ｏ-葡糖苷酸和木犀草素-3'-葡糖苷酸的化合物的β-葡糖醛酸糖苷酶抑制剂。 2. 包含黄芩和/或荆芥穗的提取物的β-葡糖醛酸糖苷酶抑制剂。 3. 包含黄芩和/或荆芥穗的汉方处方的β-葡糖醛酸糖苷酶抑制剂

该专利权利要求书包含3项权利要求，权利要求1~3均为独立权利要求，请求保护的主题为β-葡糖醛酸酶抑制剂，限定了具体活性成分种类。

根据日本《审查基准》的定义，"用途发明"是指发现了物质的未知属性，并利用该属性将物质用于新用途的发明。虽然用途发明的本质在于新属性、新用途的发现，但在日本专利体系中，用途发明仍然属于物品发明。对用途发明的认定存在两个要件，一是发现物质的未知属性，二是利用该属性产生了新的用途，两者缺一不可。假使权利要求所述发明被认定为用途发明，即使物质本身是已知的，由于属性是未知的，该权利要求通常仍然具有新颖性。

津村准确理解了《审查基准》对用途发明申请文件撰写的要求。首先在该专利说明书效果试验直接对黄芩苷、木蝴蝶素Ａ-7-Ｏ-葡糖苷酸和木犀草素-3'-葡糖苷酸的β-葡萄糖醛酸苷酶的抑制性进行了验证，发现了物质的未知属性，并且利用了该属性产生了新的用途，即作为β-葡糖醛酸糖苷酶抑制剂的用途。因此，虽然黄芩苷、木蝴蝶素Ａ-7-Ｏ-葡糖苷酸和木犀草素-3'-葡糖苷酸都属于已知物质，但津村将其撰写成典型的医药用途发明的权利要求，进而寻求医药用途发明的专利保护。

为了使得保护范围最大化，津村在权利要求中并不列明具体汉方，而是以开放式撰写的方式，囊括了化合物、汉方、生药及其提取物，达到了上位保护涉及这三种化合物的生药提取物、汉方药浸膏制剂的用途的目的。这种以点带面的保护方式蕴含了津村对汉方制剂的保护策略。

该申请在进入实质审查后，由于没有发现驳回理由，审查员作出一次授权决定。

2) 欧洲同族申请策略（见表4-1-8）。

该专利权利要求书包含6项权利要求，权利要求1~3均为产品独立权利要求，请求保护的主题为β-葡糖醛酸酶抑制剂，限定了具体活性成分种类。权利要求4~6均为方法权利要求，请求保护的主题为"一种抑制β-葡糖醛酸糖苷酶活性的方法"，限定了具体活性成分种类。

表 4-1-8　EP0558753A1 在欧洲专利局的权利要求

权利要求原文	权利要求译文
1. A β-glucuronidase inhibitor comprising at least one compound selected from the group consisting of baicalin, oroxylin A-7-O-glucuronide and luteolin-3'-glucuronide. 2. A β-glucuronidase inhibitor comprising an extract of scutellaria root and/or schizonepeta spike. 3. A β-glucuronidase inhibitor comprising a Chinese and Japanese traditional prescription comprised of scutellaria root and/or schizonepeta spike as a crude drug. 4. A method of inhibiting a β-glucuronidase activity, comprising administering at least one compound selected from the group consisting of baicalin, oroxylin A-7-O-glucuronide and luteolin-3'-glucuronide. 5. A method of inhibiting a β-glucuronidase activity, comprising administering an extract of scutellariaroot and/or schizonepeta spike. 6. A method of inhibiting a β-glucuronidase activity, comprising administering a Chinese and Japanese traditional prescription comprised of scutellaria root and/or schizonepeta spike as a crude drug.	1. 一种β-葡糖醛酸糖苷酶抑制剂，其包含至少一种选自黄芩苷、木蝴蝶素A-7-O-葡糖苷酸和木犀草素-3'-葡糖苷酸的化合物。 2. 一种β-葡糖醛酸糖苷酶抑制剂，其包含黄芩和/或荆芥穗的提取物。 3. 一种β-葡糖醛酸糖苷酶抑制剂，其包含含有黄芩和/或荆芥穗的中国和日本的传统处方。 4. 一种抑制β-葡糖醛酸糖苷酶活性的方法，包括给予至少一种选自黄芩苷、木蝴蝶素A-7-O-葡糖苷酸和木犀草素-3'-葡糖苷酸的化合物。 5. 一种抑制β-葡糖醛酸糖苷酶活性的方法，包括给予黄芩和/或荆芥穗的提取物。 6. 一种抑制β-葡糖醛酸糖苷酶活性的方法，其包含含有黄芩和/或荆芥穗的中国和日本的传统处方

然而，该专利在欧洲专利局的审查中并不如在日本特许厅那般顺风顺水。欧洲专利局在1998年对该专利发出了审查意见，当时审查依据的法律为1973年制定的《欧洲专利公约》，其中第54条第（5）款规定：新颖性的规定不应排除任何用于疾病诊断治疗方法的已知物质或者组合物的专利性，其条件是这种已知物质或者组合物在申请日之前没有被用于任何疾病的诊断治疗方法。可见欧洲专利局并没有如日本特许厅那般规定"用途发明"，因此，权利要求1~3在欧洲专利局被认定为是产品权利要求，如果涉及的物质是已有的，那么该权利要求就不具备新颖性。

在欧洲专利局的审查中，运用了对比文件1~2进行了审查，其中对比文件1（Effects of baicalein on leukotriene biosynthesis and degranulation in human polymorphonuclear leukocytes）公开了黄芩苷对A23187诱导的白三烯B4和C4生物合成和脱粒的影响。对比文件2（The effects of citrus flavonoids on human basophil and neutrophil function）公开了包括木蝴蝶素A-7-O-葡糖苷酸、木犀草素-3'-葡糖苷酸在内的15种物质对分泌物刺激的人嗜碱性粒细胞组胺释放的影响。虽然对比文件1~2均未公开化合物抑制β-葡糖醛酸糖苷酶的作用，但已足以破坏产品权利要求1~2的新颖性。而包含含有黄芩和/或荆芥穗的中国和日本的传统处方是已知的，因此权利要求3也不具备新颖性。

然而，此时的津村还无法通过将权利要求修改成第二医药用途发明的方式来获得专利权。因为直到2000年11月，欧洲才对涉及已知物质的第二医药用途发明的可专利性作出规定。2000年修订的《欧洲专利公约》第54条第（5）款涉及了第二医药用途：如果某种物质或者组合物本身已经为公众所知，而且现有技术披露了该物质的某种医药用途，对于要求保护另外一种特定的医药用途，仍然具备新颖性。

更可惜的是，权利要求4~6的保护主题是治疗方法；不符合1973年制定的《欧洲专利公约》规定：作用于人体或者动物的手术、治疗和诊断方法不具备工业实用性。因此，权利要求4~6也不能被授予专利权。

最终，津村撤回了该专利，结束了在欧洲专利权的审查程序。

3) 美国同族专利申请策略（见表4-1-9）。

表4-1-9 US5447719A在美国专利商标局的权利要求

权利要求原文	权利要求译文
1. A method of inhibiting β – glucuronidase activity in a patient, comprising administering to a patient in need of such inhibition, an effective amount for inhibiting . β – glucuronidase activity of at least one extract selected from the group consisting of extracts of scutellariarootand schizonepeta spike.	1. 一种抑制患者β-葡糖醛酸糖苷酶活性的方法，包括给需要这种抑制的患者施用有效量的抑制β-葡糖醛酸糖苷酶活性的至少一种选自黄芩和荆芥穗的提取物。
2. A method according to claim 1, wherein the extractsof scutellaria root and schizonepeta spikecomprise at least one compound selected from the group consisting of baicalin, oroxylin A – 7 – O – glucuronide and luteolin – 3' – glucuronide.	2. 根据权利要求1的方法，其中黄芩根和荆芥穗的提取物包含至少一种选自黄芩苷、木蝴蝶素A-7-O-葡糖苷酸和木犀草素-3'-葡糖苷酸的化合物。
3. A method according to claim 1, wherein the extracts are administered in the form of a Chinese and Japanese traditional prescription which comprises at least one extract selected from the group consisting of scutellaria root and schizonepeta spike.	3. 根据权利要求1的方法，其中所述提取物以中国和日本传统处方的形式施用，所述处方包含至少一种选自黄芩根和荆芥穗的提取物。
4. A method according to claim 1 wherein the extracts are administered to the patient by an oral or parenteral dosage form.	4. 根据权利要求1的方法，其中通过口服或肠胃外剂型将所述提取物给予患者。
5. A method according to claim 4 wherein the oral dosage form is selected from tablets, capsules, granules, finesubtilaes or powders.	5. 根据权利要求4的方法，其中口服剂型选自片剂，胶囊，颗粒，细小的粉末或粉末。
6. A method according to claim 5 wherein the oral dosage form further comprises at least one excipient, binder, disintegrator, surfactant, lubricant, fluidity accelerator, corrigent, colorant, or perfume.	6. 根据权利要求5的方法，其中口服剂型还包含至少一种赋形剂、黏合剂、崩解剂、表面活性剂、润滑剂、流动性促进剂、矫味剂、着色剂或香料。
7. A method according to claim 4 wherein the oral dosage form is administered to the patient at a dose of 10 mg to 1 g per day by weight of the extract.	7. 根据权利要求4的方法，其中口服剂型以每天10mg至1g的剂量以提取物的重量给予患者。
8. A method according to claim 4 wherein the parenteral dosage form is selected from an injection or a suppository.	8. 根据权利要求4的方法，其中肠胃外剂型选自注射剂或栓剂。
9. A method according to claim 8 wherein the parenteral dosage form is selected from intravenous injection, subcutaneous injection or intramuscular injection.	9. 根据权利要求8的方法，其中肠胃外剂型选自静脉内注射，皮下注射或肌内注射。
10. A method according to claim 4 wherein the parenteral dosage form is administered to the patient at a dose of 0.1 to 5 mg per day by weight of the extract.	10. 根据权利要求4的方法，其中胃肠外剂型以每天0.1至5mg重量的提取物的剂量给予患者。
11. A method according to claim 4 wherein the parenteral dosage form is intravenous drip.	11. 根据权利要求4的方法，其中肠胃外剂型是静脉内滴注。
12. A method according to claim 1 wherein the extracts are administered in a dosage form selected from suspension, emulsion, syrup or elixir.	12. 根据权利要求1的方法，其中所述提取物以选自悬浮液、乳液、糖浆或酏剂的剂型给药

该专利权利要求书包含12项权利要求,权利要求1为方法独立权利要求,请求保护的主题为一种抑制患者β-葡糖醛酸糖苷酶活性的方法,限定了具体活性成分种类。权利要求2~12均为从属权利要求,其中权利要求2~3限定了具体的活性成分种类,权利要求4~12对剂型、剂量和辅料作出了限定。

美国专利法第101条规定:任何人发明或者创造了任何新的并且有用的方法、机器、制品或者合成物,或其任何新的并且有用的改进,只要其符合专利法的条件和要求,都可以获得专利保护。对于疾病的诊断和治疗方法,也应当属于可授权的范围。当医生使用被授权的诊断或治疗方法时,属于侵害专利权的行为,但可以免责。与此同时,美国专利法没有对第二医药用途作出相关规定。

显然,津村注意到了美国的相关规定,对该专利的技术主题作了相应的调整,将权利要求撰写成疾病的治疗方法权利要求,避免因为物质本身的新颖性问题而陷入了无法获得专利权保护的窘境。

最终,该专利在美国以原权利要求获得了授权。

(2) 突出的技术地位。

前文提及该专利被引用次数为40余次,涉及26件专利及其同族专利引用,通过同族专利去重后对被引用专利进行罗列,如表4-1-10所示。

表4-1-10 JPH0543469A 的被引用情况

	被引用专利号	发明标题	申请年份	申请人
1	US5952380	治疗腹泻的方法	1997	ZAIDAN HOJIN BISEIBUTSU KAGAKU KENKYUKAI
2	DE19925810A1	维拉帕米和维拉帕米衍生物在制备具有葡糖醛酸糖苷酶抑制活性的药物中的用途	1999	PAZ ARZNEIMITTELENTW ICKLUNGSGE SELLSC HAFT MBH
3	JP2001039875A	免疫刺激制剂和免疫激活方法	1999	CHO SOUTETSU
4	US06290995	用于预防癌症的植物药物Ⅱ	2000	XINXIAN ZHAO
5	US6806257	黄酮类作为诱导型一氧化氮合酶抑制剂,COX-2抑制剂和钾通道活化剂	2000	SOUTHERN ILLINOIS UNIVERSITY
6	JP2002255776A	除臭剂	2001	花王株式会社
7	WO2002066032A1	治疗精神分裂症	2002	ZIEGLER RANDY
8	EP1446135B1	黄芩的标准化提取物	2002	菲托斯股份有限公司
9	US20030152657A1	保济丸活性化合物具有抗腹泻,缓解胃肠道症状的作用	2002	香港中文大学
10	US20030206975A1	木兰科植物提取物的组合物和使用方法	2003	英特健康纽翠瑟狄克公司
11	WO2004016265A1	预测黄酮类化合物的GABA受体功效的方法及其用途	2003	PHAMACOGENETICS
12	WO2004016266A1	使用2-羟基黄酮类化合物治疗苯并二氮杂䓬部位相关综合征的方法	2003	PHAMACOGENETICS
13	US20040052870A1	可食用植物提取物的选择性COX-2抑制	2003	OBUKOWICZ MARK G

续表

	被引用专利号	发明标题	申请年份	申请人
14	US20040062823A1	从非食用植物提取物中选择性COX-2抑制	2003	OBUKOWICZ MARK G
15	US20040126438A1	从植物提取物中选择性COX-2抑制	2003	OBUKOWICZ MARK G
16	JP2006045188A	β-葡萄糖醛酸酶抑制剂	2005	长濑产业株式会社
17	US20080033166A1	生产3-烯基化合物的方法	2005	明治制菓药业株式会社
18	JP2007176868A	β-葡萄糖醛酸酶抑制剂	2005	长濑化成股份有限公司
19	US20110171300A1	Δ9-THC衍生物	2008	RESOLUTION CHEMCALS
20	US20100087518A1	Δ9-THC的制备方法	2008	RESOLUTION CHEMCALS
21	JP5548451B2	β-葡萄糖醛酸酶抑制剂	2008	花王株式会社
22	US20100069481A1	用于治疗癌症的方法和组合物	2009	拜欧诺沃公司
23	JP2010189439A	β-葡萄糖醛酸酶抑制剂	2010	长濑产业株式会社
24	EP2509597A1	选择性β-葡萄糖醛酸酶抑制剂作为喜树碱抗肿瘤药的副作用的治疗	2010	阿尔伯爱因斯坦医科叶希瓦大学
25	CN105232568A	木蝴蝶苷B的应用及含木蝴蝶苷B的药物	2014	苏州大学
26	CN107708419A	具抑制细菌葡萄糖醛酸酶活性的吡唑并喹啉衍生物	2016	高雄医学大学

就引用的时间而言，该专利被公开之后就一直受到关注和被引用，进入21世纪后大量专利引用该专利，一直持续至2016年，可见该专利在时间纵向上影响之强烈。当然，这可能与近些年来生药的二次开发兴起有关。

被引用专利涉及申请人除了日本的花王、长濑产业、明治制果药业等知名企业，还包括中国申请人苏州大学、高雄医学大学、香港中文大学；欧美的菲托斯股份有限公司、SOUTHERN ILLINOIS大学、英特健康纽翠瑟狄克公司、拜欧诺沃公司、ZIEGLER RANDY、PHAMACOGENETICS等企业、科研机构和个人。而花王、长濑产业、明治制果药业等企业在植物提取物方面均有一定的研究能力，特别是长濑产业的3件被引用专利主题均是涉及β-葡萄糖醛酸酶抑制剂。

该专利对后续研发以及保护的影响主要集中在物质基础、物质活性以及具体疾病用途三方面，具体引用分类如图4-1-25所示。

从图4-1-25中可见，有16件被引用专利涉及植物提取及化合物、有7件涉及β-葡萄糖醛酸酶抑制剂活性、有9件涉及抗癌及腹泻，有的被引用专利还涉及两个主题；涉及的组方有保济丸，涉及的植物有黄芩、木兰科植物，涉及的化合物有黄酮类化合物、木蝴蝶苷等，其中CN105232568A公开了木蝴蝶苷B的应用及含木蝴蝶苷B的药物、EP1446135B1公开了黄芩的标准化提取物与该专利活性物质较为相近。在具体疾病用途上，有6件专利涉及抗癌，有3件专利涉及腹泻，说明该专利为后续专利在制药用途的研究上提供了一个方向。

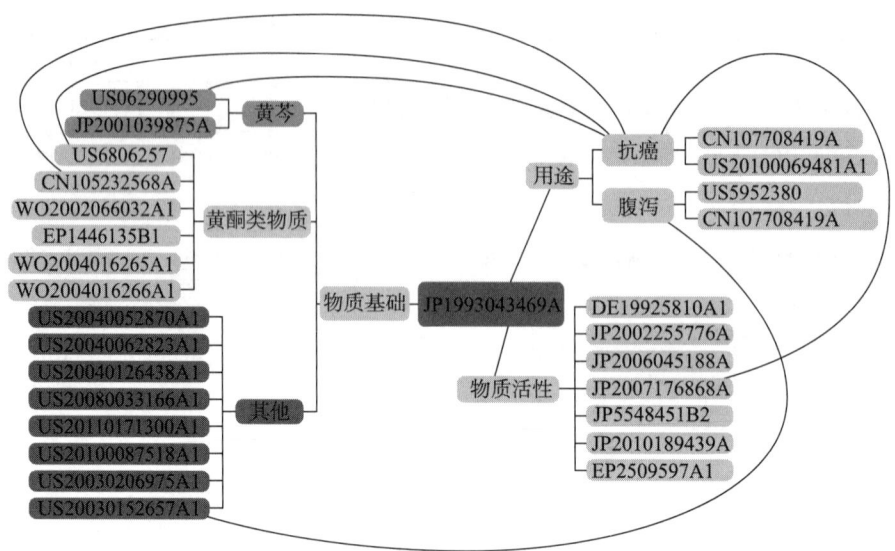

图 4-1-25　JPH0543469A 被引用专利情况

从另一方面来说，该专利仅是发现了 3 种化合物具有 β-葡萄糖醛酸酶抑制作用，并上位保护了涉及这 3 种化合物的生药提取物、汉方药浸膏制剂的用途。然而生药中还含有其他化合物，不同生药或化合物也可能具有 β-葡萄糖醛酸酶抑制作用，为此其他申请人在后续研究和申请专利时，在参考该专利基础上可以很好地规避该专利的保护范围，进而申请其他具有 β-葡萄糖醛酸酶抑制作用的化合物或者混合物的专利，例如花王、长濑产业、苏州大学等申请人都是从物质基础上进行改进从而规避该专利的保护范围。

3.【JPWO2004006945A】

JPWO2004006945A1 是津村于 2003 年 7 月 10 日申请的专利，日本授权专利号为 JP4774739B2。

该专利涉及含有汉方提取物的片剂组合物及其制备方法。该专利对辅料进行了筛选，将提取物粉末与纤维素乙醇酸和碳酸氢钠混合后进行压片，具有优异的崩解性和溶出度。权利要求 1 中仅限定了辅料种类，未对其他因素如组分用量、提取物种类进行限定，该技术方案适用性广，可适用于几乎所有的汉方。

该专利是 PCT 申请，除了进入日本本国外，还同时向中国、美国、欧洲、韩国、德国、加拿大、澳大利亚、西班牙、中国台湾等国家或地区进行了申请。各国家或地区同族专利情况具体如表 4-1-11 所示。

表 4-1-11　JPWO2004006945A1 的同族专利情况

公开号	权利要求项数/项 申请时	权利要求项数/项 授权时	要求保护主题	是否授权	法律状态
JPWO2004006945A1	7	7	组合物、制备方法	是	维持中
CN1668320A	7	4	组合物、制备方法	是	维持中

续表

公开号	权利要求项数/项 申请时	权利要求项数/项 授权时	要求保护主题	是否授权	法律状态
EP1541161A1	7	11	组合物、制备方法	是	维持中
US2005163868A	7	1	组合物	是	维持中
KR20057000334A	7	—	组合物、制备方法	否	驳回失效
CA2782498A	5	5	组合物	是	维持中
CA2492156A	7	3	组合物	是	维持中
AU2003281178A	7	—	组合物、制备方法	未审查	撤回失效
DE60333930D1	7	—	组合物、制备方法	是	维持中
TW200401646A	7	7	组合物、制备方法	是	维持中
ES2349268T3	7	11	组合物、制备方法	是	维持中

从表4-1-11可以看出，津村对该专利申请进行全球布局，包括中、美、欧等世界主要市场，同族专利中除进入韩国申请驳回和澳大利亚申请撤回外，全部予以授权。从获得保护主题和授权的权利要求项数来看，尽管各国专利法和审查要求不同，但津村基本上获得了其所想要保护的主题。从法律状态来看，津村对这些专利都进行维持并保持有效中，预估到期日为2023年7月10日，进一步体现了该同族专利具有较好的市场价值。

（1）起承转合的技术。

早在1975年津村就开始在汉方提取物的剂型开发方面申请专利，例如这一时期的申请有JPS52079019A、JPS56152416A、JPS61282319A等，主要是将汉方提取物制备成胶囊剂、片剂，其中添加一些载体，如淀粉、超细硅酸酐、糖、纤维素等。经过20世纪八九十年代对制剂生产设备的改进，津村又对汉方提取物的制剂进行了申请，其改进点主要集中在对制剂辅料的选择，如JPH1160504A为了提高片剂的崩解时间，改善药物的溶出度，在中药提取物中混入碳酸氢钠。进入21世纪后，JP-WO2004006945A1是在JPH1160504A基础上，通过进一步改进片剂辅料组成，获得优异崩解度和溶出度的制剂。之后，又申请了JP2008522513A，其采用了降低碳酸氢钠的含量，交联羧甲基纤维素代替纤维素乙醇酸，达到更好的崩解性和溶出性。在技术上，JPWO2004006945A1是对之前汉方制剂现代化技术的进一步改进和继承，也是之后改进的起点；在时间上，JPWO2004006945A1申请时间是2003年，是进入21世纪津村重新明确了发展方向后提出的，所以该专利对研究津村技术改进和市场布局具有重要意义。

（2）宽广的影响力。

需要提及的是，该申请被11件专利及其同族专利引用，被引用次数为20余次，通过同族专利去重后对被引用专利进行了罗列，如表4-1-12所示。

表 4-1-12　JPWO2004006945A1 被引用情况

	被引用专利号	发明标题	分类号	申请人
1	JP2008247978A	可溶性多官能乙烯基芳族共聚物及其制备方法	C08F 220/20	新日铁化学株式会社
2	JP2009173603A	含有汉方药和泛硫乙酸的片剂	A61K 36/00	小林制药株式会社
3	JP2012001473A	固体制剂	A61K 47/38	旭化成化学株式会社
4	JP2013032346A	含有草药成分及其制剂的制剂	A61K 36/18	武田药品工业株式会社
5	JP2013538262A	用于医疗器械的不透射线形状记忆聚合物	A61K 49/04	ENDOSHAPE
6	JP2017122068A	治疗用组成物	A61K 45/00	自治医科大学
7	TWI326211B	浓缩汉方药的制备方法	A61J 3/06	生春堂制药工业股份有限公司
8	JP2008522513A	含有汉方提取物的片剂组合物	A61K 36/00	株式会社津村
9	US9592199B2	纤维素粉末	C08B 15/00	旭化成化学株式会社
10	US9789231B2	用于医疗器械的不透射线聚合物	A61K 49/04	ENDOSHAPE
11	DE102017006897A1	用于递送挥发性基础物质的物质的组合物、制备方法、片剂、颗粒	C08K 3/34	SCHLAYERMARLENE

可以看出，被引用专利中有 8 件涉及汉方或生药提取物组合物、3 件涉及聚合物。被引用专利涉及旭化成化学株式会社、ENDOSHAPE 各 2 件，株式会社津村、小林制药株式会社、新日铁化学株式会社、武田药品工业株式会社、自治医科大学、生春堂制药工业股份有限公司、SCHLAYERMARLENE 各 1 件，其中小林制药株式会社、武田药品工业株式会社均是津村在汉方制剂上的竞争对手。从领域来看，除了被与该专利申请技术领域相近的专利申请引用外，还被化学领域专利引用。从引用专利的申请来看，除了被竞争对手在汉方制剂上引用，还被其他非传统汉方制药公司在提取物剂型改进上引用；从津村自身引用的专利 JP2008522513A 来看，JP2008522513A 是对该专利申请的技术改进，这种引用符合技术发展方向；从 2003 年开始，在引用时间线上均未间断过，最近的引用是在 2017 申请的专利中，引用申请人包括日本的自治医科大学和欧洲企业 SCHLAYERMARLENE。

综上，通过分析该专利的被引用情况，可以看出该专利被引用领域较为宽广，影响的时间也较为长远，引起了国内外企业的注意，特别是汉方药的竞争对手的注意。

（3）一脉相承的技术发展。

结合津村自身技术发展以及其他企业在这方面技术的发展，它们都是在汉方制剂的辅料上进行的改进，通过图 4-1-26 能够说明该专利及其相关专利的改进方向。

从图 4-1-26 可以看出，从 20 世纪 70 年代至 21 世纪初，津村都在为汉方提取物的剂型改进方面提交专利申请，其中 70 年代主要是集中将汉方提取物制备成制剂；80 年代为了提高制剂崩解性改进辅料选择；90 年代针对不同剂型提高溶出度改进辅料选择；进入 21 世纪后，为了提高制剂崩解性和溶出度对辅料选择进行改进；可以看出，津村一直在致力于研究提高提取物制剂的崩解性和溶出度，从发现硅酸酐、糖、纤维素等辅料可以提高崩解性，到发现硬脂酸镁、硬脂酸镁与聚乙二醇、纤维素类、碳酸氢钠可以提高制剂溶出度，再到该专利申请发现纤维素乙醇酸与碳酸氢钠的辅料组合可以提高崩解性和溶出度，之后又提出了将交联羧甲基纤维素钠代替纤维素乙醇酸的方案。

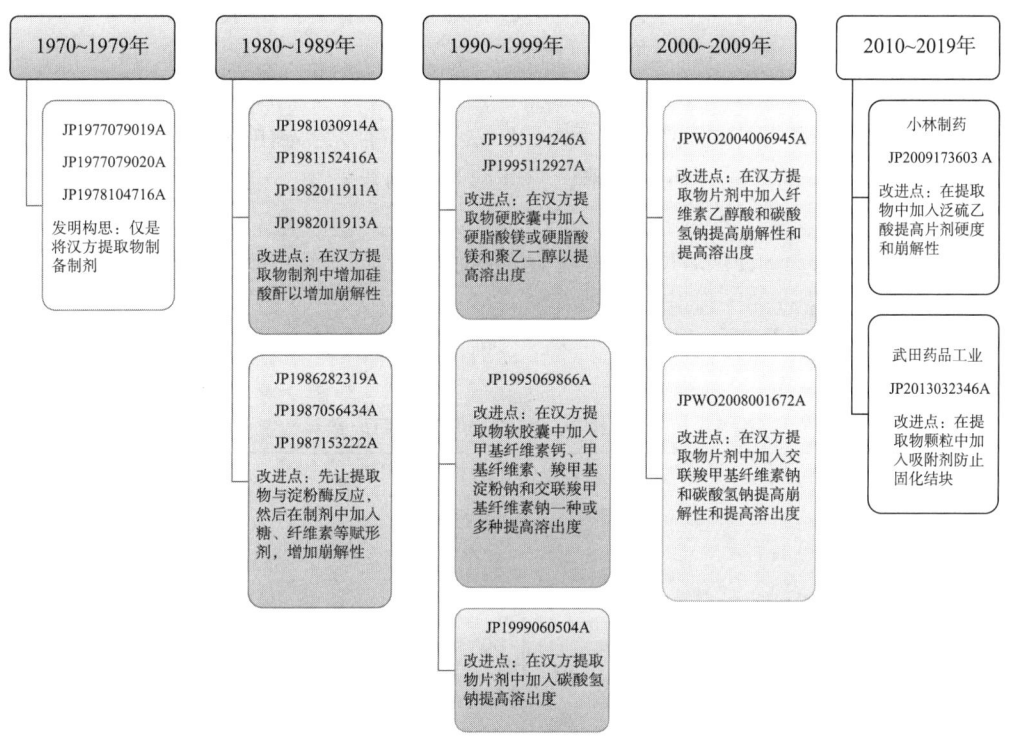

图4-1-26　津村及竞争对手汉方专利技术发展脉络

其后，津村竞争对手小林制药为了提高片剂硬度和崩解性改进辅料选择，武田药品工业为防止提取物颗粒固化结块加入吸附剂。可以看出，竞争对手从改善片剂硬度、颗粒固化等制剂的具体问题入手，选择合适辅料解决相应的技术问题，进而规避了侵权风险。

4.【JPWO2005121777A1】

JPWO2005121777A1是津村于2005年6月6日申请的检测方法类专利，日本授权专利号为JP4735539B2。其主要提供一种多成分药剂的评价方法用于评价汉方制剂等多成分药剂的品质。

目前，多成分药剂的品质判定标准一般是通过适当选择其中一种或几种具有特征的成分，根据其含量等来制定的；或者采用指纹图谱数据来进行多成分药剂的评价。上述方法中"特定成分的含量"或"特定成分的色谱峰"存在以下缺陷，一是需要利用计算机进行波形处理操作以将特定成分的色谱峰与其他成分的色谱峰相分离，会降低数据准确性，这种偏差在对小而宽的峰或连续的峰进行波形处理时尤为显著，作为评价方法缺乏可靠性；二是利用计算机进行波形处理通常需要庞大的时间成本；三是取值点被限定于特定成分的峰数，因此无法自由增减信息量，也无法调整数据处理时间；四是由于多个特定成分的含量作为多个数值而得到，需要将这些数值综合起来进行判断，无法以一个数值对多成分药剂进行评价。

该专利首先获得作为评价对象的多成分药剂与构成标准组的其他同种多成分药剂的三维高效液相色谱法的指纹图谱数据；之后对指纹图谱数据进行压缩以使其适用于MT法；在压缩后的指纹图谱数据中，相对于多成分药剂的序号及洗脱时间来分配MT法中的变量轴，或者相对于多成分药剂的序号及检测波长来分配MT法中的变量轴，并将信号强度作为MT法中的特征量；利用MT法，由特征量得到单位空间；利用MT法，得到作为评价对象的多成分药剂从单位空间起算的马氏距离。通过马氏距离的大小判断差异程度。

该方法的偏差小，可靠性高，数据处理时间也得以改善，而且能够用一个数值来对多成分药剂的品质进行判定。

该专利陆续在各专利局进行了审查，目前除在韩国撤回外，在其余国家或地区仍然维持有效（见表4-1-13）。

表4-1-13　JPWO2005121777A1 同族专利情况

公开号	权利要求项数/项		是否授权	法律状态
	申请时	授权时		
JPWO2005121777A1	20	19	是	维持中
CN1965233A	20	14	是	维持中
EP1760464A1	20	11	是	维持中
KR20070038494A	20	—	否	撤回
US2008140375A1	20	17	是	维持中

该专利首次公开后，并未引起业界的关注。直到津村在2012年集中申请了一批专利，从而完成布局后才引起相关企业的关注，同族专利被引用次数达39次，去重后被18件专利申请所引用，其引用情况如表4-1-14所示。

表4-1-14　JPWO2005121777A1 同族专利被引用情况

序号	公开（公告）号	申请日	标题	申请人
1	JPWO2009008266A1	2008-06-27	抑肝散的生物测定方法	株式会社津村
2	JPWO2012164954A1	2012-05-31	聚合数据的类似性评价方法以及类似性评价装置	株式会社津村
3	JPWO2012164949A1	2012-05-31	FP作成方法、作成程序、作成装置以及FP	株式会社津村
4	JPWO2012164946A1	2012-05-31	图案的评价方法、多成分物质的评价方法、评价程序以及评价装置	株式会社津村

续表

序号	公开（公告）号	申请日	标题	申请人
5	JPWO2012164955A1	2012-05-31	图案的评价方法、多成分物质的评价方法、评价程序以及评价装置	株式会社津村
6	JP2013011598A	2012-05-31	图案或FP的特征值作成方法、作成程序以及作成装置	株式会社津村
7	JPWO2012164952A1	2012-06-01	波峰归属方法、归属程序以及归属装置	株式会社津村
8	CN103969355A	2013-02-02	一种黄芪药材的指纹图谱的鉴别方法	西安世纪盛康药业
9	CN103454353A	2013-07-30	中药吐根及其制剂高效液相色谱指纹图谱的建立方法及指纹图谱	广东先强药业
10	CN105486762A	2014-09-19	一种坤灵丸的高效液相指纹图谱检测方法	天士力医药集团
11	CN104880517A	2015-04-08	一种中药制剂中痕量成分含量的测定方法	神威药业集团
12	CN104897811A	2015-05-28	一种麝香心痛宁制剂的检测方法	山东宏济堂制药
13	CN105203690A	2015-09-24	一种荷丹制剂的指纹图谱测定方法	南昌济顺制药
14	CN105784911A	2016-05-12	伊血安颗粒HPLC指纹图谱的建立方法	广西万寿堂药业
15	CN105929096A	2016-06-23	一种治疗感冒药物的HPLC指纹图谱的建立方法	上药集团青岛国风药业
16	CN106168616A	2016-07-21	一种补中益气合剂HPLC指纹图谱的建立方法	江西普正制药
17	CN106290677A	2016-09-29	冯了性风湿跌打药酒指纹图谱的建立方法及其指纹图谱	国药集团冯了性（佛山）药业
18	CN106645529A	2016-11-21	西红花色香味多组分定量结合指纹图谱质量评价方法	湖州市中心医院

该专利于2005年12月22日首次在WIPO公开，之后并未引起其他企业关注。2008年，津村将该技术用于战略处方抑肝散生物测定，申请了国际专利JP-WO2009008266A1。之后，津村于2012年5月31日集中申请了5件专利，主题分布涉

及聚合数据的类似性评价方法以及类似性评价装置；FP作成方法、作成程序、作成装置以及FP；图案的评价方法、多成分物质的评价方法、评价程序以及评价装置；图案或FP的特征值作成方法、作成程序以及作成装置；2012年6月1日其又补充提交了专利JPWO2012164952A1，涉及波峰归属方法、归属程序以及归属装置；由此，津村完成了在检测领域的布局，使得其检测技术偏差小、可靠性高，可以对多成分药剂的品质进行判定。

与此同时，在津村2012年完成布局之后，中国国内创新主体才如梦初醒，从2013年开始，不断有中国国内创新主体引用该专利，涉及西安世纪盛康药业、广东先强药业、天士力医药集团、神威药业集团、山东宏济堂制药等国内知名中医药企业。

日本津村以品质管理作为企业的生存线，为提高汉方制剂的安全性和有效性，一直致力于汉方制剂的检测技术的改进，因此其汉方制剂的检测技术一直处于业界引领地位，并早在2005年就对多成分药剂的品质评价进行研究。

四、典型战略处方的专利技术布局

育药处方大建中汤、抑肝散、六君子汤、牛车肾气丸、半夏泻心汤，Growing 处方补中益气汤、芍药甘草汤、麦门冬汤、加味逍遥散、五苓散，以及葛根汤构成了日本津村的战略处方。前文提及，日本津村战略处方的专利布局方向发生了明显变化，20世纪八九十年代以"牛车肾气丸、葛根汤、五苓散"为主，进入21世纪后以"大建中汤"为主。

大建中汤是日本津村进入21世纪后的主打产品，在2016年、2017年均为日本津村销售额最高的汉方制剂，目前正筹备在美国上市。牛车肾气丸（属于地黄丸类制剂）的销售额则排名第九，是战略处方中唯一的丸剂。此外，地黄丸类制剂作为日本传统汉方制剂"七汤二散一丸"中的"一丸"，一直在日本广为使用。

基于上述原因，从11个战略处方中，选择大建中汤、地黄丸类汉方制剂作为典型战略处方进行分析，梳理其技术脉络，以探究其保护策略。

（一）大建中汤的专利技术

大建中汤出自汉代张仲景《金匮要略》的大建中汤方，［原文］如下心胸中大寒痛，呕不能饮食，腹中寒，上冲皮起，出见有头足，上下痛而不可触近，大建中汤主之。大建中汤方：蜀椒二合（炒去汗），干姜四两，人参二两，上三味，以水四升，煮取二升，去滓，内胶饴一升，微火煎取一升半，分温再服；如一炊顷，可饮粥二升，后更服。目前，津村大建中汤说明书记载的适应证为用于腹部受寒疼痛、腹部膨胀感。

为全面了解大建中汤的专利布局，选取了涉及大建中汤汉方制剂，以及原料生药"人参""干姜""花椒"的所有专利作为样本，筛选出相关专利42件，其中国际申请13件。研究发现，津村围绕"汉方制剂"原料生药"人参""干姜""花椒"4个方面形成了4条线状保护链，总体上围绕整个大建中汤形成了立体式网状专利保护。图4-1-27展示了津村的大建中汤专利网。

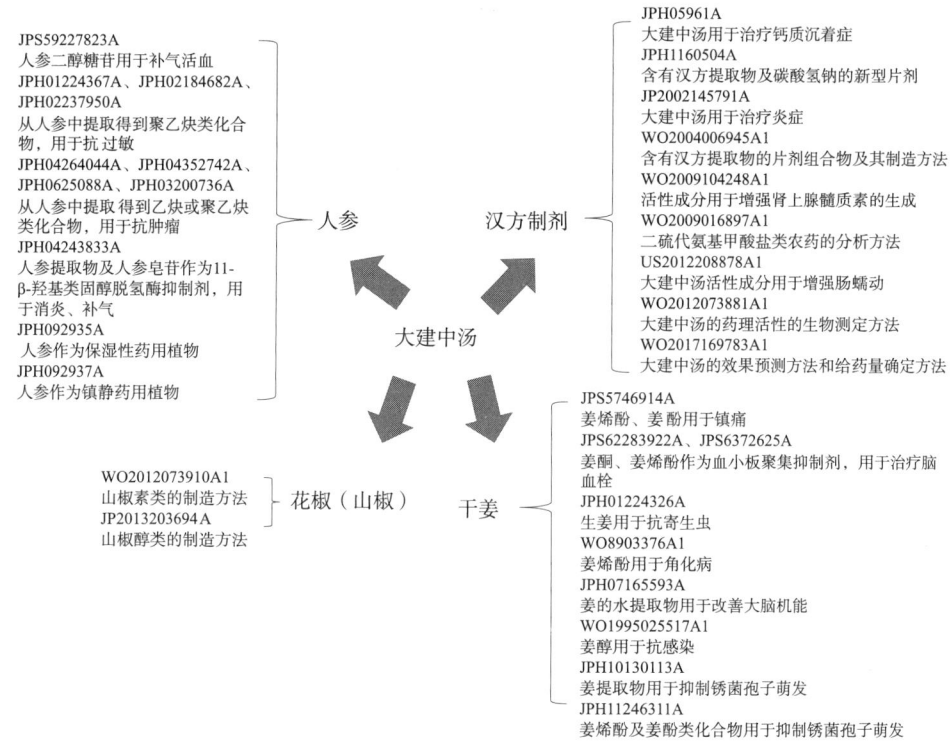

图 4-1-27 津村大建中汤专利网

研究发现，津村对大建中汤采用了如下的专利布局策略：

1. 注重生药药理活性的研究，对生药的药理作用进行保护

在现代日本，要确立汉方制剂作为治疗手段之一的地位，必须在西洋医学的范畴内加深对于汉方制剂的理解。为阐明生药的物质基础和作用机制，津村对人参、干姜的提取物及活性单体化合物的药理活性进行研究。

从图 4-1-28 中看出，20 世纪 80 年代及 90 年代津村对人参的药理活性进行了大量的研究，JPS59227823A、JPH01224367A、JPH02184682A、JPH02237950A、JPH02255622A、JPH03200736A、JPH04264044A、JPH04352742A、JPH05163202A、JPH04243833A、JPH0625088A、JPH092935A、JPH092937A 分别涉及人参提取物的补气活血、抗过敏、抗肿瘤、消炎、保湿、镇静等作用。保护主题主要涉及用途和组成限定的产品、化合物。

1980~1998 年，津村对生姜、干姜的提取物及活性成分姜烯酚、姜酚的药理作用进行了广泛研究，从图 4-1-29 中看出，姜烯酚、姜酚具有镇痛作用，姜烯酚、姜酮作为血小板聚集抑制剂可用于治疗脑血栓，姜烯酚还可治疗角化病，姜酚对防锈真菌孢子的孢子萌发具有特别优异的抑制活性，姜醇具有显著的抗感染作用，此外，姜的水提取物还可用作脑功能改善剂。保护主题主要涉及用途和组成限定的产品、化合物。

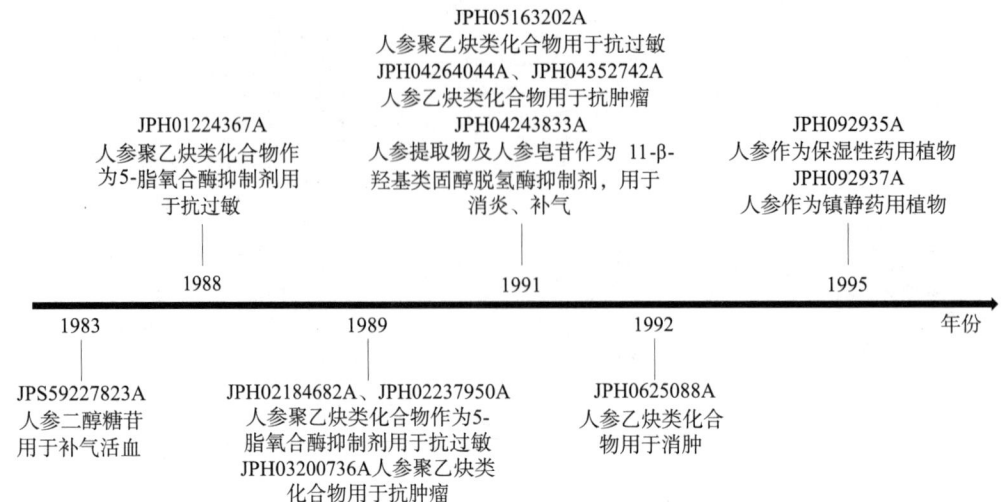

图 4-1-28　人参的药理活性专利申请

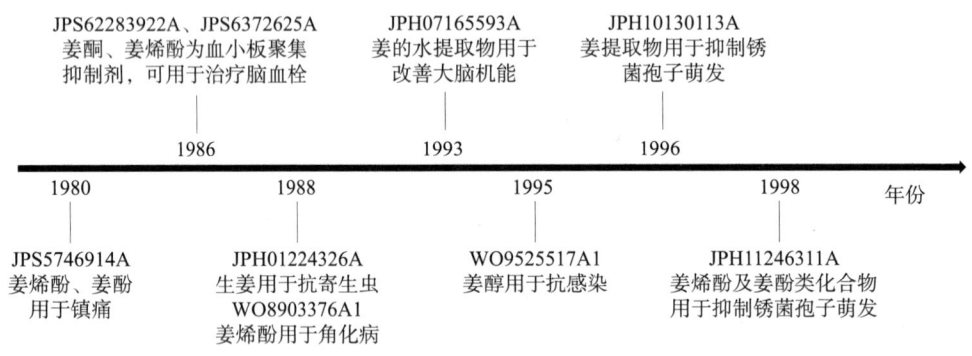

图 4-1-29　姜的药理活性专利申请

通过上述专利的公开，医疗从业人员对于大建中汤中生药成分的药理作用有了更深的了解，有助于推进构建其循证医学。

2. 早期制剂研发和组方新用途开发交替进行

在制剂方面，津村致力于改善成分溶出的研究。津村分别在 1997 年、2003 年提出两件关于制剂的专利申请，JPH1160504A 涉及含有汉方提取物及碳酸氢钠的片剂，可以改善汉方提取物的溶出能力。然而，上述片剂的溶出效果并不能让津村完全满意，经过进一步的研究，津村于 2003 年提出专利申请 JPWO2004006945A1，该国际专利申请进入了日本、中国、美国、德国、韩国、加拿大、澳大利亚、西班牙等 10 个国家或地区，其涉及汉方提取物粉末、纤维素乙醇酸和碳酸氢钠混合制得的片剂，具有优异的崩解性和溶出度。

此外，发现产品的新用途是现代药物研发的重要方向之一，已有产品的充分利用可以为企业提供高价值的回报。津村围绕大建中汤挖掘其新的治疗用途，例如 1991 年，津村申请了专利 JPH05961A，该申请涉及大建中汤、黄连解毒汤等汉方对尿路结石、肾结石、胆石症等钙质沉着症的治疗作用。在 JP2002145791A 中，津村采用 SD 大鼠模型考察了大建中汤的抗炎作用，其还在 WO2009104248A1 中考察了大建中汤在克罗恩病动物模型中的抗肠炎作用，同时，大建中汤还能在硫代乙酰胺诱发的肝硬化模型中抑制进行性的肝纤维化，显示出了显著的药效。

3. 注重产品安全，多方位进行质量管理

津村在严格的基准下建立了完整的质量管理体制，为进一步实现收益增长，不断进行供应链的最优化。质量管理体制不仅包括对有效成分的检测，还包括对农残、药理活性的测定等，如图 4-1-30 所示。

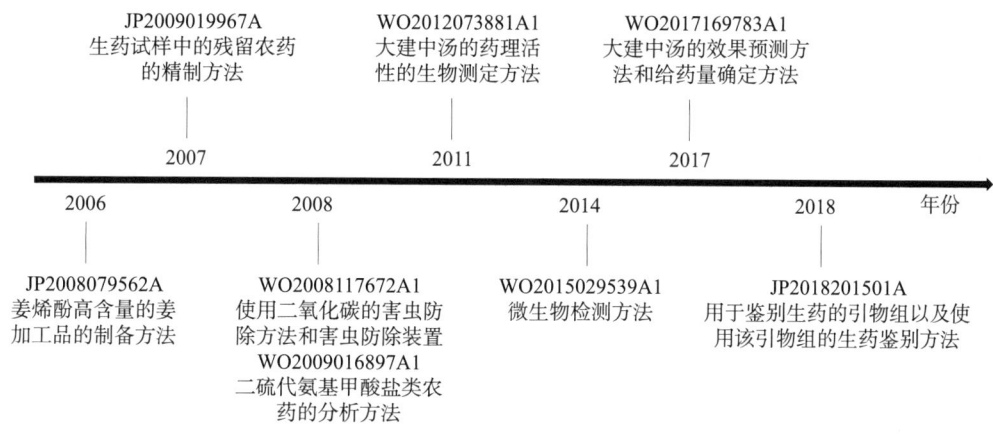

图 4-1-30 大建中汤质量管理相关申请

2006 年，津村申请了 JP2008079562A，涉及干姜的炮制方法，粒径在 5mm 以下的姜粉末在密闭的容器中加热，所得干姜中姜烯酚含量高。

2007 年申请的 JP2009019967A 公开了农残检测时样品的制备方法，通过用乙腈水溶液提取生药样品，将提取物的 pH 调节至 3.4~4.5，并将经 pH 调节的溶液进行柱色谱分离，以达到纯化生药样品中的残留农药的目的。

二硫代氨基甲酸盐类农药作为杀菌剂、杀线虫剂被广泛应用于农药领域，也被用于药用生药的种植中，已有的分析方法效率较低，难以进行残留农药的管理。津村于 2008 年申请了 WO2009016897A1，该专利申请进入了日本、中国、美国，涉及补中益气汤、大建中汤中二硫代氨基甲酸盐类农药的分析方法，能确保分析精度，并且兼备简便性和迅速性，极大地简化了繁杂的二硫代氨基甲酸盐类农药的分析。

此外，2008 年津村申请了 JP2008266302A，涉及生药中有害昆虫的防治方法，将杀虫处理的对象物装入耐压腔室内，（i）进行减压至 -0.1013MPa ~ -0.05MPa 的减压处理，（ii）接着进行充入二氧化碳至 0.6MPa 以上且低于 1.5MPa 的压力并保持该加压状态 15~90 分钟的加压处理，（iii）然后放出二氧化碳直至常压的复压处理，然后，反复进行 1 次以上的所述（i）减压处理、（ii）加压处理和（iii）复压处理。

2011 年津村申请了 WO2012073881A1，涉及使用培养的产生血清素的细胞来定量地评价大建中汤的药理活性值（血清素释放活性）的生物测定方法及使用该方法的大建中汤的质量管理方法。根据该发明,进行大建中汤的质量评价时,能够基本不受到试验设备、试验动物、处理能力等限制进行试验,进而在适合的浓度范围下进行试验,能够对大建中汤进行准确性高的质量评价。该发明与现有的大建中汤的生物测定方法相比,经济性较高,能够简单地进行质量评价,因而在汉方制剂的质量管理中是极其有利的。该国际专利申请进入了日本、中国、美国、韩国、欧洲等7个国家或地区。

WO2015029539A1涉及一种具有抗菌活性的被测试样中的微生物检测方法,包括制备含有具有抗菌活性的被测试样的试样液的工序和用培养基培养对象微生物的工序,在所述微生物检测方法中,使(甲基)丙烯酸酯系合成吸附剂作用于试样液和/或培养基,作为具有抗菌活性的被测试样有小建中汤、大建中汤、升麻葛根汤等。该国际专利申请进入了日本、中国、美国、韩国、欧洲等7个国家或地区。

2017年,津村申请了WO2017169783A1,构建了一种对患者的肠内菌群进行分析来预测大建中汤效果的方法和确定给药量的方法,发明人发现大建中汤的起效容易度与特定的肠内细菌的存在比率存在相关性,通过采集患者的粪便,并利用培养法、分子生物学方法等对其进行分析,确定拟杆菌门与厚壁菌门之比(Bm/Fm比)以及拟杆菌纲与梭菌纲之比(Bk/Ck比),进而预测大建中汤的起效容易度、确定大建中汤的给药量。上述专利技术可以有助于实现个性化治疗,事前预测各患者适合的给药量。该专利申请进入了日本、中国、韩国等4个国家或地区。

2018年津村申请的JP2018201501A提供了一种能够准确鉴定加工处理后的候选生药是否为基原植物的方法。针对各种生药特异性的碱基序列,设计了能够从加工处理后的待测植物中稳定地获取碱基序列信息并进行扩增的引物组。

自1962年发生了药物史上最悲惨的药害事件之后,美国对药品安全的规定更加严格,要求在药品上市前向FDA提供药品的有效性资料,且必须通过规定的临床试验,以充分证实其安全性与有效性。因此,在推进大建中汤上市的过程中,津村在大建中汤的有效性及安全性方面做了较多研究,并进行了相关的专利保护,防止泄露导致竞争力下降。

4. 确定活性成分,开发周边产品

传统汉方制剂物质基础不明确,为阐明其具体活性物质,津村进行了一系列研究。

2008年津村申请的JP2013241473A公开了大建中汤可以通过促进肾上腺髓质素的产生而对克罗恩病等疾病产生防治作用。津村采用SD雄性大鼠考察了大建中汤对于肾上腺髓质素产生的增强作用,以及大建中汤及其构成生药产生的血流增加作用。此外,还将羟基山椒素与人参提取物、人参皂苷Rb1、人参皂苷Rg1进行实验,并得出结论,在血流增加作用方面,花椒的活性应当与其中的羟基山椒素有关,同时推测人参对该活性表现发挥着重要的作用。该国际专利申请进入了日本、中国、美国、欧洲等6个国家或地区。

2011年津村申请的US2012208878A1中,发现大建中汤对肠蠕动运动的促进作用。津村重点考察了大建中汤中羟基山椒素、辣椒素、乌拉胆碱对大肠蠕动的影响,发现羟基山椒素和辣椒素或乌拉胆碱能够协同地增强肠蠕动能力。

此外,对于药理活性明确的山椒素类化合物,津村的研发人员进行了全合成的相关研究，WO2012073910A1涉及能够路线较短并且高立体选择性地制备山椒素类化合物的方法，该制备方法中使用了一种新型的二烯铁络合物中间体。通过对活性成分的人工合成，可以减少津村对生药原料的依赖，进而抵御生药原料供应方面的风险，有利于企业的发展。

5. 积极推进生药的种植

津村汉方制剂的主要原料生药中，约80%是从中国进口，此外，汉方制剂生产工序的一部分也在中国进行。近年来，由于原料生药的价格持续走高，致使津村的经营利润有所下滑，这也促使津村开始积极推进生药的种植研究，以备将来之需。人参作为高价且使用量较大的生药原料，需求旺盛，从中长期来看价格不会有大幅度的回落，由于有连作障碍，因此人参不能在一个田地中连续栽培，且栽培时间较长，成本高。

津村在改进传统人参的栽培方法方面，提交两件专利申请。2011年，津村申请了WO2012046601A1，将人参苗固定在主要包含选自由砂、砾石和小石组成的组中的一种以上颗粒的栽培床，并且使人参苗的根围的至少一部分与非循环的流水经常接触，防止连作障碍并提高栽培效率。

WO2015190405A1涉及一种稳定高效的室内人参栽培方法，其主要方法为，准备多个无纺布制盆，所述无纺布制盆在俯视时为一个方向相对较长、另一个方向相对较短的形状，且在其上部具有开口，向其各个制盆中放入栽培用土壤，沿该盆的长度方向分别将人参的苗以其轴成为倾斜状态的方式进行栽植，将所述无纺布制盆以该苗的发芽部侧成为外侧的方式载置于多层式架子上。

（二）地黄丸类汉方制剂的专利技术

地黄丸类汉方制剂主要是指肾气丸及其加减方制成的成药，是治疗肾虚病症的重要药物，其作用显著，为古今医家所重视。主要分为金匮肾气丸、八味地黄丸、六味地黄丸和牛车肾气丸。

《金匮要略》记载了"崔氏八味丸"和"肾气丸"，都是同一处方：干地黄（八两），山药、山茱萸（各四两），泽泻、丹皮、茯苓（各三两），桂枝（一两），附子（一枚炮）。应用有五："一、治脚气上入少腹不仁；二、治虚劳腰痛小便不利；三、治短气有微饮当从小便去之；四、治男子消渴小便反多，以饮一斗小便一斗；五、治妇女转胞不得溺，以胞系了戾，但利小便则愈。"《金匮要略》中该方仅有"崔氏八味丸"与"肾气丸"两个名称，而"金匮肾气丸"的命名是后人加上去的。

《太平惠民和剂局方》对《金匮要略》中"肾气丸"作了改动，将桂枝改为肉桂，干地黄改为熟地黄，加大肉桂及制附子的用量，提高了整方的温补功效，用于肾气虚乏，取名"八味丸"："治肾气虚乏，下元冷惫，脐腹疼痛，夜多漩溺，脚膝缓弱，肢体倦怠。又治香港脚上冲，少腹不仁，及虚劳不足，渴欲饮水，腰重疼痛，少腹拘急，或男子消渴，小便反多；妇人转胞，小便不通，并宜服之"。由于《太平惠民和剂局方》中"八味丸"温补肾气功效显著，而原方又出自《金匮要略》，所以后世习惯将其称之为"金匮肾气丸"；又因为《太平惠民和剂局方》中"八味丸"比六味地黄丸多了肉桂、制附子两味药（共八味），所以后世又习称其为"桂附地黄丸""八味地黄丸",后世也有称其为"阳八味"。

《小儿药证直诀》针对小儿"肾无实,必主虚"的病理特点,去掉金匮肾气丸中附子、肉桂两味药,将剩下的六味药组方取名为"地黄丸",治疗小儿肾虚,肾怯失音,囟开不合,神不足,目中白睛多,面色㿠白。在宋代以后的医学典籍中,六味地黄丸应用极为广泛,遍布内、外、妇、儿、五官、皮肤等各科杂症,现主要用于肾阴虚证。因为"地黄丸"是从"金匮肾气丸"(八味地黄丸)的基础上减味化成,所以叫"六味地黄丸",也有叫其为"钱氏六味丸"。

《济生方》在"肾气丸"基础上化裁:加入川牛膝(去芦,酒浸)、车前子(酒蒸),山药炒用,名为"加味肾气丸",治肾虚腰重脚重,小便不利。"加味肾气丸"后世习称为"济生肾气丸",也称"牛车肾气丸"。

为全面了解津村对地黄丸类汉方制剂的专利布局,选取了涉及金匮肾气丸、八味地黄丸、六味地黄丸和牛车肾气丸汉方制剂的所有专利作为分析样本,未涵盖地黄丸类汉方制剂中原料生药的专利。

津村早在1980年就开始申请地黄丸类汉方制剂的专利,津村在地黄丸类汉方制剂中体现出持续改进某一缺陷的研发思路,例如,通过JPS56152416A、JPS5711911A、JPH1160504A、JPWO2004006945A1、JPWO2008001672A1,为地黄丸类片剂提供了持续30年的保护体系,并通过JPS62153222A、JPS61122217A、JPS61282319A、JPS6281322A等专利,在剂型、用途、制备方法等方面构建了一系列防御专利。图4-1-31展示了津村地黄丸类的专利申请分布。

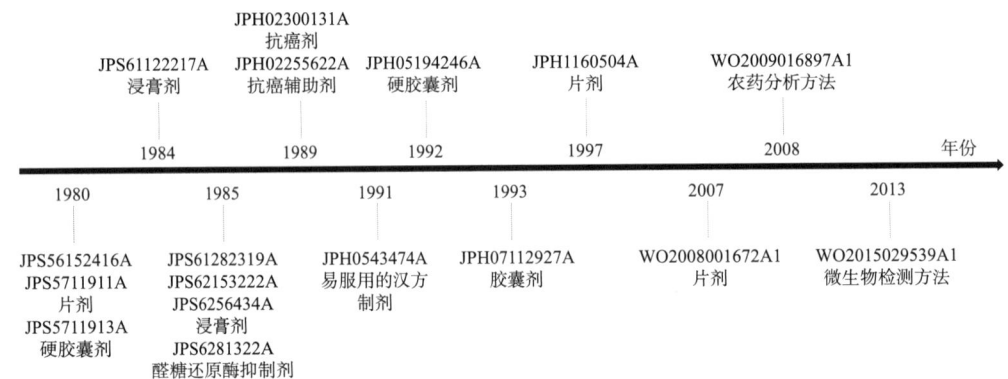

图4-1-31　日本津村地黄丸类汉方制剂专利申请分布

在研发思路和专利布局策略上主要有以下特点:

1. 剂型改进是重点,重点剂型更突出

从图4-1-31可以看出,剂型改进一直是津村的研发重点,其中片剂的改进更是重中之重。从1980年的JPS56152416A、JPS5711911A,到1997年的JPH1160504A,再到之后2007年的JPWO2008001672A1,时间上来看,上述专利横跨近30年,前后相互覆盖,未出现专利权真空的情况。从需要解决的技术问题来看,上述专利一直致力于改善片剂(锭剂)的崩解性和溶出性,体现出持续改进某一缺陷的研发思路,这是因为相对于丸剂，片剂在国际社会的接受度更高，改善崩解性、溶出度有助于片剂产品的质量提升。

津村在坚持片剂改进的同时，还对作为其活性成分来源的汉方浸膏剂进行了深入研究，1984~1985 年，津村提出 4 件涉及浸膏剂的专利申请，从药物稳定性、崩解性和溶解性等方面对包含地黄丸在内的汉方浸膏剂做出改进。此外，津村在 1992 年、1993 年各申请 1 件涉及胶囊剂的发明专利，均涉及胶囊剂的溶解性能，1991 年还有 1 件涉及改善汉方制剂口感的专利申请。

2. 以地黄丸作为起点，对地黄丸制剂新用途、组成成分进行研究

围绕地黄丸，对其可能的新用途进行研究，挖掘新的治疗用途。例如，JPS6281322A 涉及了牛车肾气丸、八味地黄丸在治疗糖尿病中的用途。JPH02300131A、JPH02255622A 涉及了牛车肾气丸、八味地黄丸等在抗癌及辅助抗癌方面的应用。

上述研发过程体现了典型的津村研发思路，即探寻类似组方的相似新用途，如牛车肾气丸、八味地黄丸两个组方类似，津村在开发新的治疗用途时，对这两个组方一起进行研究，发现这两个组方在糖尿病、癌症治疗领域的应用前景。

3. 进行汉方制剂的规范化制备工艺流程研究

津村的制剂工艺研发目的在于探索出适合不同汉方制剂的统一规范化制备流程。以可工业机械化生产、步骤简单、适于服用为目标，从水煎煮等传统制剂制备方法出发，兼顾现代制剂手段，开发出一套基本统一的制剂操作方法。津村地黄丸类汉方制剂中所有涉及制剂、组方、制备方法的专利申请，均可以适合多种汉方制剂。

4. 注重汉方制剂的质量控制

津村一直以来均注重汉方制剂的质量控制，原料生药品质研究、汉方制剂的质量控制是其研发重点。如 WO2009016897A1 所涉及的二硫代氨基甲酸盐类农药分析方法，也可适用于牛车肾气丸等药物。在另一篇国际申请 WO2015029539A1 中，则提供了一种以中药提取物制剂、生药为对象的微生物检测方法，该方法在同一试验条件下可适用于特定微生物试验和活菌数试验，通用性高，且能够有效地降低对被测试样中的抗菌性物质的影响，该检测方法在八味地黄丸、牛车肾气丸等地黄丸类药物中均可使用，保障了汉方制剂的质量和安全性。

五、装置设备的专利申请策略

津村构建了从汉方制剂原料生药的种植、采购、品质管理、浸膏制剂的生产和流通，以及汉方医学的普及等一系列完整的汉方价值链（见图 4-1-32）。

津村从原料生药质量管理入手，普及、提高生药种植技术，加强产地合作，提高生药种植量，改良生药品种，构建了完整的生药种植生产技术体系；为加强生药质量检测，构建了生药成分含量、农药残留、微生物检测技术；为控制库存生药质量，加强温度和湿度管理；为追求生产效率化及自动化，改进了制药设备，改良了浸膏提取工艺和制剂工艺（见图 4-1-33）。

种植采购	• 在中国、日本、老挝等国家，开展汉方制剂原料生药的种植与采购
品质检测	• 检查是否符合法定标准及本公司内部规格、生药的成分量及农药残留、微生物等
保管	• 在温度及湿度均进行严格管理的仓库中，对原料生药进行管理
生产	• 对原料生药切制，使用津村独有的设备，运用与汉方传统方式相同的手法，提取浸膏 • 提取液过滤，低温、短时间浓缩，并进行瞬间干燥使其免受热的影响，制成浸膏 • 使用赋形剂与浸膏粉末混合，形成颗粒后进行包装、装箱，最后作为产品出货
销售	• 从工厂发出的产品经过物流中心、医药品代理商等，最后送达医疗机构
启蒙普及	• 向医疗工作人员及一般用户提供正确使用汉方药所需要的信息

图 4-1-32　津村汉方价值链

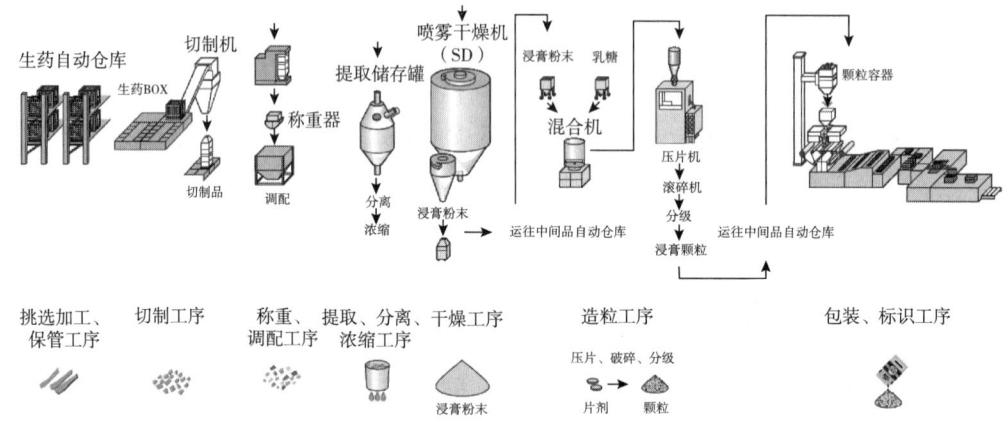

图 4-1-33　日本津村汉方的生产工艺

可以发现，津村从生药种植到生药库存的质量管理，再到浸膏提取和制剂工艺等环节的现代化和规模化生产，均和生产设备息息相关。可以说，生产设备的优劣，直接关系到津村汉方价值链能否发展。为了持续增强营收能力和实现现金流的最大化，津村始终坚持提高现有生产设备基础能力、持续引进并扩大新生产技术以提高生产能力、优化供应链、提高劳动生产效率。

经检索,津村的装置设备专利共计86件,具体情况见附录C,其设备专利布局有如下特点:

(一) 申请时间策略

津村在20世纪八九十年代共申请了64件装置设备专利,占全部装置设备专利申请总量的77%,并于1992年达到顶峰,全年共申请装置设备类专利12件。自此之后,津村装置设备专利的申请虽一直持续至今,但申请量逐年回落。进入21世纪后,每年的申请量仅维持在1~3件,甚至在2000年、2002年、2003年、2007年、2010年的申请量为0,与津村汉方·生药制品总申请量呈现的"山峰式"的发展趋势略有不同(见图4-1-34)。

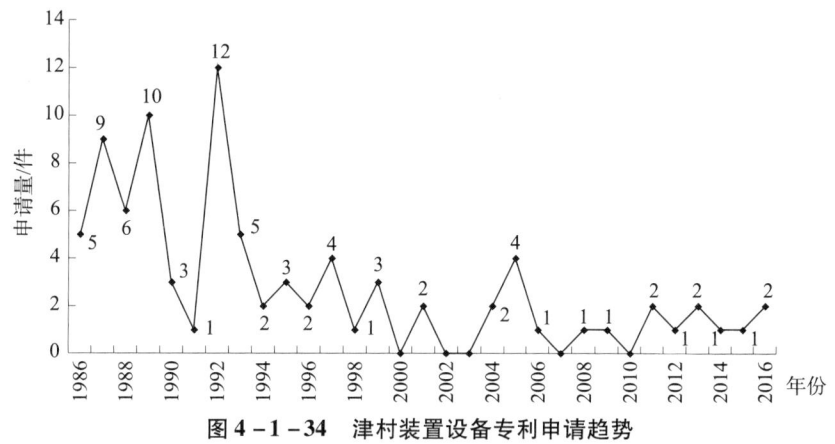

图4-1-34 津村装置设备专利申请趋势

津村设备类专利申请的高峰年份分别是1992年(12件)、1989年(10件)、1987年(9件),其余年份申请量较少。就申请主题而言,制剂装置、包装装置和药理试验装置是津村的重点研发方向,与津村的汉方制剂生产和完善循证医学研究两大主体业务相吻合;但装置设备类专利申请总量并不多,并非津村的主营业务,主要是为构建公司内部高度独创性的生产设备服务。其各申请主题领域分布如图4-1-35所示。

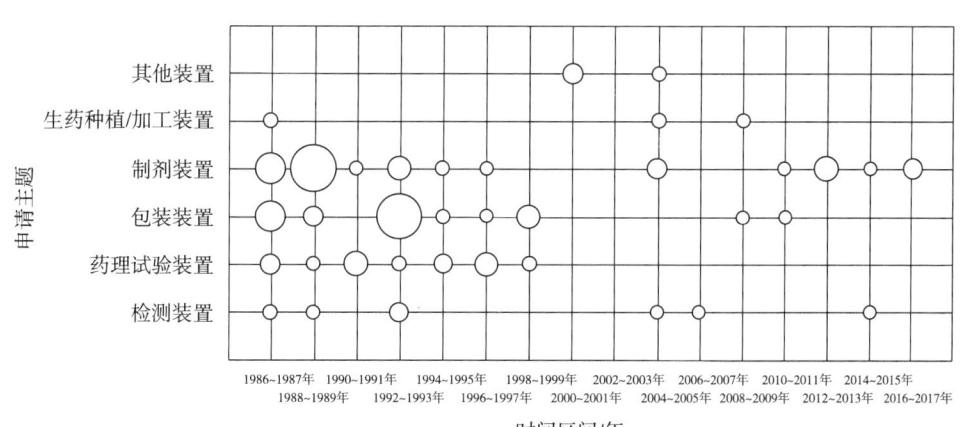

图4-1-35 津村装置设备类各主题专利申请变化趋势

注:圆圈大小表示申请量多少。

1. 早期申请高峰

装置设备类专利申请在 1990 年前后出现的两个高峰期，得益于津村在 1988～1989 年和 1992～1993 年分别就汉方现代化生产工艺申请了两大系列专利——液体处理设备专利以及制袋包装机专利。其中，液体处理设备主要与汉方制剂的有效成分提取有关。而包装工艺的效率化和自动化会使得制剂质量更稳定和可控，从而提高汉方制剂的品质，这与津村认为制剂的安全及稳定性是制剂质量的根本的理念相一致。

从 1986 年开始，津村分别就带有自动翻转粉状物料容器的粉状物料给料装置、冷冻浓缩装置、粉状体的计量充填装置申请了 3 件专利。1988 年，其分别就旋转雾化器、造粒机用筛网、筛分器和破碎机、筛网振动器的筛网固定装置申请专利。1989 年其有 6 件专利围绕液体处理设备过程中的自动切换、驱动、清洗、检测、密封、检漏等环节提出申请，其余 3 件主要涉及制剂过程的反应容器、片剂的制备装置或测量装置。上述 9 件专利中有 5 件获得授权，分别是 JP1995015440Y2（反应容器）、JPH0469470A（液体处理设备管路自动切换装置）、JPH02304276A（液体处理设备多点管路自动切换装置中的清洗装置）、JPH02304278A（液体处理设备多点管道自动切换装置的驱动装置）、JPH039757A（片剂的制备方法）。除 JP1995015440Y2 专利权仅维持 9 年外，其余 4 件专利权均维持在 17 年以上。

1992 年津村申请的 10 件专利主要是围绕生产包装产品的充填、灌装、去除、切割、捆扎、运出、密封、称重等环节分别申请对应设备专利，其中有 8 件获得授权。授权专利中仅 JPH05338602A（制箱装置）维持至专利权期满，3 件维持至专利权届满当年，3 年专利权维持 15 年，1 件专利权（JP2573531Y2）仅维持 9 年。1999 年的专利以包装容器为主，分别申请了 3 种便携、密封、易于存取的存储容器。

2. 中期平稳发展

之后，日本津村的装置设备类专利申请量较少，在药理试验、检测装置、生药种植、加工、保藏装置等多方面均有涉及，但数量不多。

其中，药理试验与津村开展的"循证医学"研究息息相关，药理试验装置的创新，有助于药理试验研究的效率化和自动化。津村药理试验装置类共计 13 件专利申请，申请量最多的是在 1996 年由蛭田政宏针对药理试验中的喂食器、饵容器、动物试验用自动移动装置的 3 件申请，但上述 3 件专利申请均因撤回、驳回而未获得专利保护。

3. 进入 21 世纪后

进入 21 世纪后，津村致力于持续引进和扩大新生产技术以提高生产效率、节省人力成本、节约能耗。如 2011 年其申请的使用机器人的容器清洁系统（JP5838504B2），则是为 2016 年 9 月静冈工厂引入机器人新技术做了铺垫。该工厂的新造粒包装大楼开始启动，共投资约 130 亿日元，在工厂内部的搬送和生产线中投入了最先进的机器人设备，不断推进省人、省力化，目的是完成在现行中期经营计划提出的"2021 财年比 2015 财年提高 30% 劳动生产率"的计划目标。2013 年其申请的一种水溶液浓缩装置及方法（JP2014151264A），在浸膏制剂生产工序中，对工程用水的水温进行改善，通过引进能使浓缩设备的浓缩蒸气实现高效回收的蒸气压缩系统，大幅削减电力用量及蒸气用量。

产品的品质管理是至关重要的课题。如何为顾客持续稳定供应高品质、安全、可信的产品是津村汉方价值链和事业群中的关键一环。进入21世纪后，津村于2004年、2006年、2014年分别申请了3件产品品质管理的设备专利。分别针孔检查装置（JP2005227238A）、波形解析装置（JP2007240326A）、检查装置和生产管理方法（JP6408354B2）。最近的两件设备类专利申请于2016年提交申请，聚焦于色谱峰解析在多组分药物的一致性评价和配制中的应用（US20170074841A1、US20170007502A1）。

此外，为了防治病虫害，保证生药质量，津村还就非农药的病虫害防治方法进行了研究，并于2005年、2008年分别申请低温杀虫方法和低温杀虫设备（JP2005149685A）、使用二氧化碳的害虫防除方法及害虫防除装置（JP2008266302A）。其中，JP5322045B2（JP2008266302A）尚处于专利有效期内。

（二）申请地域策略

相较于国内专利申请，津村装置设备的国际专利申请数量较少，仅7件，专利申请占所有涉及设备专利申请的百分比仅为8.4%；其中只有2件是在2000年前申请，其余5件是在2005年后申请，一定程度上可以看出津村装置设备类专利布局的国际化变化（见表4-1-15）。

表4-1-15 日本津村装置设备国际专利汇总

序号	公开号	发明名称	申请年份	进入国家或地区
1	JPH0469470A	液体处理设备管路自动切换装置	1990	日本、美国、德国、丹麦、欧洲
2	JPH08650A	动物适配器	1994	欧洲、日本、韩国、加拿大、中国、德国、澳大利亚、中国台湾、美国
3	JP2005149685A	低温杀虫方法和低温杀虫设备	2005	中国、日本
4	JP2008266302 A	使用二氧化碳的害虫防除方法及害虫防除装置	2008	中国、日本
5	JP2014151264A	一种水溶液浓缩装置及方法	2013	中国、日本
6	US20170007502A1	配制多组分药物的方法和设备	2016	美国
7	JPWO2012164952A1	配制多组分药物的方法和设备	2016	中国、欧洲、中国香港、日本、韩国、中国台湾、美国

津村装置设备国际专利进入国家或地区分布如表4-1-16所示。

表4-1-16 津村装置设备国际专利申请进入国或地区分布

国家或地区	中国	美国	欧洲	中国台湾	韩国	德国	中国香港	加拿大	丹麦
申请/件	5	4	3	2	2	2	1	1	1

可以看出，进入中国的国际专利申请最多，进入中国的5件国际专利中，有两件涉及生药的病虫害防治。其中，JP2005149685A采用提供一种低温杀虫方法及低温杀虫

设备，可对被处理物整体进行低温杀虫处理，防止质量劣化；JP2008266302A 利用二氧化碳杀虫处理时间短、气体的毒性低、不存在残留性的优点，提供一种对设备压力要求更低的设备。

这是因为，中国是日本津村生药原料的主要供应地。生药原料的储存管理是日本津村作为降低企业运营风险的手段之一。

如图 4-1-36 所示，由于生药价格的剧烈波动，企业的收益容易受到较大的影响，在生药价格下降时大量采购生药，将生药储存于温度及湿度均严格管理的仓库中进行管理，可以避免生药价格的剧烈波动，控制生产成本。因此，津村对生药储存时的病虫害管理尤为重视，并因此在中国申请了上述 2 件生药病虫害防治专利。而其他国家或地区，如美国、欧洲等，并不是津村的生药原料供应地，津村相应地也没有选择在这些国家或地区布局病虫害防治专利。

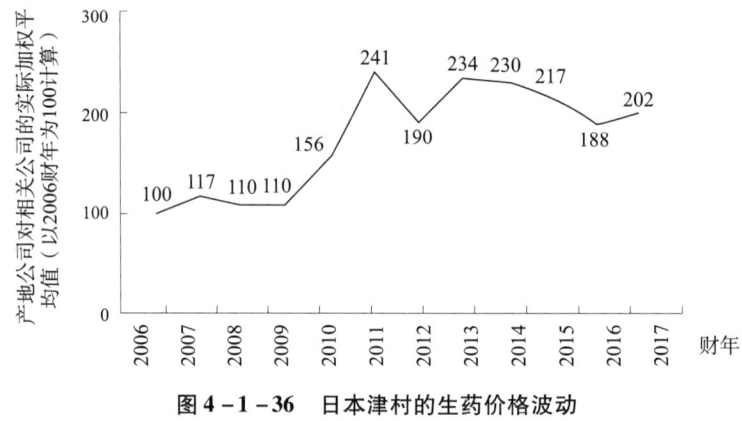

图 4-1-36　日本津村的生药价格波动

（三）专利申请和保护概况

经统计，津村设备类专利申请以 1 项权利要求的专利申请最多，占比为 43%；10 项以下权利要求的专利申请占比达 93%，而 10 项以上权利要求的专利申请数量仅占 7%（见图 4-1-37）。

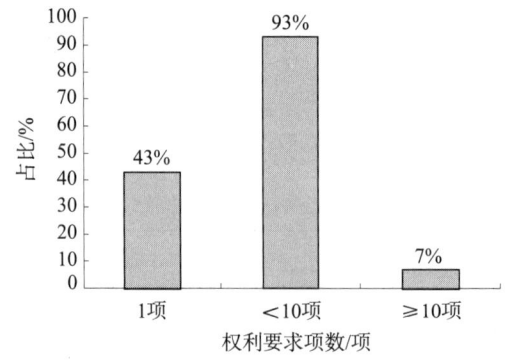

图 4-1-37　津村装置设备类专利申请权利要求项数分布

国际专利申请的权利要求项数一般较多，分别为 US20170074841A1（20 项）、JP6059999B2（16 项）、US20170007502A1（14 项）、JP5322045B2（12 项）、JP4967255B2（6 项）、JP2834548B2（3 项）、JP2760283B2（3 项），其中权利要求项数最多的专利申请为 20 项。

津村涉及设备的专利申请总计 86 件，其中，驳回/撤回 34 件，未审/在审状态 2 件，授权 50 件，授权占比达 58.14%，明显比津村整体专利的授权百分比高（见图 4-1-38）。

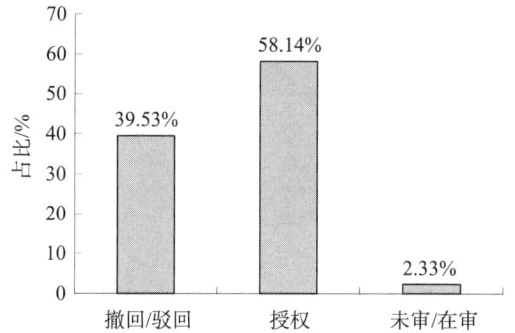

图 4-1-38 津村装置设备类专利申请结案类型分布

日本实用新型类专利的保护期限发生过两次比较大的变化。1993 年以前，实用新型采取实质审查制度，保护期限为自专利授权之日起 10 年。1993～2004 年，实用新型专利采取无审查/事后评价制度，保护期限为自专利申请之日起 6 年。2004 年以后，实用新型专利依然采取无审查/事后评价制度，保护期限调整为自专利申请之日起 10 年。此处，对于实用新型专利维持情况，即使法律状态显示期限届满，其专利维持年限仍以实际维持年限计算，不计入维持 20 年后专利权到期的专利，如图 4-1-39 所示。

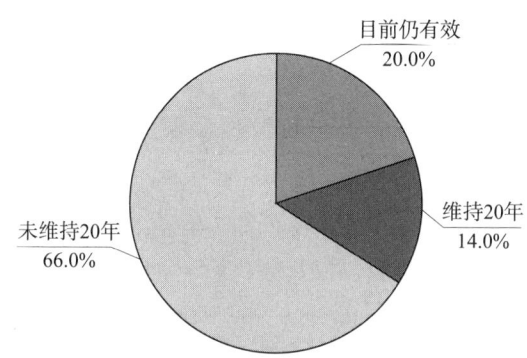

图 4-1-39 津村装置设备类专利权维持情况分布

在专利权维持情况上，目前仍有效的专利共 10 件，占比 20.0%；维持 20 年后专利权到期的专利共 7 件，占比 14.0%；中途弃权导致未维持 20 年的专利共计 33 件，占比 66.0%。其中，未维持 20 年的专利中，其权利维持时间最短的是 3 年（JP3111592U，PTP 片包装体），其中 23 件专利权维持在 10 年以上（含 10 年），有 6 件专利权维持至 19 年，有 7 件专利权维持在 10 年以下。授权专利中有 24 件专利发生权利转移。

此外，同族专利被引证次数也是衡量专利价值的常用指标，是指该专利族被当作对比文件的次数，同族专利被引证次数越多，则通常可以认为其专利基础价值越高。津村装置设备专利申请被引证次数超过 10 次（含 10 次）的申请有 8 件，占比 9%（见图 4-1-40）。

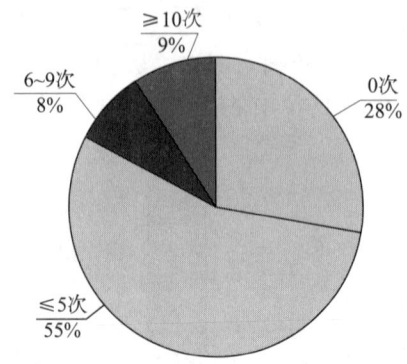

图 4-1-40　津村装置设备类专利同族被引证数分布

其中被引证最多（21 次）的 JP2760283B2 涉及一种动物适配器，是一件进入了澳大利亚、加拿大、中国、德国、欧洲、日本、韩国、中国台湾、美国的国际专利，发明人是蛭田政宏。该件专利申请日为 1994 年 4 月 24 日，授权日为 1998 年 5 月 28 日，专利权维持 14 年后于 2008 年到期失效。该专利在津村在先专利 JPH0742410Y2（即公开号 JPH563522U）的动物用适配器的基础上，通过改进连接头上的转动部位密封件与管的连接方式以及密封件的构造，来改善连接头的密封性和转动灵活性。该装置能够实现即使是小的动物，在动物几乎不受力的情况下，也有可能连续施加多种注液，并可以用作血压测量、收集人体材料、采集生物样本等多种其他用途。

（四）专利技术研发团队

发明人构成分析是企业专利复盘分析的一个重要方面。首先可以对发明的专利申请数量进行统计，其次可以从核心发明人数量、主力发明人数量、新生发明人数量考察发明人梯度建设的分布来解读企业的研发人员构成状况。

经统计，津村设备类专利申请总计有 125 人参与研发；其中有 85 人仅参与 1 件专利申请的研发，有 19 人参与 2 件专利申请的研发；有 8 人参与 3 件专利申请的研发；1 人参与 4 件专利申请的研发，参与 5 件以上（含 5 件）的专利申请研发的有 12 人（见表 4-1-17）。

表 4-1-17　津村设备类专利发明人的专利数量

发明人数/个	参与的专利数量/件
85	1
19	2
8	3
1	4
12	5 及以上

如图 4-1-41 所示，核心发明人首先是具备核心研发能力的第一梯队，应该位于

顶层，人数少但人均产出多；主力发明人是能够持续产出专利的第二梯队，专利产出的潜力最大，应该是专利产出最多的；新生发明人是底部的第三梯队，是专利产出的后备力量。因此，企业的发明人自上而下分布，其构成情况如果呈现出三角形，应该是比较优化合理的。

津村设备类专利申请的发明人梯度建设的分布为：申请量20件以上的申请人数仅1人，申请量10～20件有6人，申请量3～9件有9人，1件有104人。其分布基本呈现图4-1-41所示的情况，与一般科技创新企业所呈现出的三角形分布形态有所不同。说明津村设备类专利申请基本以少数核心发明人为主，其他发明人申请量占比很少。

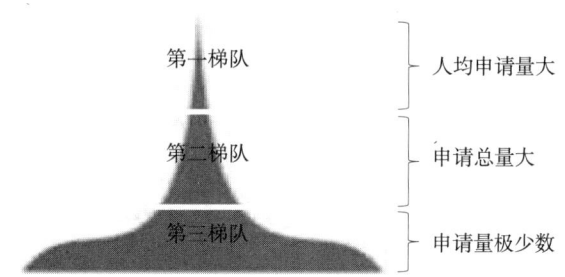

图4-1-41 津村设备类专利发明人梯度建设的分布

对核心发明人团队进行分析可以发现，参与5件以上（含5件）的专利申请研发的有12人，分别为：望月茂利（22件）、長澤道男（16件）、橘ヶ谷修司（16件）、北崎宏典（14件）、杉田亨（12件）、石井唯雄（11件）、蛭田政宏（10件）、森正明（9件）、木村孝良（8件）、小股和裕（5件）、西村昌弘（5件）、磯貝登（5件）（见图4-1-42）。

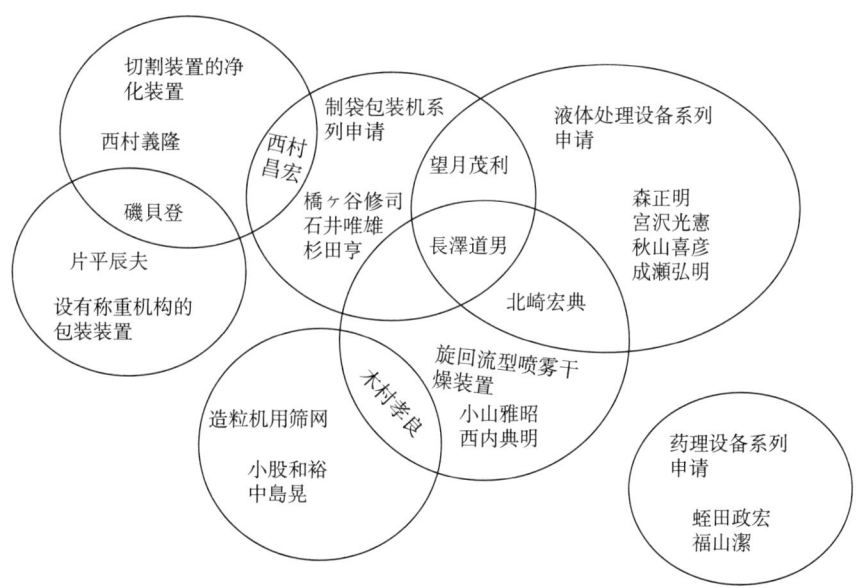

图4-1-42 津村设备类专利重点发明人的合作关系

从参与专利申请数量统计可以发现,液体处理设备系列申请的核心研究人员是望月茂利、北崎宏典、森正明3人。制袋包装机系列申请的核心研究人员是橘ヶ谷修司、望月茂利、杉田亨、長澤道男、石井唯雄5人。

望月茂利的首次申请专利是在1989年与北崎宏典、森正明、宫沢光憲、秋山喜彦、長澤道男、成瀬弘明等人一起就液体处理设备申请系列专利6件,并在1990年与团队成员一起再次就液体处理设备管路自动切换装置申请1件专利。随后,在1992年又与橘ヶ谷修司、杉田亨、長澤道男、石井唯雄、斉藤富治、島倉強、桜井久雄等人一起就制袋包装机申请系列专利10件,并在1993年、1994年、1997年与团队成员一起再次就制袋包装过程分别申请1件专利。之后,在2013年、2014年分别与其他人联合申请专利1件,主题是一种水溶液浓缩装置及方法、检查装置和生产管理方法。上述这些专利申请共授权16件,授权百分比72.7%,远高于津村设备类专利申请的平均授权百分比。

排名第二、第四的長澤道男、北崎宏典与望月茂利类似,都参与了液体处理设备和制袋包装机的研发和专利申请。具体而言,長澤道男参与了3件液体处理设备的专利申请,以及10件制袋包装机专利申请和1件旋回流型喷雾干燥装置专利申请。北崎宏典参与了7件液体处理设备的专利申请,以及1件制袋包装机专利申请和6件关于冷冻浓缩装置、旋转雾化器、旋回流型喷雾干燥装置、用于制造固体浴制剂的压块机和制备固体浴制剂的方法、自动清洁装置、一种包料辊,其制备方法及包料机的专利申请。

排名第三和第五的橘ヶ谷修司、杉田亨所参与的专利申请均是围绕制袋包装机。

西村昌弘与木村輝雄、小澤次男共同申请了一件制袋包装机相关的专利申请JP1994044706U(一种制袋包装充填机的密封装置)。并与磯貝登、西村義隆共同申请了一件涉及切割装置的净化装置(JP1995047416B2)的专利。除此之外,磯貝登还申请了一种薄膜加热压接辊的压接装置(JP1996005463B2)、粉状体的计量充填装置(JP1992051401B2)、设有称重机构的包装装置(JP1989119726A)等多件专利。

与排名前五位的其他发明人不同,蛭田政宏的专利申请所涉及的主题主要是药理试验装置,如动物适配器、喂食器、饵容器等。并且多是个人发明,仅JP1996010796Y2(一种生物组织片试验装置)是与福山潔作为共同发明人申请专利。其10件专利申请中共6件授权,授权百分比为60%。

从重点发明人的合作关系图和合作关系网络(见图4-1-43)都能发现,津村设备类专利申请的发明人之间存在较为复杂的合作关系,具有如下特点:申请量较多的发明人一般都与他人存在较多的合作关系,基本呈现申请量越大,合作关系越多的特点。如申请量排名前三的望月茂利、長澤道男、橘ヶ谷修司,望月茂利的合作关系网络明显比長澤道男复杂,而三者中橘ヶ谷修司的合作关系最为简单。

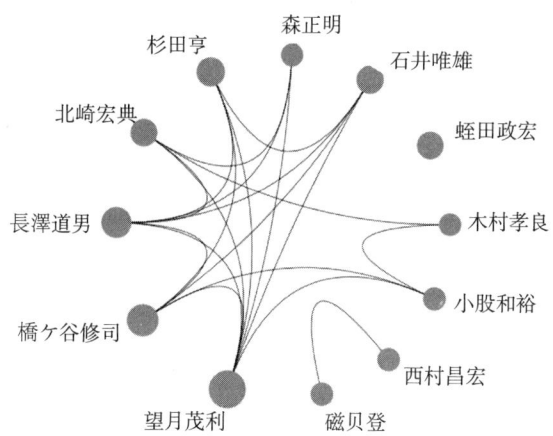

图 4-1-43　重点发明人的合作关系网络

其原因可能与发明人在企业的地位有关，基本呈现职务越高，申请量越大的特点。如申请量第一的望月茂利1987年加入津村顺天堂，从事汉方制剂工厂新建和扩建的领导工作，并改进了现有生产线的生产和制造技术；还担任过茨城工厂厂长，以及中国上海津村制药有限公司总经理等职位，并一直致力于推动工厂运营、生产力提高、应对GMP全球化等工作，直至2016年离职。其在津村任职期间参与了津村液体处理设备和制袋包装机两大系列专利的申请。申请量第二的长泽道男曾担任津村顺天堂汉方制剂开发部部长。排名第三的橋ヶ谷修司原任津村生产总部副总经理，现任生产技术开发中心主任。排名第四的北崎宏典曾担任津村茨城工厂生产技术部部长。排名第五的杉田亨原任汉方研究开发部负责人，现为高级管理人员。

在申请量排名前十的发明人之中仅蛭田政宏没有与他人有过合作关系，可能与工作性质有关。蛭田政宏所有的专利申请均是药理试验装置相关的设备。而药理试验研究与制剂和包装设备等需要团队协作的工种不同，其更多的是依赖个人研究为主，以避免试验结果中引入过多的人为操作导致的系统误差。

六、结论

津村作为日本最大的一家汉方制剂生产企业，非常注重产品剂型、质量控制、药理学、原料生药栽培等方面的研究开发，融合了汉方医学与西医，将自然与健康科学化，致力于提供高品质药物，其专利申请主要有以下特点：

（1）整体来看，经历了20世纪80年代末90年代初专利申请量爆发式增长后，从1998年开始整体申请情况趋于平缓。从2004年开始，专利授权百分比整体呈上升趋势，尤其是2009年后，整体授权百分比达到了80%以上，从2008年开始国际专利申请有明显的增长，且集中于欧美、东亚等国家或地区，表明津村的专利申请从注重"量"到注重"质"的转变，从国内布局到国际布局的转变。虽然总体上药剂、化合物、汉方·生药是津村的主要研究领域，但进入21世纪后有关药理活性的研究明显减少，津村研究方向有向设备/检测领域转变的趋势，这与津村"决意不开发新药"的战略转型有关。

（2）津村根据循证医学研究成果和制剂技术改进研究成果，对汉方制剂进行相应的专利申请。津村20世纪八九十年代以"牛车肾气丸、葛根汤、五苓散"为主，但基于大建中汤的循证医学研究成果，转变为进入21世纪后以"大建中汤"为主。根据企业战略要求，研发创新方向也从用途、制剂、化学物、提取方法等多个方向，逐步聚焦于检测技术的创新，以保障汉方制剂的高品质管理。在装置设备的申请上，秉承为构建公司内部高度独创性的生产设备服务的宗旨，经历了从"汉方现代化生产工艺"到"品质管理"的转变，目前聚焦于提高生产效率、检测设备以及生药品质管理设备的创新。

（3）津村根据企业挑战海外事业的战略，在立足日本国内专利申请布局的同时，将国际专利申请的重点聚焦于中国和美国。其中"挑战中国新事业"重点是中成药、生药饮片、中药配方颗粒三大产品线，并将分析检测事业作为其他各项事业的基础，因此，日本津村在中国的专利申请主要以检测技术类专利、生药品质管理设备为主。而开发美国市场的主要内容是筹备TU-100（大建中汤）在美国上市，因此所有涉及大建中汤的国际专利申请均进入了美国。

（4）在专利申请策略上，津村战略处方专利申请主要有两个突出的特点，一是短时间内对同一主题进行集中申请，例如在津村早期申请中，在一年时间内，对汉方药浸膏制剂进行了集中的专利申请，解决了汉方药浸膏制剂挥发性成分损失、崩解性、溶解性的问题，奠定了浸膏制剂专利基础。二是根据不同国家的专利制度，选择不同的申请策略。津村对主要国家或地区的专利制度比较熟悉，通过合理地运用各国或地区的专利制度，使得自己的保护范围能够尽可能的大而稳定。例如JPH0543469A及其同族专利就是充分运用了医药用途发明在日本、欧洲和美国的不同规定，从而采用了不同的申请策略，使得该专利能够尽可能地获得有效保护，一旦明确无法有效保护，则尽早撤回。

（5）从战略处方的专利布局来看，总体而言，其布局呈"网状""线状"分布。如围绕大建中汤的专利布局，从汉方制剂和原料生药人参、干姜、花椒四个方面形成了四条线状保护链条，同时从质量控制、用途两方面进行系列布局，从而使各研究主题形成了"线状"保护，再由各保护链条组成了立体式网状保护。

第二节　丸善制药

日本有丸善工业株式会社、丸善产业株式会社、丸善制药株式会社、丸善石油化学株式会社等多家涉及"丸善制药"的企业。其中丸善制药株式会社（丸善製薬株式会社，MARUZEN PHARMACEUTICALS CO LTD.，以下简称"丸善制药"）于1938年创立，初始业务为食品调味用甘草萃取物的制造。1949年，在原有基础上进行组织变更，设立丸善化成株式会社。1958年，设立丸善商事株式会社（1985年更名为Longev株式会社），取得医药品制造许可并开始相关产品的生产。1963年，设立丸善制药株式会社，1979年取得化妆品制造许可，1980年取得医药部外品制造许可。1983年，开始制造销售界面活性剂（皂树树皮萃取精华）、生药萃取液（千振萃取精华，芦荟萃取精华）及功能性食品（牡蛎萃取物、灵芝萃取物）。1989 年在澳大利亚开辟农场，并在当地设立 Rooprun 有限公司，1992 年丸善化成株式会社与丸善制药株式会社合并，确定新社名为丸善制药株式会社。2007 年，在中国设立丸善贸易（上海）有限公司，主要经营区内国际贸易、转口贸易、区内企业间的贸易及贸易代理等。丸善制药从世界各地收集有用的天然原料作为研究开发的材料，应用特有的生产设备加工成独具特色的食品原料以及食品添加剂，并向日本及其他国家客户提供可用于医用配制品、化妆品以及食品的甘草萃取精华以及 1000 多种来自植物的萃取精华。2017 年丸善制药的销售总额为 143 亿日元，2018 年丸善制药的销售总额为 153 亿日元，销售总额增长率约为 7%。

一、创新发展方向

根据企业网站的记载[1]，主要发展方向有：

（一）有效成分的解析

丸善制药运用 NMR、LC‐MS、HPLC 等设备，通过对天然原料中所含的各种各样的成分进行分离精制、结构确认、含量分析，探索天然原料中所蕴含的功能性成分。

（二）生物研究

生物研究是指为了保障获得稳定、高品质的有效成分，利用微生物·酶等赋予天然原料全新功效的相关研究，主要有植物组织培养、营养液栽培、利用微生物·酶的物质生产、物质变换等。

（三）活性评价·安全性评价

活性评价·安全性评价是指利用 100 种以上的活性评价体系，在确认天然成分的生理活性的基础上，对天然成分的可追溯性进行确认，分为功能性原料评价药理试验及人体皮肤、毛发试验。功能性原料评价药理试验有抗氧化作用、抗炎症、抗过敏作用、抑制肥胖作用、预防癌症作用、激活免疫力作用、抗虫牙作用、滋养强壮作用、美白作用、消臭作用、预防皮肤老化作用、抗菌作用、抗肿瘤作用、预防骨质疏松作用、抑制前列腺肥大作用、降压作用、育发作用、酶抑制等试验。

（四）品质管理

丸善制药为了满足客户在品质上的要求，不断健全品质保证体系，三次工厂（工厂名）以及与其相关联的总部机构继 2001 年 3 月取得了 ISO 9002（1994 年版）质量体系认证后，2017 年 10 月又取得了升级版 ISO 9001（2015 年版）认证。由于生物活性的活性评价·安全性评价、活性成分的分离和萃取技术的阐明都以分析技术为基础，所以丸善制药有目的性地深入贯彻引进最先进的分析技术，并积极将其转化到生产制造当中。

---

[1] 丸善製薬株式会社官方网站［EB/OL］．［2019‐09‐01］．http：//www.maruzenpcy.co.jp/chinese/works/kenkyu.html.

品质管理主要涉及：有效成分的含量（甘草酸、光甘草定以及其他多种成分）；确认试验（皂甙、单宁以及其他多种成分）；有害物质的试验：有害金属（重金属：砷、铅、镉等），有毒化合物（农药残留、残留溶剂等）；微生物检测：一般细菌数、大肠菌群、霉菌·酵母菌数，特定微生物试验；营养分析：水分、灰分、碳水化合物、粗脂肪、粗蛋白、氨基酸、矿物质等；医药部外品的有效成分的定量定性试验（甘草酸二钾、日本獐牙菜、人参等）。

二、专利申请态势

（一）整体趋势

图4-2-1显示丸善制药的整体专利申请量年度变化，其中申请年作为横坐标，申请量作为纵坐标。

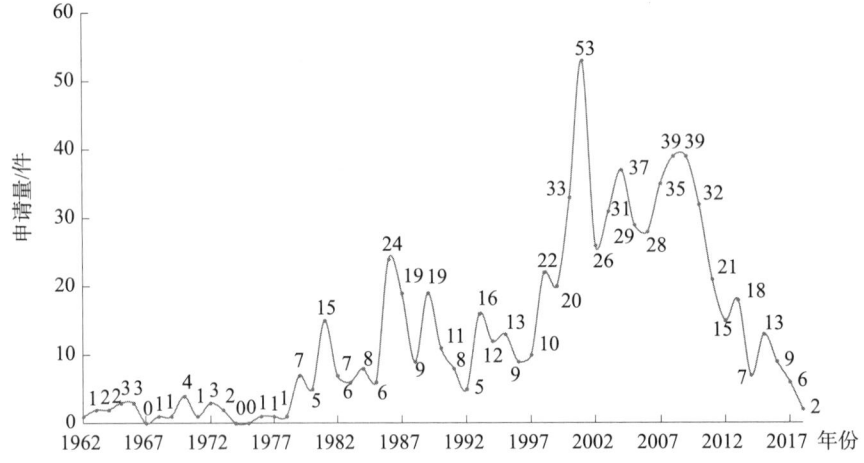

图4-2-1　丸善制药专利申请量年度变化趋势

从图4-2-1可以看出，1962~1978年量少平稳，申请量均为5件以下，此时间段为丸善制药创立早期，产品局限于甘草相关制品，且研发经费有限。1979~1995年波动起伏，最少申请量仅为5件，最多申请量为24件，在此时间段，丸善制药于1979年取得化妆品制造许可，1980年取得医药部外品制造许可，产品不仅局限于甘草相关制品，还开发了皂树树皮萃取精华、芦荟萃取精华、灵芝萃取物等多种产品。但受到日本泡沫经济破裂的影响，丸善制药20世纪90年代早期的申请量仍处于较低水平。1996~2001年逐年上升，申请量从9件上升到53件，随着经济的恢复，在20世纪90年代后期的申请量直线上升。2001年后急剧下降，可能与日本的专利审查政策有关，在2000年之前，日本的创造性审查处于一个比较宽松的时期，而2000年修改的审查基准使得创造性的审查标准大幅度提高[1]。随后几年间，申请量虽然再未达到过2001年的高度，但总体保持在25~40件的较高水平；2011~2017年整体又呈现出下降趋势，

---

[1] 刘艳芳，师晓荣，等．浅议日本专利创造性标准的变迁及对中国的启示［J］．中国发明与专利，2017，7：119-123．

2014年下降至10件以下。由于2016年之后部分专利还未公开,因此2016年之后的申请量存在低估的可能。

图4-2-2显示了丸善制药自1962年以来每年的专利授权趋势变化。

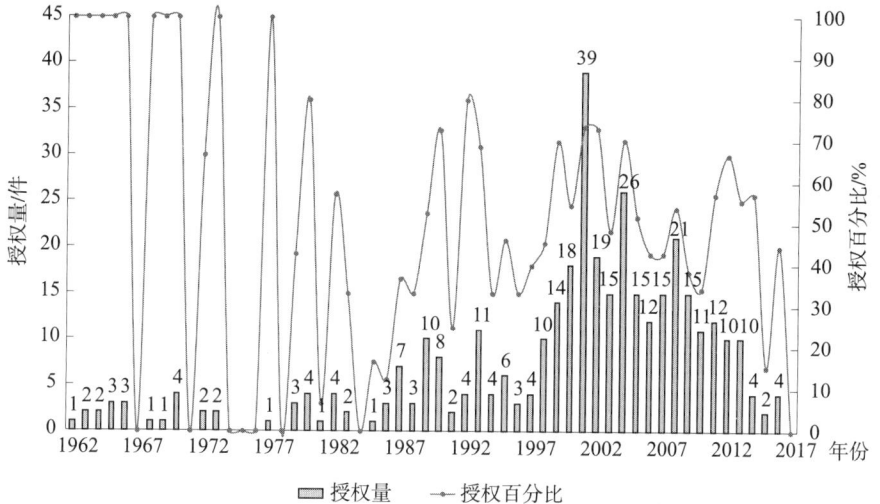

图4-2-2 丸善制药在日本的授权专利数量和授权百分比趋势

从图4-2-2可以看出,1962~1966年、1968~1970年,丸善制药的授权百分比为100%,1971~1986年授权量较少,自1987年起至2016年,除1991年、2015年以外,授权百分比均高于30%,部分年份高于70%,甚至达到80%。从授权百分比可以看出,丸善制药注重专利申请的质量。对于2015年之后申请案件授权百分比,由于部分案件尚未结案,因此可能存在一定的偏差。

(二)国际专利申请

丸善制药共有20件国际专利申请(包括PCT、巴黎公约等途径),主要情况如表4-2-1所示。

表4-2-1 丸善制药国际专利申请情况

序号	申请年	公开号	主题	进入国家或地区	授权国家或地区
1	1965	JP68008809B2	甘草次酸酯及其制备方法	日本、美国、英国	日本、美国、英国
2	1980	JPS56113793A	18-α-甘草酸及其盐	日本、美国、英国、法国	日本、美国、英国、法国
3	1980	JPS56125305A	以18-α-甘草酸为主要成分乳脂状或乳液状化妆品	日本、美国、英国、法国	日本、美国、英国、法国
4	1980	JPS56125306A	以18-α-甘草酸为主要成分的透明化妆料	日本、美国、英国、法国	日本、美国、英国、法国

续表

序号	申请年	公开号	主题	进入国家或地区	授权国家或地区
5	1981	JPS588044A	11-脱氧甘草次酸马来酸氢盐	日本、美国、欧洲、德国	日本、美国、欧洲、德国
6	1998	JP2000014393A	辣椒素衍生物的制备方法	日本、美国、法国	日本、美国、法国
7	2002	JP2003128566A	用于改善膀胱功能和治疗泌尿疾病的组合物	日本、欧洲、韩国	日本、欧洲、韩国
8	2003	CN1520811A	含有油溶性甘草提取物的外用剂组合物及其稳定化的方法	中国	—
9	2003	KR1020040073681A	含有油溶性甘草提取物的外用剂组合物及其稳定化的方法	韩国	—
10	2003	JP2005021087A	从鸡蛋中获得的骨强化组合物	日本、韩国	—
11	2005	JPWO2006098006A1	含有油溶性甘草提取物的消炎剂	日本、中国、美国、欧洲、韩国	日本、美国、欧洲、韩国
12	2005	JPWO2007052330A1	查尔酮还原产物、油溶性甘草提取物还原产物并将其用于COX-2抑制剂、增白剂、抗炎剂和化妆品	日本	—
13	2006	JPWO2006090613A1	含有科罗索酸的头发护理品	日本、中国、美国、欧洲、韩国、中国香港	中国、美国、韩国、中国香港
14	2008	JPWO2010029973A1	美白剂、抗老化剂及皮肤化妆品	日本、中国、美国、欧洲、韩国	日本
15	2008	JPWO2009136611A1	谷胱甘肽生成促进剂	日本、中国、美国、欧洲、韩国	日本、美国
16	2008	JP2009242263A	抗衰老的皮肤外用制剂	日本、韩国	日本
17	2010	JP2012097008A	不含有糖的凤梨提取物及其制备方法和用途	日本、韩国、中国台湾	日本、中国台湾

续表

序号	申请年	公开号	主题	进入国家或地区	授权国家或地区
18	2011	JPWO2012073627A1	Tie2活化剂、血管内皮生长因子抑制剂、血管生成抑制剂、血管成熟剂、血管正常化剂和血管稳定剂以及药物组合物	日本、中国、美国、欧洲、韩国	日本
19	2013	JPWO2013172681A1	山柰小花提取物或黄酮类化合物用于防治肌肉疾病及改善肌肉功能	日本、中国、美国、欧洲、韩国	日本、中国、美国、韩国
20	2014	JPWO2015146206A1	用于改善肝功能的无盐味噌及其制备方法	日本、美国、欧洲	日本、美国

总体来说，丸善制药的国际申请数量在申请总量中的占比较低，说明丸善制药专利布局的重点主要在日本国内，但从国际申请的时间分布来看，丸善制药也从未放弃进军海外的尝试。早在1965年，丸善制药便提交了第一件国际专利申请并获得了授权，1980年至1981年，又集中申请了多件涉及甘草酸的国际申请，这为其后续产品的研究开发打下了良好基础。经过20世纪90年代的沉寂，到了21世纪，丸善制药的国际申请数量开始出现快速增长，2000年至今共有14件，可见其海外专利布局的意识正在逐渐增强。

丸善制药早期的国际申请主要通过巴黎公约提出，除本国外，主要进入美国以及英、法、德等欧洲国家，2000年后，丸善制药提交了8件PCT申请，其中有6件申请的进入国家或地区覆盖了中、美、欧、日、韩五大主要经济体。此外，21世纪以来，还出现多件专利只进入中国和韩国而不再进入欧美国家的国际申请。从上述申请趋势可以看出，丸善制药海外经营事业的重心正逐渐在向以中韩为代表的新兴经济体转移。

在授权情况方面，丸善制药国际申请的总体授权百分比为66.7%（授权国家或地区总数/进入国家或地区总数），可见其国际申请总体质量较高。从各国情况来看，美国专利商标局的授权百分比达到了84.6%，而中国国家知识产权局专利局的授权百分比仅为28.6%，此外，丸善制药国际申请在日本、欧洲、韩国的授权百分比依次为83.3%、57.1%、36.4%。

在申请主题方面，丸善制药早期的国际申请几乎均涉及甘草酸及其活性衍生物，2000年以来，则以生药提取物为主，其中又以甘草油溶性提取物最为重要，2002~2008年，丸善制药曾尝试围绕甘草油溶性提取物集中进行海外专利布局。而近年来，丸善制药国际申请的主题日益多样化，涉及更多种类生药提取物的相关研究，可见，在积极巩固已有产品市场地位的同时，丸善制药也在尝试从更多元的角度谋求技术上更大的突破。

(三) 领域分布

图 4-2-3 显示了丸善制药专利申请的主要领域分布。

相关领域分类说明：

含有效成分的医药配制品：A61K 31，含有机有效成分的医药配制品。

化合物：C07，有机化学，涉及生药的提取、天然产物的结构确定、有机化合物的结构修饰和合成等。

汉方·生药：A61K 36 或 A61K 35/78，含有来自藻类、苔藓、真菌或植物或其派生物，例如传统草药的未确定结构的药物制剂。

化妆品：A61Q 或 A61K 8，A61Q 化妆品或类似梳妆用配制品的特定用途；A61K 8 化妆品或类似的梳妆用配制品。

药剂：A61K 9，以特殊物理形状为特征的医药配制品。

食品：A23，食品或食料及其处理。

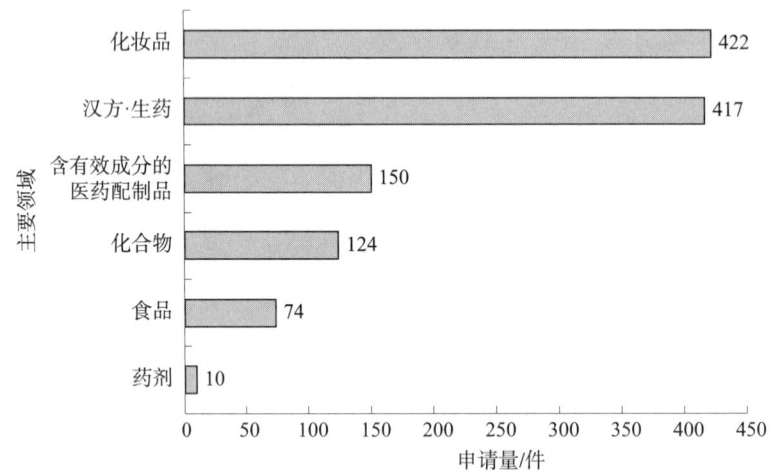

图 4-2-3　丸善制药专利申请主要领域分布

从图 4-2-3 中看出，专利申请数量由多到少依次为化妆品＞汉方·生药＞含有效成分的医药配制品＞化合物＞食品＞药剂，可见，丸善制药主要研究领域为汉方·生药、化妆品，含有效成分的医药配制品、化合物申请量相差不大。

图 4-2-4 显示了丸善制药专利申请的主要领域变化趋势。

从图 4-2-4 中看出，20 世纪 90 年代中期之前，除较少涉足药剂领域外，丸善制药在其他领域的申请情况一直较为平均。但从 90 年代末开始，这一平衡被打破，丸善制药专利布局的重心发生明显的偏移，汉方·生药、化妆品领域的申请出现了爆炸式的增长，含有效成分医药配制品相关的专利申请数量紧随其后，这一趋势一直延续至今。目前，可用作食品、化妆品及医药部外品制造的各类生药提取物是丸善制药的主打产品，可见，近年来丸善制药专利的申请情况与其企业经营重点相吻合。

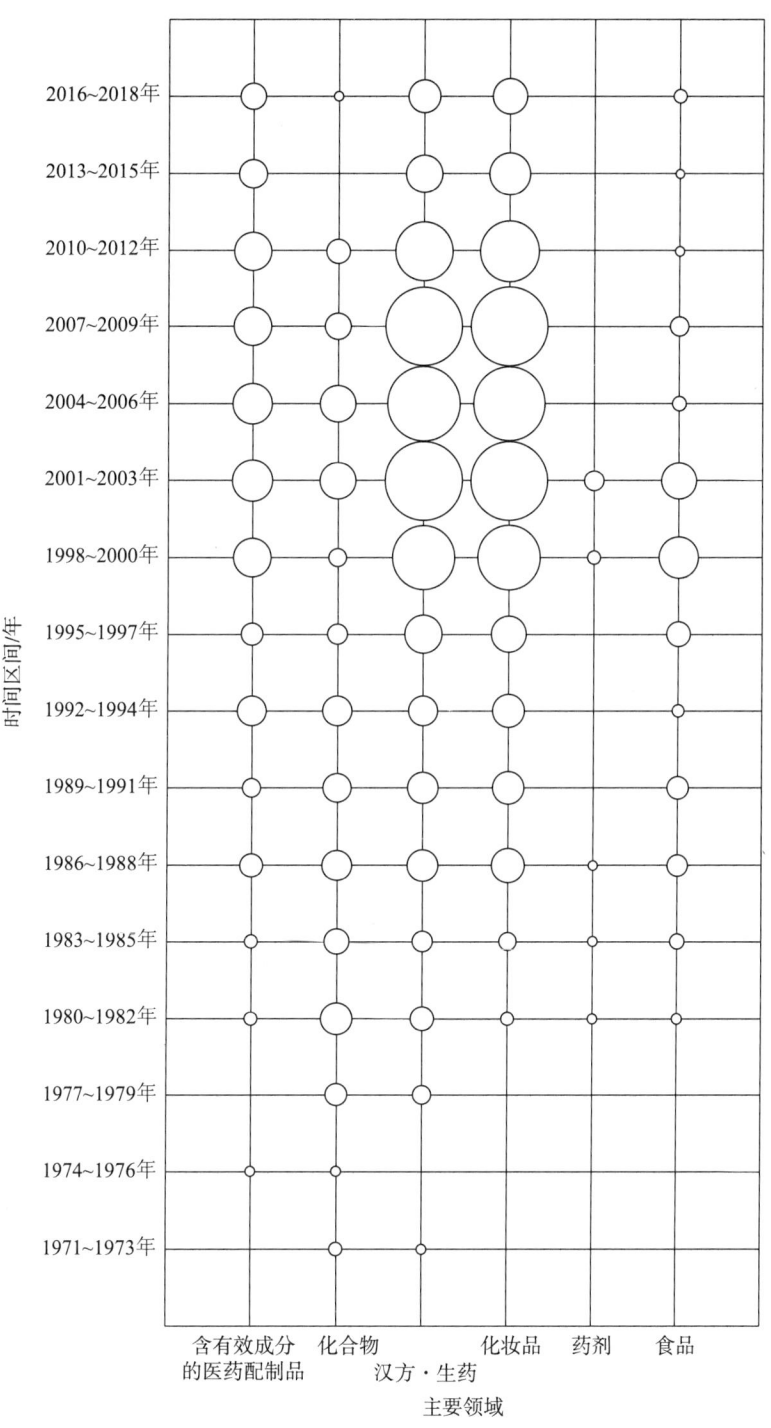

图4-2-4 丸善制药专利主要领域申请量随时间分布

注：圆圈大小表示申请量多少。

三、甘草产品的专利申请策略

自创业以来,丸善制药以甘草为本,在天然植物研究、萃取、精制领域中锐意进取,不断创新,甘草萃取物是丸善制药的拳头产品。因此下文将甘草作为典型产品,介绍其专利申请策略。丸善制药甘草相关专利共计155件,基本情况见附录D。

(一)申请时间策略

自1938年创立伊始,丸善制药便开始了食品调味用甘草萃取物的制造;从1962年起,丸善制药便开始对甘草产品的相关研究成果进行专利申请,有记录的第一件专利是1962年的专利JP65007191B2,其涉及一种化合物N1-甘草次酸-N2-异烟肼。1979年,丸善制药获得化妆品制造许可,1980年,丸善制药获得医药品外品制造许可,随后申请量不断上升,丸善制药的研发投入持续加大,甘草相关专利的申请量出现了爆发式的增长,1980~1989年,共申请了52件专利;进入90年代后,受到社会经济下行的影响,甘草相关专利申请量也有所下降,但仍然维持在较高的水平;2000年之后,丸善制药甘草相关专利申请数量再次显示出快速增长的趋势,这说明甘草历久弥新,目前仍然是丸善制药创新研究的重点对象之一。丸善制药甘草相关专利的各时期申请数量如图4-2-5所示。

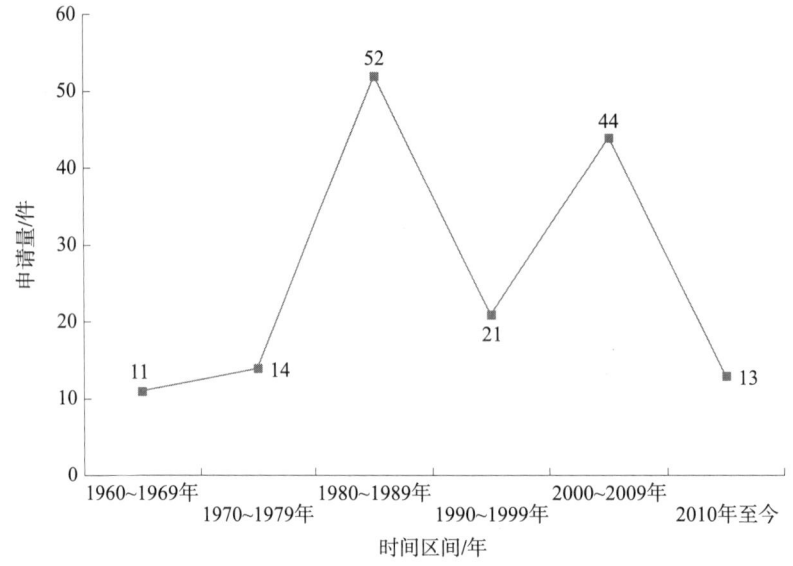

图4-2-5 丸善制药甘草相关专利申请变化趋势

依据权利要求所要求保护的主题,丸善制药155件甘草相关专利的专利申请主要涉及化合物、制备方法、组合物及用途4个方面,而在不同的时期内,丸善制药甘草相关产品专利申请的侧重点也各有不同。

从图4-2-6可以看出,20世纪60年代,丸善制药的甘草相关专利申请主要关注于甘草中的活性化合物及其衍生物,这为其之后的专利布局打下了坚实的物质基础;而从70年代开始,有关甘草提取物、甘草酸、甘草次酸等物质制备方法的专利申请开始涌现,其数量在80年代达到了顶峰,之后开始逐渐减少;从80年代起,丸善制药逐渐开始将申请的重点转向甘草提取物及化合物的新用途,所述用途主要涉及药品、食品、化妆品、饲料等领域;从90年代开始,保护主题涉及用途的专利申请数量已占据了丸善制药甘草相关专利申请的绝大多数,这一趋势一直延续至今,这也与丸善制药目前所倡导的"活性评价·安全性评价"创新发展方向相一致,将创新重点聚焦于天然成分的生理活性研究。

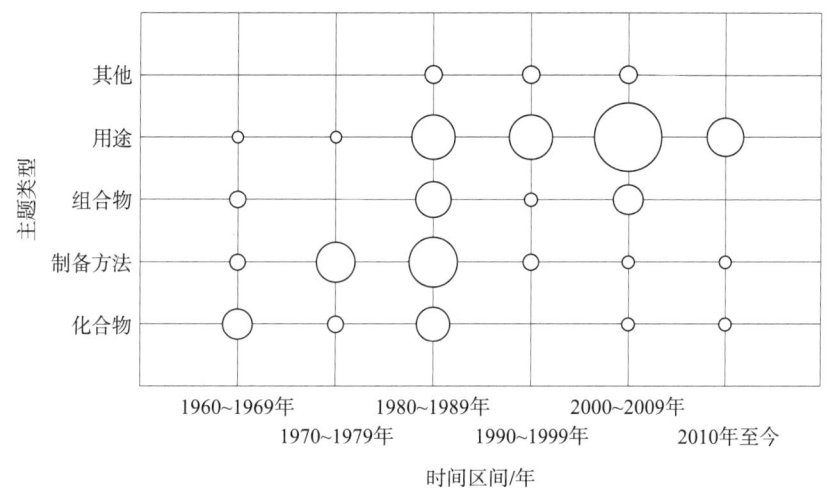

图4-2-6　丸善制药甘草相关专利主题类型随时间变化情况

注:圆圈大小表示申请量多少。

(二)申请地域策略

截至2018年12月31日,共筛选出丸善制药甘草相关国际专利申请10件,包括7件巴黎公约途径的专利申请,3件PCT申请(见表4-2-2)。

表4-2-2　丸善制药甘草相关国际专利申请汇总

序号	公开号	发明名称	申请年份	进入国家或地区	申请途径
1	JP68008809B2	甘草次酸酯及其制备方法	1965	日本、美国、英国	巴黎公约
2	JPS56113793A	18-α-甘草酸及其盐	1980	日本、美国、英国、法国	巴黎公约
3	JPS56125305A	乳脂状或乳液状化妆品	1980	美国、日本、英国、法国	巴黎公约
4	JPS56125306A	18-α-甘草酸及其制剂	1980	美国、日本、英国、法国	巴黎公约
5	JPS588044A	11-脱氧甘油基马来酸盐及其制剂	1981	美国、日本、欧洲、德国	巴黎公约
6	CN1520811A	含有油溶性甘草提取物的外用剂组合物及其稳定化的方法	2003	中国	巴黎公约

续表

序号	公开号	发明名称	申请年份	进入国家或地区	申请途径
7	KR1020040073681A	含有油溶性甘草提取物的外用剂组合物及其稳定化的方法	2003	韩国	巴黎公约
8	JPWO2006098006A1	含有油溶性甘草提取物的消炎剂	2005	欧洲、日本、美国、韩国、中国	PCT
9	JPWO2007052330A1	查尔酮还原产物、油溶性甘草提取物还原产物并将其用于环化酶-2抑制剂、增白剂、抗炎剂和化妆品	2005	日本	PCT
10	JPWO2009136611A1	谷胱甘肽产生增强剂	2008	美国、韩国、中国、日本、欧洲	PCT

1. 深耕国内市场

丸善制药甘草相关专利申请中，国际专利申请仅有10件，仅占比4.5%。

2018年丸善制药的销售总额为153亿日元，约合9.5亿人民币，属于规模中等的企业；主要业务是向日本及其他国家客户提供可用于医用配制品、化妆品以及食品的甘草提取物，属于原料药供应商，本身市场规模较小、利润较低，面临国内国际压力较低，因此就甘草相关产品而言，其国际布局的动力较低。此外，虽然丸善制药1989年在澳大利亚开辟农场，设立Rooprun有限公司，2007年在中国设立丸善制药贸易（上海）有限公司，但主要从事种植、国际贸易等业务，面临的知识产权风险较小。因此，实际上丸善制药采取了深耕国内市场的策略，国外市场并不是其重点。

2. 国际申请途径的变化

丸善制药的国际申请途径选择发生明显变化，即在2005年以前采用巴黎公约途径进行国际专利申请，而2005年后，其国际专利申请则采用了PCT途径进行。

巴黎公约的全称为《保护工业产权巴黎公约》，目前已有170多个成员国。按照巴黎公约的规定，申请人可以依据外国专利法，在首次提出本国国家专利申请后12个月（发明和实用新型）或者6个月（外观设计）内向外国专利主管机关提出专利申请，并要求享有优先权。优先权制度为申请人提供了许多便利，但对申请人来说仍有一些具体问题需要考虑。

巴黎公约要求申请人必须在自优先权日起12个月内向外国提出专利申请，且各国专利局对于优先权期限通常都不给予任何宽限。如果申请人想就一项发明创造同时申请多个国家的专利，那么需要在优先权期限内准备并完成各国家专利主管机关的各种不同要求；另外，申请人也需要一定的时间了解其专利申请在各国家的商业市场价值和其竞争对手的情况以及筹措用于申请的费用，这样很容易因为时间仓促来不及办理各种事务使得申请人丧失在外国提出申请专利的机会。同时，申请人在优先权期限内通常尚未获知其专利申请相对于现有技术的状况和获得专利权的可能性，申请人在优先权期限内通常难以准确地评估其专利的商业价值，因此无法确定是否有必要在该国取得专利权。但是，为了潜在的利益，多数情况下不得不在十分盲目的情况下花费巨资向外国提出专利申请。如果该申请因专利性问题未能授权，申请人将损失其投入的大量精力和资金。

《专利合作条约》（Patent Cooperation Treaty，PCT）目前已有150多个成员国，其是一种专利申请体系，分为国际阶段和国家阶段，国际阶段经由统一的程序处理从而可以简化国家阶段的处理程序。申请人依据本国以及外国专利法按照PCT制定的专门规定，向本国专利主管机关或国际局提出PCT申请，从而在所有PCT成员国享有同一申请日（优先权日），并且需要在自国际申请日（若要求优先权，则自优先权日）起30个月届满前办理进入指定国国家阶段的手续以获得各个国家的专利保护。PCT途径可以为申请人提供额外的18个月时间考虑是否进入指定国，这样申请人有更多的时间来考虑PCT国际申请在哪些国家有潜在的市场以及筹措申请费用，而且在此之前，PCT途径会为申请人提供国际检索报告及书面意见帮助申请人了解其申请被授予专利的可能性，以便申请人判断是否进入外国国家阶段或者进入哪些国家。

丸善制药的国际专利申请途径从2005年以前采用巴黎途径改为2005年后采用PCT途径，就是基于国际专利申请途径的理解而加以改变的。

（三）专利申请与保护概况

整体来看，丸善制药甘草相关专利申请中，30.1%的专利申请只有1项权利要求；50.3%的专利申请权利要求项数为2～5项；6～9项权利要求的专利申请占比为14.0%；10项及以上权利要求的专利申请占比较低，仅为5.6%，其中有4件为国际申请，权利要求项数最多的专利申请为20项（见图4-2-7）。

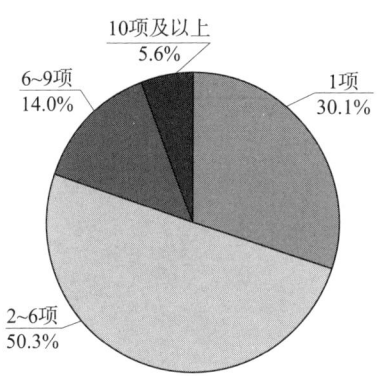

图4-2-7 丸善制药甘草相关专利权利要求项数分布

经统计，丸善制药甘草相关专利申请的总体授权百分比达到了55.5%，驳回率为43.9%，另有0.6%的相关专利还处于实审阶段。

专利权维持情况方面，如图4-2-8所示，在所有授权专利中，目前仍然维持有效的专利占比27.6%；维持20年已到期专利占比39.5%；另有32.9%的专利因未缴年费导致中途权利终止，该部分专利中，有2.6%的专利权维持时间不足10年，15.8%的专利权维持时间为10~15年，专利权维持时间达15年以上的占14.5%，其中，维持时间为19年的专利有5件。从以上数据可以看出，丸善制药对于已授权专利十分重视，专利的平均维持时间较长，同时，未出现专利被无效的情况，说明其专利权较为稳固。

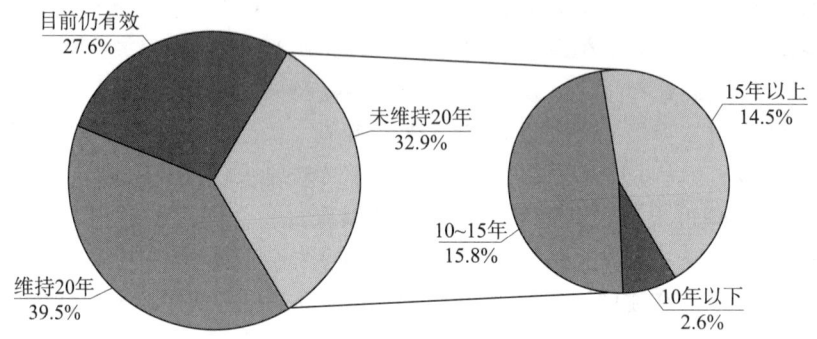

图4-2-8　丸善制药甘草相关专利权维持情况

丸善制药甘草相关专利申请中，如图4-2-9所示，约有半数申请的同族专利被引证次数达到或超过了5次，其中，有4件专利申请的被引证次数超过了30次。授权专利中被引证次数最多（35次）的JP2000191498A涉及一种促进胶原蛋白生成的制剂，该专利申请日为1998年12月24日，授权日为2010年10月13日，中间经历驳回和驳回不服审判，专利权维持20年后于2018年12月24日到期失效。该专利中发现甘草叶的提取物能够促进皮肤纤维芽细胞中胶原蛋白的合成，这使得以往通常被当作废料的甘草叶能够被有效利用。该专利也代表了21世纪以来丸善制药对于甘草的一个主要研究方向，即积极探索甘草不同部位提取物或化合物的新用途。

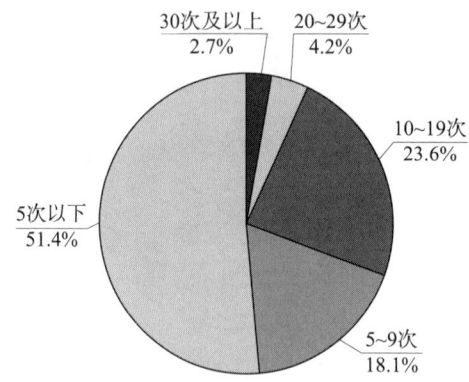

图4-2-9　丸善制药甘草相关专利同族被引证次数分布

（四）主要发明人

发明人的出现频次与其在研发团队中的地位密切相关，经分析，150余件丸善制药甘草相关专利申请共涉及117位发明人，其中，仅出现一次的发明人有61位，占比

52.1%；有 7 位发明人涉及 10 件及以上专利申请，占比 6.0%，但这 7 位发明人涉及的申请数量占总申请量的 45.1%。可见，丸善制药的研发团队人数较多，创新主体较为分散，但研发的核心人员也较为明确。表 4-2-3 展示了申请量排名前 20 名的发明人名单。

表 4-2-3 丸善制药甘草相关专利申请量排名前 20 名的发明人

排名	发明人	申请量/件	排名	发明人	申请量/件
1	田村幸吉	14	11	周艷陽	7
2	木曽昭典	12	12	神原敏光	6
3	大野裕和	11	13	会澤辰男	6
4	高柿了士	11	14	大嶽信弘	6
5	中村喜孝	10	15	川嶋善仁	6
6	堤龍彦	10	16	大戸信明	6
7	山本正次	10	17	小川進	5
8	近藤安治	8	18	土肥圭子	5
9	岡田憲三	8	19	中浦正治	4
10	幣原信忠	7	20	吉田正也	4

选取申请量超过 10 件的 7 位发明人作为核心发明人，分析了他们在各个时期的申请数量变化情况，如图 4-2-10 所示。

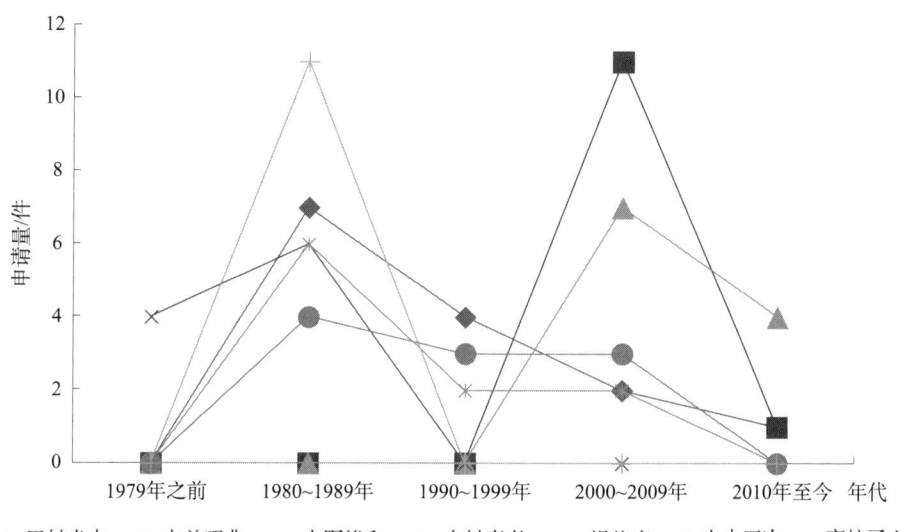

图 4-2-10 核心发明人申请数量的年代分布

从图 4-2-10 可以看出，20 世纪六七十年代，丸善制药甘草相关专利研发团队以中村喜孝为核心。进入 80 年代后，丸善制药甘草相关专利申请量猛增，同时涌现出了高柿了士、田村幸吉、堤龍彦、山本正次等多位核心发明人。到了20世纪90年代，丸善制药甘草相关专利申请量有所回落，但田村幸吉、山本正次、堤龍彦等人的研发团队仍然是该领域研究创新的中坚力量。进入21世纪以后，丸善制药在甘草领域的研究人员出现了明显的更替，木曾昭典、大野裕和等研究者异军突起，成为相关专利申请的主要发明人。

作为涉及专利申请最多的发明人（14件），田村幸吉高级研究员自20世纪80年代至今一直活跃于丸善制药在甘草领域的研发团队之中，田村幸吉团队的研究对象囊括了甘草提取物、甘草酸、甘草次酸、光甘草定、单葡萄糖醛酸基甘草次酸等多种物质，具体的研究内容也随时间不断发生变化。20世纪80年代，田村幸吉团队的研究对象主要集中在甘草提取物、甘草酸、光甘草定等甘草基础性物质，重点关注其制备方法以及新用途。1990年前后，该团队的研究重点开始转向甘草酸的水解中间产物单葡萄糖醛酸基甘草次酸，多件专利申请分别涉及该物质的用途及生物半合成方法。而自2000年以来，该研究团队开始关注微生物发酵方法在制备甘草相关产品中的应用，发酵得到的甘草产品相对于发酵前拥有更优的生物活性。

（五）代表性专利申请

丸善制药的创新发展方向主要是有效成分的解析、生物研究、活性评价·安全性评价、品质管理，并且专利申请主要集中在日本国内。为进一步探究其申请策略，综合引用次数、维持有效年限等因素，筛选出JP2002363054A为代表性专利（见表4－2－4）。

表4－2－4　JP2002363054A的基本信息

发明名称	聚丝蛋白合成促进剂，角质层保湿功能增强剂和角质层游离氨基酸增量剂
申请号	JP2001170226
申请日	2001－04－05
公开号	JP2002363054A
公开日	2002－12－18
授权号	JP4813690B2
授权日	2011－09－02
法律状态	维持有效

从该专利可以发现，甘草提取物可以促进聚丝蛋白合成，改善和提高角质层保湿功能，增加角质层游离氨基酸含量，因此涉及含有甘草提取物作为有效成分的促进剂、含有甘草提取物的角质层保湿功能改善和增强剂，含有甘草提取物作为有效成分的角质层游离氨基酸量增加剂，用于皮肤化妆品。

并且证明了：促进聚丝蛋白合成、增加角质层游离氨基酸量，对于改善皮肤保湿功能是有用的，可以用作皮肤化妆品的配方组分。其权利要求如表4－2－5所示。

表 4-2-5 JP2002363054A 的权利要求

原始权利要求	权利要求译文
【請求項1】カンゾウ抽出物を有効成分として含有することを特徴とするフィラグリン合成促進剤。 【請求項2】前記カンゾウ抽出物が、極性溶媒を抽出溶媒として用いて得られるカンゾウの根部からの抽出物であることを特徴とする請求項1記載のフィラグリン合成促進剤。 【請求項3】カンゾウ抽出物を有効成分として含有することを特徴とする角質層保湿機能改善・増強剤。 【請求項4】前記カンゾウ抽出物が、極性溶媒を抽出溶媒として用いて得られるカンゾウの根部からの抽出物であることを特徴とする請求項3記載の角質層保湿機能改善・増強剤。 【請求項5】カンゾウ抽出物を有効成分として含有することを特徴とする角質層遊離アミノ酸量増加剤。 【請求項6】前記カンゾウ抽出物が、極性溶媒を抽出溶媒として用いて得られるカンゾウの根部からの抽出物であることを特徴とする請求項5記載の角質層遊離アミノ酸量増加剤	1. 含有甘草提取物作为有效成分的聚丝蛋白合成促进剂。 2. 根据权利要求1所述的聚丝蛋白合成促进剂，其特征在于，所述甘草提取物是使用极性溶剂作为提取溶剂获得的甘草根提取物。 3. 含有甘草提取物作为有效成分的角质层保湿功能改善和增强剂。 4. 根据权利要求3所述的角质层保湿功能改善和增强剂，其特征在于，所述甘草提取物是使用极性溶剂作为提取溶剂获得的甘草根提取物。 5. 含有甘草提取物作为有效成分的角质层游离氨基酸量增加剂。 6. 根据权利要求5所述的角质层游离氨基酸量增加剂，其特征在于，所述甘草提取物是使用极性溶剂作为提取溶剂获得的甘草根提取物

JP2002363054A 被引用次数达 31 次，去重后引用次数也达到了 22 次。该专利具有重要的地位，不仅作为技术起点，被丸善制药自己引用了 11 次，也被其他化妆品企业引用了 11 次。

从图 4-2-11 可以看出，丸善制药自己的申请策略呈现出两条路线：一是围绕甘草及其提取物，进行相应申请；二是基于聚丝蛋白、角质层游离氨基酸量与皮肤保湿的关系，寻找新的物质用于皮肤保湿。

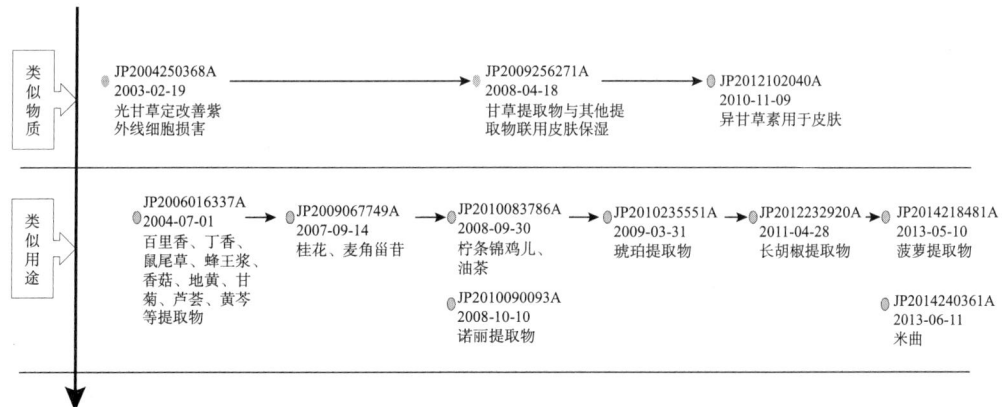

图 4-2-11 丸善制药在甘草领域专利申请的改进策略

对于第一条路线，2003 年申请的专利 JP2004250368A 就是在 JP2002363054A 的基础上，进一步对甘草进行提取分离，获得光甘草定，并通过紫外线照射细胞试验，发现了光甘草定可以防止和改善紫外射线引起的皮肤损伤,从而将其用于抑制细胞死亡、抑制皱纹形成、增强皮肤弹性等。2008 年的专利申请 JP2009256271A 则涉及了一种水通道蛋白 -3 mRNA 表达促进剂,包含选自博士茶、黄芩、甘草、鱼腥草、丁香、七叶树、馨香楠、丝瓜提取物中的一种或多种提取物,可以维持皮肤含水量,可以用于制备改善多种皮肤症状的化妆品,如干性皮肤、粗糙皮肤特异性皮炎等。JP2012102040A 涉及了异甘草素(二羟苯基羟基丙酮)作为活性成分在成纤维细胞促进、抑制 MM -1 蛋白、促进聚丝蛋白合成等方面的作用,因而用于护肤产品中。该申请路线基于对甘草提取物的持续研究,明晰护肤保湿的物质基础,是典型的植物药研究途径,但申请量较少。

对于第二条路线,JP2002363054A 证明了促进聚丝蛋白合成、增加角质层游离氨基酸量对于改善皮肤保湿功能是有用的。基于该作用机理的发现,丸善制药持续对能够发挥类似作用的物质进行筛选,先后提出了 JP2006016337A、JP2009067749A、JP2010083786A、JP2010090093A、JP2010235551A、JP2012232920A、JP2014218481A、JP2014240361A 8 件专利申请,涉及的物质有百里香、丁香、鼠尾草、蜂王浆、香菇、地黄、甘菊、芦荟、黄芩等提取物;桂花、麦角甾醇;柠条锦鸡儿、油茶、紫菜提取物、琥珀提取物;长胡椒提取物;菠萝提取物;米曲等物质,涉及的物质种类各不相同。

丸善制药官网中明确指出,"天然素材"探索是丸善制药研发的第一步,为了满足客户的需求,丸善制药在日本国内以及世界各地搜寻有用的原料,对原料的基源、资源等全面调查;并基于调查结果,对原料的有效成分进行解析、生物研究、活性评价、安全性评价,以期获得能够进行商品开发的原料。因此,虽然该系列申请涉及的物质较多较杂,但归属于基于聚丝蛋白、角质层游离氨基酸量与皮肤保湿的关系指引下的申请策略。

该专利还被其他企业引用了 11 次,具体关系如图 4 -2 -12 所示。

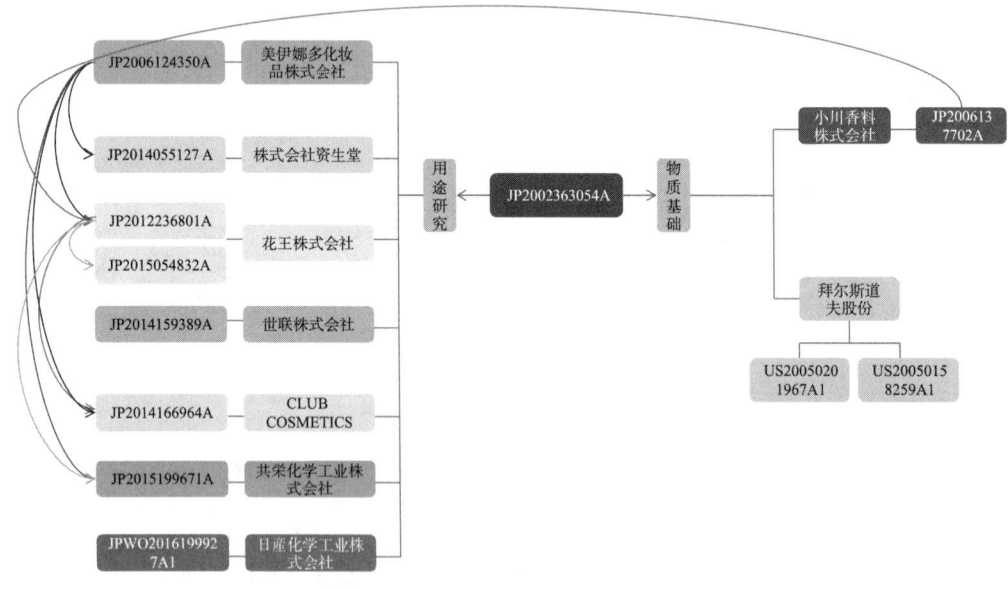

图 4 -2 -12　JP2002363054A 被引用情况

该专利自从2002年12月18日公开后，逐渐受到行业内其他企业的关注。例如，拜耳斯道夫于2004年提出了专利申请US20050201967A1，其涉及包含甘草查耳酮A的化妆品、头发/皮肤清洁剂，可以用预防和治疗炎性皮肤病、干性皮肤等；US20050158259A1涉及包含红光过滤染料和优选金缕梅、甘草、泛醇和/或甘菊提取物中至少一种提取物的化妆品或皮肤病制剂，用于太阳辐射硬气变红的皮肤，如红斑痤疮。又比如，小川香料株式会社于2004年提出的专利JP2006137702A，涉及保湿植物提取物及其外用剂、化妆品、浴用品和洗剂，包含泰国大豆、甘草、桔梗和生姜的组合物的提取物。上述3件专利均是在该专利JP2004250368A公开了甘草提取物的基础上，进一步对甘草提取物进行分离或者与其他植物药进行联用，以绕开该专利的保护范围。

但在该行业，对该专利更多是对机理的关注，即"促进聚丝蛋白合成、增加角质层游离氨基酸量，对于改善皮肤保湿功能是有用的"，基于该机理，众多企业，包括株式会社资生堂、花王株式会社、美伊娜多化妆品株式会社、世联株式会社、共荣化学工业株式会社、日产化学工业株式会社、CLUB COSMETICS 申请了多件专利，涉及益母草、金银花、细辛、当归、大麦、薏苡仁、银耳、羧甲基-β-葡聚糖、乳酸菌、双歧杆菌、槲寄生、薄荷、丝胶蛋白、生育酚、花椒、天竺葵油、柏木油、玫瑰油、白松香油、胡椒油、罗勒油、邻甲基苯甲酸甲酯、邻氨基苯甲酸甲酯、邻甲氨基苯甲酸甲酯、木酚素、水茄子等。这是因为，在专利申请中，机理的发现属于科学发现，不属于可授权客体，而对不同的物质进行机理阐述，能够在化妆品领域中提供理论支撑，有利于产品的销售。

四、甘草产品的专利技术布局

甘草（カンゾウ）属于豆科植物，产于中国、俄罗斯、中亚、中东等地，英文为 Licorice，是一种多年生的植物。甘草在世界各地被广泛用作药用植物，也被称为"草药之王"。它的历史已经超过4000多年，在世界上最早的法典《汉谟拉比法典》中就有关于甘草的记载。

根据《中华人民共和国药典》的记载可知，甘草为豆科植物甘草 *Glycyrrhiza uralensis* Fisch.、胀果甘草 *Glycyrrhiza inflata* Bat. 或光果甘草 *Glycyrrhiza glabra* L. 的干燥根和根茎。甘草主要活性成分为甘草皂苷（Glycyrrhizin），又称甘草酸，因其有甜味，又称甘草甜素，在食品中可用作甜味剂。甘草皂苷在高温高压的酸性条件下可以发生水解，产生甘草皂苷元，又称甘草次酸（Glycyrrhetin）。另外，甘草中还含有黄酮类成分，如甘草苷（Liquiritin）、由其开环得到的异甘草苷（Isoliquiritin）以及水解产物甘草素（Liquiritigenin）等[1]。

在不同的甘草品种中，特别是3种官方定义的甘草（乌拉尔甘草、光果甘草、胀果甘草）中，有一些酚类化合物是某些种属特有的成分，如光甘草定（Glabridin）存在于光果甘草中，甘草香豆素（Glycycoumarin）只存在于乌拉尔甘草中，甘草查尔酮

---

[1] 陈斌. 天然药物提取分离技术[M]. 郑州：河南科学技术出版社，2007：94-97.

A（Licochalcone A）和甘草查尔酮 B（Licochalcone B）只存在于胀果甘草中[1]。

甘草中主要有效成分如图 4-2-13 所示。

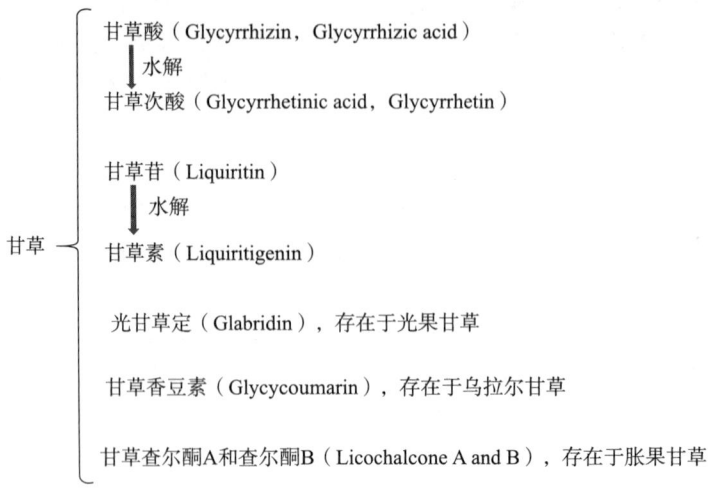

图 4-2-13　甘草中主要有效成分

甘草有效成分的异名较多，下面列举了甘草酸、甘草次酸等主要活性成分的常见名称：

甘草酸的名称主要有甘草酸、甘草皂苷、甘草甜素、甘草皂甙、Glycyrrhizic acid、Glycyrrhizin、Glycyrrhetinic acid glycoside、Glycyrrhizinic acid、グリチルリチン酸。

甘草次酸的名称主要有甘草次酸、甘草亭酸、Glycyrrhetinic acid、Glycyrrhetic acid、Enoxolone、Uralenic acid、18-p-Glycyrrhetinic acid、Biosone、Glycyrrhetin、グリチルレチン酸。

甘草苷的名称主要有甘草苷、甘草黄苷、甘草黄酮、甘草根亭、甘草素-4'-13-葡萄糖苷、Liquiritin、Liquiritoside、リクイリチン。

甘草素的名称主要有甘草素、Liquiritigenin、甘草黄酮配质、リクイリチゲニン。

自 1938 年创业以来，甘草制品一直在丸善制药的产品序列中占据着举足轻重的地位，与甘草制品相关的主要产品如图 4-2-14 所示。

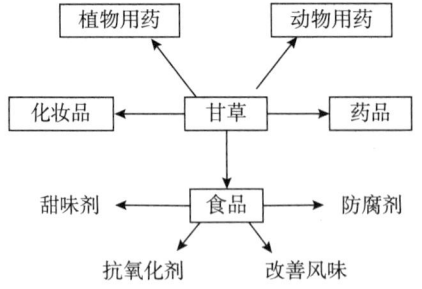

图 4-2-14　与甘草制品相关的主要产品

---

[1] 李雅丽，巩东辉. 现代生物技术前沿进展 [M]. 长春：吉林大学出版社，2013：11.

在此，对丸善制药甘草产品的专利技术布局策略进行总结和分析：

（一）开发多种产品

目前，甘草除了用于汉方药、外用药、注射药等产品的制造，主要还被用于食品配方，如作为甜味剂广泛用于调味品和糖果，此外，在化妆品、兽药、农药等领域，甘草相关制品同样得到了广泛使用。丸善制药在售的甘草相关制品有甘草酸二钾、甘草酸铵、甘草次酸、硬脂酰甘草酸盐、琥珀酰甘草次酸二钠、油溶性甘草提取物、甘草提取物等。下面介绍丸善制药与甘草制品相关的产品专利申请情况。

1. 食品制造

甘草提取物及其所含单体化合物作为甜味剂、风味改善剂、抗氧化剂、天然防腐剂等广泛用于食品的制造，相关专利申请情况如图4-2-15所示。

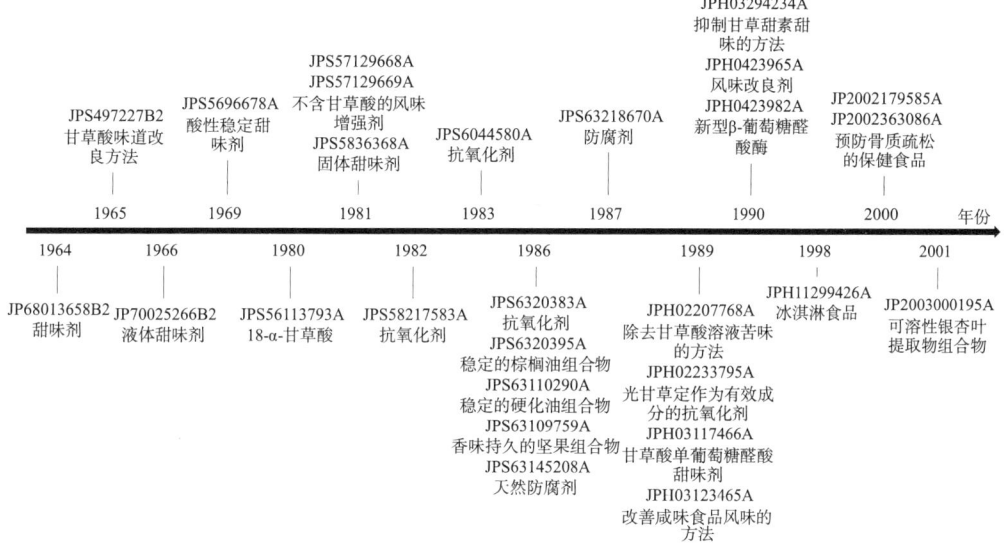

图4-2-15 甘草与食品相关的主要专利申请

（1）甜味剂。

从甘草水提物中分离得到的甘草酸（Glycyrrhizin）是甘草的主要甜味物质，可用作食品甜味剂。如JP70025266B2涉及一种由甘草酸、丙二醇及甘油组成的液体甜味剂。JPS5836368A公开了一种固体甜味剂的制备方法，先将单糖、二糖类、糖醇粉末或它们的混合物形成固体，再加入一定量的甘草酸等高甜味物质。JPH11299426A公开了将甘草酸用于制造低脂肪和低热量的冰淇淋食品。

一方面，针对甘草酸在使用中存在的一些问题，丸善制药积极探索改进的方法。例如，甘草酸在拥有高甜度的同时，还会伴有苦涩的前味，JP68013658B2公开了一种由甘草酸和可溶性淀粉组成的甜味剂，通过可溶性淀粉的加入，使得新产品具有甘甜的前味，而苦味则大幅减少，另一件专利申请JPH02207768A则通过利用α-葡萄糖基转移酶使得甘草酸溶液的苦味得到有效去除，同时溶液的甜味则几乎不受影响。再如，甘酸草在酸性溶液中容易生成沉淀，这使得其在酸性食品中的应用受到了限制，针对这一问题，JPS5696678A 公开了使用碱金属氢氧化物溶液溶解甘草酸，再经热处理制得新型甜味剂的方法，所得产品具有与普通甘草酸相似的甜度，并且在酸性条件下稳定，可广泛用于酸性食品或清凉饮料。又如，甘草酸的高甜度在使其可作为甜味剂的同时，也限制了它在其他领域的使用，JPH03294234A 公开了通过添加环糊精形成包合物，以此降低甘草酸甜味的方法，使得甘草酸能够被用于其他领域。

另一方面，丸善制药还尝试在甘草酸的基础上衍生出其他甜味物质。JPS56113793A 公开了一种 18-α-甘草酸，它拥有与对应异构体 18-β-甘草酸相似的甜度，但溶解度和稳定性更佳。JPH03117466A 公开了一种甘草次酸单葡糖苷酸化合物，由甘草酸水解脱除一分子的葡萄糖醛酸得到，其甜度是甘草酸的 5 倍，砂糖的 1000 倍。JPH0423982A 公开了一种新型的 β-葡糖醛酸糖苷酶，该酶可以选择性地水解甘草酸糖基末端的葡萄糖醛酸，来得到具有高甜度的甘草次酸单葡糖苷酸。

（2）改善风味。

甘草酸及其衍生物除了作为甜味剂外，还可以起到改善食品风味的作用。如 JPS497227B2 中将甘草酸与柠檬酸钠组合使用，用于改善酱油产品的风味。又如，JPH03123465A 公开了将甘草酸次单葡萄糖醛酸加入咸味食物中以改善其风味，JPH0423965A 公开了将甘草次酸单葡糖苷酸用于改善咖啡、果汁、高汤等食品的风味。

在甘草酸及其衍生物之外，丸善制药还积极寻求其他可用于改善食品风味的甘草提取物。JPS57129668A 公开了一种不含甘草酸的香味增强剂，通过对甘草进行水提，再调节 pH 至 3.0，分离沉淀得到，虽然不含有甘草酸等甜味物质，却拥有不错的香味增强性能。JPS63109759A 公开了甘草的有机溶剂提取物可以提高坚果味道的持久性，该提取物是通过使用低级醇、乙酸乙酯等有机溶剂，从甘草原料或甘草水提残渣中提取得到的。

（3）抗氧化剂。

甘草的抗氧化能力主要是通过其有机溶剂提取部位来实现的，JPS58217583A 公开了以卤代烃和低级酯为溶剂，从甘草酸提取残渣中提取得到抗氧化物质的方法。在 JPS6044580A、JPS6320383A 中，丸善制药尝试将甘草有机溶剂提取物与没食子酸、生育酚配伍使用，用于防止油脂的氧化。此外，还在 JPS6320395A、JPS63110290A 等专利申请中，研究了甘草有机溶剂提取物对棕榈油及硬化油的抗氧化作用。

另外，在 JPH02233795A 中，丸善制药还发现光果甘草的特有成分光甘草定（Glabridin）可抑制氧化酶所引起的氧化反应，光甘草定可以通过有机溶剂提取再经纯化得到。

（4）防腐剂。

甘草提取物及其单体成分具有抗菌活性，因此可被广泛用作防腐剂，如 JPS5946210A 公开了含有甘草提取物的防腐剂，毒性低，对霉菌、酵母菌和革兰氏阳性菌等微生物具有生长抑制作用。JPS63218670A 公开了以从甘草中提取得到的 2-（2'，4'-二羟基苯基）-4-甲氧基-4-（3-甲基丁基）-4-羟基香豆酮作为活性成分的防腐剂。

（5）其他。

丸善制药还将甘草提取物用于制备保健食品，例如 JP2002179585A、JP2002363086A

涉及预防骨质疏松的保健食品,其中均使用了甘草茎叶提取物作为有效成分之一。除此之外,甘草提取物还可用作表面活性剂,JP2003000195A 涉及一种水溶性的银杏叶提取物组合物,其中使用甘草酸作为天然表面活性剂,使得难溶于水的银杏叶提取物可以容易地分散或溶解在水中,并且可以长时间抑制沉淀物的形成。

2. 化妆品

"化妆品"这一概念在日本包括两种类型的产品:医药部外品和一般化妆品(以下统称"化妆品")。甘草提取物及单体成分作为乳化剂、美白剂、抗炎剂等,在医药部外品和一般化妆品中被广泛使用,主要专利申请情况如图 4-2-16 所示。

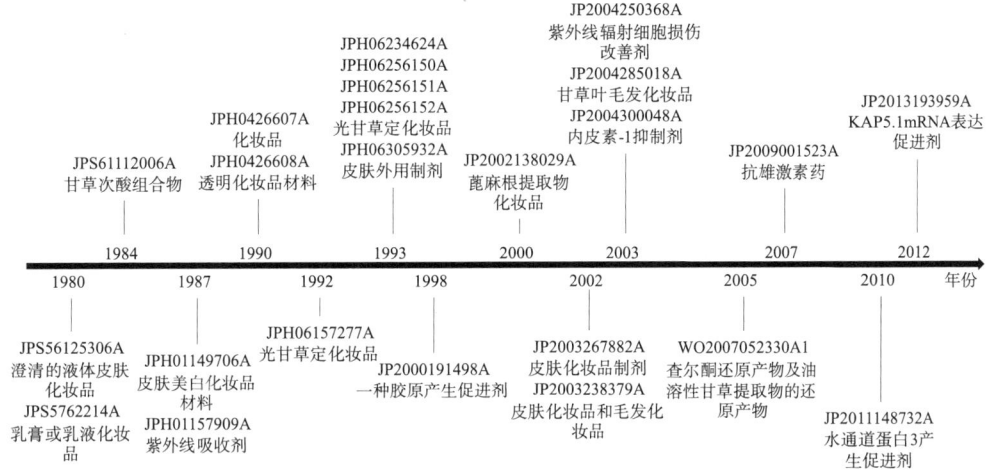

图 4-2-16 甘草与化妆品相关的主要专利申请

(1) 甘草酸。

甘草中可以作为乳化剂的成分主要是甘草酸及其衍生物,例如,JPS56125306A 公开了一个澄清的液体皮肤化妆品,由增溶剂、油性物质和水组成,其中增溶剂是 18-α-甘草酸或 18-α-甘草酸与 18-β-甘草酸的混合物,该产品稳定、不形成凝胶。JPS5762214A 公开了含有 18-α-甘草酸的乳膏或乳液化妆品,甘草酸对皮肤无刺激性,并产生稳定的乳液,此外,18-α-甘草酸还具有快速溶解的优点,即使在低 pH 下也不会凝胶,在搅拌时不会产生持久的泡沫。JPH0426607A、JPH0426608A 公开了使用甘草次酸单葡糖苷酸作为乳化剂的化妆品,与甘草酸相比,甘草次酸单葡糖苷酸溶液在酸性条件下的稳定性更佳,并且可以有效减少泡沫。

此外,甘草酸及其衍生物还具有美白、抗炎等功效,被广泛用于新型化妆品的制造。如 JPH06305932A 公开了包含甘草次酸单葡糖苷酸或其盐的皮肤外用制剂,可预防皮肤粗糙、炎症、紫外线红斑,减轻刺激性物质所造成的皮肤刺激。JP2002138029A 公开了含有蓖麻根提取物和抗炎剂的化妆品,抗炎剂可以选用甘草酸或其盐或衍生物、甘草次酸或其盐或衍生物等。JP2004300048A 公开了含硬脂酰 β-甘草次酸作为有效成分的内皮素-1mRNA 表达抑制剂、内皮素-1 生成抑制剂、黑色素生成抑制剂和美白化妆品。JP2011148732A 公开了一种水通道蛋白 3 产生促进剂,含有甘草酸二钾作为活性成分，对皮肤具有保湿、改善弹性等效果。

（2）油溶性甘草提取物。

目前，丸善制药在售的油溶性甘草提取物有多种，如油溶性甘草エキスP－T（40）、油溶性甘草エキスHG（化妆品用）、油溶性甘草エキスHG（医药部外品用）等，添加甘草的有机溶剂提取物的专利申请涉及用于皮肤美白的化妆品、防紫外线的化妆品等。如1987年申请的JPH01149706A公开了用于皮肤美白的化妆品材料，将甘草的疏水性有机溶剂提取物作为有效成分，同年申请的JPH01157909A公开了含有甘草的有机溶剂提取物为有效成分的紫外线吸收剂。

（3）光甘草定。

光甘草定是从光果甘草中提取到的活性物质，其润肤、抗菌、消炎等功效让它被广泛地用作化妆品原料。20世纪90年代初，丸善制药针对光甘草定在化妆品领域集中进行了布局。1992年的申请JPH06157277A、1993年的申请JPH06234624A、JPH06256150A、JPH06256152A、JPH06256151A分别涉及光甘草定与消炎药、黏多糖、美白剂（抗坏血酸、曲酸、氢醌、氧化白藜芦醇等）、活性氧清除剂（鼠尾草提取物、丁香提取物等）、动物成分（胶原蛋白、胎盘提取物、贝壳蛋白水解物、弹性蛋白、纤维连接蛋白、玻连蛋白等）等物质配伍组成的化妆品，光甘草定可以与这些物质发挥协同作用，抑制由紫外线刺激造成的炎症和黑色素沉积。之后，1999年申请的JP2000239176A公开了含有光甘草定和光甘草素等疏水甘草提取物以及多元醇脂肪酸酯的组合物，该组合物具有高度的稳定性，可作为化妆品使用。2003年申请的JP2004250368A公开了含有光甘草定作为活性成分的紫外线辐射细胞损伤改善剂，其还可以发挥抑制皱纹形成、改善皮肤弹性、改善皮肤屏障功能、改善角质层保湿机能的作用。

（4）甘草叶提取物。

目前，丸善制药在售的甘草叶相关产品有甘草葉抽出液BG、甘草葉抽出液BG（医药部外品用），对于这些产品，丸善制药也进行了相应的专利布局。如JP2000191498A涉及一种胶原产生促进剂，主要含有从甘草叶中提取的物质，JP2004285018A公开了包含甘草叶提取物的毛发化妆品，在使用期间和使用后可改善头发的柔顺度。JP2013193959A公开了甘草叶的提取物具有KAP5.1mRNA表达促进作用，有助于改善毛发质量。

（5）其他。

此外，甘草中所含的甘草查耳酮、甘草素、异甘草素等物质也广泛用于制备化妆品中，相关主题也开始出现在丸善制药2000年之后的专利申请中。如2002年申请的JP2003238379A公开了具有皮脂分泌抑制的化妆品，甘草查耳酮A是其主要成分之一。2005年申请的WO2007052330A1则公开了查尔酮还原产物及油溶性甘草提取物的还原产物具有优异的美白效果和抗炎效果。2007年申请的JP2009001523A公开了抗雄激素药和睾酮5α-还原酶抑制剂，以甘草素和/或异甘草素作为有效成分。

3. 药品

甘草作为一种中药领域最常用的药材，广泛用于多种疾病的治疗。根据《中华人民共和国药典》的记载，甘草［性味与归经］甘，平。归心、肺、脾、胃经。［功能与主治］补脾益气，清热解毒，祛痰止咳，缓急止痛，调和诸药。用于脾胃虚弱，倦怠乏力，心悸气短，咳嗽痰多，脘腹、四肢挛急疼痛，痈肿疮毒，缓解药物毒性、烈性。目前，从甘草中获得的多种活性成分已经制备成制剂，用于多种疾病的治疗，如甘草酸二铵（其他名称：甘利欣）适用于伴有 ALT 升高的急慢性肝炎的治疗，复方甘草酸苷（其他名称：美能）适用于伴有丙氨酸氨基转移酶升高的急慢性肝炎的治疗，亦用于治疗湿疹、皮肤炎、荨麻疹。

丸善制药也开发了多种与甘草相关的医药配制品，在此过程中，重点针对甘草次酸及其衍生物进行了多项研究。

例如，早在 1966 年申请的 JP68029001B2 就公开了甘草次酸的盐具有治疗消化道溃疡的作用。之后，JPS588044A 公开了 11 - 脱氧甘草次酸马来酸盐作为有效成分的医药配制品，既能作为溃疡治疗剂，又能作为迟延性细胞免疫赋活剂、抗炎剂。JPS59172420A 公开了包含 11 - 脱氧甘草次酸马来酸盐作为活性成分的肝病治疗剂。JPS62164650A 公开了通过还原甘草次酸得到 11 - 去氧甘草次酸，并使后者与环己烷 - 1，2 - 二羧酸在无水吡啶中反应来制备甘草次酸衍生物的方法，该产物同样具有抗溃疡、抗炎作用，副作用少。JPH01226822A 公开了甘草次酸 - 3 - R（其中 R = 中性糖残基）或盐作为有效成分的药物，可作为抗炎药、抗溃疡剂或用于治疗肝脏疾病。

此外，自 20 世纪 90 年代以来，丸善制药对于甘草其他活性成分的药用价值也进行了一些研究。

例如，JPH0381227A 公开了包含甘草提取物的超氧化物清除剂，用于预防和治疗心肌梗塞，中风，糖尿病等，所用的提取溶剂为中等极性的有机溶剂或其与低级醇的混合物。JPH0570349A 公开了以光甘草定作为活性成分的抗纤溶酶药物，可用于治疗晒伤、烧伤、湿疹、接触性皮炎和红斑狼疮。JP2008255051A 公开了以甘草叶提取物作为活性成分的神经酰胺合成促进剂。JP2009114146A 公开了以甘草酸二钾作为有效成分的转谷氨酰胺酶 - 1 生成促进剂和外皮蛋白生成促进剂。

4. 动物用药

甘草作为《中华人民共和国兽药典》收载药材，其功能：补脾益气，祛痰止咳，和中缓急，解毒，调和诸药，缓解药物毒性、烈性。主治：脾胃虚弱，倦怠无力，咳喘，咽喉肿痛，中毒，疮疡。用量：马、牛 15～60g；驼 45～100g；羊、猪 3～10g；犬、猫 1～5g；兔、禽 0.6～3g。丸善制药将甘草产品用于多种饲料添加剂及兽药中，主要专利申请如图 4 - 2 - 17 所示。

鱼肉是日本国民的主要蛋白质来源之一，水产养殖在日本的农林产业中占据着重要的地位，丸善制药立足于国情，将动物用药的研究重点集中于水产方面。研究初期，丸善制药主要关注于甘草水提物在鱼类用药中的应用，例如 1989 年申请的 JPH03173827A 公开了含有甘草水提物的鱼类感染的预防制剂，同年的 JPH03175934A 公开了水产用甘草制剂，由甘草水提物与鱼类饲料混合而成，可以提高鱼类对疾病的抵抗力。

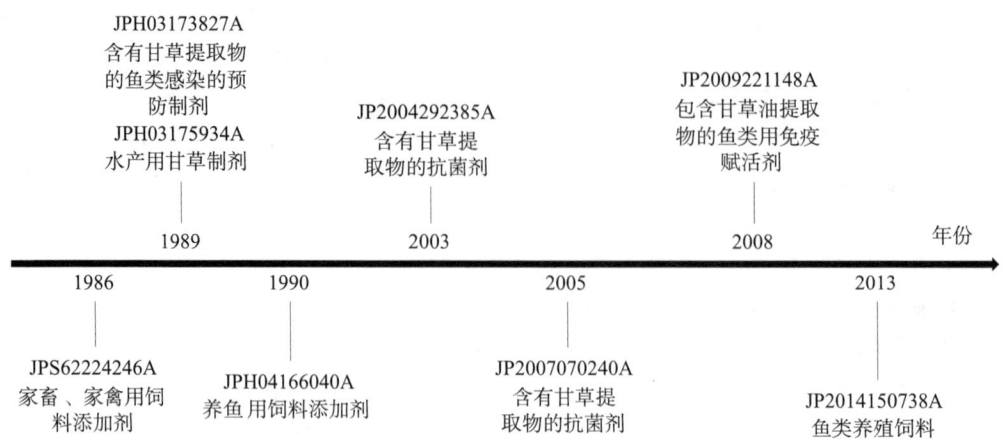

图 4-2-17 甘草与动物用药有关的专利申请

此后，研究重心逐渐开始向甘草的其他提取部位转移，例如 1990 年申请的 JPH04166040A 公开了以含有疏水性黄酮的甘草提取物为主要成分的养鱼用饲料添加剂，可使产量增加，鱼的生长加速，繁殖时间有效缩短，成本降低。随后，JP2004292385A、JP2007070240A 分别公开了包含甘草提取物的抗菌剂，所述甘草提取物的制备方法为：用酸处理甘草中性或碱性水提液以生成沉淀，再利用活性炭对沉淀的乙醇溶液进行脱色，最后收集甘草酸结晶后的母液，即得甘草提取物。JP2009221148A 公开了包含甘草油溶性提取物的鱼类用免疫赋活剂。JP2014150738A 公开了一种鱼类养殖饲料，其中包含甘草中性或碱性水提液经酸沉之后的上清部分。甘草中最主要的活性物质甘草酸一般可以通过水提酸沉获得，可见，上述多件申请均是对除去甘草酸后的母液或水提后的甘草残渣进行了二次利用，体现了丸善制药经济、环保的研发思路。

5. 植物用药

丸善制药研究发现甘草提取物及其单体化合物还可用于植物病害的防治，如 2004 年申请的 JP2005314285A 公开了含有甘草素和异甘草素的植物病害防治剂，2005 年申请的 JP2006298877A 公开了含有甘草油溶性提取物，特别是含有光甘草定的植物病害防治剂。此外，2013 年申请的 JP2015070823A 还公开了一种水果或蔬菜含糖量改进剂，其有效成分为甘草中性或碱性水提取物得到甘草酸结晶后的母液。

6. 其他

除了将甘草产品用于食品、化妆品、药品及动植物用药外，丸善制药还尝试将其用于更广阔的领域，例如环保方面：1987 年申请的 JPS63242398A 公开了含有甘草皂苷作为活性成分的膨化抑制剂，可防止活性污泥膨胀，改善和稳定曝气池的污水处理能力，同年申请的 JPS63242400A 公开了一种处理剩余污泥的方法，主要技术手段是在对剩余污泥进行脱水处理之前，用皂苷处理污泥，所述皂苷可以选自甘草的三萜皂苷。2001 年申请的 JP2002346575A 公开了含有甘草提取物的用于去除自来水中残余氯的试剂，可有效降低氯元素对皮肤的刺激。

此外，丸善制药还将甘草次酸衍生物应用于纤维加工：1999 年申请的 JP2000314085A

公开了纤维制品及加工方法，将甘草次酸的高级醇酯化合物和/或甘草次酸的高级脂肪酸酯化合物溶解于动植物油中，用表面活性剂乳化分散后涂布在纤维素纤维上，然后在140～180℃下进行热处理，所得到的纤维制品具有优异的抗炎性和抗微生物性，可缓解过敏性疾病，即使进行反复洗涤，也能长时间保持这些优异的性能。

（二）注重制备方法和药理活性的保护

如前所述，甘草中的各类活性成分在很多领域都拥有广阔的应用前景，在公司发展前期，如何高效经济地获得这些活性物质成为丸善制药试图解决的一大课题。近年来，为了充分挖掘已有产品的市场潜力，丸善制药也在积极探寻现有物质的新药理活性及新适应证。丸善制药与甘草产品的制备方法及药理活性有关的主要专利申请如图4-2-18所示。

1. 制备方法

（1）甘草酸。

甘草酸属于三萜皂苷，化学名称为：（3β） - 30 - hydroxy - 11, 30 - dioxoolean - 12 - en - 3 - yl - 2 - O - β - D - glucopyranuronosyl - α - D - glucopyranosiduronic acid。与甘草酸制备方法有关专利申请集中在1982年之前，大部分申请涉及利用柱层析技术分离纯化甘草水提物中的甘草酸：如1973年申请的JPS49124217A公开了将甘草提取物用聚酰胺柱吸附，先用水或极性溶剂将甘草酸以外的成分洗脱出来，然后用碱性水或极性溶剂洗脱出甘草酸的方法。之后，JPS5686199A公开了采用含有氨基且具有巨大网状结构的丙烯酸酯聚合物树脂分离纯化甘草酸的方法，JPS5651500A公开了采用含有氨基或酰胺基团并具有极性的多孔苯乙烯-二乙烯基苯共聚物多孔树脂分离纯化甘草酸的方法。此外，JPS5697298A、JPS57159800A分别公开了利用含有芳香族氨基或羟基的甲醛缩合树脂、含有氨基或羟基的芳香族聚合物多孔吸附剂来制备得到甘草酸的方法。甘草次酸是精制甘草酸时的主要杂质之一，1981年申请的JPS57144297A和JPS57145897A均公开了利用大网结构的多孔吸附树脂除去杂质甘草次酸，并从未吸附的部分中回收得到甘草酸的方法。

除了利用柱层析技术以外，丸善制药还尝试通过调整pH来改变甘草酸的溶解性，以达到提取分离的目的。例如，1979年申请的JPS5655398A公开了先调整甘草水提液pH至弱酸性，然后通过超滤得到非透过成分甘草酸的方法。而次年的JPS56128795A则反其道而行，其将甘草水提液的pH调至碱性，再使用超滤膜纯化得到甘草酸。

另外，鉴于甘草酸在冷水中溶解度不佳的情况，丸善制药曾尝试将甘草酸制备成盐，部分申请涉及甘草酸盐的制备方法，如1963年申请的JP65009272B2公开了吡哆醇甘草酸盐的制备方法，JP69011913B2公开了由甘草酸和精氨酸、鸟氨酸或组氨酸组成的甘草酸盐，其水溶性得到改善，且具有抗炎活性和极佳风味。

（2）甘草次酸及其衍生物。

甘草次酸为甘草酸的苷元，具有抗炎和抗过敏活性，它不溶于水，几乎不溶于脂肪和油，在生产过程中存在制剂困难、吸收率非常低等问题。但因其化学结构中含有羧基与羟基，可以与多种成分反应，进而实现提高溶解度、增效的目的。丸善制药的多件申请涉及甘草次酸及其衍生物的制备方法。

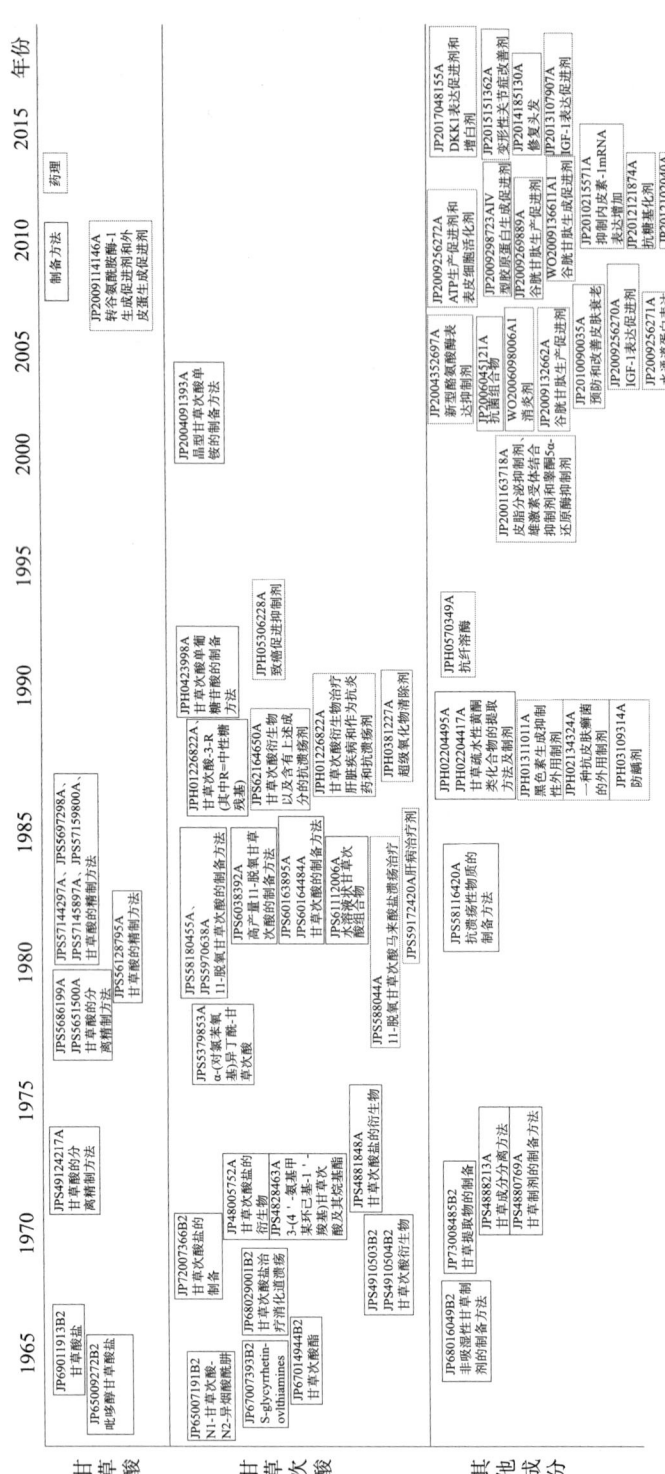

图4-2-18 丸善制药涉及甘草产品制备方法、药理作用的主要专利申请

由甘草酸水解得到甘草次酸,是制备甘草次酸最直接的方法,1984年其申请的JPS60164484A和JPS60163895A分别公开了可特异性水解甘草酸糖苷的二葡糖醛酸酶,以及利用该酶高效制备甘草次酸的方法。

甘草次酸的主要活性官能团为3位的羟基和20位的羧基,针对甘草次酸的衍生化研究也大多围绕着这两个位置进行。例如,JP65007191B2公开的N1-甘草次酸-N2-异烟肼的制备方法,JP67014944B2公开的甘草次酸酯的制备方法,JPS4910504B2公开的甘草次酸单磺酸酰胺的制备方法,均涉及甘草次酸20位羧基衍生物的制备方法。而诸如JP72007366B2（3-O-邻苯二甲酰基-甘草次酸的制备方法）、JPS4910503B2（甘草次酸甘氨酸钠盐的制备方法）、JPS4828463A［3-（4′-氨基甲基环己基-1′-羧基）甘草次酸的制备方法］、JPS5379853A［O-α-（对氯苯氧基）异丁酰-甘草次酸的制备方法］、JPH01226822A（甘草次酸3位中性糖基衍生物）等专利申请,则对甘草次酸的3位羟基进行了衍生化。

11-脱氧甘草次酸是甘草次酸的一类重要衍生物,丸善制药的多件申请涉及11-脱氧甘草次酸的制备方法。如1982年申请的JPS58180455A、JPS5970638A公开了用活性锌、盐酸和甘草次酸在溶剂中还原得到11-脱氧甘草次酸的方法,1983年申请的JPS6038392A公开了先将甘草酸溶于含水溶剂反应得到甘草次酸,再将甘草次酸用锌汞齐和盐酸还原来得到11-脱氧甘草次酸的方法。

（3）其他物质。

除甘草酸、甘草次酸以外,针对甘草中其他多种成分的制备方法,如黄酮类化合物甘草素、异甘草素、二氢异甘草素（davidigenin）等,丸善制药也进行了相应研究。例如1989年申请的JPH02204495A公开了采用丙酮与己烷混合提取甘草疏水性黄酮类物质的方法,2010年申请的JP2012102040A公开了从胀果甘草中提取davidigenin的方法。

此外,另有部分专利申请涉及甘草提取物制备方法。例如1966年申请的JP68016049B2公开了非吸湿性甘草制剂,通过添加钙盐,使甘草提取物的吸湿性和黏性特性被消除,不良气味和味道减缓。JPS58116420A公开了抗溃疡性物质的制备方法,用水或含水醇提取甘草,将粗提物用多孔弱碱性离子交换树脂吸附,再用碱性低级醇或低级烷基洗脱,最终得到甘草活性成分。

2. 药理活性

自1980年以后,特别是1980~1990年、2000年至今,丸善制药开展了大量与药理活性相关的研究,涉及物质不仅局限于甘草酸、甘草次酸,还包括其他甘草制品,如甘草提取物、甘草叶提取物、光甘草定、甘草查耳酮、甘草素、异甘草素等。

（1）甘草提取物。

2000年以来,有关甘草提取物的药理活性研究一直是丸善制药的重点关注领域,如2003年申请的JP2004352697A公开了甘草根提取物可以抑制酪氨酸酶表达,由此达到美白的效果。2007年申请的JP2009132662A公开了甘草提取物可以促进谷胱甘肽生成。此外,JP2009256270A、JP2009256271A、JP2009298723A、JP2009256272A等分别公开了甘草提取物可以促进胰岛素样生长因子-1表达、促进水通道蛋白（AQP）

3mRNA 表达、促进 IV 型胶原蛋白生成以及促进 ATP 合成和活化表皮细胞。2014 年申请的 JP2015151362A 公开了甘草提取物可以抑制关节软骨退化，所述甘草提取物为水提酸沉之后，沉淀中不溶于乙醇的部分。

上述专利申请所涉及的甘草提取物均是以水或低级醇等极性溶剂为溶媒提取得到的，除此之外，丸善制药对于油溶性甘草提取物的药理活性也有一定的研究，例如，2004 年申请的 JP2006045121A 公开了油溶性甘草提取物对金黄色葡萄球菌、枯草芽孢杆菌、变形链球菌、干酪乳杆菌有抗菌活性。2010 年申请的 JP2011148715A 公开了油溶性甘草提取物可以抑制蛋白质的羰基化，改善皮肤的透明性。

（2）甘草叶提取物。

长久以来，甘草的根和根茎被认为是其主要的药效部位，丸善制药在研究实践中发现了甘草叶的药用价值，并对其药理活性进行了深入研究。

甘草叶提取的药理活性大多与美容及皮肤疾病相关，对多种细胞因子及受体具有调节作用。如 2008 年申请的 JP2010090035A 公开了甘草叶提取物可促进胆固醇合成、透明质酸产生、HMG - CoA 还原酶 mRNA 表达和 HAS3mRNA 表达。2009 年申请的 JP2010215571A 公开了甘草叶部提取物可抑制内皮素 - 1mRNA 表达增加。JP2014185130A 公开了甘草叶提取物作为活性成分可以修复头发，同时验证了甘草叶提取物可抑制睾酮 5α - 还原酶活性抑制、抑制雄激素受体结合能力、促进毛乳头状细胞增殖、促进 VEGF、BMP - 2 和 FGF - 18mRNA 表达。JP2017048155A 公开了含有甘草叶提取物作为活性成分的 DKK1 表达促进剂和增白剂，与常规增白剂不同，含有甘草叶提取物作为活性成分的 DKK1 表达促进剂和增白剂作用于真皮，有助于预防或改善色素沉着，例如皮肤变黑、斑点和雀斑。

另有研究表明，甘草叶提取物还可用于其他多种疾病的治疗，如 2010 年申请的 JP2012121874A 公开了甘草叶提取物可以抗糖基化反应，对糖尿病并发症、动脉硬化、骨质疏松等疾病有潜在的防治作用。2013 年申请的 JP2013107907A 公开了甘草叶提取物作为活性成分可以促进胰岛素样生长因子 - 1 表达，用作生发剂以及胰岛素样生长因子 - 1（IGF - 1）表达减少相关疾病的预防和治疗。

（3）甘草黄酮类物质。

甘草中所含的黄酮类化合物，如甘草苷、甘草素、异甘草苷、异甘草素等也具有多种活性，如 JP2009269889A 公开了甘草苷、甘草素、异甘草苷、异甘草素和甘草查耳酮 A 中的一种或多种作为活性成分可以促进谷胱甘肽生成，WO2009136611A1 则公开了含有甘草苷、甘草素、异甘草苷、异甘草素，但基本上不含甘草酸的组合物可以促进谷胱甘肽生成。JP2012062261A 公开了含有甘草苷、甘草素、异甘草苷和异甘草素，并且基本上不含甘草酸的甘草提取物组合物可以改善情绪障碍。此外，JP2001163718A 公开了甘草查耳酮 A 作为有效成分可以抑制皮脂分泌、雄激素受体结合和睾酮 5α - 还原酶，适用于改善雄激素过量引起的不适症状。JP2012102040A 中公开发现了 davidigenin 可以促进皮肤成纤维细胞增殖、抑制 MMP - 1 活性、抑制弹性蛋白酶活性、促进聚丝蛋白生成，有助于预防或改善皮肤老化。

光甘草定是光果甘草特有的黄酮类物质，除了之前已经提及的适用于化妆品的特性外，研究表明，它还拥有多方面的药理活性。例如，JPH03109314A 公开了含有光甘草定作为有效成分的防龋齿剂，WO2006098006A1 公开了一种含有光甘草定的消炎剂，具有抑制透明质酸酶活性、抑制己糖胺酶释放、抑制血小板聚集以及抑制磷脂酶 A2 活性等作用。

（三）生物研究

生物研究指的是为了保障获得稳定高品质的有效成分，利用微生物·酶等赋予天然原料全新功效的相关研究，主要有植物组织培养、营养液栽培、利用微生物·酶的物质生产、物质变换。

运用组织培养生产化学物质可以不受地区、季节与气候等限制，便于进行代谢调控和工厂化生产，生产速度也比植物正常生长的速度快。1987 年申请的 JPH01102092A 公开了甘草在液体培养基中培养，不使用土壤，从根及根茎部位提取甘草酸。1989 年申请的 JPH037300A、JPH0315397A 公开了甘草次酸衍生物及其制备方法，将甘草次酸与桉树植物细胞培养，从培养的溶液中收集新的甘草次酸衍生物。1995 年申请的 JPH08275792A 公开了光甘草定的制备方法，光果甘草在琼脂培养基上组织培养，在含有硝酸盐氮和氨氮的比例为 100∶0 至 50∶50 的液体培养基中培养形成愈伤组织，从开始 2~8 周后，将 0.01%~5.0% 重量的酵母提取物加入液体培养基中，继续培养。从培养物中收集光甘草定的最有效方法是通过过滤或离心收集培养细胞并从获得的培养细胞或其干燥产物中提取光甘草定。

利用微生物·酶的物质生产已有较多研究，如之前提到的 JPH0423982A 公开了新型 β-葡萄糖醛酸酶，而 JPH0423998A 公开了甘草次酸单葡糖苷酸的制备方法，其中一种方法是在添加了甘草酸的培养基中培养微生物（如大隐球菌 MG-27，微生物编号 10192），收集培养物上清液中的甘草次酸单葡糖苷酸产物。2007 年申请的 JP2009155293A 公开了甘草提取物发酵物及其制备方法，曲霉菌与甘草粉末或提取物发酵所得的发酵甘草提取物具有优良的生理活性，如抗氧化和抗老化。2012 年申请的 JP2014050357A 公开了含有甘草次酸氢氧化物的发酵产物及其制备方法，所述产物可以通过用黏束梗霉属（*Graphium sp.*）发酵甘草酸获得，该发酵产物具有优异的增白效果、抗老化效果以及毛发生长作用等。

五、结论

丸善制药作为一家规模不大的医药企业，研发重点明确，主要聚焦于生药提取物领域，特别是对于甘草这一古老药材的全方位研究，赋予了其全新的活力，并将其应用于食品、化妆品、药品等多个领域。丸善制药的专利申请主要有以下特点：

（1）从专利申请整体情况来看，20 世纪 60~90 年代，专利申请量基本处于稳步增长的状态，并于 2001 年达到最高值，之后的申请量虽然存在波动及下滑的情况，但总体保持在较高的水平。从 20 世纪 80 年代中后期开始，除个别年份外，丸善制药的专利授权百分比始终维持在 30% 以上，并有多年达到了 60%~70% 的水平。国际申请方面，虽然总体数量不多，但在 20 世纪 80 年代初期以及 2000 年以后出现了两波爆发期，国际申请的重心也从欧美等发达国家逐步转向东亚新兴经济体。长期以来，丸善制药专利申请的主题都集中于生药与化妆品领域,这与企业的经营重点相吻合。

(2) 根据行政许可情况,选择相应的申请策略。例如 1979 年,丸善制药获得化妆品制造许可,1980 年,丸善制药获得医药品外品制造许可,随后申请量不断上升,甘草产品相关专利的申请量出现了爆发式的增长。申请主题方面,丸善制药经历了"化合物→提取物→药品食品化妆品→用途"的转变,最终于 90 年代将专利申请聚焦于用途专利中。

(3) 由于丸善制药的悠久历史,丸善制药的发明人存在明显的代际更迭,20 世纪六七十年代,丸善制药甘草相关研发团队以中村喜孝为核心。进入八九十年代后,涌现出了高柿了士、田村幸吉、堤龍彦、山本正次等多位核心发明人。进入 21 世纪以后,木曾昭典、大野裕和等研究者开始崭露头角,成为相关专利申请的主要发明人。

(4) 丸善制药申请策略呈现出两条线:一是围绕物质基础,进行相应申请,持续对物质进行深入研究,发掘新的单体成分以及药物联用产品;二是基于机理发现,寻找新的物质,从日本国内及世界各地搜寻有用的原料,进行活性评价·安全性评价。这是因为,JP2002363054A 发现了甘草提取物可以促进聚丝蛋白合成,改善和提高角质层保湿功能,增加角质层游离氨基酸含量,并且证明了促进聚丝蛋白合成、增加角质层游离氨基酸量,对于改善皮肤保湿功能是有用的,可以用作皮肤化妆品的配方组分。

(5) 从产品专利布局来看,甘草相关产品是其布局的重点,并呈现出由线到面的专利布局策略。丸善制药研究的主线为甘草活性物质的发现及其基础药理活性的研究,之后,将发现的活性物质应用于食品、化妆品、药品等多个领域,形成完整的专利网络。而在线性研究过程中,各时期的侧重点也有所不同,如 20 世纪 90 年代之前,研究重点集中于活性物质的发现和获取,为后续研究打下物质基础,而之后逐步转向新药理活性的发现;而在活性物质研究方面,20 世纪的研究重点主要集中在单体化合物及其衍生物,近年来,研究对象则逐渐趋向于各类甘草提取物。

第三节 东洋新药

株式会社东洋新药(英文名:ToyoShinyaku;日本名:株式会社東洋新薬,以下简称"东洋新药")始创于 1993 年,创业初期名为株式会社 SEVENSEEDS 有限公司,主要经营化妆品批发和功能水研究,1996 年起涉足了发酵领域。1997 年,健康食品部门从 SEVEN-SEEDS 有限公司独立,成立株式会社东洋新药有限公司,该名称沿用至今。东洋新药作为健康食品和化妆品行业领先的 ODM 公司,以其卓越的研发、质量控制体系和符合全球标准的工厂设备而著称,是第一家获准注册的膳食补充剂综合寄售、包装、展示和储存 NSF/GMP 工厂,并获得了 ISO 9001:2015 认证和 ISO 22000:2005 认证。

根据日本健康与营养食品协会的公告,2016 财年日本的特定保健食品整体市场为 6463 亿日元(见图 4-3-1),比 1997 财年大约增加了 5 倍,随着人们对健康的关心日益增长,预计未来将会继续扩大。❶ 2018 年 9 月年报显示,东洋新药整体年销售额达

---

❶ 株式会社东洋新药官方网站 [EB/OL]. [2019-09-01]. http://www.toyoshinyaku.co.jp/gnc-cominfo/.

到了 224.4 亿日元，保持了快速增长的趋势。

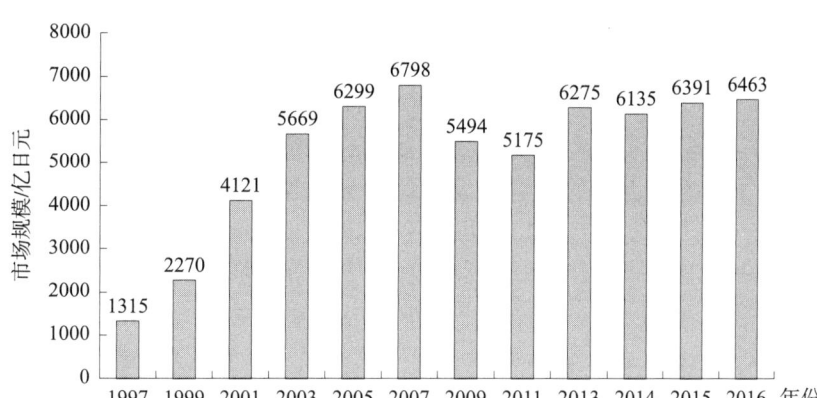

图 4-3-1　日本特定保健用食品市场规模

注：数据来自日本健康营养食品协会的官方统计，1997~2013 年每 2 年统计 1 次，2014 年起每年统计 1 次。

一、创新发展方向

在日本，对于食品、医药品、医药部外品等概念有着详细的分类，具体情况如图 4-3-2 所示。

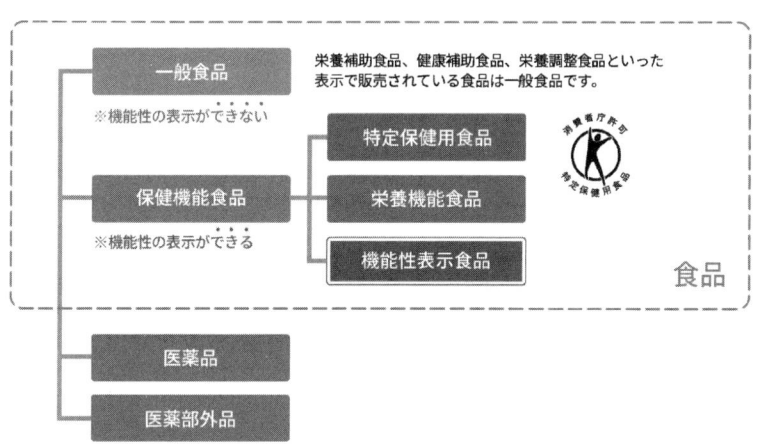

图 4-3-2　食品、医药品、化妆品（医药部外品）分类

根据企业网站的记载，东洋新药的主要业务也是围绕食品、医药品和化妆品（包括一般化妆品和医药部外品）开展的。

（一）健康食品事业

1. 特定保健用食品❶

特定保健用食品是指为了维持人体健康状态而具有预防疾病、抗疲劳、防止老化

---

❶ 周素娟. 日本特定保健用食品与中国保健食品管理的异同 [J]. 中国卫生监督杂志，2017，17：103-105.

等作用的健康食品，能降低健康风险。在保健食品中，特定保健用食品具有可以明确地宣传"对健康的特有功效"的优势。

由于人口老龄化和医疗费用上升，人们提高了对"疾病预防"的意识，特定健康用食品市场逐年扩大。东洋新药专注于研究具有降血压、降血糖、减肥等作用的特定健康用食品，具体被许可作为特定保健用食品的用途举例如表4-3-1所示。截至2019年2月12日，东洋新药的特定保健用食品获批数量已突破了260件，排名第一，遥遥领先其他企业（见表4-3-2）。虽然开发特定保健用食品成本大、开发周期大，需要进行许多医学和营养学的测试来证明近似于医药品的有效性和安全性，可能还存在不能获批的风险，但是，东洋新药通过接受临床委托的机构（CRO），大幅降低了开发特定保健用食品所需要的投资、开发时间以及风险。东洋新药已经形成了"商品企划设计—成分开发—临床前试验设计和实施—临床试验设计和实施—申请特定保健用食品—获得许可—制造销售"整套的丰富且专业的技术支撑。

表4-3-1 被许可作为特定保健用食品用途举例

调节胃肠道的食品	调节血压的食品
促进矿物质吸收及调节胃肠道食品	调节血液中性脂肪、调节体脂肪的食品
改善骨质疏松的食品	牙齿保健食品
调节血糖的食品	调节胆固醇的食品
调节血脂、体脂及胆固醇的食品	促进矿物质吸收的食品

表4-3-2 特定保健用食品批准许可排名

排名	企业名	批准数量/件
1	株式会社東洋新薬	260
2	モンテリース・ヅヤパソ株式会社	48
3	株式会社ヤクルト本社	42
3	味の素ゼネラルフーヅ株式会社	42
5	花王株式会社	39
6	サントリー食品インターナショナル株式会社	35
7	株式会社マンナンライフ	28
7	株式会社伊藤園	28
9	アサヒ飲料株式会社	27
10	株式会社ロッテ社	22

2. 机能性表示食品

机能性表示食品是指企业承担责任，基于科学性的根据标注其机能性的食品。为了避免误导消费者，需要用正确的标注来进行产品宣传。

为了让消费者更准确地了解"机能性"，日本消费者厅于2015年4月出台了最新的"机能性表示食品"制度，对食品的机能性，比如"调整肠胃""脂肪吸收变缓"等具有维持、增进健康作用的机能性做出标注。消费者在购买相关商品前，能够在消费者厅的主页上了解商品的信息。

东洋新药充分利用特定保健用食品的研发能力,充分利用其专业知识开发机能性表示食品,将机能性表示食品作为食品促进健康业务的一部分,截至 2018 年 12 月 28 日,机能性表示食品批准数量已突破了 134 件,同样处于领先地位(见表 4 - 3 - 3),部分产品示例如图 4 - 3 - 3 所示。

表 4 - 3 - 3 机能性表示食品批准许可企业排名

排名	企业名	批准数量/件
1	株式会社東洋新薬	134
2	三生医薬株式会社	118
3	アリメント工業株式会社	109
4	バイホロン株式会社	92
5	株式会社三協	82
6	アピ株式会社	74
7	株式会社ファイン	69
8	日本水産株式会社	60
9	株式会社 AFC - HDアムスライフサイエンス	55
10	江崎グリコ株式会社	48

图 4 - 3 - 3 东洋新药机能性表示食品示例

(二) 化妆品事业

1. 化妆品

化妆品包括香皂、洗发水、护发素、雪花膏、化妆水、彩妆化妆品、牙膏等。

东洋新药从植物提取物入手开发化妆品,例如从松树皮中提取一种含有低聚原花色素的多酚,商品名为医药部外品 FlavanGenle®,具有显著的美白和抗皱效果;将南非沙漠的蔬菜"アイスプラント"开发为具有保湿效果和抗皱作用的化妆品,可以使生产者的手部皮肤变得光滑,商品名为 Barafu®。

2. 医药部外品

医药部外品包括药皂、去屑洗发水、药用牙膏、染发剂、烫发剂、生发剂等。

医药部外品含有活性成分,具有头发生长、美白、消炎、改变身体气味等功效。医药部外品必须是根据药事法获得日本厚生劳动省颁发的医药部外品生产许可证的工厂才能进行生产，其市场近几年有增长的趋势（见图4-3-4）。

在护肤品市场中，医药部外品占比约40%。2013~2016年连续4年，东洋新药成为医药部外品获批数量最多的企业，尤其是2016年，医药部外品获批数量达到了108个（见表4-3-4）。东洋新药借助研发特定保健用食品的优势，可以迅速进行医药部外品开发，最短3个月通过安全性和稳定性试验的评估，大大降低了生产研发成本以及程序批准的时间。

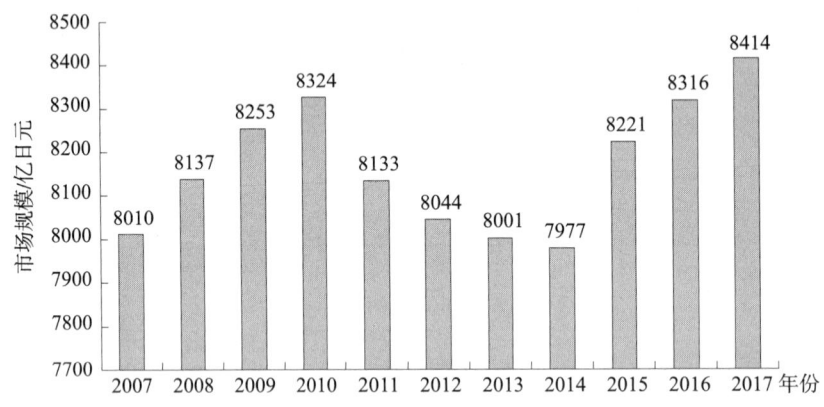

图4-3-4　东洋新药医药部外品市场规模变化

表4-3-4　日本2016年医药部外品批准许可企业排名

排名	企业名	批准数量/件
1	株式会社東洋新薬	108
2	花王株式会社	74
3	エヌ・エル・オー株式会社	67
4	株式会社資生堂	63
5	株式会社コーセー	44
6	東洋ビューティ株式会社	35
7	株式会社バスクリン	29
7	三和インセクティサイド株式会社	29
7	日本コルマー株式会社	29
10	アース製薬株式会社	27

（三）其他事业

1. 医药品事业

随着老年社会对自我药疗意识的不断提高，非处方药的需求日益增加，东洋新药也同样致力于非处方药的生产研发，希望为更多客户的健康作出贡献。同时，希望通过医药品研发，形成医药品与保健食品、化妆品相互促进发展的局面。

2. 海外事业

东洋新药的海外事业，是从世界各地大量的古方、民间疗法、药用材料等信息中寻找有价值的信息，通过数据收集分析、专利调查以及专利许可协议等途径，使得健康产品商品化。

二、专利申请态势

（一）整体趋势

东洋新药专利申请和授权的整体情况如图4-3-5和图4-3-6所示。

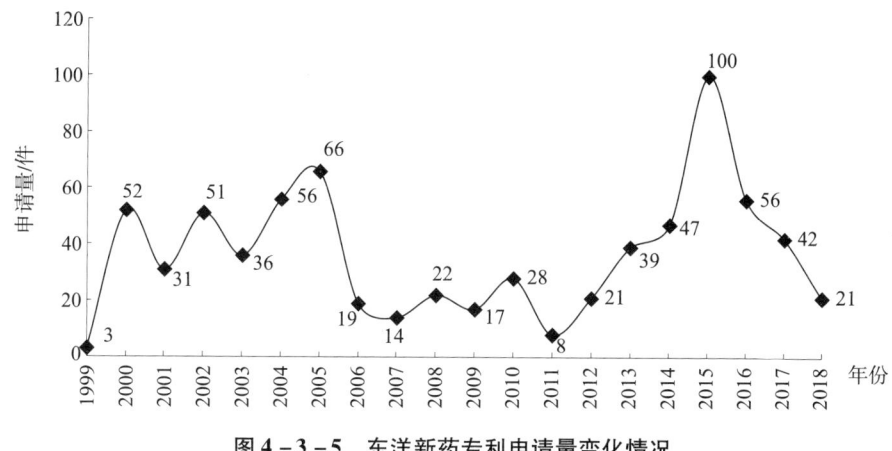

图4-3-5　东洋新药专利申请量变化情况

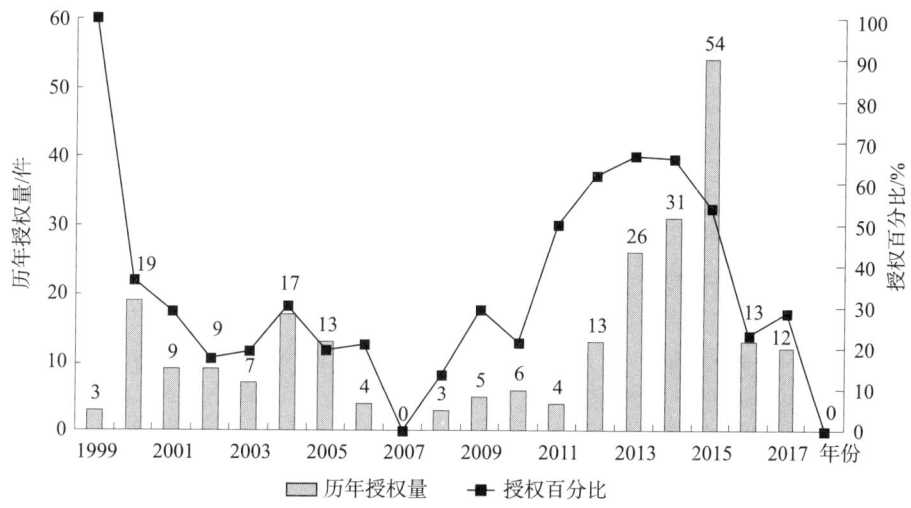

图4-3-6　东洋新药授权专利数量和授权百分比变化

可以看出，总申请量呈现出了"波峰波谷"的发展趋势。从1999年开始申请量稳步提升，至2005年申请量达到66件。但2006年开始，申请量出现明显下降，之后整体申请趋势趋于平缓，申请量维持在20件左右。2011年申请进入低谷，但之后申请量成"山峰"的发展态势，2015年申请量达100件，由于部分专利还没有公开，所以2017年及其之后数量偏少。东洋新药作为一家年轻的公司，从创立之初便注重专利保护，专利申请量经历高速增长的7年后，有明显回落，但近年来又出现了强势反弹的趋势。

在授权情况方面，1999~2007年随着申请量的增加，授权数量和授权百分比均呈总体下降的趋势，授权百分比甚至一度跌至2007年的0。之后从2008年起，授权量和授权百分比整体呈现显著增长态势，尤其是2011~2015年，授权百分比达到了50%以上。2016~2017年，案件授权量和授权百分比的降低，可能与部分申请尚未结案有关。

（二）国际专利申请

在国际申请方面，东洋新药共有46件PCT专利申请，图4-3-7反映了东洋新药自2000年以来每年的PCT申请量和PCT百分比趋势变化，PCT百分比是指东洋新药当年PCT申请量与当年总申请量的比值。

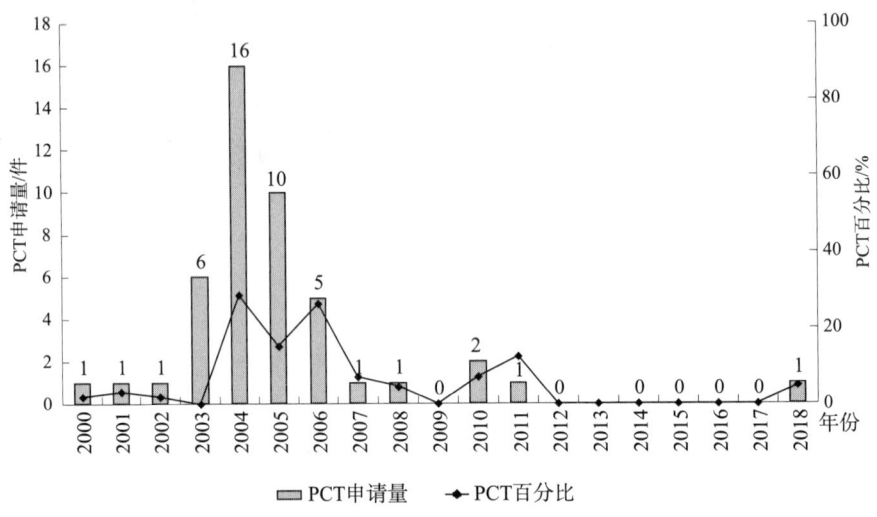

图4-3-7　东洋新药国际专利申请量变化趋势

总体来看，东洋新药PCT申请的占比较低，历年均在30%以下，且主要集中于2003~2006年，占总量的80%以上。而且从2007年开始，其PCT申请量日渐减少，最多的年份也仅有2件PCT申请。

将46件PCT申请的国际公布文本进行同族扩展，并且去除授权文本，对各申请的进入国家或地区进行统计。图4-3-8展示了进入主要国家或地区的PCT申请分布。

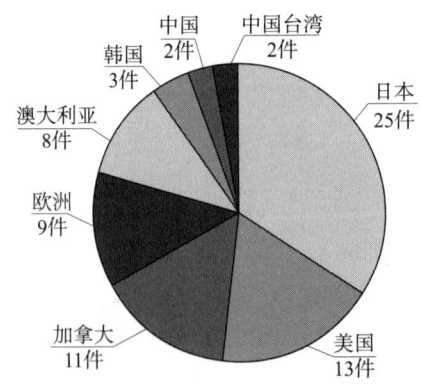

图4-3-8　东洋新药PCT申请进入主要国家或地区的PCT申请分布

可以看出，东洋新药 PCT 申请进入的国家或地区主要分布在市场需求量较大、消费能力较强的发达国家或地区，例如美国、欧洲、加拿大和澳大利亚等；而中国、韩国等东亚国家或地区的 PCT 申请进入量较少。

（三）领域分布

图 4-3-9 展示了东洋新药专利申请的总体领域分布。

相关领域分类说明：

含有效成分医药配制品：A61K 31，含有机有效成分的医药配制品。

化合物：C07，有机化学，涉及生药的提取、天然产物的结构确定、有机化合物的结构修饰和合成等。

汉方·生药：A61K 36 或 A61K 35/78，含有来自藻类、苔藓、真菌或植物或其派生物，例如传统草药的未确定结构的药物制剂。

化妆品：A61Q，化妆品或类似梳妆用配制品的特定用途；A61K 8，化妆品或类似的梳妆用配制品。

药剂：A61K 9，以特殊物理形状为特征的医药配制品。

食品：A23，食品或食料及其处理。

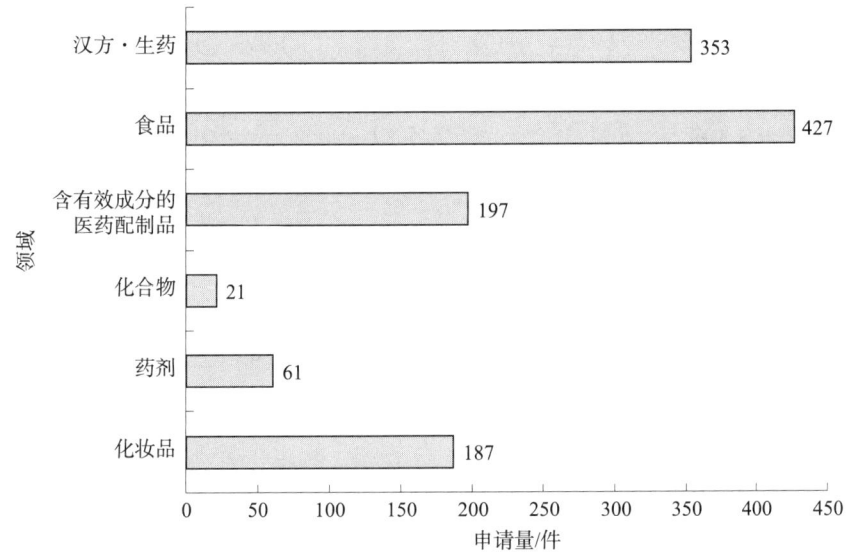

图 4-3-9　东洋新药专利申请主要领域分布

图 4-3-10 展示了东洋新药主要领域专利申请变化趋势。

可见，东洋新药研究方向主要集中在食品、汉方·生药、含有效成分的医药配制品和化妆品领域，而药剂、化合物领域相对较少，这与其产业发展集中在特定保健用食品、化妆品（主要是医药部外品）领域的现状是吻合的。

从时间来看，在 20 世纪末及 21 世纪最初的几年，东洋新药的专利申请主要集中在食品和汉方·生药领域，彼时，东洋新药的事业重心也偏向于特定保健用食品的开发。近几年来，化妆品领域的申请量出现快速增长的趋势，这可能与后期研发方向的转变有关，东洋新药逐渐将研发重心集中于如促进胶原蛋白吸收、美肤、抗糖化等化妆品相关领域。东洋新药借助研发特定保健用食品所积累的技术和制度优势，迅速推进化妆品的开发，研发方向的转变较为平滑。

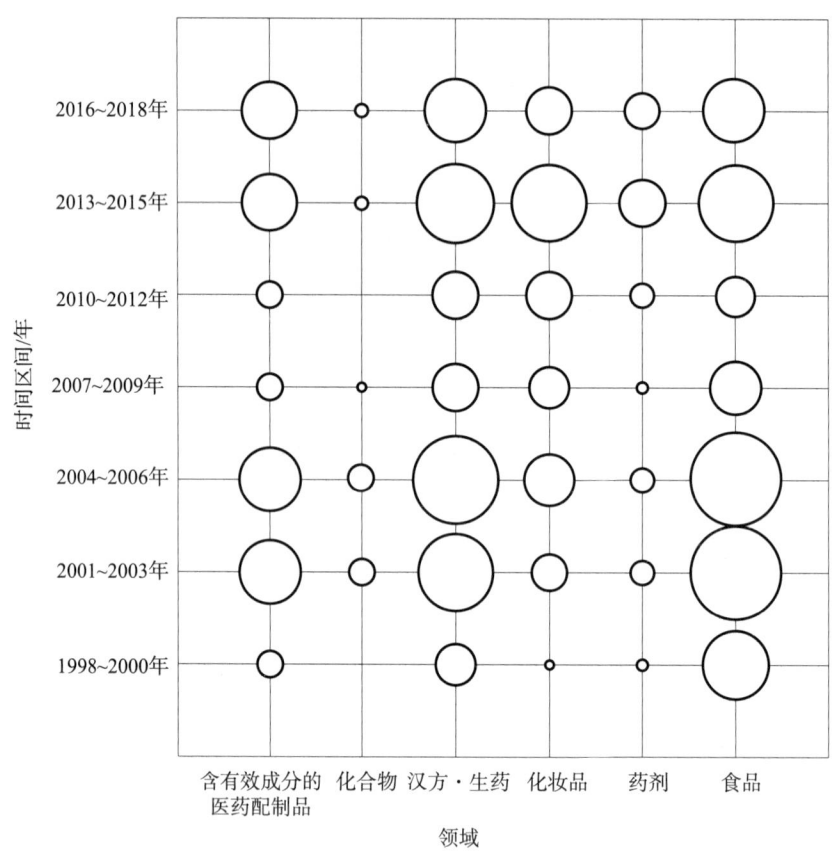

图 4－3－10　东洋新药主要领域申请变化趋势

注：圆圈大小表示申请量多少。

三、麦若叶和甘薯若叶产品的专利申请策略

东洋新药以世界各地人们对于健康和美丽持久的追求为目标，致力于生产保健食品、化妆品和药品等循证和增值产品，麦若叶（青汁制品）、甘薯若叶是其主要产品。

东洋新药共有 187 件专利涉及麦若叶和甘薯若叶两个典型产品，其中 PCT 专利申请 3 件。具体情况见附录 E。

（一）申请时间策略

1997 年，东洋新药开始研究麦若叶。1999 年，东洋新药提出了 2 件专利申请，2 件专利的发明人均是服部利光，他是东洋新药株式会社的社长，其中 JP2000300209A 涉及麦若叶粉末；JP2000245391A 涉及提高麦若叶中 γ - 氨基丁酸含量的方法，由此开始了麦若叶的专利申请布局，于 2000~2002 年申请了多达 63 件专利，形成了专利申请高峰，堪称疯狂布局；并于 2002 年获得了麦若叶青汁制品的特定保健用食品许可。

2001 年，东洋新药联合独立行政法人农业·食品产业研究院开始共同研究甘薯若叶；2004 年，东洋新药与农业·食品产业研究院共同发布了甘薯若叶对糖尿病、高血压病的有效性；同年，首次对甘薯若叶提出了专利申请 JP2005278596A，涉及甘薯茎叶处理物的制造方法，在此带动下，2004~2006 年申请了 30 件专利申请，形成了第二个专利申请高峰（见图 4-3-11）。

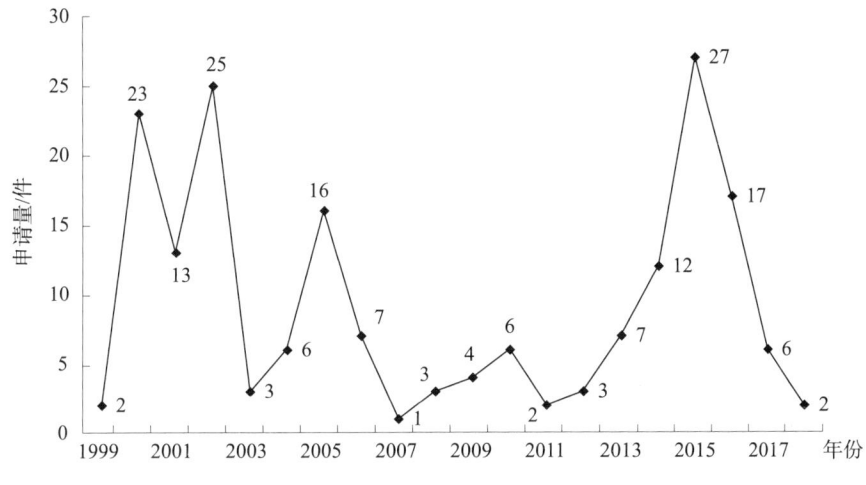

图 4-3-11 东洋新药麦若叶/甘薯若叶专利申请变化趋势

完成此轮专利布局后，从 2007 年开始，东洋新药在麦若叶和甘薯若叶产品的专利申请持续处于低位，一直延续到 2012 年；其间，2010 年东洋新药青汁产品获得改善通便的特定保健食品许可，2011 年麦若叶粉和甘薯若叶粉获得 Monde Selection 金奖。❶

2012 年，东洋绿色农场以麦若叶获得了日本第一个"GLOBAL GAP 第 4 版"认证。受此影响，东洋新药围绕麦若叶和甘薯若叶进行了新一轮的专利布局，在 2013~2017 年，东洋新药申请了 69 件专利，从而形成了第三个专利申请高峰。需要指出的是，2017~2018 年的专利申请可能有部分处于未公开的状态，因此存在低估的可能。

东洋新药从 1999 年以来，在麦若叶和甘薯若叶的专利申请上形成了三个高峰。这三个高峰的形成，分别是对麦若叶产品的研究，从而引起麦若叶产品专利布局；开始对甘薯若叶产品进行研究，从而引起甘薯若叶产品专利布局；麦若叶和甘薯若叶获得业内肯定，从而引起第三轮专利布局。

---

❶ Monde Selection 又称世界品质评鉴大会、国际优质食品组织或蒙特奖。由欧洲共同体和比利时经贸部共同创立。世界各国每年有超过 1000 种商品参加品质评鉴。奖项以商品性质分类，由研究员比较各食品或产品的安全、味道、包装、原材料等，审查后评定。业内人士公认，如果获得 Monde Selection 奖，就相当于达到国际食品评价基准的要求，意味着该食品已经获得了世界各国包括食品发达国家的认可与推崇。

对东洋新药的甘薯若叶、麦若叶专利申请的发明主题进行统计,有 79 件专利申请涉及用途,75 件专利申请涉及食品,37 件专利申请涉及制备方法,27 件专利申请涉及制剂;而仅少量专利申请涉及化妆品、饲料、化合物、栽培方法、医疗器械等领域(见图 4-3-12)。

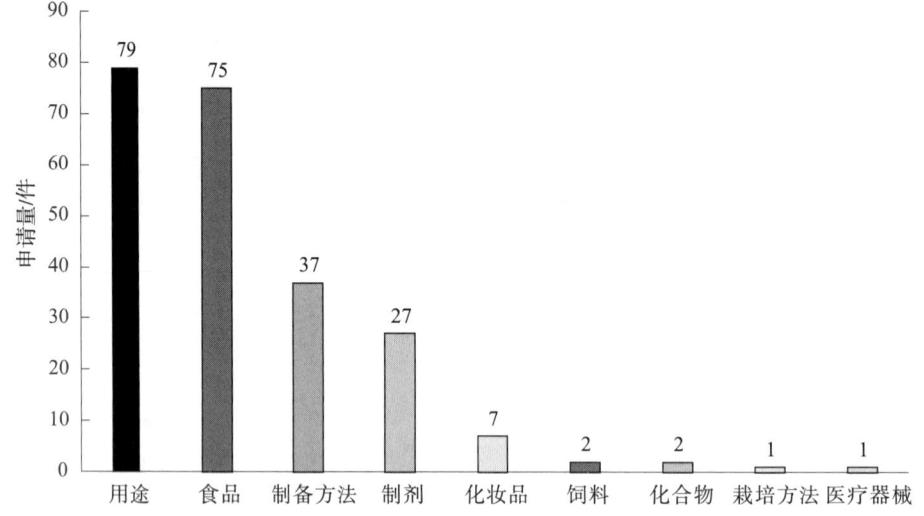

图 4-3-12　东洋新药麦若叶/甘薯若叶专利申请主题分布

健康食品是东洋新药的主要业务,获得的特定保健用食品许可证达 260 项,位居日本国内第一,远高于第二名的 48 项。其中,甘薯若叶、麦若叶就属于特定保健用食品,而特定保健用食品的核心就是"食品""保健用途"两大主题;因此东洋新药的甘薯若叶、麦若叶专利申请的发明主题主要涉及"食品"和"用途"。

分领域来看,2000~2002 年形成的第一个申请高峰时,东洋新药申请了 33 件食品为主题的专利,多于用途专利(22 件)和制备方法(19 件);而在 2004~2006 年第二个申请小高峰时,用途专利则在 4 个主题中最多,达到 11 件,但与制剂专利(8 件)、食品专利(8 件)、制备方法专利(6 件)的区别并不大,呈现并驾齐驱的态势。到了 2013~2017 年第三个申请高峰时,用途专利(35 件)遥遥领先于食品专利(22 件)、制剂专利(16 件)、制备方法专利(4 件),用途专利成为专利申请的绝对主力。尤其需要注意的是,2007~2012 年的申请低谷时期。用途专利几乎每年都有涉及,呈现出持续申请的态势(见图 4-3-13)。

特定保健用食品,虽然其物质是产品的基础,但用途才是特定保健用食品的亮点和卖点。因此,在 2000~2002 年、2004~2006 年对食品产品、制备方法的专利申请布局完成之后,东洋新药将研发和专利申请的重点转向了保健用途;对于保健用途的持续研究是特定保健用食品长期大卖的关键。

第四章 汉方·生药制品行业重要申请人

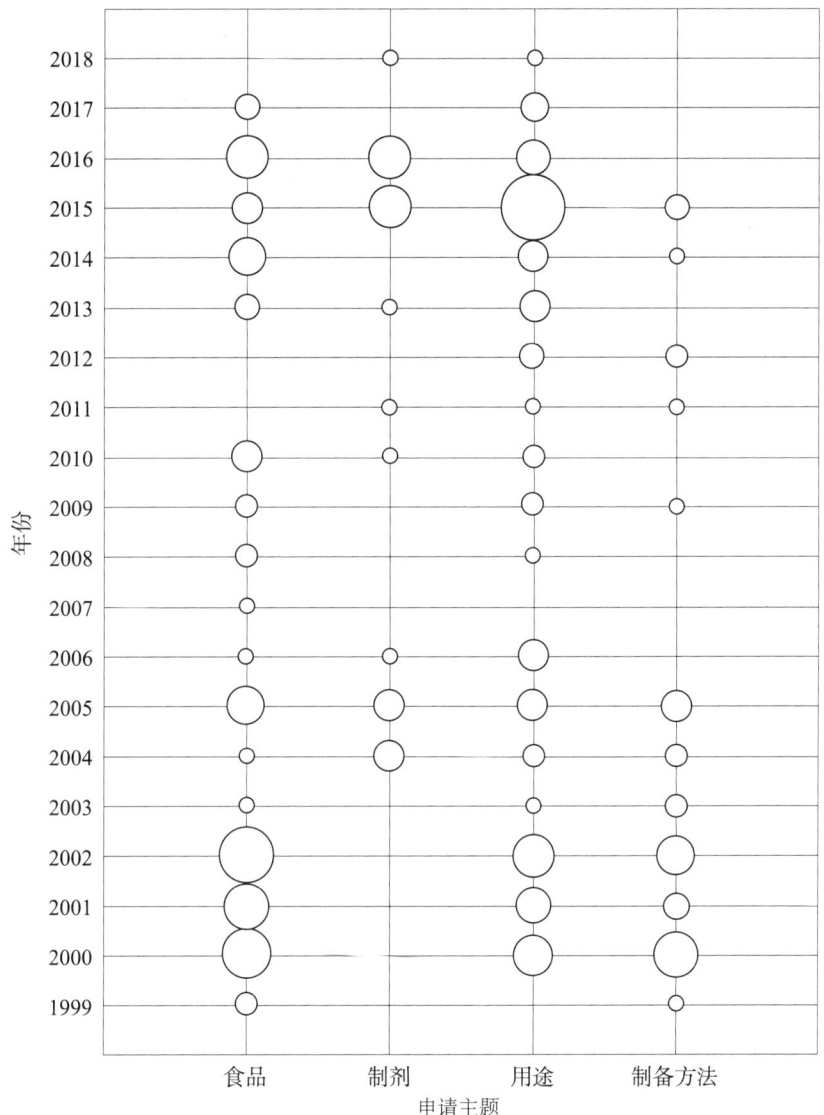

图 4-3-13　东洋新药麦若叶/甘薯若叶专利申请主题变化趋势

注：圆圈大小表示申请量多少。

（二）申请地域策略

东洋新药涉及麦若叶和甘薯若叶的国际专利申请数量较少，仅6件，如表4-3-5所示。

表 4-3-5　东洋新药麦若叶/甘薯若叶的国际专利申请

序号	公开号	发明名称	申请年份	进入国家或地区	涉及的产品
1	JP2000300209A	麦若叶粉末	1999	加拿大、德国、欧洲、日本、美国	麦若叶

125

续表

序号	公开号	发明名称	申请年份	进入国家或地区	涉及的产品
2	JP2001029041A	提高麦若叶中γ-氨基丁酸含量的方法	1999	加拿大、德国、欧洲、日本、美国	麦若叶
3	WO2002041712A1	含有幼小麦叶粉的食物	2000	澳大利亚、美国、欧洲、加拿大	麦若叶
4	WO2002074104A1	含有幼小麦叶粉的食物	2001	澳大利亚	麦若叶
5	WO2006038308A1	用于Ⅱ型糖尿病的预防或治疗组合物	2004	未进入国家阶段	甘薯若叶
6	WO2006118316A1	肝中脂质蓄积抑制剂	2005	日本	甘薯若叶

虽然麦若叶和甘薯若叶都是东洋新药的重要产品，但从国际专利申请来看，麦若叶明显更受重视。麦若叶所涉及的4件专利均属于产品专利或者产品的制备方法专利；进入的国家包括了欧美主要国家，例如美国、欧洲、澳大利亚；在时间上，第1件麦若叶专利申请（JP2000300209A）就是以国际专利的形式申请。可见，虽然东洋新药涉及麦若叶的国际专利申请的绝对量偏少，但还是选择将最重要的专利进行国际申请。

与之对比，涉及甘薯若叶的两件国际专利均是用途专利，不仅未以产品专利的形式进行专利申请，而且在进入国家或地区上选择了不进入国家阶段或者只进入日本国内。究其原因，在东洋新药甘薯若叶专利申请之前，甘薯若叶的专利申请已经被其他申请人提出，例如熊本制粉株式会社于1996年提出的专利申请JPH10165139A涉及甘薯若叶。2004年，东洋新药提出的第一件甘薯若叶的专利JP2005278596A（甘薯茎叶处理物的制造方法）是制备方法专利，已经并非是产品专利，并且于2009年在日本国内审查阶段被驳回。因此，不难解释，东洋新药为何对麦若叶、甘薯若叶采用申请策略差别如此之大。

另外，值得注意的是，东洋新药涉及麦若叶和甘薯若叶的所有国际专利申请均未进入中国。

（三）专利申请与保护概况

东洋新药涉及甘薯叶和大麦若叶的专利申请权利要求项数分布如图4-3-14所示。5项以下权利要求的发明专利申请较多，而10项以上权利要求的发明专利申请数量非常少，仅1件，为日本国内申请，有14项权利要求。

授权百分比是评价专利质量的重要参数，东洋新药涉及甘薯若叶和大麦若叶的专利申请有42.9%已获得授权，未审/在审案件占15.2%（见图4-3-15）。

第四章 汉方·生药制品行业重要申请人

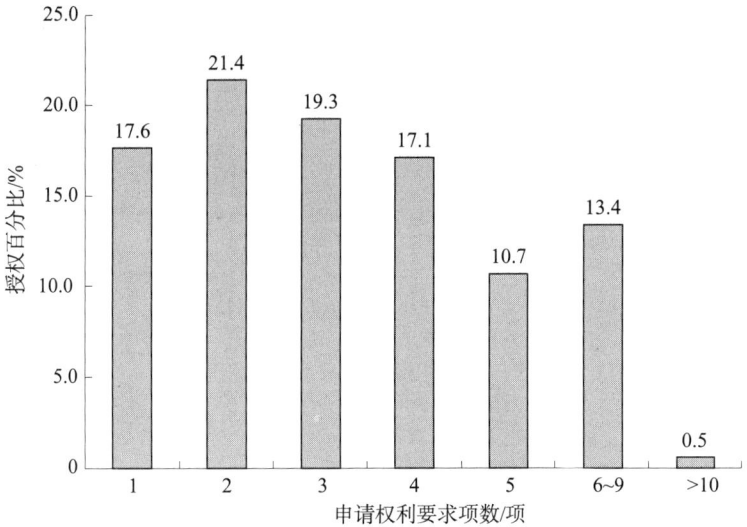

图 4-3-14 东洋新药麦若叶/甘薯若叶专利申请权利要求项数分布

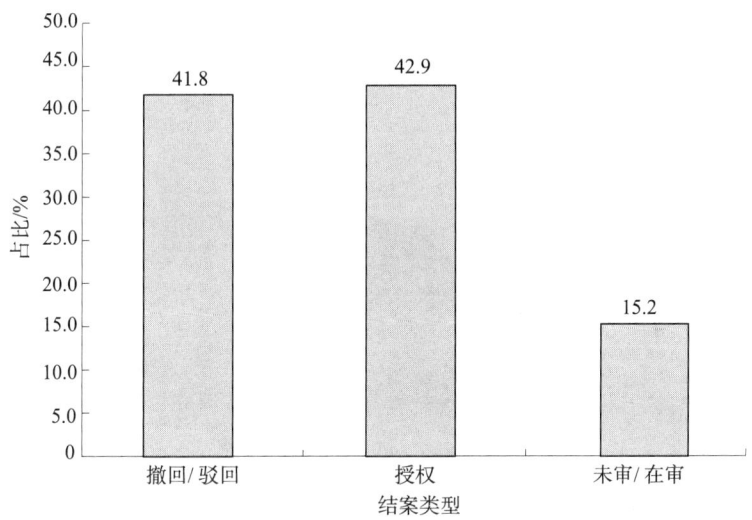

图 4-3-15 东洋新药麦若叶/甘薯若叶专利申请结案类型分布

从图 4-3-15 中可以看出，2016~2018 年公开的 20 余件申请目前主要处于未审/在审状态，可见，东洋新药在近 3 年对甘薯叶和大麦若叶依然进行了较多研究。

在专利权维持情况上，目前仍有效的专利占比 88.6%，维持 20 年后专利权到期的专利占比较少，仅 2.5%，中途弃权导致未维持 20 年的专利占比 8.9%，如图 4-3-16 所示。其中，未维持 20 年的专利其实际维持权利时间在 11~14 年。

如图 4-3-17 所示，引证次数≥10 次的发明专利申请有 29 件，占比 15%。其中被引证最多（43 次）的 JP3445567B2 涉及含禾本科植物的绿叶加工产品的健康茶和健康饮

127

料及其制造方法,无同族专利申请,无共同申请人,发明人为津崎慎二、高垣欣也,该件专利申请日为 2000 年 8 月 31 日,授权日为 2003 年 5 月 20 日,授权登记日为 2003 年 4 月 26 日,专利权维持 11 年后于 2012 年 4 月 27 日到期失效。被引证 33 次的 JP2002275076A 涉及含有松树皮提取物和膳食纤维的血糖升高抑制剂和保健食品,膳食纤维由小麦幼叶和羽衣甘蓝中的至少一种制备得到,该申请无同族专利申请,无共同申请人,发明人为高垣欣也、丸山真二郎,该件专利申请日为 2001 年 3 月 15 日,2008 年 3 月 12 日提交专利申请审查请求书,2011 年 9 月 7 日被驳回。

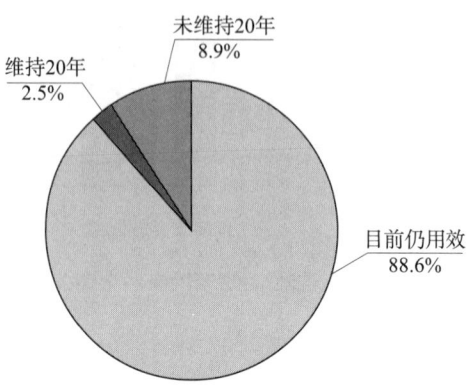

图 4-3-16 东洋新药麦若叶/甘薯若叶专利权维持情况分布

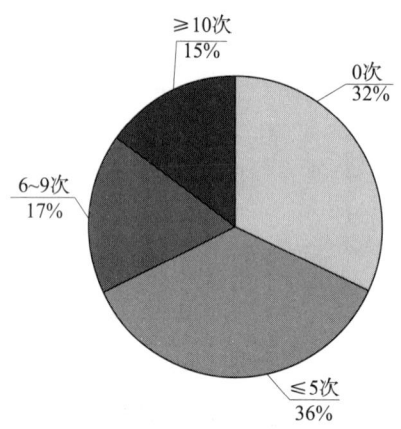

图 4-3-17 东洋新药麦若叶/甘薯若叶专利被引证数分布

(四) 主要发明人

东洋新药涉及麦若叶和甘薯若叶的所有专利申请中,出现了 68 位专利发明人(见表 4-3-6)。

表 4-3-6 东洋新药涉及麦若叶和甘薯若叶主要发明人参与度

发明人数量/人	参与的专利申请量/件
26	1

续表

发明人数量/人	参与的专利申请量/件
11	2
8	3
2	4
21	5 件及以上

有21位发明人参与了5件以上（含5件）的专利申请研发，具体如图4-3-18所示。

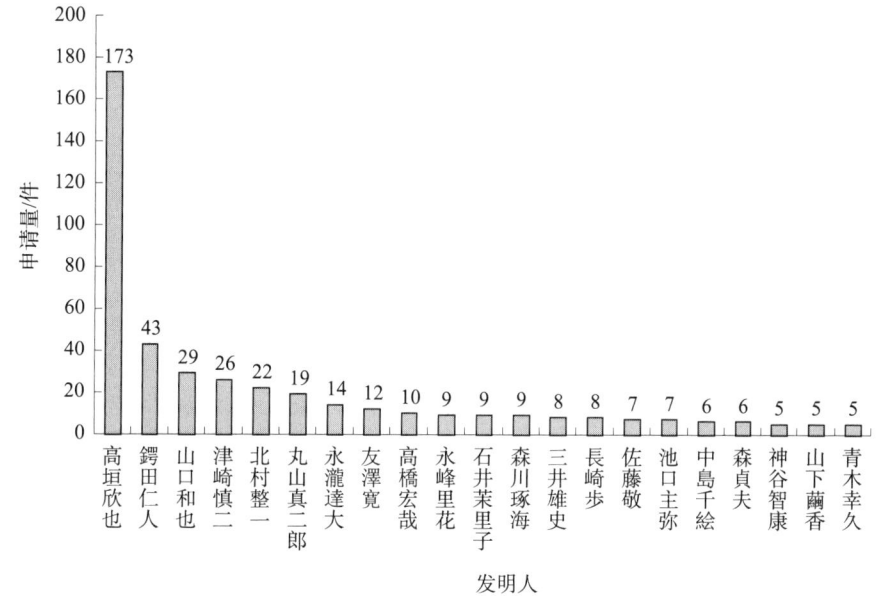

图4-3-18　东洋新药麦若叶/甘薯若叶专利申请量与发明人对应关系

参与专利申请数排名前十位的发明人分别是高垣欣也（173件）、鳄田仁人（43件）、山口和也（29件）、津崎慎二（26件）、北村整一（22件）、丸山真二郎（19件）、永瀧達大（14件）、友澤寛（12件）、高橋宏哉（10件）、石井茉里子、永峰里花、森川琢海（各9件）。其中，高垣欣也是东洋新药的副社长（副董事长），山口和也是上席执行役员（董事）。高垣欣也作为唯一发明人的专利申请有31件，作为共同发明人的专利有142件申请，参与超过92.5%的专利申请。可见，副社长高垣欣也是东洋新药甘薯叶和麦若叶研发团队的核心人物。

东洋新药麦若叶/甘薯若叶专利各发明人之间的合作关系图如图4-3-19所示。

在麦若叶、甘薯叶的专利申请中，以副社长高垣欣也为核心的研发团队进行了大量的合作；以高垣欣也、鳄田仁人、山口和也、北村整一为纽带，构建了东洋新药的研发合作网络。值得注意的是，虽然津崎慎二（26件）、丸山真二郎（19件）涉及的专利申请量较多，但与其他发明人的合作较少，仅仅与副社长高垣欣也存在合作，这也一定程度上看出东洋新药研发团队中还存在个体的独立性。

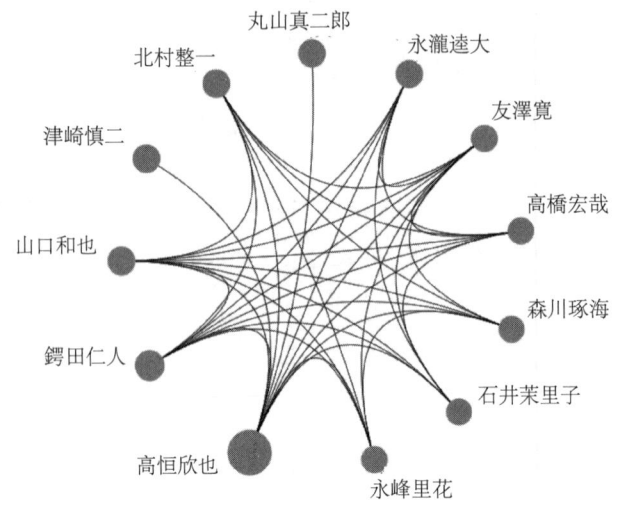

图4-3-19 东洋新药麦若叶/甘薯若叶专利申请量排名前十位发明人的合作关系网络

（五）代表性专利申请

JP2000300209A（JP3086820B1）、JP2001029041A（JP3131423B1）是以社长服部利光为发明人的两件专利，也是东洋新药最早的麦若叶专利申请，构成了东洋新药麦若叶专利布局的基础，因此本节选择JP2000300209A、JP2001029041A作为东洋新药麦若叶的代表专利；两件专利的基本信息如表4-3-7所示。

表4-3-7 东洋新药麦若叶代表专利信息

公开号	发明名称	申请日	进入国家或地区
JP2000300209A	麦若叶粉末	1999-04-26	加拿大、德国、欧洲、日本、美国
JP2001029041A	提高麦若叶中γ-氨基丁酸含量的方法	1999-07-19	加拿大、德国、欧洲、日本、美国

JP2000300209A、JP2001029041A作为同族专利，被当作其他国际专利申请的优先权专利。在主要国家或地区的申请情况如表4-3-8所示。

表4-3-8 东洋新药麦若叶代表专利同族专利信息

国家或地区	公开号	维持年限
日本	JP2000300209A	20年
日本	JP2001029041A	20年
日本	JP2001057863A	13年
美国	US6306344B1	14年
美国	US6379717B1	14年

续表

国家或地区	公开号	维持年限
欧洲	EP1048224A2	14年
欧洲	EP1048225A2	14年
加拿大	CA2306578A1	13年
德国	DE60021945D1	撤销
德国	DE60021946D1	12年

1.【JP2000300209A】

JP2000300209A申请于1999年4月26日，于2000年9月11日在日本获得授权。

JP2000300209A提供了一种含有高浓度γ-氨基丁酸（GABA）的麦若叶粉末及其制造方法。麦若叶富含维生素、不溶性膳食纤维等，能够吸附有毒物质，改善肠内环境，抑制胆固醇的吸收，防止餐后血糖突然升高，激活超氧化物歧化酶（SOD），因此成为备受关注的保健食品。麦若叶还包含GABA，具有降血压的作用。

然而，由于绿叶中含有叶绿素酶、过氧化物酶和多酚氧化酶等酶，会引起绿叶的鲜绿色褪色。为了防止这种变质，通常会对绿叶进行水热处理（即漂烫）。在这种处理过程中，绿叶中天然含有的成分，如维生素、矿物质、叶绿素、GABA，往往会丢失。

该专利采用微波加热的方式，使得麦若叶中的酶失活，进而获得GABA含量高的麦若叶。其具体权利要求如表4-3-9所示。

表4-3-9 JP2000300209A权利要求中日文对照

权利要求原文	权利要求译文
【請求項1】γ-アミノ酪酸を20mg/100g以上含有する麦若葉末。 【請求項2】麦若葉をマイクロウェーブ処理する工程を含む、γ-アミノ酪酸を20mg/100g以上含有する麦若葉末の製造方法。 【請求項3】さらに60℃以下での乾燥工程を含む、請求項2に記載の麦若葉末の製造方法	1. 一种含有20mg/100g以上γ-氨基丁酸的麦若叶粉末。 2. 一种生产含有20mg/100g以上γ-氨基丁酸的麦若叶粉末的方法，包括对麦若叶进行微波处理的步骤。 3. 根据权利要求2所述的生产麦若叶粉末的方法，还包括在60℃以下进行干燥的步骤

2.【JP2001029041A】

JP2001029041A提供了一种增加麦若叶的γ-氨基丁酸含量的方法，采用在厌氧条件下和/或保持温度在20~50℃对麦若叶进行处理的方式，避免温度过高对γ-氨基丁酸造成损失，从而获得γ-氨基丁酸含量高的麦若叶。其具体权利要求如表4-3-10所示。

表4-3-10　JP2001029041A 权利要求中日文对照

权利要求原文	权利要求译文
【請求項1】麦若葉を嫌気処理及び/又は20~50℃で保温処理することを特徴とする、麦若葉中のγ-アミノ酪酸含量を高める方法。	1. 增加麦若叶的γ-氨基丁酸含量的方法，其特征在于，在厌氧条件下和/或保持温度在20~50℃，对麦若叶进行处理。
【請求項2】麦若葉の嫌気処理及び/又は20~50℃の保温処理が30分間~24時間である、請求項1に記載の方法。	2. 如权利要求1所述的方法，在厌氧条件下和/或保持温度在20~50℃处理麦若叶的时间为30分钟至24小时。
【請求項3】請求項1又は請求項2の方法により、γ-アミノ酪酸含量を高めた麦若葉。	3. 通过权利要求1或2的方法得到高γ-氨基丁酸含量的麦若叶。
【請求項4】請求項3のγ-アミノ酪酸含量を高めた麦若葉を乾燥、粉砕処理してγ-アミノ酪酸含量を高めた麦若葉粉末を製造する方法。	4. 高γ-氨基丁酸含量的麦若叶粉末制备方法，将权利要求3所述高γ-氨基丁酸含量的麦若叶干燥、粉碎处理。
【請求項5】請求項4の製造方法で得られるγ-アミノ酪酸含量を高めた麦若葉粉末。	5. 通过权利要求4的方法获得高γ-氨基丁酸含量的麦若叶粉末。
【請求項6】請求項3のγ-アミノ酪酸含量を高めた麦若葉を搾汁処理して得られる搾汁をさらに噴霧乾燥又は凍結乾燥して、γ-アミノ酪酸含量を高めた麦若葉搾汁粉末を製造する方法。	6. 高γ-氨基丁酸含量的麦若叶粉末制备方法，将权利要求3所述高γ-氨基丁酸含量的麦若叶榨汁处理得到，所得汁液进一步喷雾干燥或冷冻干燥。
【請求項7】請求項6の製造方法で得られるγ-アミノ酪酸含量を高めた麦若葉搾汁粉末。	7. 通过权利要求6的制备方法获得高γ-氨基丁酸含量的麦若叶粉末。
【請求項8】γ-アミノ酪酸を800mg/100g以上含有する麦若葉搾汁粉末。	8. 一种麦若叶粉末，其含有800mg/100g以上的γ-氨基丁酸。

　　JP2000300209A、JP2001029041A 从产品和方法两方面对麦若叶进行了专利保护。JP2000300209A 的授权权利要求1为：一种含有20mg/100g 或更高的γ-氨基丁酸、保持绿色的麦若叶粉末。该权利要求1仅限定了γ-氨基丁酸的含量以及麦若叶粉末的颜色形状，未限定关键技术手段——微波处理。

　　该权利要求看似因为未限定解决技术问题所必不可少的技术特征，因而可能存在得不到说明书支持的问题。但用产品的结构特征来描述产品权利要求是产品权利要求的通常表述方式，东洋新药通过限定"含有20mg/100g 或更高的γ-氨基丁酸"，记载了麦若叶粉末最突出的技术特征，因此该撰写方式实质上得到了说明书的支持。由于未限定具体的处理手段，因此该权利要求的保护范围较宽，能够最合理地概括该专利的技术贡献。

　　在此之后，东洋新药以此 JP2000300209A、JP2001029041A 为基础，进行了大量的专利布局，如图4-3-20 和图4-3-21 所示。

　　从研究方向来看，东洋新药麦若叶的重点发展方向为食品、制备方法和用途。具体而言，在活性研究方面，自2000年首次涉及降血压的用途以来，陆续对抗胆固醇、便秘改善、免疫赋活、控制血糖、减肥、皮肤外用、抗肥胖、钙吸收等用途进行专利申请。

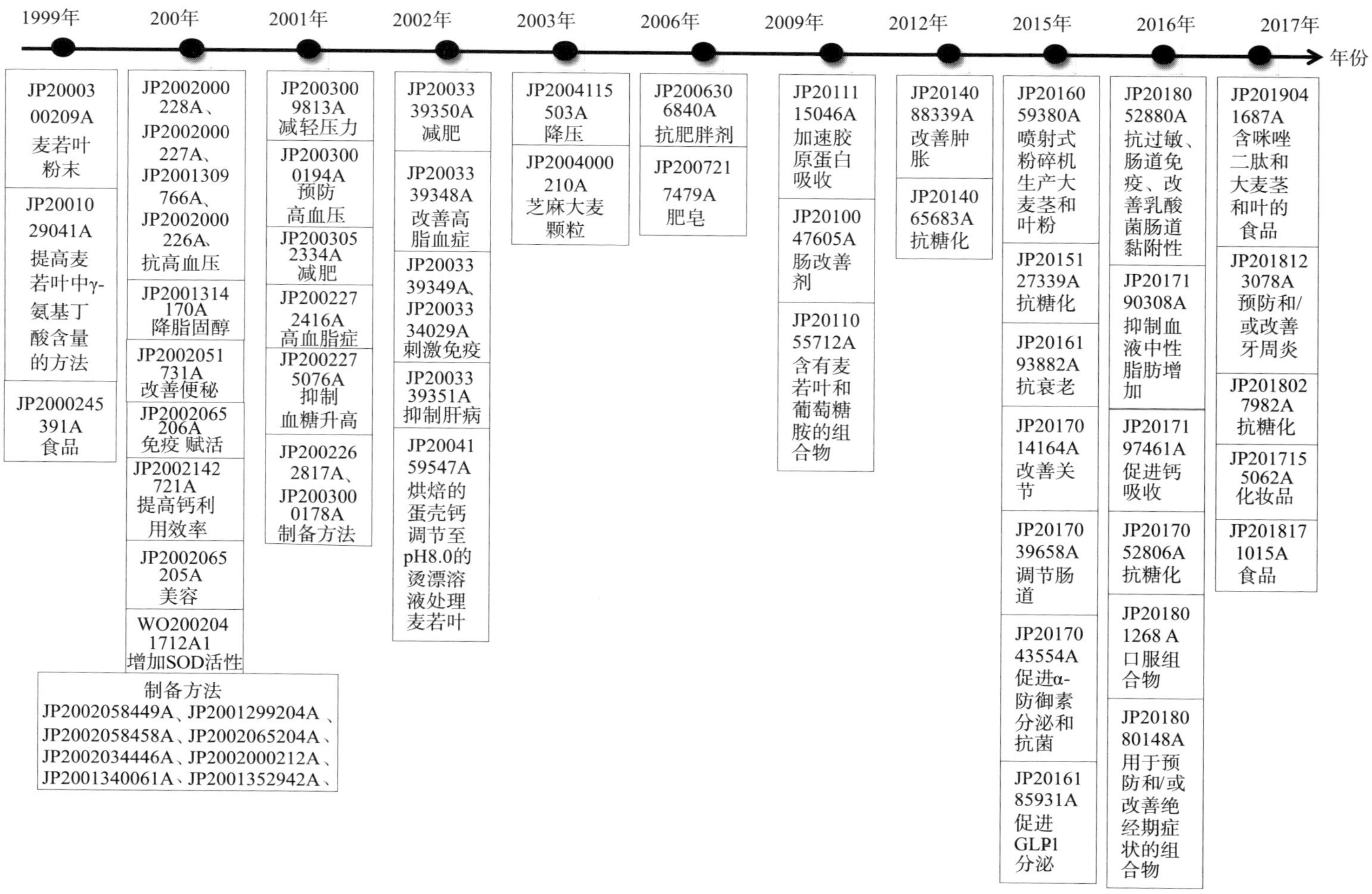

第四章 汉方·生药制品行业重要申请人

图4-3-20 东洋新药涉及麦若叶的主要专利申请年度分布

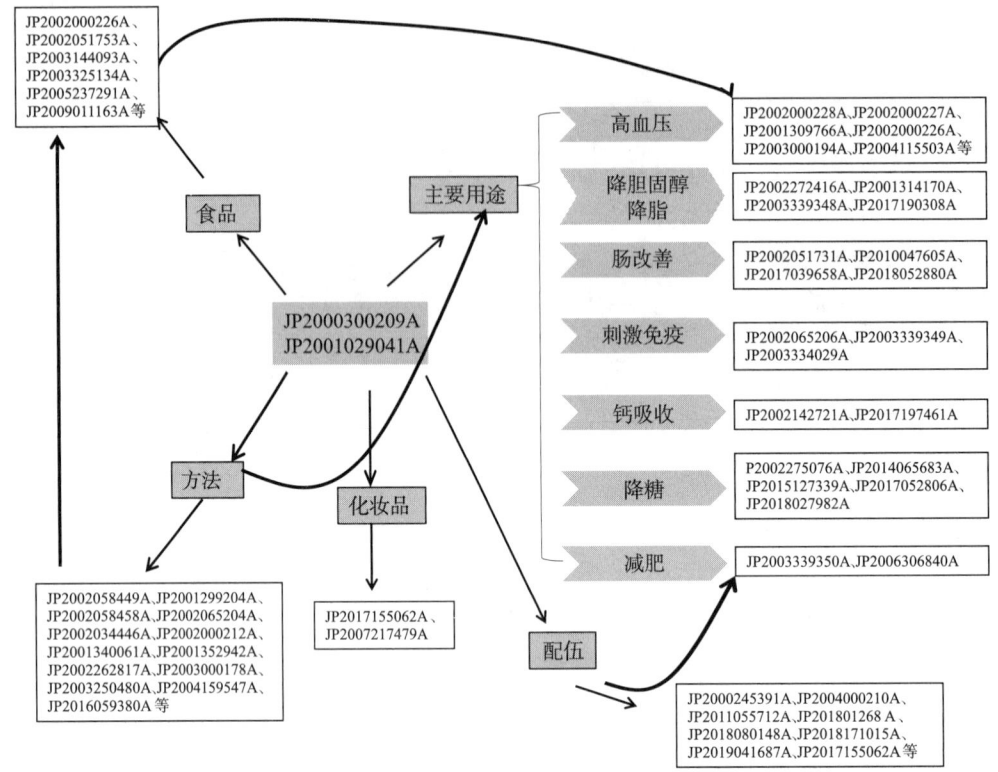

图 4-3-21 东洋新药麦若叶主要专利网络

在制备方法方面，东洋新药不局限于微波处理、厌氧处理和/或在 20~50℃ 保温处理，而是围绕"改善口感""增加有效成分含量"，对制备方法进行了进一步的改进研究，包括采用酶降解、碳酸钙溶液处理、蒸煮等。由于对制备方法的持续改进，使得麦若叶的口感大为改善、活性成分含量进一步提高，并且形成了持续的制备方法保护链条。

在药物联用方面，东洋新药开发了多种与麦若叶相关的产品，如 JP2000245391A、JP2004000210A、JP2011055712A、JP201801268A、JP2018080148A、JP2019041687A、JP2017155062A 等专利均涉及麦若叶与其他药物或食品的合用，涉及卷心菜发酵物、芝麻、葡萄糖胺、茶氨酸、异黄酮、咪唑二肽、松树皮提取物。

四、麦若叶和甘薯若叶产品的专利技术布局

（一）麦若叶相关产品

东洋新药对麦若叶相关产品建立了完善的专利布局，围绕增加原料 GABA 含量、扩展用途、改善口感、改善吸收利用四个方面形成了密集的专利保护网。图 4-3-22 展示了东洋新药大麦若叶相关产品的专利布局。

1. 提高 GABA 含量

GABA，即 γ-氨基丁酸，是中枢神经系统内最重要的抑制性氨基酸递质，具有突

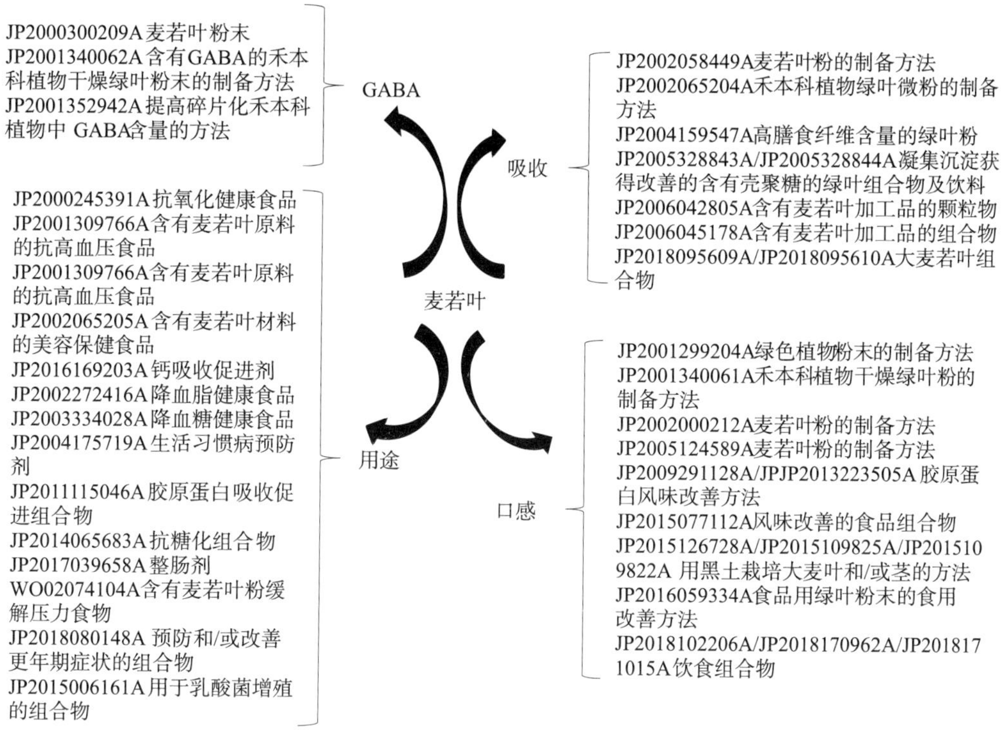

```
JP2000300209A 麦若叶粉末
JP2001340062A 含有GABA的禾本
科植物干燥绿叶粉末的制备方法         ┐      GABA
JP2001352942A 提高碎片化禾本        ├─────↗
植物中GABA含量的方法                ┘              ┌ JP2002058449A 麦若叶粉的制备方法
                                                  │ JP2002065204A 禾本科植物绿叶微粉的制备
                                          吸收    │ 方法
                                        ↗         │ JP2004159547A 高膳食纤维含量的绿叶粉
JP2000245391A 抗氧化健康食品                      ├ JP2005328843A/JP2005328844A 凝集沉淀获
JP2001309766A 含有麦若叶原料                      │ 得改善的含有壳聚糖的绿叶组合物及饮料
的抗高血压食品                                     │ JP2006042805A 含有麦若叶加工品的颗粒物
JP2001309766A 含有麦若叶原料                      │ JP2006045178A 含有麦若叶加工品的组合物
的抗高血压食品                                     │ JP2018095609A/JP2018095610A 大麦若叶组
JP2002065205A 含有麦若叶材料          麦若叶       └ 合物
的美容保健食品
JP2016169203A 钙吸收促进剂              ↘
JP2002272416A 降血脂健康食品                      ┌ JP2001299204A 绿色植物粉末的制备方法
JP2003334028A 降血糖健康食品                      │ JP2001340061A 禾本科植物干燥绿叶粉的
JP2004175719A 生活习惯病预防         ↘            │ 制备方法
剂                                    用途         │ JP2002000212A 麦若叶粉的制备方法
JP2011115046A 胶原蛋白吸收促                      │ JP2005124589A 麦若叶粉的制备方法
进组合物                                  口感    ├ JP2009291128A/JPJP2013223505A 胶原蛋
JP2014065683A 抗糖化组合物                        │ 白风味改善方法
JP2017039658A 整肠剂                              │ JP2015077112A 风味改善的食品组合物
WO02074104A 含有麦若叶粉缓                        │ JP2015126728A/JP2015109825A/JP201510
解压力食物                                         │ 9822A 用黑土栽培大麦叶和/或茎的方法
JP2018080148A 预防和/或改善                       │ JP2016059334A 食品用绿叶粉末的食用
更年期症状的组合物                                 │ 改善方法
JP2015006161A 用于乳酸菌增殖                      │ JP2018102206A/JP2018170962A/JP201817
的组合物                                           └ 1015A 饮食组合物
```

图4-3-22 东洋新药麦若叶相关产品专利布局

触后抑制作用,临床上具有降血压的功效。麦若叶中含有大量GABA,但为了使麦若叶能够长时间保存,通常需要使用热水对其进行漂烫处理,杀灭其中的酶和微生物,然而,热水也会使得麦若叶中所含的大多数GABA遭到破坏。因此,东洋新药围绕如何提高麦若叶产品中GABA的含量进行了相关研究,并进行了专利布局。

1990年申请的JP2000300209A公开了一种GABA含量较高的麦若叶粉末,其中采用了微波处理,使与麦若叶褪色相关的酶失活,而其中GABA的含量几乎没有减少。JP2001340062A公开了采用氧核磁共振谱的半峰宽为90Hz以下的水对麦若叶进行漂烫处理,使褪色有关的酶被灭活,绿叶的颜色和风味得以保留,并且GABA含量几乎不降低。JP2001352942A公开了将谷氨酸和/或其盐添加到麦若叶粉末或榨汁中来提高GABA的含量。

由此可见,对于如何增加麦若叶相关产品中GABA的含量,东洋新药主要是从改善漂烫工艺和添加其他化学物质两方面来入手解决的。

2. 改善风味口感

风味口感是食品是否被消费者接受的重要因素,因此东洋新药围绕着如何改善麦若叶产品自身的风味口感进行了许多研究,同时,还尝试将麦若叶用于改善其他食品的风味口感,其专利分布如图4-3-23所示。

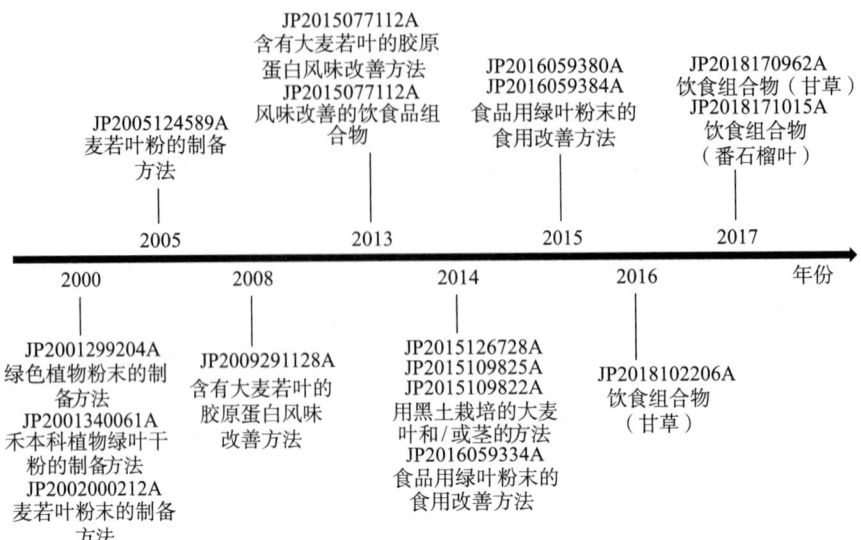

图 4-3-23 东洋新药麦若叶风味口感相关的主要专利申请

（1）改善麦若叶产品风味口感。

1）通过改变漂烫工艺。

热水漂烫是大麦若叶产品生产过程中的必经步骤，然而在此过程中麦若叶原有的风味也会遭受损失，为了保持麦若叶的风味口感，东洋新药对漂烫工艺进行了诸多改进。

2000 年其申请的 JP2001299204A 公开了使用氧核磁共振半幅宽度是 90Hz 以下的水漂烫麦若叶，再经冷却、干燥、粉碎步骤得到麦若叶干粉，与传统方法得到的干粉相比，其表现出了优异的口感。同年的 JP2001340061A 同样是对漂烫的工艺进行了改进，其在漂烫的水中加入了海藻糖以达到改善风味口感的目的。JP2002000212A 公开了使用间歇性的蒸汽蒸煮来对麦若叶进行热烫处理，使得麦若叶的原有风味得到保留。2005 年申请的 JP2005124589A 则公开了在热水中加入煅烧钙，并调节 pH7.1～8.5 的漂烫工艺，再经干燥粉碎，所得麦若叶粉末具有良好的口感。

2）通过改变栽培方式。

大麦生长的过程也是其风味成分累积的过程，改变栽培方式是改善麦若叶产品风味最根本的途径，东洋新药在这方面也进行了探索。

例如，2014 年申请的 JP2015126728A、JP2015109825A 及 JP2015109822A 公开了使用黑土栽培大麦，通过改善大麦的生长环境，从源头控制大麦的质量，相比于其他常规方法栽培得到的大麦，外观漂亮、风味良好、营养丰富，制成的食品口感好。特别是在熊本县的阿苏地区栽培的六条大麦，大麦茎叶在短时间内即能长成，同时味道好、营养价值高。

3）通过改变粒径。

麦若叶产品通常为粉末状，食用时需要加水饮用，东洋新药研究发现，麦若叶粉末的性质会对其饮用口感造成影响，例如，2014 年申请的 JP2016059334A 及 2015 年申请的 JP2016059380A 及 JP2016059384A 公开了麦若叶粉末饮用口感的改善方法，其中发现拥有特定粒径和纵横比，以及拥有特定粒径和分布定数 n 的麦若叶粉末具有比其他产品更好的舌头触感和喉咙质感。

（2）改善其他食品风味口感。

麦若叶本身并没有太多强烈的气味，然而东洋新药研究发现，麦若叶可以给其他多种食品原料的风味和口感带来意想不到的影响。例如，2008 年申请的 JP2009291128A 及 2013 年申请的 JP2013223505A 均公开了将大麦若叶与胶原蛋白以一定的比例混合，以此来改善胶原蛋白气味和味道的方法。2013 年申请的 JP2015077112A 公开了一种含有大麦若叶、蛋白多糖和 N-乙酰葡糖胺的组合物，其中，大麦若叶与 N-乙酰葡糖胺的使用可以有效改善蛋白多糖风味劣化所带来的不良气味。2016 年申请的 JP2018102206A 和次年的 JP2018170962A 都公开了利用大麦若叶来降低甘草制品的苦味和涩味，改善其口感。而 JP2018171015A 则公开了利用大麦若叶来改善番石榴叶的苦涩味。

3. 加强吸收利用

特定保健用食品能否被人体充分吸收利用是消费者十分关心的问题，市场上的麦若叶产品大多是粉末状态，需要加水溶解再进行食用，然而，一般的麦若叶粉并无法在水中完全溶解，残留的沉淀物中包含较多的膳食纤维成分，这不仅使麦若叶粉的口感大打折扣，更使其中的营养成分无法被充分利用。为了提高麦若叶在水中的分散能力，加强人体的吸收利用，东洋新药进行了诸多研究，其专利分布如图 4-3-24 所示。

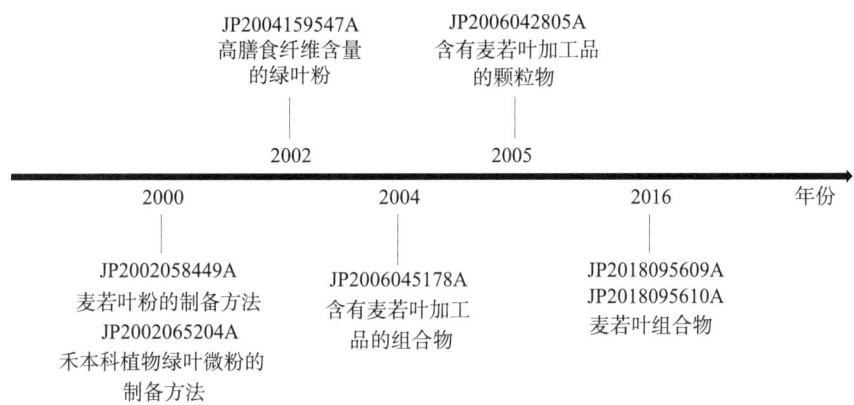

图 4-3-24　东洋新药麦若叶吸收利用相关的主要专利申请

对于大麦若叶吸收利用的改进可以从两方面入手，一方面，改善麦若叶粉末的制备工艺，使其拥有更好的水分散度或营养含量，例如，2000 年申请的 JP2002058449A 公开了在漂烫前采用植物组织分解酶处理麦若叶，使得制备得到的麦若叶粉末水溶性增加，口感优良，不仅具有抑制餐后血糖水平升高的效果，还能抑制胆固醇的吸收。同年申请的 JP2002065204A 同样对麦若叶粉末的制作工艺进行了改进，先将麦若叶用碱性水溶液漂烫，然后进行揉捻，最后干燥、粉碎，通过揉捻工艺，使得粉末在水中的分散性得到改善。此外，2002 年申请的 JP2004159547A 中通过对平均粒径 $\leq 100\mu m$

的干燥绿叶的细粉进行分级而获得新型的麦若叶粉末，其中粉末堆积比重是分级前的1.3倍以上，具有较高含量的膳食纤维，有利于人体对营养成分的获取。

另外，可以通过麦若叶与其他辅料的配合，改变其在水中的分散情况，促进人体的吸收与利用。例如，2004年申请的JP2006045178A公开了一种麦若叶组合物，由麦若叶、半纤维素、难消化低聚糖和糖醇组成，当以干粉形式制备时，该组合物可以形成合适的粒度并且在水中具有优异的分散性。次年申请的JP2006042805A公开了一种麦若叶颗粒剂，由麦若叶、半纤维素、特定分子量的难消化性糊精和难消化低聚糖以特定比例制成，可代替麦若叶粉末使用，改善了麦若叶在水中的分散性。又如，2016年申请的JP2018095609A公开了一种含有麦若叶与高分子多糖的组合物，当其制成特定比例的水分散体时，将同时具有优异的营养改善或抗肥胖作用。同年申请的JP2018095610A公开了含有麦若叶及选自低聚糖、抹茶和乳酸菌中至少一种的口服组合物，通过调整组合物在水中的分散度和沉降时间，可使其同时发挥营养改善、抗肥胖和肠道调节的作用。

4. 用途

特定保健用食品是指在满足营养、味觉等功能的基础上，为了维持身体健康状态而具有预防疾病、减缓疲劳、防止老化等健康状态调节功能的食品。为了拓展大麦若叶在各类特定保健用食品中的应用，东洋新药对其各方面的保健功能进行了研究，并做出专利布局。

表4-3-11至表4-3-20分别展示了麦若叶在抗氧化、降血糖、调节肠道功能、降血脂、降血压等用途方面的专利申请情况。

表4-3-11　麦若叶抗氧化相关专利申请

申请年份	公开号	发明名称	技术方案
1999	JP2000245391A	健康食品	麦若叶+卷心菜发酵提取物
2000	WO0241712A1	含有麦若叶粉末的食品	麦若叶+抹茶
2000	JP2002153239A	健康食品	麦若叶+甘蓝+蜂蜜
2004	JP2005237291A	健康食品	麦若叶+松树皮提取物+黑糖+水溶性膳食纤维

表4-3-12　麦若叶降血糖相关专利申请

申请年份	公开号	发明名称	技术方案
2002	JP2003334028A	健康食品	麦若叶+车前子
2015	JP2016193879A	含有大麦茎叶粉末的血糖上升抑制剂	特定品种的麦若叶
2015	JP2017105728A	高血糖抑制剂和肠道功能调整剂	大麦若叶+长寿草/姜黄/甘蓝/杜仲等

表4-3-13　麦若叶调节肠道功能相关专利申请

申请年份	公开号	发明名称	技术方案
2000	JP2002051731A	含麦若叶原料的便秘改善食品	麦若叶+具有便秘改善作用的原料

续表

申请年份	公开号	发明名称	技术方案
2005	JP2006151951A	通便改善剂	麦若叶水不溶成分
2009	JP2010047605A	麦若叶粉末为有效成分的通便改善剂	麦若叶水不溶成分
2013	JP2015059095A	肠细胞激活组合物	大麦若叶+低聚糖+水溶性膳食纤维+乳酸菌
2015	JP2016169202A	整肠剂	特定品种的大麦若叶
2015	JP2017039658A	整肠剂	平均粒径25μm以下的麦若叶

表4-3-14 麦若叶降血脂相关专利申请

申请年份	公开号	发明名称	技术方案
2001	JP2002272416A	健康食品	麦若叶+植物种子胚芽+植物种子皮
2002	JP2003339348A	健康食品	麦若叶+低聚半乳糖
2010	JP2012121840A	血液中性脂肪抑制剂	大麦若叶
2015	JP2017001966A	血液中性脂肪抑制剂	难消化糊精+大麦若叶/松树皮提取物/胶原蛋白/果胶/单宁/丙氨酸/缬氨酸/维生素A/维生素B_1/烟酸/泛酸钠/维生素E/硒化合物

表4-3-15 麦若叶降血压相关专利申请

申请年份	公开号	发明名称	技术方案
2000	JP2001309766A	含有麦若叶原料的抗高血压食品	高GABA含量麦若叶+具有利尿作用的原料
2000	JP2002000226A	含有麦若叶粉的食物	高GABA含量麦若叶+水溶性膳食纤维+低聚糖+乳酸菌
2000	JP2002000227A	含有麦若叶原料的预防高血压的食品	麦若叶+富含GABA的其他原料
2000	JP2002000228A	含有麦若叶原料的抗高血压食品	麦若叶+含有除GABA以外抗高血压成分的原料
2001	JP2003000194A	健康食品	麦若叶+苹果+低聚糖
2003	JP2004115503A	抗高血压效果增强的禾本科绿叶处理物	对麦若叶进行加热处理

表4-3-16 麦若叶促进胶原蛋白吸收相关专利申请

申请年份	公开号	发明名称	技术方案
2009	JP2011115046A	胶原蛋白吸收促进组合物	大麦若叶
2013	JP2013255512A	胶原蛋白吸收促进组合物	大麦若叶
2015	JP2016168042A	胶原蛋白吸收促进剂	特定品种的大麦若叶

表 4-3-17 麦若叶促进钙吸收相关专利申请

申请年份	公开号	发明名称	技术方案
2002	JP2003334030A	健康食品	麦若叶 + 低聚乳糖/果糖
2015	JP2016169203A	钙吸收促进剂	特定品种的大麦若叶
2016	JP2017197461A	钙吸收促进组合物	大麦茎叶 + 乳酸菌 + 钙 + 卷心菜发酵提取物/葛花/叶酸/维生素 C/维生素 D

表 4-3-18 麦若叶抗糖化相关专利申请

申请年份	公开号	发明名称	技术方案
2012	JP2014065683A	抗糖化组合物	以葛花/甘薯茎叶/甘蓝/大麦若叶/马铃薯中的至少一种作为主要成分
2014	JP2015025008A	抗糖化组合物	以大麦若叶/甘薯茎叶/甘蓝/马铃薯中的至少一种作为主要成分
2015	JP2015127339A	抗糖化组合物	含有大麦若叶/甘蓝/甘薯茎叶/马铃薯中的至少两种作为主要成分

表 4-3-19 麦若叶美容相关专利申请

申请年份	公开号	发明名称	技术方案
2000	JP2002065205A	含有麦若叶材料的美容保健食品	麦若叶 + 黏多糖/神经酰胺/胶原蛋白/核酸
2000	JP2002068952A	化妆品	麦若叶 + GABA 或其衍生物
2001	JP2003144092A	含有麦若叶粉的食品	麦若叶 + 水溶性膳食纤维 + 芦荟
2008	JP2009060915A	含有麦若叶原料的美容健康食品	麦若叶 + 透明质酸/神经酰胺/胶原蛋白
2014	JP2015203012A	口服组合物	大麦若叶加工物
2018	JP2018062534A	口服组合物	大麦若叶加工物

表 4-3-20 麦若叶其他用途专利申请

申请年份	公开号	发明名称	技术方案
2002	JP2004175719A	生活习惯病预防剂	麦若叶 + 难消化性糊精
2001	WO02074104	含有麦若叶粉的食物（缓解压力）	麦若叶 + 乳酸菌 + 低聚糖 + 水溶性膳食纤维
2016	JP2018080148A	预防和/或改善更年期症状的组合物	异黄酮 + 大麦幼叶/甘蓝/艾蒿/长寿草/苦瓜等
2012	JP2013031426A	用于增殖乳杆菌的组合物，乳杆菌培养基和培养乳杆菌的方法	大麦若叶
2014	JP2015006161A	用于乳酸菌增殖的组合物	六条大麦若叶
2015	JP2016154526A	用于乳酸菌增殖的组合物	特定品种的大麦若叶
2016	JP2017147990A	用于双歧杆菌增殖的组合物	大麦若叶

经过分析可以发现，东洋新药对麦若叶用途方面的研究有以下两方面的特点：

第一，不同时间段的重点研究领域存在差别。如在2004年之前，麦若叶相关产品的研究集中在抗氧化、降血脂、降血压等代谢疾病相关领域，而大麦若叶相关产品进入人们的视野也是从这几个领域开始的。在2010～2018年，麦若叶相关产品的研究主要集中在调节肠道功能、促进胶原蛋白吸收、促进钙吸收、抗糖化等美容相关领域，研究领域的转变可能与产品定位及目标人群的变化有关。

第二，技术改进方向较为明确。为拓展麦若叶的用途，东洋新药主要从三个方面进行研究：①积极探索麦若叶与其他活性物质在相关领域的协同配伍作用；②尝试从繁多的大麦品种中筛选出适用于当前领域的最优品种；③对麦若叶的加工工艺进行深入探索，使其具备更佳活性，如控制粉末粒径、控温加热处理等。

（二）甘薯若叶系列产品

甘薯，又名甜薯、地瓜、番薯、红薯，自古以来便是广泛种植并食用的粮食作物。长期以来，人们比较重视对甘薯地下部分块根的利用，而对于地上部分的甘薯茎叶却开发利用较少，常常将其作为饲料处理。近年来，科学家研究发现，甘薯茎叶中所含营养物质的含量，包括蛋白质、脂肪、膳食纤维、矿物质、维生素等，均明显优于其地下块根部分，甘薯茎叶作为一种新型保健食品原料正逐渐受到消费者的关注。

"翠王"系列甘薯若叶粉末是东洋新药的主力产品之一，以熊本县阿苏地区种植的甘薯茎叶为原料制成，该甘薯茎叶中含有比菠菜更多的钙和钾等矿物质，其维生素B_2的含量是西红柿的8.5倍。研究表明，由甘薯茎叶制备得到的甘薯若叶粉末拥有多重保健功效，包括降血糖、降血压、抑制脂肪肝等。

东洋新药对甘薯若叶相关产品的专利布局主要以市场开拓为导向，一方面，积极探索其药理活性，寻求新的保健用途，另一方面，尝试拓展甘薯若叶作为食品添加剂，特别是在调味剂方面的用途。

1. 保健用途

表4-3-21至表4-3-23分别展示了甘薯若叶在降血糖、减肥和抗糖化等不同方面的专利申请情况。

表4-3-21 甘薯若叶降血糖相关专利申请

申请年份	公开号	发明名称	技术方案
2005	WO2005112665A1	含有甘薯茎叶加工物的组成物	甘薯茎叶+糖醇/多糖
2004	WO2006038308	用于Ⅱ型糖尿病预防或治疗的组合物	奎宁酸与咖啡酸的复合物；该复合物来源于甘薯茎叶
2005	JP2007119346A	糖尿病或糖尿病并发症的预防剂	奎宁酸与咖啡酸的复合物；该复合物来源于甘薯茎叶
2011	JP2012020993A	胰高血糖素样肽-1分泌促进剂	甘薯茎叶提取物

表4-3-22　甘薯若叶减肥相关专利申请

申请年份	公开号	发明名称	技术方案
2006	JP2006306851A	健康食品	甘薯茎叶 + GABA
2006	JP2006306852A	抗肥胖剂	甘薯茎叶

表4-3-23　甘薯若叶抗糖化相关专利申请

申请年份	公开号	发明名称	技术方案
2012	JP2014065683A	抗糖化组合物	以葛花/甘薯茎叶/甘蓝/大麦若叶/马铃薯中的至少一种作为主要成分
2014	JP2015025008A	抗糖化组合物	以大麦若叶/甘薯茎叶/甘蓝/马铃薯中的至少一种作为主要成分
2015	JP2015127339A	抗糖化组合物	含有大麦若叶/甘蓝/甘薯茎叶/马铃薯中的至少两种作为主要成分
2015	JP2016056178A	抗糖化组合物	甘薯茎叶 + 甘蓝
2016	JP2017052806A	抗糖化组合物	以甘薯茎叶/马铃薯/甘蓝中的至少一种作为主要成分的AGEs生成抑制剂

可以看出，专利申请的主题随时间发生了明显的变化，降血糖相关的专利申请集中在2004～2005年，除了对甘薯茎叶生药的降血糖活性进行确认外，还对其中具体的活性化合物进行了一定的研究。东洋新药在这一时期对于降血糖用途所做的集中申请可能是为"翠王"系列产品上市所做的专利布局。

2012～2015年，专利申请的主题集中于抗糖化的用途，申请所涉及的技术方案几乎都是含有甘薯茎叶、大麦若叶、甘蓝等物质的组合物，这一时期的专利布局可能与东洋新药的另一个重要产品"青汁"有关。

2. 调味剂

除了含有丰富的维生素、矿物质等营养物质外，甘薯若叶中还含有多种味觉改善成分，对于甘薯若叶作为调味剂的可能性，东洋新药进行了一系列的探索。

例如，2005年申请的JP2006006317A中公开了甘薯茎叶，特别是其前端的若叶部分中富含多酚类物质，具有味觉修饰作用，能够改善难以入口的食物的风味。同年申请JP2006006318A公开了从甘薯茎叶中分离得到一类奎宁酸化合物，并证明了其为甘薯若叶味觉修饰作用的物质基础。JP2005278596A公开了一种多酚含量高，且具有抗氧化活性的甘薯茎叶加工方法，即采用pH5.6以上的水在80℃以上的温度下处理甘薯茎叶，加工后的甘薯茎叶同时还拥有良好的稳定性，苦味和涩味减少，口感较佳。

此外，2016年申请的JP2017127231A公开了甘薯茎叶中含有混合支链淀粉，可以改善杜仲茶的苦涩味，使其具有良好的口感和余味。同年申请的JP2017018089A公开了通过将甘薯茎叶与大麦若叶、长寿草茎叶、桑叶及水溶性膳食纤维等组合使用，可以掩盖啤酒花的苦涩味，以此得到一种风味及呈色优良的食品组合物。

五、小结

东洋新药作为一家新兴的企业，其理念在于满足世界各地人类对于"健康和美丽"

的价值期望。自企业成立以来，始终植根于健康食品与化妆品领域，其特定保健用食品、机能性表示食品以及医药部外品的批准数量在全行业中处于领先地位。同时，东洋新药积极地将各类生药材用于保健品和化妆品的开发，如大麦若叶、甘薯若叶、甘蓝、葛花、松树皮、枇杷叶等，并进行相应的专利布局。东洋新药的专利申请主要有以下特点：

（1）从专利申请整体情况来看，公司成立初期，申请数量呈波浪式上升的趋势，而在2006~2011年，申请数量暂时进入低谷，之后迅速上升并于2015年达到历史最高点。2010年之前，东洋新药的专利授权百分比一直处于较低的水平，但之后有了爆发式的增长并长期维持在较高的水平，说明其专利申请质量有所提高。国际申请方面，东洋新药的PCT申请数量不多，且主要集中在2003~2006年，主要进入欧、美、加、澳等发达国家或地区。公司成立早期，其专利申请主要集中在食品领域，近年来，化妆品领域的申请量明显增加，这可能与公司战略重心的转移有关。

（2）申请主题方面，东洋新药也经历了"食品、用途专利、制备方法"并举到"用途"为主的转变。这符合人类认知规律，人们总是先发现某一个物质，之后才逐步对物质的性能产生认知。

（3）东洋新药深耕国内市场，国际市场并不是突出，因此国际专利申请量较少。即便如此，在国际专利申请中也是有选择性地将重要专利布局于目标市场，例如，东洋新药选择性地将麦若叶所涉及产品专利或者产品的制备方法专利布局于欧美国家或地区。

（4）东洋新药形成了以副社长董事高垣欣为核心的大麦若叶、甘薯若叶研发团队。主要发明人各自分工合作，以高垣欣也、鳄田仁人、山口和也、北村整一为纽带，构建了东洋新药的研发合作网络。

（5）东洋新药以JP2000300209A、JP2001029041A为基础，从食品、用途、制备方法、药物联用三个主要方面进行了大量的专利布局。围绕"改善口感""增加有效成分含量"，对制备方法持续研究，致力于推出口感改善、活性成分含量提高的特定保健用食品；并持续研究各种保健用途，以获得多种特定保健用食品许可。

（6）从产品专利布局来看，东洋新药的专利布局主要以市场为导向，呈现平面化的趋势。以大麦若叶产品为例，一方面，许多专利申请的主题涉及产品性能的改进，如提高有效成分含量、提升食用口感、改善吸收利用等，通过这些方面的专利布局，可以提高已有产品的市场竞争力；另一方面，部分专利涉及新的保健用途，但这些用途的物质基础大多仍是大麦若叶原料或经简单加工的粉末，东洋新药未对生药提取物以及其中的重要化合物或其衍生物进行深入研究，也较少对保健用途的具体机理进行进一步的探究。这可能与公司成立时间较短，涉足业务较多有一定的关系。

第五章　日本药品专利制度

专利存续期间延长、专利链接等药品知识产权的保护制度对药品的专利保护起到重要作用。本章将从特许法的沿革、诚信原则、费用减免、专利申请、专利授权条件、专利审查程序等方面对日本药品相关专利制度进行介绍。

第一节　日本《特许法》的历史沿革

一、《特许法》的建立

1885年，日本明治政府颁布的《专卖特许条例》被认为是日本最早的专利法。该条例以法国专利法为范本，同时吸收了美国专利法的有关规定。条例中规定发明专利的种类包括产品发明和方法发明，专利授权的条件为新颖性和实用性，对于违反公共秩序和道德风俗、有害健康的发明以及医药发明不授予专利权。专利授权采取实质审查和先发明原则，还规定了强制许可制度、专利无效制度以及专利实施义务等。该条例中的很多内容都成为现行专利制度的基础[1]。

《专卖特许条例》的制定较为仓促，在某些方面的规定不足以保护发明人的权益，1888年，明治政府对该条例进行了修改，颁布了《特许条例》，新条例最显著的变化在于明确规定了申请专利的权利属于发明人，由特许厅的审查员对专利申请进行实质审查，而当发明人对于审查决定不服时，可以请求进行复审。该条例明确了发明人的权利，将专利权纳入了私权的范围。

19世纪后期，随着日本经济社会的发展，日本作为近代国家得到了欧美国家的承认，于1899年加入了《巴黎公约》。为配合加入《巴黎公约》的需要，日本于1899年颁布并实施了新的《特许法》，该法中的主要修改有：确认方法发明的专利权效力延及依据该方法得到的产品；限定专利权的有效期为15年；对外国专利申请人实行强制代理；对在《巴黎公约》国家提出申请后又在日本提出申请的专利，给予7个月的优先权；明确在博览会上展出而公开技术内容的，属于不丧失新颖性的例外。

1921年，为适应国内工业发展的新形式，日本再次修改了《特许法》，此次修改最突出的特点在于将专利的先发明原则改为先申请原则，以此解决专利权归属认定困难的问题。

1959年新修订的《特许法》中，将专利保护对象的表述从工业发明改为适宜产业利用的发明，同时再度明确了不能被授予专利权的对象：①饮食品、嗜好品的发明；②药品（指为人类疾病的诊断、治疗、处置或预防而使用的物品）或将两种以上的药

---

[1] 张玲. 日本专利法的历史考察及制度分析 [D]. 天津：南开大学，2013.

品混合起来制造一种药品的方法发明;③用化学方法获得的物质的发明;④用原子核变换方法获得的物质的发明;⑤有可能妨害公共秩序、善良风俗及卫生的发明。同时,该次修改还首次增加了创造性的概念,并在不丧失新颖性的例外中增加了出版物和学会发表公开。

二、《特许法》的发展

20世纪六七十年代,日本经济持续发展,成为仅次于美国的经济大国,为适应经济发展的需要,在此期间,日本在1959年《特许法》的基础上进行了多次修改。1970年《特许法》修改的重点在于专利审查程序,此次修改引入了专利申请公开制度、请求审查制度以及前置审查制度,此外,还扩大了抵触申请的认定范围,并强化了专利申请的临时保护。1975年再次修改《特许法》,将"饮食品、嗜好品的发明""药品或将两种以上的药品混合起来制造一种药品的方法发明"以及"用化学方法获得的物质的发明"纳入可授予专利权的范围。1978年,《特许法》进行了再次修改,新增了第9章,规定了专利法中有关国际申请的特例。

20世纪八九十年代,日本对《特许法》进行了频繁修改。在1987年的修改中,日本引入了专利权存续期间延长制度,对药品等需要经过政府有关部门认可后才能实施的专利,给予最多5年的延长保护。20世纪80年代后期,日本对美国的出口量急速增长,引发了日美之间的专利战,美方对于日本的专利制度和审查政策提出了批评,经过双方的磋商,日美缔结了专利协议,日本于1994年对本国《特许法》进行了修改,主要内容包括:①强化说明书对发明的详细说明和权利要求记载要件的要求;②增设外文书面申请制度,受理英文专利申请;③国际优先权扩展至WTO成员;④专利权期限由15年延长至20年;⑤将原子核变换方法所获得的物质纳入可授予专利权的范围。此外,在1999年的修改中,日本将公开和公知的范围从国内扩展到全世界,开始实行绝对新颖性标准,此外,为适应新技术的发展,将通过电信线路方式公开的内容纳入了现有技术中。

2000年后,为适应信息时代发展,强化知识产权保护的政策,日本《特许法》在原有基础上,又进行了多次小规模的调整。如在2002年的修改中,明确规定专利体系中的"物"包括程序等无形物,从而将计算机软件也纳入了专利保护的范围,在此次修改中,还将权利要求书从说明书中进行了独立,并引入了现有技术文献公开规则。2003年的修改主要体现在专利费用上:实质审查费用上升,申请费、专利年费下调,这使得维持时间较长的高价值专利的成本得到总体降低,同时,还引入了实质审查费返还制度,减轻了申请人负担,提高了审查效率。2004年的修改主要关注实用新型与发明专利制度的衔接,规定可在实用新型注册后以实用新型为基础申请发明专利,该发明申请享受实用新型的申请日,此外,还将实用新型的保护期限由6年延长至10年。在2008年和2010年的两次修改中,将不服驳回查定的审判请求期限由30天延长至3个月,并对中小企业等申请人的专利年费进行了减免,同时加强了对于共同研究发明人的专利权保护。2014年的修改中,为尽快实现专利权的稳定化,设立了专利异议申立制度,规定在专利授权后的6个月内,任何人都可对授权专利提起异议。2015年的修改中，进一步规定了职务发明制度中专利权的归属问题，对专利年费进行了调整，并对外文申请的提出时间进行了宽限。

第二节 日本专利制度的诚实信用原则和费用减免政策

一、日本专利制度的诚实信用原则

日本《特许法》通过第十一章罚则部分，明确了专利体系中的诚实信用原则。

（一）法条规定

日本《特许法》第197条规定了欺诈行为之罪：通过欺诈行为获得专利、专利权存续期间的延长登记或审决者，处以3年以下徒刑或300万日元以下的罚金。

第199条规定了伪证之罪：根据本法的规定进行了宣誓的证人、鉴定人或翻译人员，对特许厅或受特许厅委托的法院进行了虚伪陈述、鉴定或翻译的，处以3个月以上10年以下的徒刑。

第201条规定了双罚制：法人代表、法人或自然人的代理人、工作人员及其他雇员，关于该法人或自然人的业务实施了欺诈行为之罪，除对行为人进行处罚外，还对该法人处1亿日元以下罚金的罚金刑。

第202条规定了虚伪陈述的罚款：根据准用的民事诉讼法第207条第1款的规定进行了宣誓者，对特许厅或受特许厅委托的法院进行了虚伪陈述的，处以10万日元以下的罚款。

第203条规定：依本法的规定而被特许厅或受特许厅委托的法院传唤者，没有正当理由而不出庭的，或拒绝进行宣誓、陈述、证言、鉴定或翻译的，处以10万日元以下的罚款。

第204条规定：关于证据调查或证据保全的，依本法的规定而被特许厅或受特许厅委托的法院命令提交或提示文件或其他物件者，没有正当理由而不执行命令的，处以10万日元以下的罚款。

（二）效果

日本《特许法》通过第十一章罚则部分，明确了诚实信用原则在专利法体系中的地位，利用徒刑、罚金刑、罚款三种刑罚，对专利申请或专利权的当事人、代理人、证人、第三人的不诚信行为进行了规制，有效预防和打击了专利申请、专利保护过程中的欺诈、虚假陈述等行为。

二、专利费用减免制度

在日本，个人、法人、研究开发型中小企业、大学等对象，如果满足一定条件和情形，其审查请求费、专利费（第1年至第10年）以及国际申请费可以获得部分的减免，如表5-2-1至表5-2-5所示。日本申请专利的减免政策有以下特点：①减免种类丰富，涉及审查请求费、专利费、初审费、检索费等，减免的年限较长、额度较大；

②减免对象多样化，包括个人、中小企业等，并且会根据不同类型的对象进行不同的减免，比如涉及创业型中小企业、研究开发型中小企业、独立行政法人、福岛复兴再生计划的中小企业、大学等；③减免政策于法有据，日本的各项减免政策均以法律的形式进行了相应的规定，每项减免政策均有法律出处，体现了政策的合法性和程序性。

表 5-2-1　日本专利费用减免内容汇总❶

减免分类	减免对象	法律出处	具体措施
创业型中小企业	1. 小型个体企业（员工少于20人，商业或服务业员工少于5人） 2. 从业未满10年的个体企业 3. 小型法人公司（员工少于20人，商业或服务业员工少于5人） 4. 成立不满10年、资本金不足3亿日元的法人公司 5. 如果有控股公司，不属于3、4的情形	产业竞争力强化法第66条	1. 审查请求费：减免至1/3 2. 专利费（第1年至第10年）：减免至1/3 3. 检索费、邮寄费：减免至1/3 4. 初审费：减免至1/3
免所得税的个人	如表5-2-2所示	特许法第109条、第195条之2 实用新型法第32条之2、第54条	发明 1. 审查请求费：全免或减免1/2 2. 专利费（第1年至第3年）：全免或减免1/2 3. 专利费（第4年至第10年）：减免1/2 实用新型 1. 实用新型技术评价请求费：全免或减免1/2 2. 登记费（第1年至第3年）：全免或三年宽限期
免所得税的法人	如表5-2-3所示	特许法第109条、第195条之2	1. 审查请求费：减免1/2 2. 专利费（第1年至第10年）：减免1/2
研究开发型中小企业	符合（1）和（2）要求或符合（1）、（3）和（4）要求的个体企业、会社或者商业合作社，如表5-2-4所示	产业技术力强化法第18条 中小制造业促进法第9条	1. 审查请求费：减免1/2 2. 专利费（第1年至第10年）：减免1/2
研究开发型中小企业（亚洲据点化促进法）		亚洲据点化促进法第10条	1. 审查请求费：减免1/2 2. 专利费（第1年至第10年）：减免1/2

---

❶ 特許庁．特許料等の減免制度［EB/OL］．（2018-09-28）［2019-09-01］．https：//www.jpo.go.jp/system/process/tesuryo/genmen/genmensochi.html.

续表

减免分类	减免对象	法律出处	具体措施
学术减免（大学、大学研究者）	大学或者大学研究人员	产业技术力强化法第17条	1. 审查请求费：减免1/2 2. 专利费（第1年至第10年）：减免1/2
独立行政法人	产业技术力强化法第3条规定的独立行政法人，如表5-2-5所示	产业技术力强化法第17条	1. 审查请求费：减免1/2 2. 专利费（第1年至第10年）：减免1/2
公共试验研究机构	地方公共团体设立的实验室、研究生或其他从事研究的机构	产业技术力强化法第17条	1. 审查请求费：减免1/2 2. 专利费（第1年至第10年）：减免1/2
地方独立行政法人	"地方独立行政法人法"第2条第1款规定的地方独立行政法人，从事试验研究	产业技术力强化法第17条	1. 审查请求费：减免1/2 2. 专利费（第1年至第10年）：减免1/2
根据TLO法批准的人（大学科技成果转让机构）	根据TLO法第4条第1款批准的人	TLO法第8条（旧法第56条、第57条）	1. 审查请求费：减免1/2 2. 专利费（第1年至第10年）：减免1/2
根据TLO法认定的人	根据TLO法第13条第1款认定的人	TLO法第13条	1. 审查请求费：减免1/2 2. 专利费（第1年至第10年）：减免1/2
地域经济牵引型中小企业	满足"地域未来投资促进法"要件	地域未来投资促进法第21条	1. 审查请求费：减免1/2 2. 专利费（第1年至第10年）：减免1/2
重点推进计划型中小企业	满足"福岛复兴再生特别措施法"要件	福岛复兴再生特别措施法第84条	1. 审查请求费：减免1/2 2. 专利费（第1年至第10年）：减免1/2

表5-2-2 免所得税的个人

要件	特许			实用新型	
	审查请求费	专利费（第1年至第3年）	专利费（第4年至第10年）	技术评价请求费	登记费（第1年至第3年）
受到福利保护的人	全免	全免	减免1/2	全免	全免
市税免税者	全免	全免	减免1/2	全免	全免
所得税免税者	减免1/2	减免1/2	减免1/2	减免1/2	3年宽限期
免营业税的个体企业	减免1/2	减免1/2	减免1/2	—	—
开业未满10年的个体企业	减免1/2	减免1/2	减免1/2	—	—

表 5-2-3　免所得税的法人

法人类型	要件			
^	1）资本金 3 亿日元以下	属于以下任何一种情况		3）不受其他公司控股
^	^	a. 免征所得税	b. 设立已过 10 年	^
会社（株式会社）	公司章程或公司注册事项证明或上一财年资产负债表	所得税申报表附表 1 的副本或税务证明	公司章程或公司注册事项证明	所得税申报表附表 1 的副本或股东名册、出资者名单
合作社	^	^	^	所得税申报表附表 1 的副本或出资者名单
非营利法人（一般财团法人、一般社团法人）	上一财年资产负债表	^	^	^

表 5-2-4　研究开发型中小企业

	（1）中小企业要件	（2）研究开发要件	（3）职务发明要件	（4）认定开发项目规划要件
个体企业	①从业员工数要件	③研发支出比例超过 3% 或④基于中小企业经营强化法认定项目的申请	⑤职务发明要件	⑥认定开发项目规划要件
会社	①从业员工数要件或②资本金、出资金要件	^	^	^
合作社	无	^	^	^

①从业员工要件
a. 制造业、建筑业、运输业和其他行业（不包含 b～e）：300 人以下
b. 零售业：50 人以下
c. 批发业或服务业（不包括软件业、信息处理服务业）：100 人以下
d. 旅馆业：200 人以下
e. 橡胶制品制造业（不包括汽车或飞机轮胎、工业用带、管制造业）：900 人以下
②资本金、出资金要件
a. 制造业、建筑业、运输业和其他行业（不包含 b、c）：3 亿日元以下
b. 零售业或服务业（不包括软件业、信息处理服务业）：5 千万日元以下
c. 批发业：1 亿日元以下
③研发支出比例超过 3%
申请人的试验研究费等比率超过收入金额的 3%
④基于中小企业经营强化法认定项目的申请
a. 中小企业技术创新补贴事项
b. 批准的经营革新计划技术开发相关的开发研究项目
c. 新领域技术开发项目
d. 根据"临时措施法"认证的促进中小企业技术开发研究项目
e. 根据"中小制造业促进法"认证的项目
⑤职务发明要件
属于职务发明
⑥认定开发项目规划要件
仅限于认证研发项目计划的研发项目结束后 2 年内提交

表 5-2-5　独立行政法人

序号	独立行政法人	序号	独立行政法人
1	国立研究開発法人日本医療研究開発機構	23	国立研究開発法人国立循環器病研究センター
2	国立研究開発法人情報通信研究機構	24	国立研究開発法人国立精神・神経医療研究センター
3	独立行政法人酒類総合研究所	25	国立研究開発法人国立国際医療研究センター
4	独立行政法人造幣局	26	国立研究開発法人国立成育医療研究センター
5	独立行政法人国立印刷局	27	国立研究開発法人国立長寿医療研究センター
6	独立行政法人国立科学博物館	28	独立行政法人農林水産消費安全技術センター
7	国立研究開発法人物質・材料研究機構	29	独立行政法人家畜改良センター
8	国立研究開発法人防災科学技術研究所	30	国立研究開発法人農業・食品産業技術総合研究機構
9	国立研究開発法人量子科学技術研究開発機構	31	国立研究開発法人国際農林水産業研究センター
10	独立行政法人国立美術館	32	国立研究開発法人森林研究・整備機構
11	独立行政法人国立文化財機構	33	国立研究開発法人水産研究・教育機構
12	国立研究開発法人科学技術振興機構	34	国立研究開発法人産業技術総合研究所
13	国立研究開発法人理化学研究所	35	独立行政法人製品評価技術基盤機構
14	国立研究開発法人宇宙航空研究開発機構	36	独立行政法人石油天然ガス・金属鉱物資源機構
15	独立行政法人日本スポーツ振興センター	37	国立研究開発法人新エネルギー・産業技術総合開発機構
16	国立研究開発法人海洋研究開発機構	38	国立研究開発法人土木研究所
17	国立研究開発法人日本原子力研究開発機構	39	国立研究開発法人建築研究所
18	削除独立行政法人高齢・障害・求職者雇用支援機構	40	国立研究開発法人海上・港湾・航空技術研究所
19	独立行政法人労働者健康安全機構	41	独立行政法人海技教育機構
20	独立行政法人国立病院機構	42	独立行政法人自動車技術総合機構
21	国立研究開発法人医薬基盤・健康・栄養研究所	43	独立行政法人鉄道建設・運輸施設整備支援機構
22	国立研究開発法人国立がん研究センター	44	国立研究開発法人国立環境研究所

第三节　日本发明专利的申请

日本发明专利的申请原则上应当通过书面进行，专利申请手续费为每件申请14000日元，实质审查请求费为每件申请138000日元＋（权利要求项数×4000日元）。

根据《特许法》第36条的规定，欲获得专利者，应当向特许厅长官提交记载有下列事项的申请书：（1）专利申请人的姓名或名称，以及住所或居所；（2）发明人的姓名以及住所或居所。申请书应当附具说明书、专利权利要求书、必要的附图以及摘要。

一、申请书

依据《特许法施行规则》第 23 条的规定，发明专利申请书应当按照"样式 26"制作，其基本样式如图 5-3-1 所示❶。

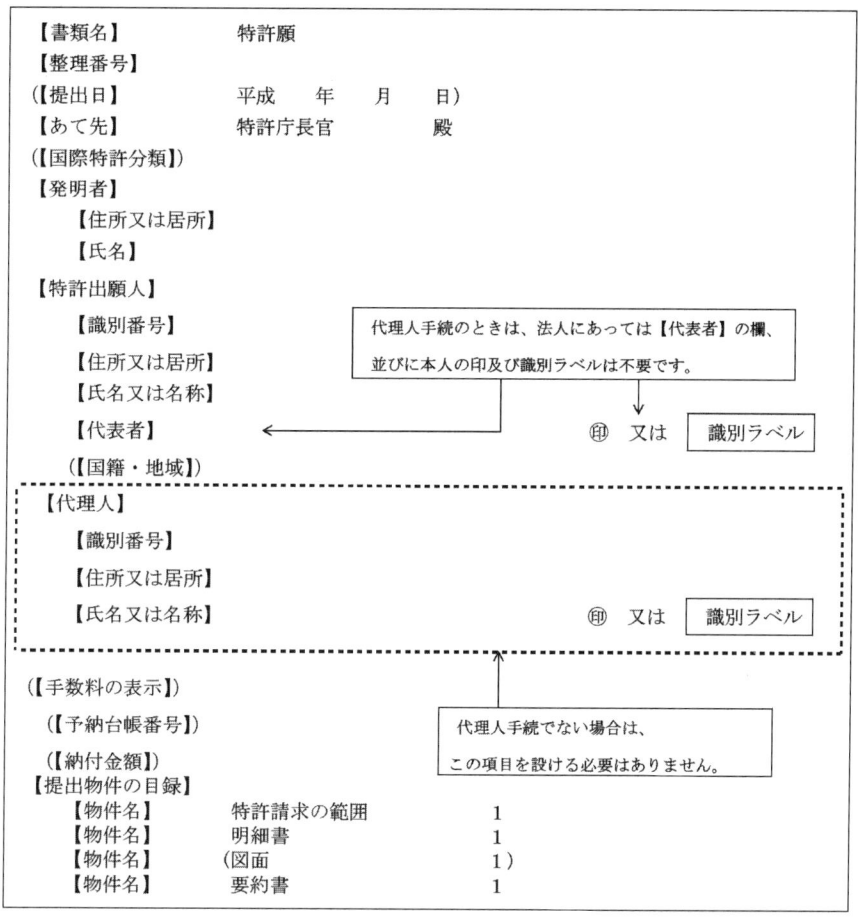

图 5-3-1　发明专利申请书样式

在［氏名又は名称］一栏，自然人应当填写名字，并在旁边盖上印章或粘贴识别标签。对于法人，应当填写法人名称，并在下方增设的［代表者］一栏中填写法人代表人的名字，并盖上代表人印章或粘贴识别标签。当拥有代理人时，不需要申请人本人的印章及识别标签，若申请人为法人，则不需要填写［代表者］一栏的姓名、印章及识别标签。

---

❶ 特許庁. 出願の手続平成 31 年度［EB/OL］.［2019-09-01］. https：//www.jpo.go.jp/system/laws/rule/guideline/document/syutugan_tetuzuki/00_00all.pdf.

此外，当法人的名称中不包含表示"法人"的文字时，应当在［代表者］一栏下方增设［法人の法的性質］一栏，按照"○○法の規定による法人"或"○○国の法律に基づく法人"（即外国法人）的格式填写法人的性质。

当专利申请人为或视为巴黎公约同盟国或世界贸易组织加盟成员的国民（仅限法人）时，需要在［氏名又は名称］之下增设"営業所"一栏，填写所在的国家或地区。

根据《特许法施行规则》第27条之4第3项的规定，如果申请人需要主张优先权，可以通过在专利申请书中记载必要的事项而省略优先权主张的书面申请。此时，申请书［代理人］部分之下需要增设［パリ条約による優先権等の主張］（巴黎公约）或［先の出願に基づく優先権主張］（国内优先权）部分，并填写国名（或地区名）、在先申请日、申请号等信息。

二、权利要求书

依据《特许法施行规则》第24条之4的规定，权利要求书应当按照"样式29之2"制作，其基本样式如图5－3－2所示。

图5－3－2　权利要求书样式

权利要求书应当依据《特许法施行规则》第24条之3以及《特许法》第36条第5款及第6款的规定，按照以下要求进行记载：

（1）权利要求书与说明书的记载之间不应存在矛盾，应当使用统一的字句进行描述。

（2）为理解权利要求记载的内容，可以使用附图中出现的符号，但该符号需要加上括弧。

（3）当需要引用其他的权利要求时，原则上，该权利要求应当在被引用权利要求之后。

（4）当需要引用其他两项以上的权利要求时，原则上，应当进行择一引用，并且对两者同一的技术内容进行限定。

（5）权利要求序号应当编为［請求項1］、［請求項2］，而当引用其他权利要求时，被引用的权利要求应当记作"請求項1""請求項2"。

此外，当权利要求书中记载有化学式时，需要在化学式前进行［化1］、［化2］的编号，记载有表格的应当对表格进行［表1］、［表2］的连续编号。权利要求书中记载的化学式，大小不应超过横宽170mm、纵长255mm的限制，编号为1的化合物不允许横跨多个页面。

三、说明书

说明书中应当包括发明名称、发明的详细说明及附图的简单说明（有附图的情况下）等内容，依据《特许法施行规则》第24条的规定，说明书应当按照"样式29"制作，其基本样式如图5-3-3所示。

```
【書類名】       明細書
【発明の名称】
【技術分野】
    【０００１】           (段落ごとに、段落番号を付す。)
        ・
【背景技術】
    【０００２】
        ・
【先行技術文献】
    【特許文献】
        【０００３】
            ・
    【非特許文献】
        【０００４】
            ・
【発明の概要】
    【発明が解決しようとする課題】
        【０００５】
            ・
    【課題を解決するための手段】
        【０００６】
            ・
    【発明の効果】
        【・・・・】
【図面の簡単な説明】
    【・・・・】
    【図１】
    【図２】
【発明を実施するための形態】
    【・・・・】
        ・
    【実施例】
        【・・・・】
            ・
【産業上の利用可能性】
    【・・・・】
        ・
【符号の説明】
    【・・・・】
        ・
【受託番号】
    【・・・・】
        ・
【配列表フリーテキスト】
    【・・・・】
        ・
【配列表】
        ・
```

图5-3-3　说明书样式

其中,"发明的详细说明"应当依据《特许法施行规则》第 24 条之 2 以及《特许法》第 36 条第 4 款的规定,按照以下要求进行记载:

(1) 原则上,应当记载欲获得专利之发明所属的技术领域,并在其之前加上[技術分野]的标题。

(2) 在[背景技术]部分,应当尽可能记载包括"文献公知发明"(即专利公报及出版物中记载的发明)在内,与欲获得专利之发明相关的现有技术内容,并以[特許文献 1]、[非特許文献 1]的形式在[先行技术文献]一栏记载信息的来源。

(3) 如果申请人在申请专利时已经知晓了关联的文献公知发明,则应当写明记载该文献公知发明的出版物名称以及其他相关信息的位置。当文献公知发明为发明、实用新型或外观设计相关的公报时,以"[特許文献 1]特開〇〇〇〇-〇〇〇〇〇〇号公報"的形式记载,若为学术论文,则以"[非特許文献 1]〇〇〇〇著、「△△△△」××出版、〇〇〇〇年〇月〇日発行、p.〇〇~〇〇"的形式进行记载。

(4) [発明の概要]部分原则上应当包括[発明が解決しようとする課題]、[課題を解決するための手段]及[発明の効果]三栏,分别记载本发明想要解决的课题、本发明如何解决该课题以及本发明与现有技术相比具有怎样有利的效果。

(5) 为了让具有发明所述技术领域通常知识的人能够实施,应在[発明を実施するための形態]一栏中记载用来说明发明如何来实施的实施方式,必要时还可记载用来具体进行说明的实施例。对于发明的实施方式,申请人应当至少记载一个最优的方案。

(6) 如果不能明确欲获得专利之发明可以在产业上被使用,则应当在[産業上の利用可能性]一栏尽可能地记载该发明在产业上的利用方法、生产方法或使用方法。

四、附图

依据《特许法施行规则》第 25 条的规定,附图应当按照"样式 30"制作,其基本样式如图 5-3-4 所示。

图 5-3-4 附图样式

其中,附图的大小不应超过横宽 170mm、纵长 255mm 的限制,附图的绘制原则上应当按照制图法,不能使用除黑色以外的其他颜色,当有 2 幅以上的附图时,原则上应当选择最能体现该发明特征的附图作为[図 1],其他各图以[図 2]、[図 3]的顺序连续编号。此外,编号为 1 的附图不允许横跨多个页面,不同编号的附图不得并排绘制。

关于附图的说明，应当记载在说明书中，但是，对于图表、线图等的理解不可或缺的描述、切断面的描述以及附图主要部分的名称，应当按照以下的规定记载在附图中：①应当使用与说明书及权利要求书一致的用语；②文字不与图中的任何线发生交叉；③尽可能将图主要部分的名称与符号一同记载。

五、摘要

依据《特许法施行规则》第 23 条之 3 的规定，摘要应当按照"样式 31"制作，其基本样式如图 5-3-5 所示。

图 5-3-5　摘要样式

摘要的主体为［課題］、［解決手段］，应当清楚、简要地写明本发明所要解决的课题以及采用的解决手段。申请人可从说明书附图中，选择一幅最适合与发明的概要一起刊载在专利公报中的附图（即阅读该图与摘要时，能够迅速且准确掌握发明概要的图），将其编号记载在［選択図］一栏中。

摘要的字数应当控制在 400 字以内，为便于理解摘要中记载的内容，必要时可以附上摘要选择图中使用的符号。在摘要中记载化学式时，应当控制在横宽 170mm、纵长 255mm 之内。

第四节　日本药品专利的授权条件

通过《特许法》《审查基准》等一系列法律法规，日本已经形成了完整的专利审查体系。下面介绍日本专利授权条件中与药品发明有关的特点[1]。

一、专利的客体

专利的客体是指专利保护的对象。从专利法的立法本意来看，并非由人创造出来的任何东西都可以获得专利保护。有三种类型通常不属于保护客体的范畴：第一种类型，是一些主题本身就不属于专利法所述的发明创造，如科学发现、智力活动的规则等；第二种类型，是一些主题虽然属于发明创造的内容，却出于政策的考量，不给予保护或者不宜以专利方式给予保护，例如疾病的诊断和治疗方法等；第三种类型，是

---

[1] 特許庁．特許・実用新案審査基準［EB/OL］．[2019-09-01]．https://www.jpo.go.jp/system/laws/rule/guideline/patent/tukujitu_kijun/index.html.

由于一些主题的实施会违反社会公德、妨害公共利益，因而不能授予专利权。

日本《特许法》中涵盖专利客体的相关法条，主要有：《特许法》第2条第1项发明定义、《特许法》第29条第1款柱书规定的产业上利用可能性、《特许法》第32条规定的公序良俗，以及由此引申在《审查基准》中的相关规定。

（一）疾病的诊断和治疗方法

日本《特许法》第29条第1款柱书规定的产业上利用可能性部分涉及疾病的诊断和治疗方法。

在日本特许厅的《审查基准》第Ⅱ部第1章2.1节中，作为不属于可产业应用的发明的类型，列举了"针对人的诊断、治疗或手术方法"。另外，还规定针对人体的避孕、分娩等处置方法虽然不属于疾病的治疗，但也包括在"针对人的诊断、治疗或手术方法"中。

对人体实施的诊断、治疗或手术方法不属于可产业应用的发明，但是对动物实施的诊断、治疗或手术方法属于可产业应用的发明。只不过在审查实务上，如果仅说明诊断、治疗或手术的对象是动物，并没有明确表示不包括人，则作为"针对人的诊断、治疗或手术方法"处理。

（二）医药用途的发明

日本专利体系中虽然不存在制药用途的撰写方式，却存在一类"医药发明"，"医药发明"是指基于某物未知属性的发现，来提供该物的新的医药用途的"物的发明"。这里所述的"医药用途"，包括对于特定疾病的用途，以及以特定的给药时间、给药顺序、给药量、给药部位等用法及用量对于特定疾病的用途。用给药时间、给药量等形式限定的医药发明，虽然形式上类似于治疗方法，但其根本上还是"物的发明"，具有产业上利用的可能性。

在实务中，包括医药发明在内的用途发明的撰写通常会包括主体物质、用途限定、产品类型，其中，用途限定和产品类型作为主语（即前序部分），而主体物质则为修饰语（即特征部分），例如"以化合物A为有效成分的抗癌药物""以Z为主要成分的杀虫剂"中，"抗癌药物"和"杀虫剂"分别为用途限定和产品类型，"以化合物A为有效成分"和"以Z为主要成分"则为主体物质。

由此可见，日本有关用途发明中，也通过撰写方式的改变，避开"针对人的诊断、治疗或手术方法"的相关规定，其实质上与制药用途并无区别。

（三）动物和植物品种

日本《特许法》中，并没有将动物和植物品种排除在保护对象之外，同时，对新植物品种的保护还有《种苗法》。因此，同一植物品种在日本既是《特许法》的保护对象，也是《种苗法》的保护对象，《特许法》侧重保护技术构思，而《种苗法》给予保护的是植物品种，两者不存在双重保护的问题。

二、专利文件

说明书和权利要求书是最重要的两种专利文件，其中权利要求书主要用于界定专利权的保护范围，而说明书中则将发明的技术方案清楚、完整地公开，使所属技术领域的技术人员能够理解并实施该发明，同时，说明书还为权利要求书提供基础和依据，以解释权利要求书。

日本《特许法》第36条第4款第1项规定了可实施要件、第36条第6款第1项规定了支持要件、第36条第6款第2项规定了明确性要件，并通过《审查基准》的相关详细规定，对专利申请的权利要求书及说明书撰写作出了严格规范。在日本《特许法》体系中，还对医药发明中的药理试验进行了详尽的规定。

药理试验结果是用于确认权利要求所述医药发明的物质具有药理作用的数据。原则上，以下所有内容都必须作为药理试验结果予以澄清：①哪种物质；②应用了怎样的药理试验系统；③得到了怎样的结果；④所述药理试验系统与权利要求所述医药发明的医药用途之间有怎样的关联性。

原则上，药理试验结果需要以数值数据进行记载，但考虑到药理试验系统的性质，在结果无法以数值数据进行记载的情况下，也允许使用与数值数据同等程度的客观记载。与数值数据同等程度的客观记载是指，例如，医生客观的观察结果的记载。此外，所使用的药理试验系统包括临床试验、动物实验或是体外实验。

在日本专利审查实务中，药理试验数据的缺陷可以从两个方面考虑：一方面，没有药理试验数据或数据存在缺陷，且基于技术常识无法预期，则对于记载有具体用途的药品权利要求来说，权利要求所述发明并不是发明的详细说明中记载的内容，违反支持要件；另一方面，药品发明属于产品发明，对于产品发明来说"能够实施的程度"应当是能够制造且使用该产品，没有药理试验数据或数据存在缺陷，则如何使用该产品这一要件得不到满足，违反可实施要件。

三、新颖性和创造性

日本《特许法》第29条第1款对发明的新颖性作了规定：

> 完成了产业上可利用的发明的人，除了其发明属于下列情况之外，可就该发明获得专利：
> 一、专利申请之前在日本国内或国外为公众所知的发明；
> 二、专利申请之前在日本国内或国外已公开实施的发明；
> 三、专利申请之前在日本国内或国外在公开发行的出版物上有记载的发明，或公众通过电通信线路可利用的发明。

日本《特许法》第29条第2款对发明的创造性作了以下规定：

> 除前款规定外，在专利申请日前，具有该发明所属技术领域通常知识的人根据前款各项所列之发明能够容易地得出该发明，该发明不得被授予专利。

根据日本《审查基准》的规定，具有该发明所属技术领域通常知识的人，即本领域技术人员，是指一种假设的人，假定他①知晓专利申请之前发明所属技术领域的技术常识；②能够使用文献解析、实验、分析、制造等研究开发的常规技术手段；③能够发挥材料的选择、设计变更等通常的创造能力；④能够获取本申请发明所属技术领域的申请时全部技术水平（由现有技术、技术常识、其他的技术知识等构成），能够获取发明欲解决课题相关联领域的技术知识。

可见，日本专利体系中的"本领域技术人员"被定义为具有一定的创造能力，同时，还着重强调了其检索获取现有技术的能力。

此外，在医药生物领域，《审查基准》对新颖性、创造性的规定还存在以下特点：

（一）使用作用、机能、性质或特性限定的产品权利要求

对于将固有机能、特性等写入产品权利要求的情形，通常仍然将其认定为产品本身，机能、特性等并不会对产品产生限定作用，如果现有技术中已经存在所述产品，该权利要求便不具备新颖性。

例如，权利要求"具有抗癌活性的化合物 X"，其中，抗癌活性是化合物 X 的固有性质，并不会对产品的限定产生作用，因此，无论化合物 X 的抗癌活性是否已知，审查员都应当将该权利要求认定为"化合物 X"，而如果化合物 X 是现有技术中已知的，则该权利要求不具备新颖性。

（二）用途限定的产品权利要求

对于该类权利要求，与中国专利审查指南中的规定类似，应当考虑权利要求中的用途限定是否意味着该产品具有特定的形状、构造、组成。如果该用途限定使得权利要求中的产品具有特定的形状、构造、组成，则可以与现有技术中的产品区分开，具备新颖性。

而对于化合物、微生物、动物或植物来说，用途的限定一般仅能显示其有用性，审查员应当将其认定为不具有用途限定的通常的产品，例如应当将权利要求"杀虫用的化合物 Z"认定为"化合物 Z"。

（三）涉及用途发明的产品权利要求

根据日本《审查基准》的定义，"用途发明"是指发现了物质的未知属性，并利用该属性将物质用于新用途的发明。虽然用途发明的本质在于新属性、新用途的发现，但在日本专利体系中，用途发明仍然属于物品发明。对于用途发明权利要求来说，只要是发现了物质的未知属性并将其用于全新的用途，即使物质本身是已知的，该权利要求通常仍然具备新颖性。《审查基准》中列举了判断"用途发明"新颖性的正反案例：

（1）权利要求"以成分 A 为有效成分的防止宿醉的食品组合物"，对比文件为"含有成分 A 的食品组合物"，两者的区别仅在于"防止宿醉"这一用途限定，假使该权利要求满足以下两个条件，则在认定权利要求保护范围时应当将"防止宿醉"这一用途特征考虑在内，该权利要求具备新颖性：①"防止宿醉"这一用途，是在发现成分 A 可以促进酒精代谢这个未知属性的基础上得到的；②由该属性而发现的这一用途，是与"含有成分 A 的食品组合物"已知用途不同的新用途。

（2）权利要求"以成分 A 为有效成分的皮肤防皱化妆品"，其发现了 A 可以促进体内物质 X 的生成这一未知的属性，从而达到皮肤防皱的效果。另外，现有技术中存在"以成分 A 为有效成分的皮肤保湿化妆品"，其可以软化角质层，从而促进皮肤对于水分的吸收。可见，两者均是外用的皮肤护理化妆品，而拥有保湿效果的化妆品，通

常可通过保湿作用改善皮肤的皱纹,其也会被用于皮肤的防皱,当上述这些情况均是所属领域的技术常识时,即使发现了"A 可以促进体内物质 X 的生成"这一未知属性,两者的用途也是无法区分的。因此,"防皱"这一用途限定并不会对权利要求带来特定的意义,该权利要求不具备新颖性。

综上所述,是否将物质应用于现有技术未知的全新用途,是判断用途发明是否具备新颖性的关键。只要用途未发生实质性的改变,即便是发现了物质的未知属性或作用机理,则该用途发明仍然不具备新颖性。

(四)医药发明新颖性与创造性的判断方法

如本节前文所述,"医药发明"是指基于某物未知属性的发现,来提供该物的新的医药用途的"物的发明",其本质上属于"用途发明"。其中,"医药用途"包括对于特定疾病的用途,以及以特定的给药时间、给药顺序、给药量、给药部位等用法及用量对特定疾病的用途。《审查基准》附属书 B 第 3 章对于医药发明的新颖性及创造性的判断方法进行了详细说明[1]。

1. 新颖性的判断方法

(1)物质相同,医药用途相同。

医药发明由具有特定属性的物质及基于该属性的医药用途构成,因此,用于评判新颖性的对比文件中也需要有物质及医药用途两方面的记载。需要注意的是,如果现有技术中仅仅列举了医药用途而没有做任何证明,此时并不能认为该现有技术记载的内容可以使本领域技术人员明确将所述物质用于该医药用途,该现有技术不能作为对比文件用于评判权利要求的新颖性。

(2)物质相同,医药用途完全不同。

如果权利要求所述医药发明的物质与对比文件是相同的,而两者基于该物质的属性适用于特定疾病的医药用途存在不同,权利要求具备新颖性。

例如"以化合物 A 作为有效成分的治疗阿尔茨海默病的药物",现有技术中,化合物 A 是作为抗菌剂的有效成分已知的化合物,但在现有技术文献中没有记载含有化合物 A 作为有效成分的阿尔茨海默病治疗药,由于化合物 A 的药物用途明显不同于常规已知的医学用途,因此该药物发明具备新颖性。

(3)物质相同,医药用途作用机理相同或医药用途是密切相关的药理效果所必然产生的结果。

如果权利要求所述医药发明的用途与对比文件的医药用途虽然表现上存在差异,但如果考虑申请时的技术常识,便可以从作用机理推导出医药用途,或是从密切相关的药理效果所必然产生的结果,则权利要求所述医药发明不具备新颖性。

可以从作用机理推导出医药用途的例子如下:(对比文件)支气管扩张剂→(本申请)哮喘治疗剂、(对比文件)血管扩张剂→(本申请)降血压药、(对比文件)冠状动脉扩张剂→(本申请)心绞痛治疗剂。从密切相关的药理效果所必然产生的结果的

---

[1] 特許庁. 特許・実用新案審査基準附属書 B 第 3 章医薬発明 [EB/OL]. [2019-09-01]. https://www.jpo.go.jp/system/laws/rule/guideline/patent/handbook_shinsa/document/index/app_b3.pdf.

例子如下：（对比文件）强心剂→（本申请）利尿剂、（对比文件）消炎剂→（本申请）镇痛剂。

（4）医药用途的上下位概念。

当对比文件的医药用途为权利要求所述医药发明的医药用途的下位概念时，权利要求所述医药发明不具备新颖性。

例如：（对比文件）抗精神病剂→（本申请）中枢神经作用剂、（对比文件）肺癌治疗剂→（本申请）抗癌剂。

当对比文件的医药用途表现为权利要求所述医药发明的医药用途的上位概念，基于申请时的技术常识，可以从对比文件的医药用途推导出表现为下位概念的权利要求所述医药发明的医药用途，此时权利要求所述医药发明也不具备新颖性。

（5）作用机理的发现。

如果权利要求所述医药发明的医药用途，不过是新发现了对比文件医药用途的作用机理，而两者的医药用途并没有实质上的区别，此时权利要求所述医药发明不具备新颖性。例如（对比文件）抗菌剂→（本申请）细菌细胞膜形成阻止剂。

（6）物质相同，适用疾病相同，用法、用量不同。

即使权利要求所述医药发明的物质与对比文件的物质相同，并且两者适用的疾病也相同，但两者的用法或用量存在差异，此时权利要求所述医药发明也具备新颖性。

例如"一种含有化合物 A 的哮喘治疗剂，其特征在于使用 30~40μg/kg 化合物 A 每 3 个月口服一次"，而在现有技术中，哮喘病人每日口服 1μg/kg 的化合物 A 可以减轻哮喘症状是公知的，本申请化合物 A 在治疗哮喘中的用法或剂量与常规已知用法或剂量不同，权利要求所述的医药发明具备新颖性。

2. 创造性的判断方法

《审查基准》对医药发明中常见的几种类型的创造性评判思路进行了具体规定。

（1）医药用途与作用机理的关联。

权利要求所述医药发明的医药用途即使与对比文件的医药用途不同，但根据申请时的技术水准可以推论出两者间作用机理的关联性，则在没有有益效果等其他可以帮助肯定其创造性的因素的情况下，通常，认为权利要求所述医药发明不具备创造性。

（2）人以外动物用药向人体用药的转用。

权利要求所述医药发明不过是将用于人以外动物的同种或近似疾病的药物转用至人体，即使对比文件中没有技术教导的内容，在没有有益效果等其他可以帮助肯定其创造性的因素的情况下，通常，认为权利要求所述医药发明不具备创造性。对于将人用药转用至动物用药，也是同样的。

（3）两种以上医药成分组合的药物。

为了解决增强药效、降低副作用等本领域技术人员所熟知的课题，而将两种以上医药成分的组合进行最优化处理，这属于本领域技术人员常规的创造能力。因此，如果权利要求所述医药发明，仅仅是为了解决上述的课题而将两种以上公知的医药成分进行组合，通常认为权利要求所述医药发明不具备创造性。例如，该组合物为以下（a）~（c）中的情况，通常认为权利要求所述医药发明不具备创造性：

（a）主要作用相同的公知成分之间的组合。

（b）公知主成分与可解决其效能相关问题的公知副成分之间的组合（例如，具有副作用的公知主成分与可减弱该副作用的公知副成分之间的组合）。

（c）对于主疾病所带来的各种症状具有治疗作用的公知成分的组合。

但是，与上述公知的医药成分各自的效果相比，如果其有益效果显著超出了申请时技术水准可以预期的范围，或是有其他可以推断具备创造性的情况，则应该认为权利要求所述医药发明具备创造性。

（4）一种药物，其特征在于以特定的用法或用量适用于特定疾病的医药用途。

针对特定的疾病，为了解决增强药效、降低副作用、提高服药依从性等本领域技术人员所熟知的课题，而将用法或用量进行优化，这属于本领域技术人员常规的创造能力。因此，当权利要求所述医药发明与对比文件适用的疾病相同而用法或用量存在差异时，即使认可权利要求所述医药发明的新颖性，但当其与对比文件相比有益效果仅在本领域技术人员可以预测的范围内时，通常，认为其不具备创造性。但是，当与对比文件相比，其有益效果显著超出了申请时技术水准可以预期的范围，或是有其他可以推断具备创造性的情况，则应该认为权利要求所述医药发明具备创造性。

第五节 日本专利的审查程序

日本完整的发明专利审查程序包括形式审查、实质审查以及审判制度。

（1）形式审查。

日本特许厅在对专利申请进行实质审查之前，会先对专利申请是否符合特许法规定的形式进行审查。如果发现所提交的申请文件中存在缺陷，特许厅长官可向申请人发出补正命令，申请人逾期未进行补正的，可驳回相应的手续或专利申请。对于不合法且无法补正的手续，特许厅长官应当驳回。驳回相关手续时，应当发出驳回理由通知书，并指定相应的期间，给予提交"辨明书"的机会。需要注意的是，具有进行补正命令与手续驳回权限的是特许厅长官，而非审查员。

（2）实质审查。

《特许法》第47条规定，专利申请的实质性要件的审查由审查员进行，审查员的资格由政令规定。日本实质审查主要围绕《特许法》第49条规定的实质性要件进行。如果判断专利申请不具备《特许法》第49条规定的各项要求，审查员便根据第50条的规定，以审查员自己的名义向申请人发出驳回理由通知书，给予提交意见书的机会和进行补正的机会。除第49条规定的各项实质性要件之外，审查员还对优先权要求、发明丧失新颖性的例外、申请分案、变更进行审查。

专利申请的审查原则上通过书面审查的方式进行，但在审查实践中，基于促进审查员与专利申请人或其代理人之间的意思沟通的目的，帮助审查快速准确，也会采用会晤作为书面审查的辅助手段。关于会晤的实施办法，日本特许厅还专门发布了《会晤指南（专利审查编）》。

（3）审判制度。

由于专利实质审查的最终结论可能会存在瑕疵，即不当驳回或者不当授权，导致申请人或者公众利益受损。因此，基于纠正这些瑕疵的目的，日本特许厅设置了审判制度，由特许厅 3 名或 5 名审判员组成合议组，采用过半数多数决的方式，对专利有关的案件进行准司法性质的审理判断，分为不服驳回查定审判以及专利无效审判两种。

不服驳回查定审判，是指专利申请人接到驳回查定后，对查定不服所提起的审判。不服驳回查定审判是审查的上级审，具有继续审查的性质。通常是指上级审在承继下级审中的资料的基础上，进一步补充新的诉讼资料继续进行审理的方式。其结果分为维持原驳回查定、撤销原驳回查定两种情形。

专利无效审判，则是专利权已经授予的情况下，如果发现专利权存在瑕疵，判明不应授予权利的，应该将其宣布无效。专利权非经无效审判程序，其权利的存在不得被消灭。日本发明专利审查程序如图 5-5-1 所示。

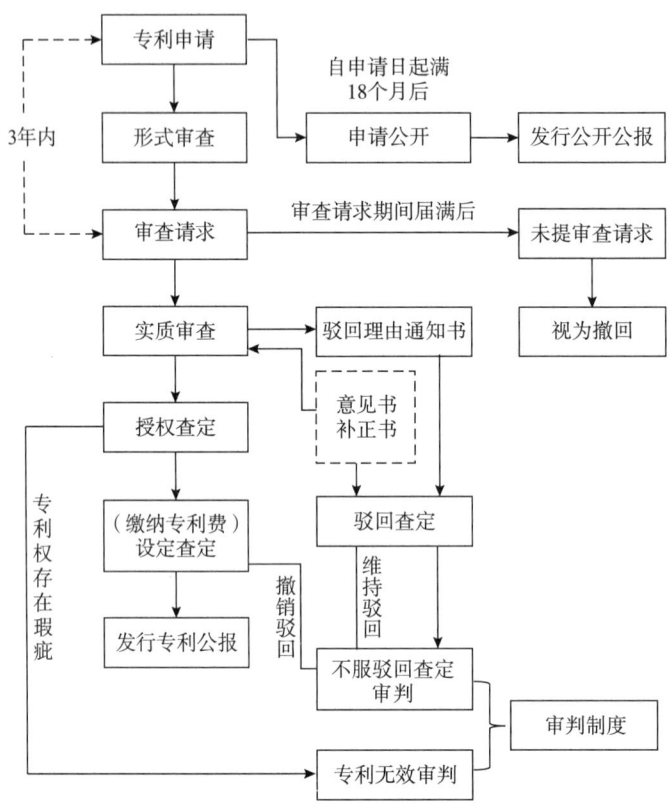

图 5-5-1　日本发明专利审查程序

下面重点对实质审查程序、不服驳回查定审判程序、加快审查·审理以及审查周期进行介绍。

一、实质审查程序

日本特许厅审查的基本方针为及时性、准确性、公平性及透明性，要求审查员在与申请人进行充分沟通的基础上，依照审查基准等规定，进行统一、有效率的审查。《特许法》第 48 条之 3 第 1 款规定：一件专利申请提交后，任何人均可在申请日起 3

年内向特许厅长官提出对其进行审查的请求；《特许法》第 50 条规定：审查员在拟作出驳回查定时，应当向专利申请人通知驳回理由，并指定相应的期间给予其提交意见书的机会。

日本特许厅实质审查的大致流程如图 5-5-2 所示。

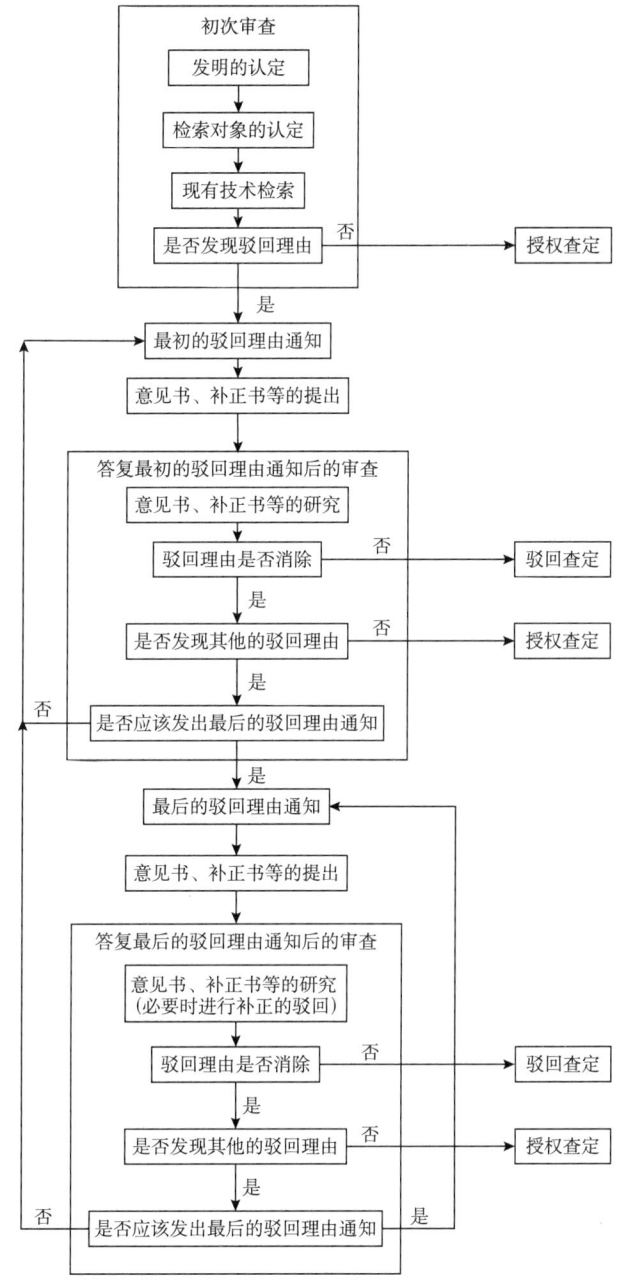

图 5-5-2　日本发明专利实质审查流程

可以看出，特许厅的实审流程包括理解发明、现有技术检索、通知书交流、意见陈述及补正、驳回查定或授权查定等步骤。以下对特许厅审查流程中较为特殊的制度和规定进行介绍。

（一）驳回的理由

根据《特许法》第49条的规定，驳回的理由包括：

（1）修改追加了新的事项（超范围，第17条之2第3款）。

（2）修改变更了发明的特别技术特征（第17条之2第4款）。

（3）申请人在日本国内无住所或居所（若是法人则为经营场所），且不属于例外的情形（第25条）。

（4）不符合发明的定义（第2条第1款）。

（5）不具备产业上利用的可能性（第29条第1款柱书）。

（6）不具备新颖性（第29条第1款）。

（7）不具备创造性（第29条第2款）。

（8）抵触申请（第29条之2）。

（9）不授予专利权的客体（第32条）。

（10）获得专利之权利为共有时，未与其他共有人共同进行申请（第38条）。

（11）重复授权（第39条）。

（12）专利申请因国际条约的规定而不能被授予专利权的（第49条第3款）。

（13）不符合记载要件（公开不充分、不支持、不清楚，第36条第4款第1号及第6款）。

（14）发明不具备单一性（第37条）。

（15）不符合现有技术文献公开要件（第36条第4款第2号）。

（16）专利申请为外文，该专利申请书所附文件记载的内容超出了外文文件记载的范围（第184条之18）。

（17）专利申请人不具有就该发明获得专利的权利（第49条第7号）。

（二）最初的驳回理由通知和最后的驳回理由通知

《审查基准》规定，为保证审查效率，在审查过程中，审查员原则上最多发出两次驳回理由通知，最初和最后的驳回理由通知各一回。针对某一案件，特许厅第一次发出的驳回理由通知一定是"最初的驳回理由通知"，但从第二次起，驳回理由通知是最初还是最后，则需要根据通知的实质内容而非次数进行判断：如果该次通知中包含审查员原本应当在"最初的驳回理由通知"中告知的驳回理由（如被审查员遗漏的驳回理由），则审查员必须再一次发出"最初的驳回理由通知"；而如果该次通知书中仅包含申请人答复时修改而导致需要通知的驳回理由时，则需要发出"最后的驳回理由通知"。

审查员在发出驳回理由通知后的后续审查过程中，如果判断驳回理由没有被消除，则无论前次的驳回理由通知是最初还是最后，都应该作出驳回查定。但是，如果审查员判断该申请具备授权前景，且对于修改方式的预期较为明确时，审查员可再次发出驳回理由通知与申请人进行沟通，一般来说，该通知为最后的驳回理由通知。

(三)修改的范围和修改的驳回

为了缩短审查流程,节约审查资源,日本特许厅对收到驳回理由通知后的修改范围进行了严格限制,并引入了修改驳回的机制。

申请人在收到驳回理由通知后,可以在规定的时间内对申请文件进行修改,但根据所收到通知书类型的不同,申请人可做修改的范围存在显著差异。《特许法》第17条之2规定:在收到最初的驳回理由通知后,申请人所作的修改不能超出原始申请文件所记载的范围,修改后与修改前的发明应该具有单一性;而在收到最后的驳回理由通知后,申请人所做的修改除了满足不超范围和单一性条件外,仅限于以下4种方式:①权利要求的删除;②权利要求范围的缩减;③笔误的更正;④对不清楚内容的解释。

其中,对于缩减权利要求范围的修改,修改后的权利要求还应该充分具备"独立特许要件",即该权利要求能够被授予专利权,如果修改后的权利要求还存在任何的实质性问题,包括发明定义、产业上利用可能性、不授权客体、新颖性、创造性、记载要件等,则该修改的权利要求不具备"独立特许要件"。

对于收到最后的驳回理由通知后所做的修改,如果其超范围或不具有单一性,或超出了上述4种修改方式,或虽然对权利要求范围进行了缩减但仍然存在各类缺陷而不具备"独立特许要件",审查员应当发出"修改驳回决定"。修改被驳回后,申请文本回到修改之前的状态,此时,如果审查员认为最后的驳回理由通知中指出的驳回理由是正确的,由于驳回理由没有被消除,审查员应当在"修改驳回决定"的基础上再作出驳回查定。

二、不服驳回查定审判

《特许法》第121条规定:收到驳回查定者对决定不服的,可自决定誊本送达之日起3个月内请求不服驳回查定审判。不服驳回查定审判的流程如图5-5-3所示[1]。

根据《特许法》第162条的规定,如果该申请人在请求审判的同时对申请文件进行了修改,则该案件应先交由原审查员进行前置审查。申请人在提交审判请求时所能进行的修改与最后的驳回理由通知后的范围一致。

前置审查过程中,在如下情况下审查员通常会取消原驳回查定,重新作出授权查定:

(1)修改符合规定,原驳回理由消除且修改后的申请也不存在其他驳回理由。

(2)修改符合规定,原驳回理由消除,但因修改而出现了需要再次通知的驳回理由,发出最后的驳回理由通知后,经修改和意见陈述驳回理由消除的。

(3)修改不符合规定,但原驳回查定并不恰当,同时审判请求修改前的申请并不存在其他驳回理由,此时应该在作出"修改驳回决定"的基础上取消原驳回查定,作出授权查定。

另外,在以下情况下,审查员应当撰写详细的前置报告,供后续审判流程参考:

---

[1] 特許庁審判部. 審判制度の概要と運用 [EB/OL]. [2019-09-01]. https://www.jpo.go.jp/system/trial_appeal/document/index/gaiyou.pdf.

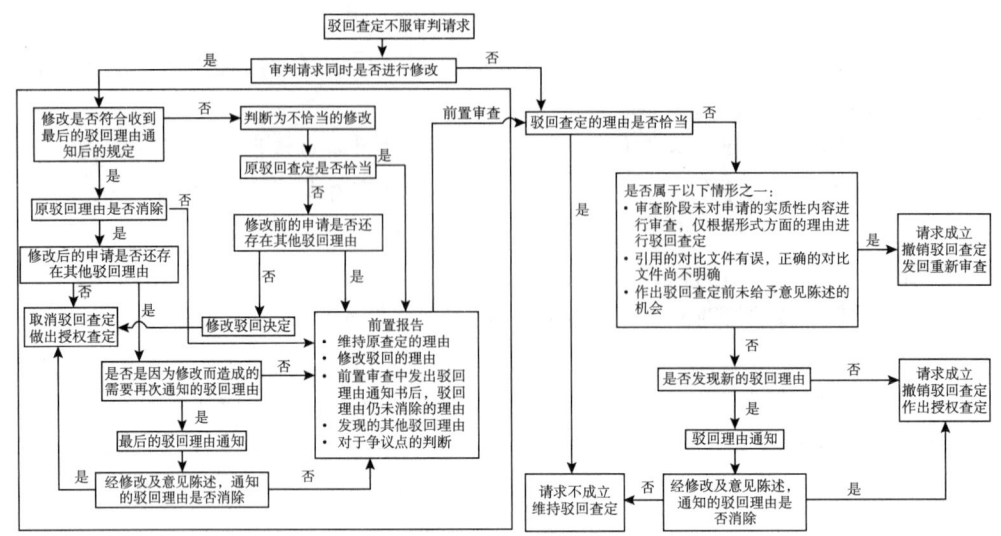

图 5-5-3 不服驳回查定审判流程

（1）修改不符合规定，同时原驳回查定恰当。

（2）修改不符合规定，原驳回查定不恰当，但修改前的申请还存在其他驳回理由。

（3）修改符合规定，但原驳回理由并没有消除。

（4）修改符合规定，原驳回理由被消除，但修改后的申请中还存在其他驳回理由，且该驳回理由并不是因最新一次修改而导致的。

（5）修改符合规定，原驳回理由被消除，但因修改而出现了需要再次通知的驳回理由，发出最后的驳回理由通知后，经修改和意见陈述驳回理由没有消除的。

审判过程中，特许厅审判部会组织 3 名或 5 名审判官组成合议组对案件进行审理。如果合议组认为原驳回查定的理由成立，会作出请求不成立，维持驳回查定的决定。如果合议组认为原驳回查定的理由不成立，且①原驳回查定仅仅是基于形式方面的理由所做出，未进行实质性审查；或②驳回查定引用的对比文件有误；或③作出驳回查定前未给予申请人意见陈述的机会，则合议组会作出请求成立，撤销驳回查定并发回重新审查的决定。而对于原驳回理由不成立且不属于以上三种的情形，为兼顾行政效率，合议组会对申请进行继续审理，判断该申请是否存在新的驳回理由并告知申请人，给予其修改及意见陈述的机会，再根据最终的审理结果作出授权查定或维持驳回查定的决定❶。

对于驳回查定的审决仍有不服的，申请人可按照《特许法》第 178 条的规定，在决定结果誊本送达之日起 30 日内向东京高等法院提起撤销的诉讼。

---

❶ 特許庁．審判便覧（第 18 版）[EB/OL]．[2019-09-01]．https://www.jpo.go.jp/system/trial_appeal/sinpan-binran_18.html．

三、加快审查·审理

日本专利的加快审查·审理制度建立于 1986 年，旨在通过加快专利审查或审理进度，更好地保障申请人的自身权益，以促使其进一步的研究开发，保障国内工业长期持续地发展❶。

（一）加快审查

目前，对于已经向特许厅提出审查请求且不属于《特许法》第 42 条第 1 款规定的应被撤回的申请，只需要满足以下任意情形之一，就可以申请加快审查：

（1）申请人是中小企业、个人、大学及公共研究机构等。申请人至少一部分是中小企业或个人、大学/短期大学、公共研究机构或受申请人认可的技术转移机构。

（2）属于涉外申请。申请人就该发明不仅向日本提出了专利申请，还以其为基础向其他国家或政府机构提出了申请，包括通过巴黎公约及专利合作条约申请的国际申请。

（3）属于实施相关申请。包括申请人自身正在实施的专利申请，以及从申请人处接受了实施许可而正在实施的专利申请。

（4）属于绿色相关申请。绿色相关申请是指与环境保护相关的发明，即具有节省能源或减少二氧化碳排放等技术效果的发明。

（5）属于震灾复兴支援相关申请。专利申请的申请人至少一部分是在《灾害救助法》适用区域具有住所或居所的自然人或法人，该申请是因为地震而遭受灾害的自然人或法人的专利申请。

（6）属于亚洲据点化推进法相关申请。专利申请的部分申请人是特定多国籍企业为了进行研究开发事业而在日本国内设立的相关公司，这些公司将他们的研究开发的发明成果提出专利申请。

其中，对于类型（3）实施相关的申请，如果申请来自风险企业，则还可以在加快审查的基础上进一步申请在第一次审查结果通知前与审查官进行"会晤审查"。"会晤审查"过程中，申请人需要陈述该申请在其产业中所占据的地位，审查官需要向申请人说明申请文件中存在的驳回理由，并提示申请人消除上述驳回理由的修改方式。申请人中的至少一部分满足以下任意情形之一，便可认定为风险企业申请：

（1）开始事业未超过 10 年的个人业主；

（2）职员人数在 20 人以下，设立不超过 10 年且不受其他法人控制的法人；

（3）资本金额或出资总额在 3 亿日元以下，设立不超过 10 年且不受其他法人控制的法人。

为了进一步满足申请人对于专利申请快速权利化的需求，特许厅于 2008 年 10 月创设了比一般加快审查更加迅速的"超级加快审查"制度。可作为超级加快审查对象的专利申请，需要同时满足以下条件：

（1）已经提交了审查请求，且尚未收到特许厅的驳回理由通知、授权查定等通

---

❶ 特許庁. 特許出願の早期審查·早期審理ガイドライン［EB/OL］.［2019 - 09 - 01］. https：//www. jpo. go. jp/e/system/patent/shinsa/jp - soki/document/index/guideline. pdf.

知书。

（2）属于上文提到的实施相关申请，同时是涉外申请，或者是由风险企业提出的实施相关申请。

（3）超级加快审查申请之前4周内所有的手续都是在线完成的。

即使是由于不满足上述（2）或（3）的条件而无法进行超级加快审查的专利申请，如果满足一般加快审查的条件，仍可以作为一般加快审查的案件进行审查。

（二）加快审理

对于提出不服驳回查定审判的申请，只需要满足以下任意情形之一，就可以申请加快审理：

（1）审判请求人自身或是得到请求人实施许可的人正在实施的发明专利申请；

（2）属于涉外申请；

（3）审判请求人中至少一部分是大学/短期大学、公共研究机构或是受申请人认可的技术转移机构；

（4）审判请求人中至少一部分是中小企业或个人；

（5）存在非审判请求人的第三者，在涉案专利申请公开后审决前实施该发明；

（6）属于绿色相关申请；

（7）属于震灾复兴支援相关申请；

（8）属于亚洲据点化推进法相关申请。

此外，对于已经在审查阶段提出过加快审查的专利申请，如果需要在不服驳回查定审判过程中利用加快审理制度，仍然需要向特许厅提出加快审理的申请。

四、审查·审判周期

为了缩短专利的审查周期，日本特许厅采取了多种措施，如聘用5年任期的临时审查官，并将一部分对比文件的检索工作交给民间的调查公司完成。截至2017年底，日本特许厅共有1696名审查官，其中临时审查官496名，注册的调查公司共10家，全年共完成15.3万件申请的检索工作。

同时，特许厅对于审查·审判过程中驳回理由通知的答复期限有着细致的规定。在审查阶段，居住在日本国内的申请人需要在收到通知书之日起60日内进行答复，而对于居住在国外的申请人，则需要在3个月内进行答复。如果无法在规定的期限内进行答复，申请人可在期限届满前申请延长期限，对于居住在国内的申请人，可申请将答复期限延长2个月，延长费2100日元。对于国外的申请人来说，在第一次延长的期限届满前，还可以进行一次额外的期限延长申请，延长时间为1个月（合计延长期限3个月），延长费同样为2100日元。而对于答复期限届满时没有进行答复也没有递交延长申请的申请人，其还可以在期限届满之日起两个月内提出期限延长请求以进行补救，特许厅可给予申请人自答复期限届满日起2个月的延长答复时间，手续费为51000日元。对于上述期限届满前及届满后的延长请求，申请人在请求书无须特别说明延长理由[1]。

在审判过程中，特许厅对于驳回理由通知答复期限的规定与审查阶段相同，但对于答复期限的延长却有着更加严格的要求。对于居住在国内的申请人，仅可以在期限届满前申请将答复期限延长一个月，并且延长理由仅限于为获得与对比文件的对比实验数据。申请人在国外时，最多可在期限届满日前申请延长 3 次，每次 1 个月（合计最多延长 3 个月），延长理由除了补充对比实验数据外，还可以是审判手续文件的译文，其中，对于理由为获得对比实验数据的延长申请，仅限提出 1 次。无论是国内还是国外的申请人，期限届满后均不可再申请延长，期限届满前的延长费用与审查阶段相同。

---

[1] 特許庁. 特許出願及び商標登録出願における拒絶理由通知の応答期間の延長に関する運用の変更について［A/OL］. （2016 - 04 - 01）［2019 - 09 - 01］. https：//www.jpo.go.jp/system/patent/shinsa/letter/kyozetu_entyou_160401.html.

第六章　日本汉方·生药专利申请的撰写和审查

第一节　日本汉方·生药专利申请的撰写

专利制度的目的，一方面，在一定条件下对发明创造授予专利权，使得专利权人在一定期间内获得实施其发明创造的独占权，由此来保护发明创造，促进发明创造的运用；另一方面，通过专利的公开制度，使得他人能够知晓发明创造的技术内容，以便他人能够利用发明创造，减少重复研究。而发明创造保护和利用的途径，就是以说明书、附图、权利要求书为媒介，公开发明技术内容、准确明示权利范围。因此，提交专利申请时，世界各国普遍要求申请人提供说明书（根据需要附带附图）、权利要求书以及摘要。日本特许厅也有相应要求。

依据《特许法》第36条第2款规定，申请人在提交专利申请书时，还需要附具说明书、权利要求书、摘要书以及必要时的附图。虽然世界各国对申请文本的要求基本相同，但日本的专利制度经过多年的沿革，其专利申请依旧包含了许多特色。下面以日本汉方·生药专利申请为例，从说明书和权利要求书两方面，介绍该领域专利申请撰写中的特点。本节引用的专利如表6-1-1所示。

表6-1-1　汉方·生药专利申请的撰写引用的专利案例汇总

序号	公开号	发明名称	申请人	案例类型
案例1	JP2008266302A	一种害虫防除方法及害虫防除装置	株式会社津村	背景技术文献信息提示
案例2	JPWO2004006945A1	含有汉方提取物的片剂组合物及其制造方法	株式会社津村	背景技术文献信息提示
案例3	JP1997235237A	包括虫草和巴西槐榄木的药物组合物	株式会社津村	可实施要件
案例4	JPWO2004006945A1	含有汉方提取物的片剂组合物及其制造方法	株式会社津村	权利要求书的结构
案例5	JPWO2004006945A1	含有汉方提取物的片剂组合物及其制造方法	株式会社津村	支持要件与说明书
案例6	JP1997235237A	包括虫草和巴西槐榄木的药物组合物	大正制药株式会社	支持要件与开放式撰写
案例7	JP2013107907A	IGF-1表达促进剂	丸善制药株式会社	支持要件与开放式撰写
案例8	JP2008044885A	预防疲劳的内服组合物及其制剂	小林制药株式会社	支持要件与开放式撰写
案例9	JP2019054791A	改善疲劳用组合物	好侍健康食品株式会社	支持要件与开放式撰写
案例10	JP2012224581A	医药组成物	乐敦制药株式会社	支持要件与开放式撰写
案例11	JP2013107907A	IGF-1表达促进剂	丸善制药株式会社	明确性要件

一、说明书

《特许法》第 36 条第 3 款规定,说明书中应当记载①发明名称、②有附图时对附图的简要说明以及③发明的详细说明。依据《特许法施行规则》第 24 条之 2 以及《特许法》第 36 条第 4 款的规定,"发明的详细说明"具体规定如下:

(1) 原则上,应当记载专利申请所属的技术领域。

(2) 在背景技术部分,应当尽可能记载包括"文献公知发明"(即专利公报及出版物中记载的技术)在内,与专利申请相关的现有技术内容,并以[特許文献 1]、[非特許文献 1]的形式记载信息的来源。

(3) 发明概述部分原则上应当分别记载本发明想要解决的课题、本发明如何解决该课题以及本发明与现有技术相比具有怎样有益的效果。

(4) 为了让具有发明所述技术领域通常知识的人能够实施,应在具体实施方式中记载用来说明发明如何进行实施的实施方式,必要时还可记载用来具体说明的实施例。对于发明的实施方式,申请人应当至少记载一个最优的方案。

依据《特许法施行规则》第 24 条的规定,说明书应当按照"样式 29"制作,其基本样式如图 6 – 1 – 1 所示。

"样式 29"作为日本专利申请中说明书的基本样式,具有结构完整、行文清晰的特点:

(1) 整体结构完整,包含了发明名称、技术领域、背景技术、现有技术文献、发明概述(包括要解决的课题、如何解决该课题以及有益效果)、附图简要说明、发明的具体实施方式(包括实施例)以及产业利用可能性,完整地展现了该专利的名称、领域、背景、目的、手段、效果、实施方式以及有用性,便于审查员及公众理解发明的内容。

(2) 行文清晰,采用了【技術分野】、【背景技術】、【先行技術文献】、【発明の概要】、【図面の簡単な説明】、【発明を実施するための形態】、【産業上の利用可能性】等醒目的标识,将各部分清楚地界定区分。

针对说明书的撰写,《特许法》确立了两项重要要求,即背景技术文献信息的提示和可实施要件。

(一) 说明书背景技术文献信息的提示

依据《特许法》第 36 条第 4 款第 2 项的规定,发明的详细说明中,应当记载与专利申请有关的现有技术文献的出处,由此确立了"背景技术文献信息的提示"这一要求。本规定于 2002 年日本修订特许法时引入,目的在于,将专利申请与申请时的技术进行对比,从而提示该专利申请具有的技术意义和技术贡献,供专利审查过程中判断新颖性、创造性时参考。如果由申请人在发明的详细说明中记载背景技术文献信息,不但能够帮助快速审查,还能够准确评价专利申请与背景技术文献之间的关系,准确判断发明对现有技术作出的贡献,有助于界定权利要求的范围,确保权利的稳定。审查员认为专利申请不满足背景技术文献信息提示要件时,必要时可通知专利申请人,

```
【書類名】       明細書
【発明の名称】
【技術分野】
    【０００１】                (段落ごとに、段落番号を付す。)
       ・
【背景技術】
    【０００２】
       ・
【先行技術文献】
  【特許文献】
    【０００３】
       ・
  【非特許文献】
    【０００４】
       ・
【発明の概要】
  【発明が解決しようとする課題】
    【０００５】
       ・
  【課題を解決するための手段】
    【０００６】
       ・
  【発明の効果】
    【・・・・】
       ・
【図面の簡単な説明】
    【・・・・】
  【図１】
  【図２】
【発明を実施するための形態】
    【・・・・】
       ・
  【実施例】
    【・・・・】
       ・
【産業上の利用可能性】
    【・・・・】
       ・
【符号の説明】
    【・・・・】
       ・
【受託番号】
    【・・・・】
       ・
【配列表フリーテキスト】
    【・・・・】
       ・
【配列表】
       ・
       ・
```

图 6-1-1　说明书基本样式

并指定相应的期间给予其提交意见书的机会❶。

在实际的专利申请文本中，日本专利申请普遍会引入多篇背景技术文献，但也有一些专利申请引入的背景技术文献较少或者不引入背景技术文献。

---

❶ 青山纮一．日本专利法概论［M］．聂宁乐，译．北京：知识产权出版社，2014.

1. 多数专利申请会记载背景技术文献

由于《特许法》明确确立了背景技术文献信息提示要件，因此日本的专利申请普遍会记载背景技术文献。

【案例1】JP2008266302A

JP2008266302A 是津村于2008年3月7日提交的一项专利申请，进入了中国、日本。专利 JP2008266302A 提出了一种害虫防除方法及一种无须耐受高压的特殊设备的害虫防除装置，能够在小于1.0MPa的压力下使用，以解决现有技术的以下问题：现有的二氧化碳杀虫技术需要使用3.0MPa和2.0MPa高压，因此需要耐受高压的特殊设备；且高压的使用需要批准、不方便实施。

该专利在背景技术部分记载了高压二氧化碳杀虫技术的由来，包括首次披露高压二氧化碳杀虫技术的文献，德国、法国等国外研究状况，日本国内状况；共引用了非专利文献4篇、专利文献2件。

表6-1-2 专利 JP2008266302A 背景技术部分引用的背景技术文献

序号	文献	内容	目的
1	食衛誌, 14 (6), 511-516, 1973	光乐等人，首次披露高压二氧化碳的杀虫技术	①说明该技术的起源和在日本国内外的发展状况 ②类推现有的使用高压二氧化碳的杀虫技术的一般方法 ③发现现有技术中的缺陷，即高压使用对装置、安全性要求高
2	EP0458359	Martin Bauer 公司，发明大型高压二氧化碳处理装置，用于药用植物的害虫防除。压力2.0MPa	
3	植物防疫, 40, 24, 1995	平野等人，报告欧洲高压二氧化碳杀虫技术现状	
4	日本特开平6-130854号公报	中北等人，验证该技术对农产品和食品的有效性。对烟草甲卵施行压力3.0MPa、处理时间50分钟	
5	食総研报, 65, 33-37, 2001	高桥等人，根据其对糙米的发芽率和食物味道的影响，评价了该技术的有效性	
6	果实日本, 58 (1), 40-43, 2003	宫之下等人，根据对栗子的主要害虫栗鹬象虫的杀虫效果，评价了该技术的有效性	

该专利背景技术通过文献1，说明了光乐等人首次披露高压二氧化碳杀虫技术，在 $16kg/cm^2$ 的压力下，处理30分钟能够驱除损害面粉制品的腐食酪螨；通过文献2~3，介绍了高压二氧化碳杀虫技术在德国、法国等欧洲国家的技术进展；通过文献4~6，介绍了高压二氧化碳杀虫技术在日本国内的研究情况，包括对糙米的发芽率和食物味道的影响，对栗子的主要害虫栗鹬象虫的杀虫效果，验证了该技术对于农产品和食品的有效性。

背景技术还参照文献3~4的方法，认为现有技术普遍使用3.0MPa和2.0MPa的压力，并进一步说明现有技术存在的缺陷：3.0MPa和2.0MPa的高压需要使用能够耐受高压的设备，且高压设备的使用需要符合法律规定并需要得到批准，不便于简便实施。

为解决该技术问题，该专利提供一种能够在比现有技术的压力 2.0MPa 低的压力，特别是《高压气体保安法》适用范围外的压力条件下杀虫的技术。

上述文献的引用，梳理了高压二氧化碳杀虫技术的发展脉络，对该技术在杀虫上的优点和有效性进行了说明，引出了其需要解决的技术问题，帮助理解本专利的技术内容。同时，有助于准确评价该专利与背景技术之间的关系，帮助判断该专利的技术水平和技术贡献。

该专利在说明书的具体实施方式中，对所选生药的害虫损害状况、所选害虫的状况进行了详细的记载；引用的现有文献共计 9 篇，如表 6-1-3 所示。

表 6-1-3　专利 JP2008266302A 具体实施方式部分引用的背景技术文献

序号	文献	内容	目的
7	生药学杂志，1（2）：31-38	桑田等人（未记载公开内容）	说明泽泻、当归、人参具有被药材甲和烟草甲损害的事例，为选择这些生药寻找依据
8	居家害虫，19（2）：29（1997）	新穗等人，对于使用北沙参作为饵料的烟草甲的生态学的研究	
9	第 18 次关于生药中医制剂的微生物和异物污染对策以及品质管理的研讨会	山本等人报告了烟草甲能够对泽泻、当归、人参穿孔至生药原体的深部，并预测对这些生药的杀虫处理非常困难	
10	日本应用动物昆虫学会第 51 次大会，2007	宫之下等人，关于印度谷螟损害大枣和桃仁的预测	说明选择大枣和桃仁的依据，并作为果实和种子的代表
11	害虫学，2005	宫之下人等以印度谷螟的异物混入作为事例报告了对干燥无花果等果实的损害	
12	独立行政法人文化财产研究所，《害虫辞典》	对玉米象、烟草甲虫的特征和习性的描述，预测杀虫非常困难	为选择玉米象、烟草甲虫寻找依据，并描述解决该技术问题的难点
13	中北等著，进口农产品的防虫和熏蒸手册，Science Forum 出版社出版		
14	Williams, 1964 Ann. Appl. Biol., 53, 459-475; Maillis, 1997, Handbook of Pest Control	印度谷螟是损害糙米、干燥果实和香辛料等许多食品的贮藏食品害虫，作为混入异物，是昆虫中混入频度较高的种类	为选择印度谷螟寻找依据，并描述解决该技术问题的难点
15	日本应用动物昆虫学会第 51 次大会，2007	宫之下等人报告了印度谷螟的幼虫在生药的桃仁和大枣中穿洞成长为成虫后从中出来这一事实，预测杀虫非常困难	

该专利具体实施方式部分通过文献 7~9，介绍了泽泻、当归、人参具有被药材甲和烟草甲损害的事例；通过文献 9，介绍了烟草甲能够对这些生药穿孔至生药原体的深部，从而预测杀灭这些生药的害虫非常困难。通过文献 10~11，介绍了印度谷螟对大枣、桃仁、无花果等果实种子类生药的损害事例。通过文献 12~15，介绍了印度谷螟损害糙米、干燥果实和香辛料等许多食品事例，介绍了玉米象、烟草甲、印度谷螟的特征和习性，并根据玉米象、烟草甲对对象物深深穿洞的特征以及印度谷螟幼虫在桃

仁和大枣中穿洞成长为成虫后从中出来这一事实,预测杀虫非常困难。

这些现有技术,为选择当归、泽泻、人参、大枣、桃仁作为试验生药寻找了依据,也为选择米象、烟草甲、印度谷螟作为试验害虫寻找依据,论证了试验设计的科学性和合理性。对现有技术中存在的技术问题和解决该技术问题存在的困难进行了说明,为证明其有益效果奠定了基础,有助于评价该专利的技术意义和技术贡献,同时使得说明书能够达到"清楚且充分地进行记载"的要求。

2. 部分专利申请中不引用背景技术文献或引用较少

虽然在《特许法》中明确确立了背景技术文献信息提示要件,但依旧有部分日本专利申请不引用或少量引用背景技术文献。

【案例2】JPWO2004006945A1

JPWO2004006945A1是津村于2003年7月10日提交的PCT专利申请,进入了日本、中国、美国、欧洲、韩国、德国、加拿大、澳大利亚、西班牙、中国台湾等国家或地区。

该专利提供一种含有汉方提取物的片剂组合物及其制造方法。提取物粉末吸水性较高,制造过程中不使用水可以避免吸水性的问题;在申请日前,通常将混合粉末直接压片,以此避免使用水;但直接压片存在崩解时间长、溶出度低等问题,而通过制备颗粒后压片存在有机溶剂残留、含水量控制困难、制剂时间长等问题。为了解决这些技术问题,该发明对辅料进行了筛选,将提取物粉末与纤维素乙醇酸和碳酸氢钠混合后进行压片,具有优异的崩解性和溶出度。

该专利的背景技术部分如表6-1-4所示。

表6-1-4 JPWO2004006945A1的背景技术

原文	译文
【背景技术】 漢方エキス粉末(以下、「エキス粉末」とも称する)を含有する錠剤の製造方法としては、一般に、エキス粉末を含む錠剤組成物の混合末を直接打錠して錠剤を形成する直接粉末打錠法と、エキス粉末を含有する小径の造粒物を形成した後、この造粒物を含む錠剤組成物の混合末を打錠して錠剤とする打錠方法とがある。 漢方エキス粉末は吸水性が高いことから、製造上の取り扱い性等の観点からは水の添加を必要としない製造方法を用いることが好ましい。そのため、漢方エキスを含有する錠剤の製造においては、従来、混合末を直接打錠して錠剤を得る直接粉末打錠法が用いられることが多かった。 しかしながら、直接粉末打錠法を用いて製造された錠剤においては、漢方エキス粉末の結合性が強く、また、水の浸透性が悪いために一般的な膨潤性の崩壊剤の効果が低いことから、崩壊時間が長くなり、溶出性が低下する等の問題があり、実用上優れた錠剤を得ることができなかった。	【背景技术】 含有中药提取物粉末(以下也称作"提取物粉末")的片剂的制造方法,通常有:将含有提取物粉末的片剂组合物的混合粉末直接成片形成片剂的粉末直接成片法;以及在形成含有提取物粉末的小粒径的造粒物后,将含有该造粒物的片剂组合物的混合粉末成片而成为片剂的方法。 由于中药提取物粉末的吸水性较高,从制造上的操作性等观点出发,优选使用不需要添加水的制造方法。由此,在制造含有中药提取物的片剂时,目前大量使用将混合粉末直接成片得到片剂的粉末直接成片法。 然而,在使用粉末直接成片法制造的片剂时,由于中药提取物粉末的结合性较强,以及水的渗透性较差,膨润性一般的崩解剂的效果低下,所以具有崩解时间变长、溶出度下降等问题,得不到实用性优异的片剂。

原文	译文
この問題を解決するために、錠剤中のエキス粉末の含有量を低減する、多量の賦形剤や崩壊剤、結合剤等を加えるなどの方法が試されているが、これらの方法では、錠剤の大型化を招いたり、崩壊剤が高価であるために製造コストが高くなるなどの問題があった。また、炭酸水素ナトリウムを加えて溶出性を改良した錠剤なども知られているが、十分な効果が得られるものではなかった。 一方、造粒物を介して錠剤を製造する方法において、漢方エキス粉末を含有する造粒物を製造する際には、乾式破砕造粒法、湿式押し出し造粒法、流動層造粒法等が用いられている。しかし、上述したように漢方エキス粉末は吸水性が高いので、これらの方法において水を加えるとエキス粉末の結合力が高くなって大きな塊状になりやすくなるため、造粒物の製造に際しては、水の添加量および速度を精密に制御する等の高度な技術やそのための設備等が必要となっていた。また、例えば、湿式押し出し造粒法においては、エタノール等の有機溶媒を使用することから最終製剤中の残留溶媒の問題があり、流動層造粒法においては、造粒中に造粒物の含水率を狭い範囲内で制御する必要があることから製造時間が長くなる等の問題があった。 そこで本発明の目的は、上述の問題点を解消し、漢方エキス粉末を含有させた場合における錠剤の崩壊性および溶出性を改良して、優れた崩壊性および溶出性を有する漢方エキス含有錠剤組成物およびその製造方法を提供することにある	为了解决该问题，尝试使用降低片剂中的提取物粉末的含量而加入大量赋形剂、崩解剂和结合剂等的方法，但是这些方法存在片剂的体积变大以及由崩解剂价格昂贵导致的制造成本变高等问题。另外，还已知通过加入碳酸氢钠而改善溶出度的片剂等，但是都得不到满意的效果。 另一方面，在通过造粒物制造片剂的方法中，在制备含有中药提取物粉末的造粒物时，使用干式粉碎造粒法、湿法挤出造粒法、流化床造粒法等。然而，如上所述，由于中药提取物粉末的吸水性较高，利用这些方法时，如果加入水，则提取物粉末的结合力会变大，容易成为较大的块状，所以在制备造粒物时，需要具有精密控制水的添加量和速度的高水平技术以及相应的设备。另外，在湿法挤出造粒法中，由于使用乙醇等有机溶剂，所以存在最终制剂中残留溶剂的问题；在流化床造粒法中，由于造粒时必须将造粒物的含水率控制在狭小的范围内，所以存在制造时间变长等问题。 因此，本发明的目的是解决上述问题，改良含有中药提取物粉末的片剂的崩解性和溶出度，从而提供具有优异的崩解性和溶出度的含中药提取物粉末的片剂组合物及其制造方法

JPWO2004006945A1在背景技术部分并没有引入任何背景技术文献，在该专利说明书的其他部分也没有引入任何背景技术文献。但该专利在背景技术第1段介绍了含有汉方提取物的片剂组合物的通常制造方法，第2段介绍了混合粉末直接成片法的优点，第3段介绍了混合粉末直接成片法的缺点，第4段介绍了解决混合粉末直接成片法缺点的普遍做法及其不足，第5段介绍了造粒物制造片法的缺点，第6段引入了该专利想要解决的技术问题；通过第1~6段的介绍，使得审查员和公众对申请时的现有技术水平有基本的认知，同样也达到了帮助理解专利申请的技术内容的目的。

背景技术文献信息提示这一规定，并不是为申请时不知晓背景技术文献的申请人设置调查背景技术的义务。《审查基准》规定，如果申请人认为其在专利申请递交后知晓的背景技术文献有助于迅速准确地审查专利，则希望申请人能够通过修改将该背景技术文献加入说明书中，或者通过呈报书进行提示。审查员认为专利申请不满足背景技术文献信息提示要件时，必要时可通知专利申请人，并指定相应的期间给予其提交意见书的机会；但背景技术文献信息提示要件并不是驳回的理由。这是因为，如果将其设置为驳回理由的话，审查员便不存在裁量的空间，对于不符合背景技术文献信息提示要件的所有申请只能一律发出驳回理由通知书，反而会增加审查负担，不利于快速审查。

（二）说明书的可实施要件

《特许法》第36条第4款第1项规定，发明的详细说明，其记载应当清楚且充分地进行记载，达到使具有发明所属技术领域通常知识的人能够实施的程度。这便是可实施要件。

在化学物质相关的技术领域，通常从物的构造或名称难以理解该物的制造方法和使用方法，为了使发明详细说明的记载达到能够实施该发明的程度，通常，必须有一个以上的代表性的实施例。另外，对于医药用途等用途发明，通常必须有验证用途的实施例。《审查基准》作了对医药用途进一步详细的规定：

药理试验结果是用于确认权利要求所述医药发明的物质具有药理作用的数据。因此，原则上，以下所有内容：(i) 哪种物质，(ii) 应用了怎样的药理试验系统，(iii) 得到了怎样的结果，以及 (iv) 所述药理试验系统与权利要求所述医药发明的医药用途之间有怎样的关联性，都必须将其作为药理试验结果予以澄清。此外，原则上药理试验结果需要以数值数据进行记载，但考虑到药理试验系统的性质，在结果无法以数值数据进行记载的情况下，也允许使用与数值数据同等程度的客观记载。与数值数据同等程度的客观记载是指，例如，医生客观的观察结果的记载。此外，所使用的药理试验系统包括临床试验、动物实验或是体外实验[1]。

【案例3】JP1997235237A

JP1997235237A 是大正制药株式会社[2]于1996年12月26日提交的一件专利申请，该专利提供一种组合物，该组合物通过冬虫夏草增强巴西槻槻木对因紧张等因素引起压抑的体力或精力的恢复效果，还具有解除紧张和体力疲劳的效果以及改善或恢复弱化的体质等的效果。

1. 发明的概述

汉方·生药制品是在原料生药的基础上经过一定的加工所制备成的天然制品，其效果与原料生药的来源、处理方式息息相关。因此，汉方·生药制品的专利申请，首先应当对原料生药的基源、处理方式进行记载，以便清楚且充分地记载汉方·生药制品的物质基础。JP1997235237A 在【解决技术问题的技术手段】部分，对于其物质进行了记载，如表6-1-5所示。

---

[1] 特許庁．特許・実用新案審査基準附属書 B 第3章 医薬発明 [EB/OL]．[2019-09-01]．https://www.jpo.go.jp/system/laws/rule/guideline/patent/handbook_shinsa/document/index/app_b3.pdf.

[2] 大正制药株式会社是一家涉及医药品、食品、医疗用品、卫生用品的研发、制造、销售的制药企业。主营业务为非处方药（OTC）的生产和销售，是世界第二大 OTC 药品生产商，在生物制药、常规制药、功能性食品方面具有较强的研发和生产能力。

表6-1-5 专利 JP1997235237A 的物质基础

原文	译文
【0007】本発明に用いるムイラプアマの基源植物は、ブラジル・アマゾン川流域に生育するボロボロノキ科（Olacaceae）の低木で、Ptychopetalum Olacoides 種、Ptychopetlum Uncinatum 種、Liriosma Ovata 種があり、好ましくは、Ptychopetalum Olacoides 種であるが、Ptychopetlum Uncinatum 種、Liriosma Ovata 種も用いることができる。本発明ではこれらの基源植物の根が用いられる。 【0008】冬虫夏草とは、バッカクキン科の、好ましくは、Cordyceps 属の子座、及びそ寄生である昆虫の幼虫である。同じバッカクキン科である Simizuomyces 属、Podonectrioides 属、Torrbiella 属等のものも用いることができる。 【0009】本発明のムイラプアマは、エキスとして用いることができ、そのエキスは、以下の操作により、得ることができる。 【0010】ムイラプアマの根の細切りに薄めたエタノールを加え、ときどき攪拌しながら2日間浸出し、ろ過する。残留物は、更に薄めたエタノールを加え、ときどき攪拌しながら、2日間浸出し、ろ過する。両ろ液を合わせ、減圧濃縮し、ムイラプアマエキスを得る。 【0011】本発明の冬虫夏草は、エキスまたは流エキスとして用いることができ、これらのエキスは、以下の操作により、得ることができる。 【0012】冬虫夏草の中切に薄めたエタノールを加え、室温で約2時間放置する。更に、薄めたエタノールを加え、室温で3日間放置した後、浸出液を流出させ、エキスを得る。更に、得られたエキスを室温で2日間放置した後、ろ紙を用いてろ過して流エキスを得る。本発明では、流エキスも用いることができる	【0007】用于本发明的巴西榥榥木的来源植物是生长在巴西亚马孙河流域的铁青树科（Olacaceae）灌木，它包括下列种：Ptychopetalum olacoides、Ptychopetlum uncinatum 和 Liriosma ovata，其中优选 Ptychopetalum olacoides 种，但 Ptychopetlum uncinatum 种和 Lriosma ovata 种也可应用。在本发明中，使用这些基源植物的根。 【0008】冬虫夏草优选麦角科（Clavicipitaceae）冬虫夏草属（Cordyceps）的子座（stomas）和寄生于其上的昆虫幼虫。麦角科的 Simizuomyces、Podonectrioides 和 Torrbiella 属也可应用。 【0009】本发明的巴西榥榥木可用其提取物，该提取物可按如下方法制备： 【0010】将切得细碎的巴西榥榥木树根与稀乙醇混合并浸渍2天，其间不时搅拌，之后进行过滤。将残渣进一步与稀乙醇混合并浸渍2天，其间不时搅拌，再进行过滤。合并所得的两份滤液，减压浓缩得到巴西榥榥木提取物。 【0011】本发明的冬虫夏草可用其提取物或流浸膏，这类提取物可按如下方法制备： 【0012】将粗略切碎的冬虫夏草与稀乙醇混合并在室温下放置约2小时，进一步加入稀乙醇并在室温下静置3天后，流出浸出液，得到提取物。将得到的提取物在室温下放置2天，再使用滤纸过滤得到流浸膏。本发明也可以使用流浸膏

（1）通过第【0007】~【0008】段，说明书对巴西榥榥木的基源进行了详细记载，包括科（铁青树科 Olacaceae）、种（Ptychopetalum olacoides、Ptychopetlum uncinatum、Liriosma ovata）和用药部位（根）；详细记载了虫草的来源，包括科（麦角科 Clavicipitaceae）、属（冬虫夏草属 Cordyceps 或 Simizuomyces、Podonectrioides、Torrbiella 属）以及用药部位（子座 stomas 及寄生于其上的昆虫幼虫）；并通过日语和拉丁语两种方式进行记载。这种清楚且充分的记载方式，使得具有发明所述技术领域通常知识的人能够毫无疑义地明确该医药发明专利的物质基础。

（2）通过第【0009】~【0012】段，不仅记载了可以使用巴西榥榥木、冬虫夏草的提取物，还对提取方式进行了举例说明，使得整体上更为清楚且充分。

2. 实施例

实施例是医药化学领域为了说明发明技术方案的通常方式，使具有发明所述技术领域通常知识的人能够实施。JP1997235237A 通过 7 个实施例,对技术方案进行了详细的记载,如表 6-1-6 所示。

表 6-1-6　专利 JP1997235237A 的实施例

	实施例1	实施例2	实施例3	实施例4	实施例5	实施例6	实施例7
冬虫夏草	100	150	300	330	100	300	100
巴西榥榥木	300	350	300	450	300	300	200
鹿茸角	300	300	300	300	250	250	200
人参	600	600	600	600	3000	2000	600
地黄根	200	200	300	300	1500	1000	—
Barren-worts	1000	1000	1000	1000	500	—	500
肉桂皮	150	150	200	200	200	—	—
牛磺酸	500	500	500	500	—	—	—
VB_2	5	5	5	5	—	10	10
VB_6	5	5	5	5	—	5	5
黄精根	300	300	—	—	750	500	—
Polygoni	—	—	—	—	750	—	300
无水咖啡碱	50	50	50	50	Eleutherococc 750 沿阶草块茎 1200 五叶子果 500	—	牛胆汁 650 L-精氨酸盐酸 100 dl-肉碱氯化物 100 烟酰胺 20 泛酸钙 30 VA 2000I.U. VB_1 20 VB_{12} 10μg VC 50 VE 5
蝮蛇	250	300	250	400			
黄芪根	300	300	300	300			
甘草根	150	150	100	100			
Poria	300	300	250	250			
刺老牙根	200	200	300	300			
Lycii 果	200	200	—	—			
肉苁蓉角茎	—	—	300	300			
杜仲橡胶	—	—	300	300			
五味子果	—	—	200	200			
剂型	液体制剂	液体制剂	液体制剂	液体制剂	颗粒剂	软胶囊	片剂

注:该表中,如无特殊说明,其单位是 mg。

可以看出,该专利的实施例具有以下特点:

(1) 实施例较多,涉及 7 个实施例;7 个实施例之间药物组分、用量、剂型、制备方法各不相同,并不是单因素的简单变化。多因素的变化使得实施例所蕴含的技术信息更为丰富。

(2) 记载的剂型多样,涵盖了液体制剂、颗粒剂、软胶囊、片剂等多种常用剂型。

(3) 组分选择广,各实施例除均包含冬虫夏草、巴西榥榥木、鹿茸角、人参外,其他生药组分、维生素均设置了缺项对比。

(4) 各组分的用量覆盖范围广,比如冬虫夏草的用量范围涵盖了 100~330mg,巴西榥榥木的用量范围涵盖了 300~450mg,人参的用量范围是 600~3000mg,地黄根的用量是 0~1500mg。

(5) 生药的记载更为详细,比如地黄根、肉桂皮、肉苁蓉角茎、杜仲橡胶、五味子果,均记载了生药的具体使用部位或成分。

（6）实施例之间的对比性较强，如实施例1与实施例2之间，实施例3与实施例4之间，区别仅在于冬虫夏草、巴西榥榥木、蝮蛇的用量差别；实施例1~2与实施例3~4之间区别又集中于部分生药的种类选择不同；实施例7与其他实施例之间，主要区别在于实施例7使用了大量的维生素。通过缺项对比的设计，使得各实施例之间的对比性较强，有助于审查阶段的意见陈述、修改和分案。

3. 试验设计

对于医药用途发明，由于用途的不可预测性，通常必须有药理试验来验证该医药用途。JP1997235237A 记载2个试验例来验证其医药用途，如表6-1-7所示。

表6-1-7　JP1997235237A 的试验例

试验1

下列组各包括7只平均体重为200g的雄性SD大鼠，使它们口服预定等体积的如下液体制剂后迫使它们游泳以测定持续游泳时间。

A组：服用本液体制剂（虫草：0.2w/v% + 巴西榥榥木：0.6w/v%，以整体天然药材计）

B组：服用虫草单一液体制剂（0.8w/v%，以整体天然药材计）

C组：服用巴西榥榥木单一液体制剂（0.8w/v%，以整体天然药材计）

D组：对照组（只服用纯化的水）

A、B、C 和 D 组持续游泳时间的结果示于图1。

从图1明显地看出，服用本液体制剂的 A 组游泳时间远远长于服用单一液体制剂的 B 组和 C 组。

试验2

将平均体重为200g的雄性SD大鼠分成如下各包括5只大鼠的训练组和各包括7只大鼠的未训练组。对训练组进行被迫游泳测试，方法是迫使它们每天游泳30分钟总计10天，同时对每只大鼠施加其体重的5wt%~10wt%的负荷，从迫使负荷游泳的第1天至第10天用下列液体制剂进行两瓶选择性试验以测定它们的总摄取量。对未训练组也用如上方法测试，但未迫使它们负荷游泳。

A组：服用本液体制剂（虫草：0.2w/v% + 巴西榥榥木：0.6w/v%，以整体天然药材计）

B组：服用虫草单一液体制剂（0.8w/v%，以整体天然药材计）

C组：服用巴西榥榥木单一液体制剂（0.8w/v%，以整体天然药材计）

D组：对照组（只服用纯化的水）

比较了训练组和未训练组的总摄取量，结果示于图2。

从图2明显看出，与训练组摄取单一液体制剂 B 和 C 的总量相比，训练组摄取本液体制剂 A 的总量急剧增大。

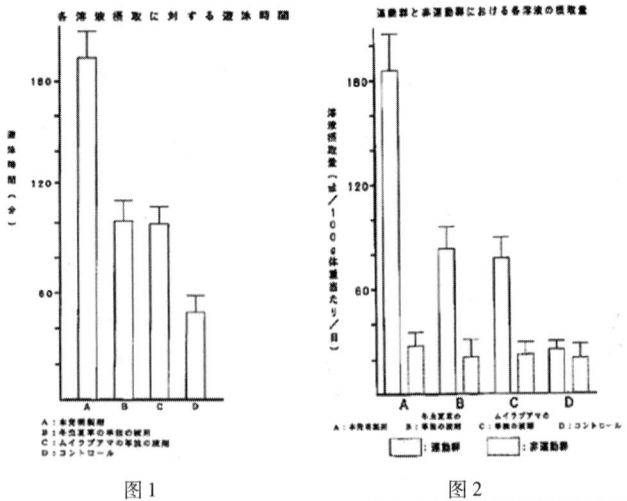

图1　　　　　　图2

（1）该专利的发明概要部分，已经对巴西榥榥木、冬虫夏草的基源和提取制备方法进行了详细描述；而在试验例中又对有效量、给药方法进行了明确记载；最后通过对药理学试验过程和方法进行详细描述，使得具有发明所述技术领域通常知识的人能够明确该产品是可实施的。

（2）该专利发现冬虫夏草与巴西榥榥木的配伍对解除疲劳、改善体质具有明显作用，因此针对性地设置了本液体制剂组（A组）、单一虫草液体制剂组（B组）、单一巴西榥榥木（C组）以及对照组，将组合生药与单一生药的用途直接对比，由于三者之间用量均为以整体天然生药计占0.8%，因此本试验例采取原料作为单一变量，证明了实验组A与B、C效果上的差异是由于冬虫夏草与巴西榥榥木配伍产生了协同作用带来的。

通过对"冬虫夏草＋巴西榥榥木"与"冬虫夏草""巴西榥榥木"的效果进行比较，直接证实了冬虫夏草＋巴西榥榥木的协同作用，为有益效果的判断、支持要件的判断提供依据。

（3）该指标为数值数据，具有客观性，采取柱状图的形式展现结果，通过宏观的比较，清晰明了地展示了结果，能充分说明组合生药取得的效果。

（4）该专利的组合生药并不属于汉方制剂，已脱离了汉方医学的范畴，没有古籍成书可以作为证明其组合理由的相关资料。根据日本的药事管理法规，这种由不同生药活性成分配合而成的医疗用组合生药制剂，其制造销售的审批需要遵循医疗用组合物的有关标准，在药事审批申请中还应当提交能够证明其组合理由的临床试验及动物实验结果。因此，从另一方面来看，该专利的试验设计可能与日本国内药事审批要求也有一定关系。

4. 实施例与试验设计的关系

医药领域发明中，通常使用实施例的方式来说明医药产品的组分、含量、制备方法、制剂形式，以使得具有发明所述技术领域通常知识的人能够理解医药产品作为物质的组成和获得方式，从组成成分和制备方法两方面来论证发明具有可实施性。

医药产品除了物的属性外，具有特定的医药用途则是其另一个重要的属性。医药领域发明中，通常必须有药理试验来验证该医药用途；系统的药理试验包括物质、药理试验系统以及结果分析，每个环节都需要达到"清楚且充分地进行记载"的程度，以证明该发明在医药用途方面具有可实施性。

因此，通过实施例和试验设计两种方式，清楚且充分地说明医药发明在物的方面和用途方面的可实施性，是医药用途的常规要求。

JP1997235237A的实施例从产品上记载包含冬虫夏草和巴西榥榥木的组合生药；又通过试验例证明了冬虫夏草和巴西榥榥木的组合生药的有益效果。两者各有侧重点，同时又相辅相成，分别从物的方面和用途方面对发明的技术方案进行了说明，使具有发明所述技术领域通常知识的人能够对该医药发明的可实施性具有充分的认知。

二、权利要求书

权利要求书是用于确定专利保护范围的书面文件，权利要求是判断专利要件、专利权的效率、专利权的放弃、专利无效审判以及费用等的基本单位，因此，《特许法》对权利要求书规定了严格的记载要件。《特许法》第 36 条第 5 款规定，权利要求书应当区分为各项权利要求，各项权利要求中应记载用来确定专利申请人所请求保护的发明的所有必要事项。该项规定的目的，在于防止专利申请人在权利要求中记载完全不必要的事项，或者反过来不记载必要事项，从而提示专利申请人在权利要求中记载的必要事项不应过多也不应不足。《特许法》第 36 条第 6 款还进一步规定：①请求保护的发明应当在详细说明中有记载；②请求保护的发明是清楚的；③各权利要求的记载简明。

通过上述规定，确立了支持要件和明确性要件两项要求。下面结合具体案件，对日本汉方·生药专利的权利要求书结构、支持要件、明确性要件进行说明。

（一）权利要求书结构

记载形式上，权利要求可以分为独立权利要求与从属权利要求两大类，独立权利要求不引用其他权利要求，从属权利要求则引用某个或几个在前的其他权利要求，两者虽然在表现形式上存在差异，但具有同等的独立法律意义。

主题类型上，权利要求类型主要包括产品权利要求和方法权利要求。产品权利要求和方法权利要求的法律效力不同，起到的保护范围也不同。《特许法》第 2 条第 3 款对不同类型的专利效力作了规定，其中对于产品权利要求，其效力延及该产品的制造、使用、销售、许诺销售、出口、进口的行为；对于产品的制造方法权利要求，效力延及使用该方法的行为，通过该方法制造的物品的使用、销售、许诺销售、出口、进口等行为；对于一般的方法权利要求，其效力延及使用该方法的行为、只在该方法的使用中应用的产品的制造、销售等行为。

【案例 4】JPWO2004006945A1

JPWO2004006945A1 是津村于 2003 年 7 月 10 日提交的一项专利申请，进入了日本、中国、美国、欧洲、韩国、德国、加拿大、澳大利亚、西班牙、中国台湾等国家或地区。其原始权利要求为：

1. 一种含有汉方提取物的片剂组合物，其特征在于：是将汉方提取物粉末、纤维素乙醇酸和碳酸氢钠混合制得的。

2. 根据权利要求 1 所述的含有汉方提取物的片剂组合物，其是进一步混合无水硅酸而形成的。

3. 根据权利要求 1 或 2 所述的含有汉方提取物的片剂组合物，其中相对于 100 重量份前述汉方提取物粉末，前述纤维素乙醇酸的混合量为 1~50 重量份。

4. 根据权利要求 1 或 2 所述的含有汉方提取物的片剂组合物，其中相对于 100 重量份前述汉方提取物粉末，前述碳酸氢钠的混合量为 1~50 重量份。

5. 根据权利要求 2 所述的含有汉方提取物的片剂组合物，其中相对于 100 重量份前述汉方提取物粉末,前述无水硅酸的混合量为25~100重量份。

6. 根据权利要求1或2所述的含有汉方提取物的片剂组合物,其中前述汉方提取物粉末为选自葛根汤、葛根汤加川芎辛夷、乙字汤、安中散、八味地黄丸、大柴胡汤、小柴胡汤、柴胡桂枝汤、柴胡桂枝干姜汤、黄连解毒汤、小青龙汤、防己黄芪汤、当归芍药散、加味逍遥散、桂枝茯苓丸、桂枝加龙骨牡蛎汤、麻黄汤、麦门冬汤、人参汤、白虎加人参汤、猪苓汤、补中益气汤、六君子汤、钩藤散、防风通圣散、大黄甘草汤、小建中汤、大建中汤、牛车肾气丸、人参养荣汤、三黄泻心汤、柴苓汤、黄连汤、当归建中汤、麻子仁丸、麻黄附子细辛汤、桂枝加芍药大黄汤和桔梗汤中的至少1种提取物粉末。

7. 一种含有汉方提取物的片剂组合物的制造方法,其特征在于,包括:在汉方提取物粉末中添加无水硅酸和水进行搅拌造粒的工序;以及在所得的造粒物中混合纤维素乙醇酸和碳酸氢钠的工序。

1. 权利要求类型的组合

该专利权利要求书包含7项权利要求,分为两组:权利要求1~6请求保护的主题为含有提取物的片剂组合物,为产品权利要求;权利要求7请求保护的主题为一种含有提取物的片剂组合物的制造方法,为方法权利要求。这种产品权利要求和方法权利要求进行组合撰写的方式,可以从方法、产品等多个角度对技术方案进行全面保护。

2. 权利要求的层次

权利要求1为独立权利要求,特征部分限定了组分组成及其大致制备工艺;权利要求2引用权利要求1,进一步限定了片剂组合物是混合无水硅酸而形成的;从属权利要求3~4分别引用了权利要求1或2,分别进一步限定了纤维素乙醇酸、碳酸氢钠的用量。权利要求5引用权利要求2,进一步限定了无水硅酸的用量;权利要求6引用了权利要求1或2,进一步限定了汉方提取物粉末的具体选择。

该专利权利要求之间具有鲜明的层次性,采用层层限定的方式,将各项技术特征在独立权利要求和从属权利要求之间合理分配。这样撰写的好处有两项,一是便于实质审查时的修改,二是可以使权利要求保护范围分层次逐级限定。

(1) 在审查上,日本特许厅为了缩短审查流程,对收到驳回理由通知后的修改范围进行了严格限制,并引入了修改驳回的机制。申请人在收到驳回理由通知后,可以在规定的时间内对申请文件进行修改,但根据所收到通知书类型的不同,申请人可修改的范围存在显著差异。第一,在收到最初的驳回理由通知后,申请人所作的修改不能超出原始申请文件所记载的范围,修改后与修改前的发明应该具有单一性;第二,在收到最后的驳回理由通知后,申请人所作的修改除了满足不超范围和单一性条件外,仅限于以下4种方式:①权利要求的删除;②权利要求范围的缩减;③笔误的更正;④对不清楚内容的解释。

正是严格的修改驳回机制,使日本专利的权利要求书撰写时,会特别注意权利要求的层次性,以便于实质审查程序中的修改,防止审查过程中的不可预测性带来的无法得到合理保护的困境。

（2）在保护范围上，科学合理的专利申请要求将权利要求保护范围进行分层次的逐级限定。独立权利要求限定的保护范围应概括最宽，各从属权利要求逐级缩小保护范围。申请人在撰写权利要求时，应当基于现有技术以及发明的详细说明记载的内容，慎重考虑，确定解决技术问题所必不可少的技术特征，将这些必不可少的技术特征写入独立权利要求中。如果无法确定某一技术特征是否属必须写入独立权利要求中，那么将该技术特征写入从属权利要求中是一种合理可行的做法。

在 JPWO2004006945A1 中，申请人基于对现有技术的理解以及该发明的详细说明记载的内容，判断无水硅酸，无水硅酸、纤维素乙醇酸、碳酸氢钠的用量并不是解决技术问题所必不可少的技术特征，因而选择将其不写入独立权利要求 1 中。该撰写策略既体现了权利要求撰写的层次性，也与权利要求的支持要件息息相关，在下文"支持要件"部分会有详细说明。

（二）权利要求的支持要件

可实施要件要求发明的详细说明必须清楚且充分地进行记载，达到使具有发明所述技术领域通常知识的人能够实施的程度；如果对于发明的详细说明没有进行清楚且充分地记载，则具有发明所述技术领域通常知识的人无法实施该发明。

另外，《特许法》第 36 条第 6 款第 1 项规定权利要求所述发明不能够超出发明的详细说明中记载的范围，此为权利要求的支持要件。支持要件是保证授予专利权的发明确为发明的详细说明中所记载之物的记载要件，如果将发明的详细说明中未记载的发明写入权利要求的范围，则会造成将专利权授予未公开的发明。

可实施要件强调充分的公开，而支持要件则强调合理的保护范围。而合理的保护范围的获得，其前提就是发明的详细说明中的充分公开。因此，对于权利要求是否满足支持要件的判断，既需要考量权利要求记载的内容，又要考量说明书记载的内容，将权利要求的技术方案与说明书所记载的技术内容进行对比、评价，在对比、评价时，并不局限于两者表现形式上的一致性，而是对实质的对应关系进行判断。《审查基准》中列举了违反支持要件的 4 种类型[1]：

（1）权利要求中记载的事项，在发明的详细说明中既无记载也无启示。

（2）权利要求与发明的详细说明中记载的术语不统一，结果导致两者之间的对应关系不清楚。

（3）即便参照申请时的技术常识，也无法将发明的详细说明中公开的内容扩张或一般化到权利要求的发明范围。

（4）权利要求未反映出发明的详细说明中所记载解决技术问题的手段，导致专利请求保护的范围超出了发明的详细说明所记载的范围。

1. 支持要件与说明书

【案例 5】JPWO2004006945A1

JPWO2004006945A1 主要涉及含有汉方提取物的片剂组合物（以下简称为"片剂

---

[1] 特許庁. 特許・実用新案審査基準 [EB/OL]. [2019-09-01]. https://www.jpo.go.jp/system/laws/rule/guideline/patent/tukujitu_kijun/index.html.

组合物")及其制造方法。提取物粉末吸水性较高,制造过程中不使用水可以避免吸水性的问题;在申请日前,通常将混合粉末直接压片,以此避免使用水;但直接压片存在崩解时间长、溶出度低等问题,而通过制颗粒后压片存在有机溶剂残留、含水量控制困难、制剂时间长等问题。为了解决这些技术问题,该发明对辅料进行了筛选,将提取物粉末与纤维素乙醇酸和碳酸氢钠混合后进行压片,具有优异的崩解性和溶出度。其原始权利要求1为:

1. 一种含有汉方提取物的片剂组合物,其特征在于:是将汉方提取物粉末、纤维素乙醇酸和碳酸氢钠混合制得的。

该权利要求1的主题是含有汉方提取物的片剂组合物,其特征部分限定了该片剂组合物的组分(汉方提取物粉末、纤维素乙醇酸和碳酸氢钠)及制备方法(混合制得)。

对于权利要求是否满足支持要件的判断,既需要考量权利要求记载的内容,又要考量说明书记载的内容,将权利要求的技术方案与说明书所记载的技术内容进行对比、评价。因此,该权利要求的撰写是否符合支持要件的要求,需要结合说明书所记载的技术内容来进行评价。JPWO2004/006945A1 的具体实施方式及其效果如表 6-1-8 和表 6-1-9 所示。

表 6-1-8 JPWO2004/006945A1 的具体实施方式

工艺	汉方	辅料1	碳酸氢钠	硬脂酸镁	轻质无水硅酸	制片方法
提取物粉末 100.0 重量份	当归芍药散	实施例1	纤维素乙醇酸 31.7 重量份	14.9 重量份	1.5 重量份	0.4 重量份	粉末直接成片法
		比较例1-1	结晶纤维素 47.0 重量份	—	1.5 重量份	—	粉末直接成片法
		比较例1-2	结晶纤维素 32.2 重量份	14.9 重量份	1.5 重量份	—	粉末直接成片法
		比较例1-3	纤维素乙醇酸 31.7 重量份 结晶纤维素 15.3 重量份	—	1.5 重量份	—	粉末直接成片法
	加味逍遥散	实施例2	纤维素乙醇酸 31.7 重量份	14.9 重量份	1.5 重量份	0.4 重量份	粉末直接成片法
		比较例2	结晶纤维素 47.0 重量份	—	1.5 重量份	—	粉末直接成片法
	桂枝茯苓丸	实施例3	纤维素乙醇酸 25.1 重量份 结晶纤维素 23.2 重量份	16.7 重量份	1.7 重量份	0.5 重量份	粉末直接成片法
		比较例3	结晶纤维素 65.6 重量份	—	1.7 重量份	—	粉末直接成片法

续表

工艺	汉方	辅料1	碳酸氢钠	硬脂酸镁	轻质无水硅酸	制片方法
50重量份水+100重量份大黄甘草汤提取物粉末+30重量份轻质无水硅酸,造粒	实施例4	造粒物130份	纤维素乙醇酸39重量份	9重量份	2重量份	造粒使用30重量份	湿法造粒制片法
	比较例4-1	大黄甘草汤提取物粉末100重量份	结晶纤维素78重量份	—	2重量份	—	粉末直接成片法
	比较例4-2	造粒物130份	结晶纤维素48重量份	—	2重量份	造粒使用30重量份	湿法造粒制片法
	比较例4-3		结晶纤维素39重量份	9重量份	2重量份	造粒使用30重量份	湿法造粒制片法
	比较例4-4		纤维素乙醇酸39重量份 结晶纤维素9重量份	—	2重量份	造粒使用30重量份	湿法造粒制片法
48重量份水+100重量份葛根汤提取物粉末+30重量份轻质无水硅酸,造粒	实施例5	造粒物130份	纤维素乙醇酸21重量份	8重量份	2重量份	(造粒使用30重量份)	湿法造粒制片法
	对比例5	葛根汤提取物粉末100重量份	结晶纤维素78重量份	—	2重量份	—	粉末直接成片法
53重量份水+100重量份柴胡桂枝汤提取物粉末+30重量份轻质无水硅酸,造粒	实施例6	造粒物130份	纤维素乙醇酸26重量份	8重量份	2重量份	(造粒使用30重量份)	湿法造粒制片法
	对比例6	柴胡桂枝汤提取物粉末100重量份	结晶纤维素65重量份	—	2重量份	—	粉末直接成片法

表6-1-9 JPWO2004/006945A1 具体实施方式的效果

实施例的片剂	崩解时间/分钟	比较例的片剂	崩解时间/分钟
实施例1	15	比较例1-1	65
		比较例1-2	31
		比较例1-3	55
实施例2	10	比较例2	58

续表

实施例的片剂	崩解时间/分钟	比较例的片剂	崩解时间/分钟
实施例3	9	比较例3	41
实施例4	11	比较例4-1	73
		比较例4-2	80
		比较例4-3	46
		比较例4-4	40
实施例5	10	比较例5	68
实施例6	10	比较例6	82

对JPWO2004/006945A1的实施方式进行分析，如表6-1-10所示。

表6-1-10　JPWO2004/006945A1具体实施方式的分析

特征	试验相应操作	效果	分析结论
汉方提取物粉末	当归芍药散 加味逍遥散 桂枝茯苓丸 大黄甘草汤 葛根汤 柴胡桂枝汤 100重量份	实施例1~6均表明各种汉方提取物均可以制备成快速崩解的片剂	汉方提取物粉末是必需的，但具体的汉方处方是否必须没有证明
制备方法	湿法造粒制片法 粉末直接成片法	粉末直接成片法、湿法造粒制片法均使用了混合的步骤，均可以制备成快速崩解的片剂	具体的制备方法不是必需的
辅料1	纤维素乙醇酸 （21~26重量份） 结晶纤维素 （9~78重量份）	比较例1-1、比较例1-2、比较例1-3、比较例2、比较例3、比较例4-1、比较例4-2、比较例4-3、比较例4-4、对比例5、对比例6使用了结晶纤维素，崩解效果均不理想； 实施例1~6均仅使用了纤维素乙醇酸，均可以制备成快速崩解的片剂	纤维素乙醇酸是必需的，但用量是否必须没有证明
辅料2	碳酸氢钠 （8~16.7重量份）	比较例1-1、比较例1-3、比较例2、3、比较例4-1、比较例4-2、比较例4-4、对比例5、对比例6均没有使用碳酸氢钠，崩解效果均不理想； 比较例1-2、比较例4-2使用了碳酸氢钠，但崩解效果也不理想； 实施例1~6均使用了碳酸氢钠，均可以制备成快速崩解的片剂	碳酸氢钠是必需的，但用量是否必须没有证明

续表

特征	试验相应操作	效果	分析结论
辅料3	硬脂酸镁 （1.5~2重量份）	所有比较例和实施例均使用了硬脂酸镁，崩解效果有好也有不好，但所有崩解效果好的例子（实施例1~6）均使用了硬脂酸镁	硬脂酸镁是必需的，但用量是否必须没有证明
辅料4	轻质无水硅酸 （0.4~30重量份）	比较例1-1、比较例1-2、比较例1-3、比较例2、比较例3、比较例4-1、对比例5、对比例6均没有使用轻质无水硅酸，崩解效果均不理想； 比较例4-2、比较例4-3、比较例4-4均用了轻质无水硅酸，崩解效果均不理想； 实施例1~6均使用了轻质无水硅酸，均可以制备成快速崩解的片剂	轻质无水硅酸是必需的，但用量是否必须没有证明

由此，提炼出必要技术特征，如表6-1-11所示。

表6-1-11　JPWO2004/006945A1的必要技术特征

必要技术特征	待证明的技术特征
含有汉方提取物的片剂组合物	各组分的用量
纤维素乙醇酸	
碳酸氢钠	
硬脂酸镁	
轻质无水硅酸	

将独立权利要求1的技术特征与上述提炼出的必要技术特征进行比对，如表6-1-12所示。

表6-1-12　JPWO2004/006945A1的技术特征比对

独立权利要求1	提炼出的必要技术特征
含有汉方提取物的片剂组合物	√
汉方提取物粉末	√
纤维素乙醇酸	√
碳酸氢钠	√
混合制得	√
—	硬脂酸镁
—	轻质无水硅酸

注：表中打勾表示含此项必要技术特征。

将权利要求的技术方案与说明书所记载的技术内容进行对比、评价，可见独立权利要求1缺少了两项必要技术特征，即硬脂酸镁和轻质无水硅酸及其用量；且汉方提取物粉末、纤维素乙醇酸和碳酸氢钠的用量是否属于可以缺少的技术特征也在说明书中没有得到证明。即独立权利要求 1 所述发明超出了发明的详细说明中记载的范围，申请人将发明的详细说明中未记载的发明写入了权利要求的范围。

日本特许厅也针对该缺陷进行了审查，如表 6－1－13 所示。

表 6－1－13　针对权利要求与说明书的关系所发出的审查意见

> 1. A29.2（创造性）
> 说明书中的实施例 1～6 中仅仅记载了含有所有上述 4 种添加剂（即纤维素乙醇酸、碳酸氢钠、硬脂酸镁、无水硅酸）的含有汉方提取物的片剂的良好的崩解性和溶出度。因此，对于本发明权利要求 1～7 中仅包含部分添加剂的发明，与出版物 1～4 中记载的技术相比，具有发明所述技术领域通常知识的人无法预期其具有显著的效果。
>
> 2. A36.4（1）（可实施要件）
> 说明书中实施例仅记载了混合上述 4 种（纤维素乙醇酸、碳酸氢钠、硬脂酸镁、无水硅酸）添加剂的汉方提取物片剂的技术效果，而权利要求 1～4 中均未明确包含硬脂酸镁、无水硅酸，权利要求 5～7 中均未明确包含硬脂酸镁，由于出版物 4 中明确无水硅酸与碳酸氢钠组合后汉方提取物片剂具有良好崩解性，在说明书没有清楚也不充分描述仅包含部分添加剂技术方案及其效果时，无法使得具有发明所述技术领域通常知识的人能够实施本发明权利要求 1～7 的技术方案，因此关于说明书记载的权利要求 1～7 的技术方案不符合可实施要件。
>
> 3. A36.6（1）（支持要件）
> 由于本申请说明书详细说明中没有记载仅包含部分添加剂的发明，因此权利要求 1～7 的技术方案得不到说明书的支持。

可见，日本的审查实践对于专利申请文本的撰写要求较高，对于发明的详细说明部分如果存在试验设计上的缺陷，会对此进行严格的审查，要求申请人对此进行说明解释或者补充证据。

但日本特许厅未对组分的用量提出审查意见，似乎认为用量不是必需的。这是因为日本《特许法》规定，"具有发明所述技术领域通常知识的人"具有一定的创造能力，因此组分用量可以参照申请时的技术常识，通过常规技术手段进行筛选，进而将发明的详细说明中公开的内容扩张或一般化到权利要求的发明范围内。

对于日本特许厅的审查意见，津村也在一定程度上进行了接受，并通过补交证据的方式加以克服，最终以原始权利要求获得授权，如表 6－1－14 所示。

表 6－1－14　津村的答复意见

> 1. 本发明使用的汉方提取物粉末、纤维素乙醇酸、碳酸氢钠是必不可少的组分，而硬脂酸镁、无水硅酸是属于可选的组分。
>
> 2. 本申请说明书中记载了本发明的片剂组合物可添加赋型剂、黏合剂、增塑剂、润滑剂等，其中提到了硬脂酸镁，并且硬脂酸镁作为润滑剂使用是众所周知的（参考资料 1：《药学大辞典》，日本工业技术联盟，1982 年发行）。
>
> 3. 根据说明书的记载，无水硅酸也不是必需成分，其仅仅是在采用湿法制粒制备片剂时选用，作为药物添加剂的无水硅酸作为流化剂是众所周知的（参考资料 2："制剂中流化剂功能的机理研究——表面构造及润湿性的影响"，太田等，《表面科学》，第 24 卷第 10 期，第 608－613 页，2003）。
>
> 4. 申请人补交了在同样试验条件下溶出率试验，为了证明无水硅酸并非本发明片剂的必需组分。

通过梳理专利 JPWO2004/006945A1 的独立权利要求 1、说明书的实施例、日本特许厅的审查意见以及津村的答复，可以看出专利 JPWO2004/006945A1 的独立权利要求

1的撰写具有以下特点：

（1）撰写权利要求，应当以发明的详细说明为基础。

JPWO2004/006945A1的审查过程虽然存在一定的波折，但最终还是克服了支持要件的缺陷，以原始权利要求获得了授权。主要影响因素有四方面，一是说明书的详细说明中记载了根据需要可以添加硬脂酸镁和无水硅酸；二是对硬脂酸镁和无水硅酸的公知属性以引用现有技术的方式进行了举证；三是补交了试验数据以证明无水硅酸是非必需组分；四是原始说明书中详细记载了多个实施例，对技术方案和技术效果进行了详细记载，虽然这些记载的实施例存在一定程度上的缺陷，但是审查过程中能够合理解释和补交试验证据的基础。

另外，JPWO2004/006945A1的权利要求1之所以在审查过程中被质疑不符合支持要件，其主要原因就是说明书的详细说明记载不够严谨和充分，在没有被澄清前，该权利要求1的表述确实一定程度上没有以说明书的详细说明为基础。

（2）独立权利要求应当记载请求保护的发明的所有必要技术特征，而尽可能少地在权利要求中记载非必要技术事项。

JPWO2004/006945A1的权利要求1记载了含有汉方提取物的片剂组合物的全部必要技术特征（汉方提取物粉末、纤维素乙醇酸和碳酸氢钠），而仅仅记载了一个非必要技术特征（混合制得）；并且申请人基于对现有技术的理解以及本发明的详细说明记载的内容，判断无水硅酸、纤维素乙醇酸、碳酸氢钠的用量并不是解决技术问题所必不可少的技术特征，因而选择将其不写入独立权利要求1中，而是将其写入从属权利要求中。

（3）深刻理解法律规定，帮助权利要求撰写。

权利要求保护范围尽可能大且稳定，是专利申请人的天然追求，通过对法律的深刻理解，可以帮助申请人实现这样的追求。在撰写JPWO2004/006945A1的权利要求1时，如果对各组分限定具体的用量，则其保护范围必然会被明显缩小；但如果不限定具体的用量，则难免会陷入不符合支持要件的窘境。

津村通过深刻理解法律规定，注意到日本特许法对"具有发明所述技术领域通常知识的人"的规定，即能够使用发明所属技术领域的研究开发（包括文献解析、实验、分析、制造）的常规手段，能够发挥通常创造能力的人。而制剂组分用量通常就是具有发明所述技术领域通常知识的人参照申请时的技术常识，通过常规技术手段就能够进行筛选得到的。因此，津村在独立权利要求1中选择不记载组分用量，而日本特许厅也没有发出相应的审查意见。

即便如此，津村还是谨慎地在权利要求3~5中对汉方提取物粉末、纤维素乙醇酸、碳酸氢钠、无水硅酸的用量比例进行了限定，在说明书中详细记载了各组分用量的多种选择范围，以防止审查过程中不可预期的变化。

2. 支持要件与撰写方式

日本组合生药专利以开放式撰写的方式对权利要求进行撰写是普遍的现象。

【案例6】JP1997235237A

JP1997235237A是大正制药株式会社申请的一件药物组合物专利，该组合物通过冬虫夏草增强巴西榥榥木对因紧张等而引起压抑的体力或精力的恢复效果,还具有解除紧张和体力疲劳的效果以及改善或恢复弱化的体质的效果。授权的权利要求1为:

  1. 包括冬虫夏草和巴西榥榥木的组合物。

【案例7】JP2013107907A

JP2013107907A是丸善制药株式会社申请的一件医药用途专利,目的是提供一种具有促进IGF-1表达的物质,对选自银杏、薄荷、青蒿、当归、甘草等36种天然药物的提取物进行了实验。权利要求1为:

  1. 包含甘草叶提取物作为有效成分用于生发作用的胰岛素样生长因子-1（IGF-1）表达促进剂。

【案例8】JP2008044885A

JP2008044885A是小林制药株式会社申请的一件药物组合物专利,其目的是提供一种具有抗疲劳功效的内服组合物,通过黑蒜与人参进行复配达到预防和治疗疲劳的作用。权利要求1为:

  1. 包含以新鲜大蒜发酵的黑蒜粉和人参作为活性成分的预防疲劳的内服组合物。

【案例9】JP2019054791A

JP2019054791A是好侍健康食品株式会社申请的一件药物组合物专利,其目的是提供一种有效改善疲劳的新组合物,权利要求1为:

  1. 一种用于改善疲劳的组合物,其特征在于,包括生姜、山椒、大枣、茴香、人参和甘草。

【案例10】JP2012224581A

JP2012224581A是乐敦制药株式会社申请的一件制剂专利,其目的是提供一种汉方提取物重量含量达到87%以上,崩解性和成型性优异的片剂。通过将硅酸铝镁与汉方提取物混合制备片剂,即使汉方提取物重量含量达到87%以上,片剂的崩解性和成型性优异依然良好。授权的权利要求1为:

  1. 一种片剂,含有（A）防风通圣散提取物及防己黄芪汤提取物中的一种或两种;（B）偏硅酸铝镁和/或硅酸镁铝的,其中汉方提取物的含量占片剂重量的87%以上,（B）成分的含量占汉方提取物以外的成分的重量的35%以上。

【案例6】~【案例10】示例性地列出部分开放式撰写典型专利。通常,采用"包含""包括"的表达方式形成的权利要求属于开放式权利要求,其解释为还可以含有该权利要求没有描述的结构组成。由于医药化学领域的不可预测性,开放式权利要求由于含有权利要求未记载的其他组分时,往往会导致其效果不可预测,进而可能引起支持要件的缺陷。

但日本《特许法》赋予了"具有发明所述技术领域通常知识的人"一定的通常创造能力,具有所属技术领域通常的分析、解析能力,允许申请人参照申请时的技术常识，将发明的详细说明中公开的内容进行扩张或一般化到权利要求的范围内；加之医药领域发明创造本身存在时间长、投入大、成功率较低的特点，对权利要求保护范围限制过度不利于推动医药领域的发明创造。

此外，上述权利要求也均未对组分的具体用量进行记载。

因此，只要不存在异于技术常识的技术反例或者涉及解决技术问题的关键参数，日本专利审查时通常也不会对该问题发出审查意见；专利申请人也会基于申请时的技术常识进行评估，当可能违反支持要件时，通常会在说明书中进行说明或以实施例的方式加以示例。

（三）权利要求的明确性要件

《特许法》第36条第6款第2项规定权利要求书应当清楚地记载希望获得专利的发明，此为明确性要件。《审查基准》中列举了违反明确性要件的几种类型：

（1）权利要求的记载本身不清楚，导致发明不清楚的。

（2）用来确定发明的特定事项中存在技术上的不足，导致发明不清楚的。

（3）权利要求所属的类型（物品发明、方法发明、物品生产方法发明）不清楚，或者不属于任一个类型，因而导致发明不清楚的。

（4）用来确定发明的事项是通过选择项来描述的，但选择项之间没有相似的性质或功能，导致发明不清楚的。

（5）采用了范围界限模糊的表述，导致发明的范围不清楚的。

通常来说，将权利要求撰写明确、清楚是申请人的普遍追求，这样可以明确权利边界，有利于专利权的稳定。但对于医药领域来说，由于医药品的机理与适应证之间的关系存在不明确的问题，撰写机理限定的发明时，尤其需要注意。下面结合具体案例进行说明。

【案例11】 JP2013107907A

JP2013107907A是丸善制药株式会社于2013年3月1日提交的一件专利申请。其权利要求为：

　　1. 含有一种或一种以上的选自甘草叶、当归、紫苏、延命草的提取物作为有效成分的胰岛素样生长因子-1（IGF-1）表达促进剂。

　　2. 含有一种或一种以上的选自甘草叶、当归、紫苏、延命草的提取物作为有效成分的胰岛素样生长因子-1（IGF-1）表达减少相关疾病的预防和治疗剂。

　　3. 含有甘草叶提取物作为有效成分的生发剂。

权利要求1~2均不直接以疾病名称限定用途，而是通过导致或治疗疾病的机理对治疗疾病的用途进行限定，属于明显的机理表征的用途权利要求。对于此类权利要求，如果结合现有技术以及发明的详细说明，无法明确该机理的技术意义及与之对应的适应证，则具有发明所述技术领域通常知识的人无法明确把握权利要求的技术内容，进而导致该权利要求不符合明确性要件。

JP2013107907A在说明书中对提取物的用途进行了试验，如表6-1-15所示。

表 6-1-15　JP2013107907A 的试验例

试验例（第 0069~0071 段）IGF-1mRNA 表达促进作用试验

试验目的：探索实施例所述提取物是否对 mRNA 表达具有促进作用。

试验药物：说明书第 0068 段表 1 涉及的 1~36 天然药物提取物，给药浓度为 5μg/mL、50μg/mL。

试验方法：将正常皮肤 NB1RGB 细胞接种到 60mm 培养皿中，在 37℃、5% CO_2~95% 空气的条件下培养 24h，在每个培养皿中加入样品溶液，继续培养 24h 后用常规方法制备总 RNA，以总 RNA 为模板，测定 GAPDH 中 IGF-1 和内标物的表达量，用实时荧光定量聚合酶链反应检测提取物对 IGF-1mRNA 表达的影响。

试验结果：采取表格的形式表述试验结果（下表 2），第 0071 段对结果进行说明。

【0070】
〔表2〕

试料	试料浓度	IGF-1 mRNA 発現促進率（%）
1	5μg/mL	251.7
	50μg/mL	784.7
2	5μg/mL	169.9
	50μg/mL	603.9
3	5μg/mL	166.6
	50μg/mL	553.1
4	5μg/mL	309.4
	50μg/mL	520.6
5	5μg/mL	393.2
	50μg/mL	489.0
6	50μg/mL	412.7
7	50μg/mL	380.3
8	5μg/mL	360.0
9	50μg/mL	315.4
10	50μg/mL	311.0
11	5μg/mL	293.9
	50μg/mL	261.5
12	5μg/mL	284.3
13	50μg/mL	273.5
14	50μg/mL	257.5
15	50μg/mL	245.2
16	50μg/mL	243.4
	50μg/mL	193.5
18	50μg/mL	228.1
19	50μg/mL	222.3
20	5μg/mL	171.8
	50μg/mL	210.1
21	50μg/mL	209.0
22	50μg/mL	203.8
23	5μg/mL	198.3
24	5μg/mL	193.5
25	50μg/mL	191.9
26	5μg/mL	182.9
27	50μg/mL	174.2
28	5μg/mL	171.9
29	50μg/mL	171.1
30	50μg/mL	167.0
31	50μg/mL	162.1
32	5μg/mL	143.7
	50μg/mL	161.9
33	50μg/mL	158.4
34	5μg/mL	147.2
	50μg/mL	158.0
35	50μg/mL	151.7
36	50μg/mL	150.3

该试验采取细胞试验，验证了 36 种提取物单独检测 IGF-1mRNA 表达促进率，该

数据是提取物与机理之间关系的试验数据，未涉及具体疾病的药理活性试验。虽然背景技术部分已罗列了 IGF-1 表达异常对应的疾病，但与 IGF-1 表达减少相关的疾病很多，随着医学的发展对应的疾病还会增加，因而无法完全概括，同时某种疾病可能与多种机理相关，并非唯一对应关系，因而无法确定所述机理一定对所有与该机理相关的疾病均有治疗作用。即权利要求2还存在具有发明所述技术领域通常知识的人无法明确把握范围的明确性问题。日本专利审查过程中，也指出了该问题，如表 6-1-16 所示。

表 6-1-16　日本特许厅的审查意见

权利要求2描述的用途作为胰岛素样生长因子-1（IGF-1）表达减少相关疾病的预防和治疗剂。虽然本发明试验证明了提取物对于 IGF-1 的表达促进作用，但并没有记载可以用甘草叶提取物预防和治疗涉及 IGF-1 表达减少引起的具体疾病，并且对于具有发明所述技术领域通常知识的人而言，无法直接确认疾病是否直接由于 IGF-1 表达减少引起，且只能通过 IGF-1 表达促进作用来预防和治疗，由于上述不确定性，因而具有发明所述技术领域通常知识的人在实施本发明时，需要首先检查相关疾病是否由于 IGF-1 表达减少引起，而上述检查已超出了具有发明所述技术领域通常知识的人的水平，因而权利要求2的描述存在公开不充分、不支持、不清楚的问题。

最终，申请人在收到最初的驳回理由通知书后，删除了原权利要求2，通过删除权利要求的方式克服驳回理由通知书提出的问题。其授权权利要求为：

1. 包含甘草叶提取物作为有效成分用于生发作用的胰岛素样生长因子-1（IGF-1）表达促进剂。
2. 含有甘草叶提取物作为有效成分的生发剂。

该权利要求将用途限定到生发作用，明确了机理与特定的适应证之间的关系。

第二节　日本汉方·生药发明专利的审查

专利权是指专利制度对公开了其发明的人，授予其一定期间内利用该发明的独占权利。专利权不是天然存在的权利，而是专利申请人以公开发明创造作为对价，通过一定的程序和条件，与专利制度的运行者（通常是以国家权力为依托）进行的交换。因此，某项技术能否获得专利权的保护，需要专利行政管理部门（通常是各国或地区的专利局）对该技术是否满足获得专利权的条件进行判断并根据判断作出决定。这个判断、决定的过程，就是专利审查。

世界各国或地区通常的审查方式有两种，即形式审查和实质审查。形式审查是指仅仅对专利申请进行形式上的审查以符合基本的文本要求，之后便作出授权决定的一种审查方式；如果对该专利是否符合专利权的条件存在争议，可以在该专利授权后通过法院进行专利无效诉讼。实质审查则是由审查员对专利申请是否具备授予专利权所必要的实质性要件进行审查，之后决定该专利申请是否授予专利权。形式审查和实质审查各有利弊，形式审查程序上较为简便，不需要大量的实质审查员，经济成本、人力成本通常来说较低，但由于专利申请未经过实质审查，专利权的稳定性普遍较低，如果专利申请量增加，则后续诉讼程序的压力则会大大增加；实质审查则程序较为冗长，需要大量的实质审查员，经济成本、人力成本较高，但由于专利申请经过了实质审查，专利权稳定性较高，便于专利权人的维权，也提高了专利权的可预期性，后续诉讼程序压力会相对减轻。

出于权利的法律稳定性的考量，日本《特许法》采用实质审查的形式对发明专利申请进行审查。完整的发明专利审查流程包括形式审查、实质审查以及审判制度（见图6-2-1）。

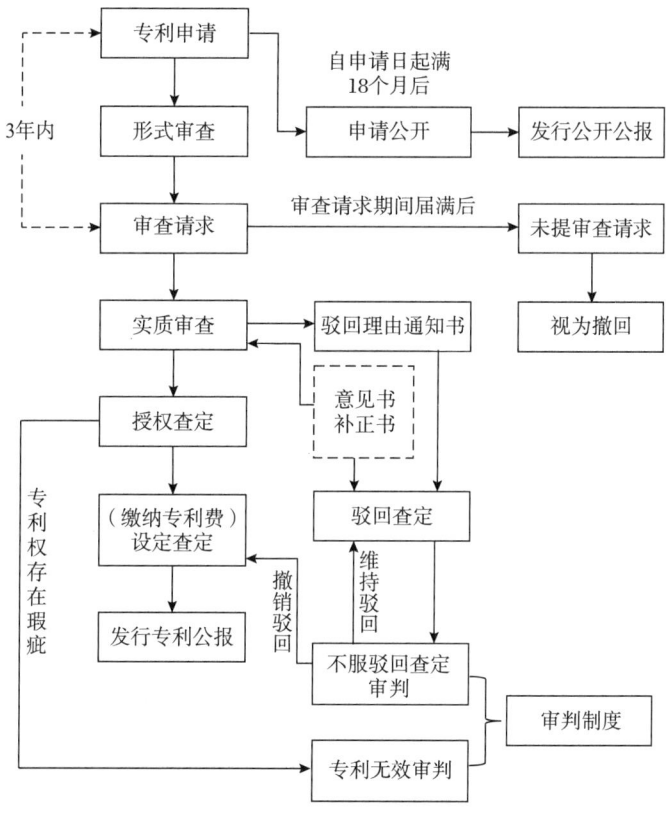

图6-2-1 日本发明专利审查程序

（1）形式审查。日本特许厅在对专利申请进行实质审查之前，会先对专利申请是否符合《特许法》规定的形式进行审查。如果发现所提交的申请文件中存在缺陷，特许厅长官可向申请人发出补正命令，申请人逾期未进行补正的，可驳回相应的手续或专利申请。对于不合法且无法补正的手续，特许厅长官应当驳回。驳回相关手续时，应当发出驳回理由通知书，并指定相应的期间，给予提交"辨明书"的机会。需要注意的是，具有进行补正命令与手续驳回权限的是特许厅长官，而非审查员。

（2）实质审查。《特许法》第47条规定，专利申请的实质性要件的审查由审查员进行，审查员的资格由政令规定。日本实质审查主要围绕《特许法》第49条规定的实质性要件进行。如果判断专利申请不具备《特许法》第49条各项的要求，审查员便根据其第50条的规定，以审查员自己的名义向申请人发出驳回理由通知书，给予提交意见书的机会和进行补正的机会。除第49条规定的各项实质性要件之外，审查员还对优先权要求、发明丧失新颖性的例外、申请的分案和变更进行审查。

(3) 审判制度。由于专利实质审查的最终结论可能存在瑕疵，即不当驳回或者不当授权，导致申请人或者公众利益受损。因此，基于纠正这些瑕疵的目的，日本特许厅设置了审判制度，由特许厅3名或5名审判员组成合议组，采用过半数多数决的方式，对专利有关的案件进行准司法性质的审理判断，分为不服驳回查定审判和专利无效审判两种。

不服驳回查定审判是指专利申请人收到驳回查定后，对查定不服所提起的审判。不服驳回查定审判是审查的上级审，具有继续审查的性质。通常是指上级审在承继下级审中的资料的基础上，进一步补充新的诉讼资料继续进行审理的方式。其结果分为维持原驳回查定、撤销原驳回查定两种情形。

专利无效审判则是专利权已经授予的情况下，如果发现专利权存在瑕疵，判明不应授予权利的，应该将其宣布无效。专利权非经无效审判程序，其权利的存在不得被消灭。

总体而言，"形式审查→实质审查→审判程序"三大程序的设置，其程序目的、程序处分权限人、程序的详细规定均有所侧重（见表6-2-1）。

表6-2-1　日本发明专利审查三大程序

程序	程序目的	程序处分权限人
形式审查	对专利申请的形式要件进行检查	特许厅长官
实质审查	对专利申请的实质性要件进行审查，最终作出授权或驳回决定	审查员
审判程序	不当驳回或者不当授权的救济	合议组，过半数多数决

虽然日本《特许法》中规定的"形式审查→实质审查→审判程序"三大程序与世界主要国家或地区的审查流程大致相同，但在具体的操作中也包含了许多富有日本专利制度特色的程序。本节通过具体案例，对实质审查程序、审判程序以及具体法条运用进行介绍，本节引用的专利案例如表6-2-2所示。

表6-2-2　本节引用的专利案例

序号	公开号	发明名称	申请人	案例类型
案例12	JPH0543469A	β-葡萄糖醛酸酶抑制剂	株式会社津村	一次授权查定
案例13	JPWO2004006945A1	含有汉方提取物的片剂组合物及其制造方法	株式会社津村	经驳回理由通知书后的查定
案例14	JPWO2009104248A1	肾上腺髓质素产生增强剂	国立大学法人旭川医科大学、株式会社津村	不服驳回查定审判程序—前置审查
案例15	JP2008044885A	预防疲劳的内服组合物及其制剂	小林制药株式会社	不服驳回查定审判程序—合议制审判

续表

序号	公开号	发明名称	申请人	案例类型
案例16	JP2014031367	交感神经活化剂	东洋新药株式会社	加快审查・审理制度
案例17	JP2008044885A	预防疲劳的内服组合物及其制剂	小林制药株式会社	两种以上医药成分的药物组合的创造性评判
案例18	JPH07215990A	岩藻依聚糖寡糖组合物	糖锁工学研究所株式会社	理化性质限定的产品权利要求的新颖性审查
案例19	JPWO2009104248A1	肾上腺髓质素产生增强剂	国立大学法人旭川医科大学、株式会社津村	机理限定的医药用途权利要求的审查

一、实质审查程序

自申请人本人或第三人提交了"审查请求"之后，专利实质审查程序开始启动。审查员首先对发明的申请文件进行核查和认定，确定审查的文本，经过现有技术的检索后，开始初次审查。

初次审查主要是判断专利申请是否属于《特许法》第49条规定的各项驳回事项（见表6-2-3），同时还对优先权要求、发明丧失新颖性的例外、申请的分案和变更进行审查。

表6-2-3　《特许法》第49条规定的驳回事项

（1）修改追加了新的事项（超范围，第17条之2第3款）；
（2）修改变更了发明的特别技术特征（第17条之2第4款）；
（3）申请人在日本国内无住所或居所（若是法人则为经营场所），且不属于例外的情形（第25条）；
（4）不符合发明的定义（第2条第1款）；
（5）不具备产业上利用的可能性（第29条第1款柱书）；
（6）不具备新颖性（第29条第1款）；
（7）不具备创造性（第29条第2款）；
（8）抵触申请（第29条之2）；
（9）不授予专利权的客体（第32条）；
（10）获得专利之权利为共有时，未与其他共有人共同进行申请（第38条）；
（11）重复授权（第39条）；
（12）专利申请因国际条约的规定而不能被授予专利权的（第49条第3款）；
（13）不符合记载要件（公开不充分、不支持、不清楚，第36条第4款第1项及第6款）；
（14）发明不具备单一性（第37条）；
（15）不符合现有技术文献公开要件（第36条第4款第2项）；
（16）专利申请为外文，所附文件记载的内容超出了外文文件记载的范围（第184条之18）；
（17）专利申请人不具有就该发明获得专利权利的（第49条第3款）。

如果审查员对专利申请进行初次实质审查后，未发现驳回理由的，则审查员不必发出驳回理由通知书即可作出授权查定。这种授权查定又被称为一次授权查定。

如果专利申请经过初次实质审查后，认为专利申请不能被授予专利的，或者认为说明书或权利要求书的记载存在缺陷的，则应当以通知书的形式通知申请人。由于日本专利实质审查主要围绕《特许法》第49条规定的驳回事项进行，因此日本的审查意见通知书被称为"驳回理由通知书"。

申请人收到驳回理由通知书后，可以提交意见书，对说明书和权利要求书进行修改，以克服驳回理由。如果驳回理由没有被克服，则审查员便可作出驳回查定；如果驳回理由被克服，未发现其他驳回理由的，则审查员应当作出授权查定。

日本特许厅实质审查程序的大致流程如图 6-2-2 所示。

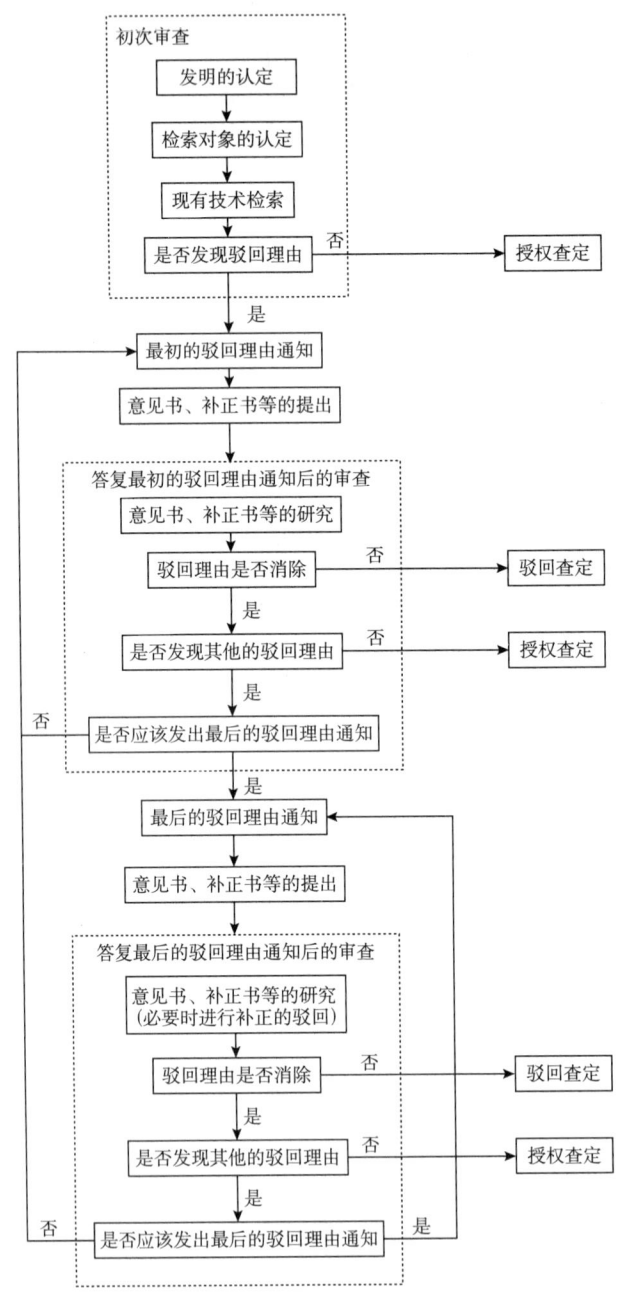

图 6-2-2 日本实质审查程序

本节结合案例,对一次授权查定、经驳回理由通知书后的查定进行说明。

(一) 一次授权查定

《特许法》第 51 条规定,对专利申请没有发现驳回理由时,审查员应当作出授予专利权的查定。初次审查时,审查员通过对发明的认定、检索对象的认定以及现有技术的检索,如果没有发现驳回理由,则应当作出一次授权查定。

【案例 12】JPH0543469A

专利 JPH0543469A(申请号 JP22366591A)是津村于 1991 年 8 月 9 日提交的一件专利申请,公开日为 1993 年 2 月 23 日,发明名称为"β-葡萄糖醛酸酶抑制剂"。该专利涉及一种 β-葡糖醛酸糖苷酶抑制剂的医药用途发明,其包含至少一种选自黄芩苷、木蝴蝶素 A-7-O-葡糖苷酸和木犀草素-3'-葡糖苷酸的化合物;黄芩和/或荆芥穗的提取物;或者含有黄芩和/或荆芥穗的汉方处方,可以缓解由化疗药物给药引起的不良反应,尤其是腹泻。

JPH0543469A 的审查过程如图 6-2-3 所示。

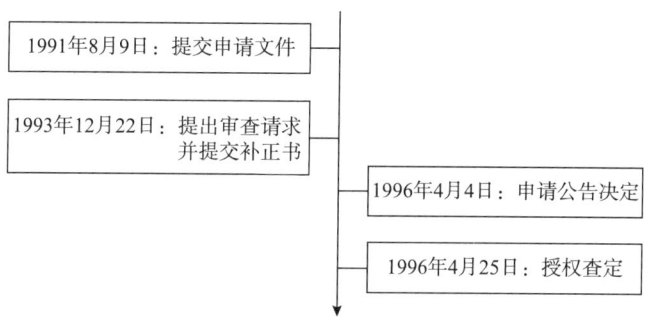

图 6-2-3 JPH0543469A 的审查过程

申请人于 1993 年 12 月 22 日提出了实质审查请求,同时主动提交了补正书,对说明书的明显错误进行了修改。之后,专利实质审查程序启动。由于审查员进行实质审查后,未发现任何驳回理由,也未发现说明书或权利要求书的记载存在缺陷,因此审查员未发出任何驳回理由通知书,在 1996 年 4 月 25 日直接作出授权查定。其授权权利要求与原始权利要求一致:

1. 包含至少一种选自黄芩苷、木蝴蝶素 A-7-O-葡糖苷酸和木犀草素-3'-葡糖苷酸化合物的 β-葡糖醛酸糖苷酶抑制剂。

2. 包含黄芩和/或荆芥穗提取物的 β-葡糖醛酸糖苷酶抑制剂。

3. 包含黄芩和/或荆芥穗的汉方处方的 β-葡糖醛酸糖苷酶抑制剂。

如果一件专利申请能够通过一次授权审查就获得了专利权,则意味着则该专利的技术方案具有较高的创新高度,满足授予专利权的实质性要求;同时也意味着该专利的申请文件满足专利申请的形式要求。

专利 JPH0543469A 的权利要求 1~3 均为独立权利要求,请求保护的主题为 β-葡糖醛酸糖苷酶抑制剂,以开放式撰写的方式记载了具体的有效成分,分别为化合物、提取物以及传统处方。这种"含有……作为（有效成分）的产品"撰写形式进行保护，在日本属于典型的医药用途发明。

此外，该专利的说明书还详细记载了化合物、生药提取物以及汉方的提取制备方法，并进一步将化合物制备成多种剂型，通过体外实验的方式验证了黄芩苷、木蝴蝶素 A-7-O-葡糖苷酸和木犀草素-3′-葡糖苷酸对 β-葡萄糖醛酸苷酶的抑制性。说明书实施例如表 6-2-4 所示。

表 6-2-4　JPH0543469A 的实施例

实施例 1	采用甲醇提取黄芩，经萃取、Sephadex LH-20 色谱柱洗脱、硅胶色谱柱洗脱，得到木蝴蝶素 A-7-O-葡糖苷酸、黄芩苷
实施例 2	采用甲醇提取荆芥穗，经萃取、Diaion HP-20 色谱柱洗脱、Sephadex LH-20 色谱柱洗脱、MCI 凝胶色谱柱洗脱后，进一步液相色谱分离，得到木犀草素-3′-葡糖苷酸
实施例 3	15g 黄芩中加入 150ml 水，在 100℃下提取 1h，过滤得到提取液并浓缩至干，得到 1.8g 干提取物
实施例 4	15g 荆芥穗中加入 150ml 水，在 100℃下提取 1h，过滤得到提取液并浓缩至干，得到 1.6g 干提取物。含有黄芩的汉方制剂包括半夏泻心汤、柴胡桂枝汤等，可采用常规方法制备
实施例 6~7	原料加水、100℃提取、分离、浓缩，分别获得小柴胡汤、柴朴汤、柴苓汤干燥粉末
试验例 1	对黄芩苷、木蝴蝶素 A-7-O-葡糖苷酸和木犀草素-3′-葡糖苷酸的 β-葡糖醛酸糖苷酶的抑制性进行了体外实验，并记载了详细的操作步骤和检测方法，结果为: | 被检测物	残存活性			
---	---	---	---	---
	3.3nM	16.7nM	33.3nM	166.7nM
黄芩苷	58.0	19.0	10.7	2.3
木蝴蝶素 A-7-O-葡糖苷酸	42.5	31.1	17.0	3.0
木犀草素-3′-葡糖苷酸	67.7	28.5	13.2	2.1	 本专利的活性成分化合物可用作 β-葡糖醛酸糖苷酶抑制剂
制备实施例 1~9	将黄芩苷、木蝴蝶素 A-7-O-葡糖苷酸和木犀草素-3′-葡糖苷酸分别制备成片剂、颗粒剂、注射剂等剂型

专利 JPH0543469A 的说明书明确了物质来源、制备方法，通过试验的方式论证了其作用效果；说明书整体结构完整清晰，药理试验模型合理，试验结论具有一定证明力，能够清楚、准确、有据地起到解释说明的作用。

最终，经过审查员的实质审查，认为该专利的权利要求书和说明书均没有发现驳回理由，因此，审查员作出了一次授权查定。

（二）经驳回理由通知后的查定

《特许法》第 50 条规定，审查员在拟作出驳回审查时，应当向专利申请人通知驳回理由，并指定相应的期间给予其提交意见书的机会。因此，"向专利申请人通知驳回理由"的文书，在日本被称为"驳回理由通知书"。如果根据未被通知过的驳回理由对专利申请作出了驳回查定或驳回审决的，则属于未给申请人陈述意见的机会，这样的驳回查定或驳回审决应被撤销。

由于专利申请通常存在实质的或形式的缺陷，因此，审查员对专利申请作出驳回查定或者授权查定之前，往往需要向专利申请人通知驳回理由，之后才能作出最终查定。这种查定又被称为经驳回理由通知后的查定。

【案例13】JPWO2004006945A1

专利JPWO2004006945A1（申请号JP2004521172A）是津村于2003年7月10日提交的一件PCT专利申请，优先权日为2002年7月12日，公开日为2004年1月22日，发明名称为"含有汉方提取物的片剂组合物及其制造方法"。该专利涉及一种含有汉方提取物的片剂组合物的发明，其是由汉方提取物粉末、纤维素乙醇酸和碳酸氢钠混合压片制得，可以进一步混合无水硅酸、硬脂酸镁，解决了汉方提取物片剂崩解性和溶出度问题。

JPWO2004006945A1在日本的审查过程如图6-2-4所示。

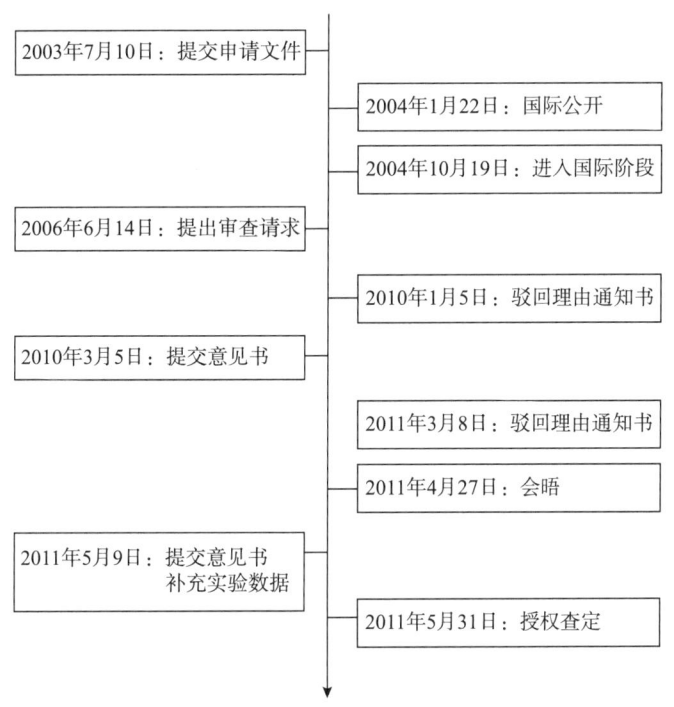

图6-2-4　JPWO2004006945A1的审查过程

2006年6月14日，申请人提出实质审查请求，实质审查程序开始启动。审查员于2010年1月5日第一次发出了驳回理由通知书，针对的权利要求为：

1. 一种含有汉方提取物的片剂组合物，其特征在于：是将汉方提取物粉末、纤维素乙醇酸和碳酸氢钠混合制得的。

2. 根据权利要求1所述的含有汉方提取物的片剂组合物，其是进一步混合无水硅酸而形成的。

3. 根据权利要求1或2所述的含有汉方提取物的片剂组合物，其中相对于100重量份前述汉方提取物粉末，前述纤维素乙醇酸的混合量为1~50重量份。

4. 根据权利要求1或2所述的含有汉方提取物的片剂组合物，其中相对于100重量份前述汉方提取物粉末，前述碳酸氢钠的混合量为1~50重量份。

5. 根据权利要求2所述的含有汉方提取物的片剂组合物，其中相对于100重量份前述汉方提取物粉末，前述无水硅酸的混合量为25~100重量份。

6. 根据权利要求1或2所述的含有汉方提取物的片剂组合物，其中前述汉方提取物粉末为选自葛根汤、葛根汤加川芎辛夷、乙字汤、安中散、八味地黄丸、大柴胡汤、小柴胡汤、柴胡桂枝汤、柴胡桂枝干姜汤、黄连解毒汤、小青龙汤、防己黄芪汤、当归芍药散、加味逍遥散、桂枝茯苓丸、桂枝加龙骨牡蛎汤、麻黄汤、麦门冬汤、人参汤、白虎加人参汤、猪苓汤、补中益气汤、六君子汤、钓藤散、防风通圣散、大黄甘草汤、小建中汤、大建中汤、牛车肾气丸、人参养荣汤、三黄泻心汤、柴苓汤、黄连汤、当归建中汤、麻子仁丸、麻黄附子细辛汤、桂枝加芍药大黄汤和桔梗汤中的至少1种提取物粉末。

7. 一种含有汉方提取物的片剂组合物的制造方法，其特征在于，包括：在汉方提取物粉末中添加无水硅酸和水进行搅拌造粒的工序；以及在所得的造粒物中混合纤维素乙醇酸和碳酸氢钠的工序。

2010年1月5日发出的驳回理由通知书中，涉及A29.1（新颖性）、A29.2（创造性）以及A29-2（第29条之2，抵触申请），引用了4篇引用文献：

出版物1：Wensley W. R. et al, Release of medication from compressed formulations, Canadian Pharm. J., 1959年，第93卷，第141~144页；

出版物2：JPS56152416A；

出版物3：JPH1160504A；

在先申请4：JP2005502729A。

具体审查意见如表6-2-5所示。

表6-2-5　2010年1月5日的驳回理由通知书

原文	译文
理由1、2 下記刊行物1　には、炭酸水素ナトリウムと繊維素グリコール酸が配合された漢方エキス含有錠剤が記載されているので、請求項1, 3, 4, 7の発明は、下記刊行物1に記載されているものと認める。	理由1、2 出版物1公开了含有汉方提取物、碳酸氢钠、纤维素乙醇酸的汉方提取物片剂，权利要求1、3、4、7请求保护的发明已经被出版物1公开（不具备新颖性）。

续表

原文	译文
また、下記刊行物2には、無水ケイ酸を配合すると崩壊性が向上することが、下記刊行物3には、炭酸水素ナトリウムを漢方エキス製剤に配合すると溶出性が向上することが記載されている。よって、下記刊行物1のような漢方エキス製剤にさらに無水ケイ酸を配合すること、および漢方エキス剤として下記刊行物2，3のエキス剤を用いることは、当業者によれば自明のことである。よって、請求項1～7の発明は、下記刊行物1～3記載の技術に基づいて、当業者であれば容易に為し得ることと認める。 理由3 　下記先願明細書4には、炭酸水素ナトリウム、繊維素グリコール酸、および無水ケイ酸を含有する漢方エキス製剤が記載されているものと認めるので、請求項1～4，7の発明と、下記先願明細書4記載の発明は、同一であるものと認める	另外，出版物2公开了通过加入无水硅酸改善了崩解性，出版物3公开了在汉方提取物制剂中加入碳酸氢钠后，其溶出度得到改善。因此，将无水硅酸进一步加入出版物1中的汉方提取物制剂中，并将出版物2和3的提取物制剂用作汉方提取物制剂，对本领域技术人员来说是不言自明的。因此，根据出版物1～3所记载的技术内容，得到权利要求1～7请求保护的发明是本领域技术人员容易实现的（不具备创造性）。 理由3 　在先申请4的说明书中记载了含有碳酸氢钠、纤维素乙醇酸、无水硅酸的汉方提取物制剂，本申请权利要求1～4，7请求保护的发明与在先申请4中记载的发明相同（抵触申请）

2010年3月5日，申请人针对2010年1月5的驳回理由通知书，提交了意见书（见表6-2-6），但未对申请文件进行修改。

表6-2-6　2010年3月5日的意见书

原文	译文
理由1について 　本願請求の範囲第1項に係る発明の漢方エキス含有錠剤組成物は、漢方エキス粉末、繊維素グリコール酸および炭酸水素ナトリウムの3成分を必須の配合成分とするものであります。 　これに対し、審査官殿引用の刊行物1を検討するに、刊行物1は、圧縮配合（Compressed formulations）によって作製された炭酸水素ナトリウム配合の錠剤からの薬物（Medication）の放出性（Release）に関する論文であり、TableⅠからTableⅣおよびFig1からFig10までに示されている配合系は、いずれも炭酸水素ナトリウムとアカシア（TableⅡ）、炭酸水素ナトリウムとメチルセルロース（TableⅢ）、炭酸水素ナトリウムとカルボキシメチルセルロースナトリウム（TableⅣ）の2種類の配合系であって、刊行物1はあくまで炭酸水素ナトリウムに着目して、当該炭酸水素ナトリウムと他の1成分との関係を論じております。 　よって、引用文献1には、刊行物1には、炭酸水素ナトリウムと繊維素グリコール酸と漢方エキス粉末が配合された3成分系の漢方エキス含有錠剤については記載も示唆もされておらず、審査官殿の「刊行物1には、炭酸水素ナトリウムと繊維素グリコール酸が配合された漢方エキス含有錠剤が記載されている」とのご認定は、失当であるといわざるを得ません。	关于理由1 　本申请权利要求1所述含有汉方提取物的片剂组合物具有三种基本成分：汉方提取物粉末、纤维素乙醇酸以及碳酸氢钠。 　与之相对，审查员所引用的出版物1是关于由压缩配方制作的碳酸氢钠混合片剂中药物释放度的论文，表Ⅰ至表Ⅳ以及图1至图10所示的组合均是碳酸氢钠和金合欢（表Ⅱ）、碳酸氢钠和甲基纤维素（表Ⅲ）、碳酸氢钠和羧甲基纤维素钠（表Ⅳ）等2种物质组成的组合物。可见，出版物1仅仅是着眼于碳酸氢钠，探讨碳酸氢钠其他某一成分之间的关系。 　因此，出版物1中没有记载或暗示将碳酸氢钠、纤维素乙醇酸和汉方提取物粉末混合制成含有3种成分的汉方提取物片剂。审查员关于"出版物1公开了含有汉方提取物、碳酸氢钠、纤维素乙醇酸的汉方提取物片剂"的认定是不合理的。

原文	译文
理由2について 　上述のように、本願請求の範囲第1項に係る発明の漢方エキス含有錠剤組成物は、漢方エキス粉末、繊維素グリコール酸および炭酸水素ナトリウムの3成分を必須とする新規なものであって、かつ、この漢方エキス含有錠剤組成物は、これまでの錠剤組成物からは到底予測し得ない優れた崩壊性と溶出性とを有するものであり、この点については本願明細書の実施例より明白であります。 　例えば、本願明細書の実施例4のように、漢方エキス（大黄甘草湯エキス粉末）を含む造粒物とともに、繊維素グリコール酸（カルボキシメチルセルロース）と炭酸水素ナトリウムの双方を含む場合と、比較例4-2のようにこれら双方を含まない場合と、比較例4-3のように炭酸水素ナトリウムのみを含む場合と、比較例4-4のように繊維素グリコール酸（カルボキシメチルセルロース）のみを含む場合とを比較した溶出性の結果を見ると（表2）、繊維素グリコール酸（カルボキシメチルセルロース）と炭酸水素ナトリウムの双方を含む場合の相乗効果は顕著であり、かかる相乗効果は刊行物1～3を如何に組み合わせたとしても決して当業者が予測し得る範囲内のものではないと思料いたします。したがって、本願請求の範囲第1項に係る発明、およびその従属請求の範囲である第2項～第5項に係る発明並びにこれらの製造方法に関する請求の範囲第7項に係る発明は、たとえ当業者といえども刊行物1～3から容易に想到し得るものではないと思料致します。 理由3について 　先願明細書4を参照するに、先願明細書4には、炭酸水素ナトリウム、クロスカルメロースナトリウム、および無水ケイ酸を含有する漢方エキス製剤が記載されておりますが、繊維素グリコール酸（カルボキシメチルセルロース）については記載されておりません。 　本来、繊維素グリコール酸（カルボキシメチルセルロース）であるカルメロースと、カルボキシメチルセルロースナトリウムであるカルメロースナトリウムとは、第15改正日本薬局方に明記されているように、塩の形態であるか否かとで、性状および適用が異なるものであります。先願明細書4に記載されているクロスカルメロースナトリウムは、第15改正日本薬局方に記載されているように、セルロースの多価カルボキシメチルエーテル架橋物のナトリウム塩であり、繊維素グリコール酸（カルボキシメチルセルロース）とは崩壊特性を有するという点で共通はするものの、両者は明らかに別異のものであります。	关于理由2 　如上所述，本申请的权利要求1请求保护的是将汉方提取物粉末、纤维素乙醇酸和碳酸氢钠作为必需组分的新型汉方提取物片剂组合物，并且，这种含有汉方提取物的片剂具有优异的崩解性和溶出度，这是由传统片剂组合物所无法预测的，这一点从本申请说明书的实施例中可以看出来。 　例如，根据本申请说明书实施例4的记载，组合物中除汉方提取物（大黄甘草汤提取物粉末）造粒物外，同时还含有纤维素乙醇酸（羧甲基纤维素）和碳酸氢钠，比较例4-2中不含有纤维素乙醇酸和碳酸氢钠，比较例4-3中只含有碳酸氢钠，比较例4-4中只含有纤维素乙醇酸（羧甲基纤维素），根据比较后的溶出度结果（表2），同时包含纤维素乙醇酸（羧甲基纤维素）和碳酸氢钠时的协同作用是显著的，该协同作用是本领域技术人员在出版物1～3的基础上无论如何都无法预测得到的。因此，本申请的权利要求1、从属权利要求2～5以及涉及制造方法的权利要求7都不是本领域技术人员从出版物1～3中能够容易想到的。 关于理由3 　若以在先申请4的说明书为参照，在先申请4的说明书中虽然记载了含有碳酸氢钠、交联羧甲基纤维素钠和无水硅酸的汉方提取物制剂，但并没有记载纤维素乙醇酸（羧甲基纤维素）。 　如第15版修订的日本药局方中所明确记载的，纤维素乙醇酸（羧甲基纤维素）与羧甲基纤维素钠的性质和应用根据是否为盐的形式而有所不同。如第15版修订的日本药局方所记载的，在先申请4说明书中记载的交联羧甲基纤维素钠是纤维素的交联多价羧甲基醚的钠盐，与纤维素乙醇酸（羧甲基纤维素）虽然有类似的崩解特性，但是它们是明显不同的。

原文	译文
よって、「先願明細書4には、炭酸水素ナトリウム、繊維素グリコール酸、および無水ケイ酸を含有する漢方エキス製剤が記載されているものと認める」との審査官殿のご認定も失当であるといわざるを得ません。 以上の結果、本願発明は、その出願前に刊行物1～3に記載された発明ではなく、またこれら刊行物に基づいて当業者が容易に発明をすることができたものでもなく、特許法第29条第1項第3号および同条2項の規定に該当することもなく、また先願明細書4記載の発明と同一のものではなく、特許法第29条の2の規定に該当するのではないものと確信いたしますので、再応ご賢察の上、速やかに特許査定を賜るよう、お願い申し上げます	因此，审查员关于"在先申请4的说明书中记载了含有碳酸氢钠、纤维素乙醇酸以及无水硅酸的汉方提取物制剂"的认定也是不合理的。 综上所述，本发明不是出版物1～3中所记载的发明，并且本领域技术人员也不可能基于这些出版物容易地得到本发明，它不符合《特许法》第29条第1款第3项和第2款的规定，并且与在先申请4说明书中记载的发明不同，不属于特许法第29条之2规定的情形。因此，请审查员对其进行重新考虑，希望能够尽快得到授权

2011年3月8日，审查员第二次发出了驳回理由通知书，涉及A29.2（创造性）、A36.4（1）（可实施要件）以及A36.6（1）（支持要件），引用了4篇引用文献：

出版物1：JPH05194246A；出版物2：JPS6133122A；出版物3：JPH1160504A；出版物4：JPS56152416A。

2011年3月8日的驳回理由通知书，其具体审查意见如表6-2-7所示。

表6-2-7 2011年3月8日的驳回理由通知书

原文	译文
理由1 下記刊行物1には、漢方薬のエキス粉末にステアリン酸マグネシウムを加えると溶出性が高まることが、下記刊行物2には、生薬の抽出液に繊維素グリコール酸を添加し乾燥して得られた粉体を圧縮成形した錠剤の崩壊性が高まることが、下記刊行物3には、漢方エキスに炭酸水素ナトリウム配合すると、漢方エキスを含有する錠剤の溶出性が高まることが、下記刊行物4には、無水ケイ酸を漢方薬抽出液に添加し得た乾燥物を圧縮成形して得た漢方薬錠剤の崩壊性が良好であることが記載されている。そして、明細書の記載において、漢方薬エキス含有錠剤の良好な崩壊性あるいは溶出性が得られた実施例1～6は、上記4つの添加剤を全て含むものの効果しか記載されていない。よって、上記4つの良好な溶出性や崩壊性に関わる添加剤を部分的にしか含まない請求項1～7の発明が、下記刊行物1～4記載の技術と比べ、当業者が予期せぬ程の顕著な効果を有するものとは認められない。よって、請求項1～7の発明は、下記刊行物2～4記載の技術に基づいて、当業者であれば容易に為し得ることと認める。	理由1 出版物1（JPH05194246A）公开了当汉方提取物粉末中添加硬脂酸镁时溶出度增加，出版物2（JPS6133122A）公开了通过将纤维素乙醇酸添加到生药提取物中并干燥，将所得粉末压缩成型得到的片剂的崩解性增加，出版物3（JPH1160504A）公开了在汉方提取物中加入碳酸氢钠，所得含有汉方提取物的片剂的溶出度得到改善，出版物4（JPS56152416A）公开了将无水硅酸添加到汉方提取物中，所得干燥产品进行压缩成型得到的汉方片剂具有良好的崩解性。此外，说明书中的实施例1～6中仅仅记载了含有全部上述4种添加剂（即纤维素乙醇酸、碳酸氢钠、硬脂酸镁、无水硅酸）的含有汉方提取物的片剂具有良好的崩解性和溶出度。因此，对于本发明权利要求1～7中仅包含部分添加剂的发明，与出版物1～4中记载的技术相

续表

原文	译文
（なお、例え上記4つの添加剤を加えた漢方エキス含有錠剤が請求項に記載されていたとしても、それらの4つを組み合わせる相乗効果が明細書のおいて記載されているものとも認められないので、下記刊行物1～4記載の技術からその請求項の発明の進歩性は否定されるものと認める。） 理由2 上記したように、明細書には上記4つの添加剤を配合した漢方薬エキス含有錠剤の効果しか記載されていない。よって、この出願の発明の詳細な説明は、当業者が請求項1～7に係る発明を実施することができる程度に明確かつ十分に記載されたものでない。かつ、請求項1～7に係る発明は、発明の詳細な説明に記載したものでない	比，本领域技术人员无法预期其具有显著的效果。因此，权利要求1～7的发明是本领域技术人员基于出版物2～4记载的技术而容易完成的（不具备创造性）。 另外，即使在权利要求中记载了添加有上述4种添加剂的含有汉方提取物的片剂，由于在说明书中没有记载这4种添加剂组合后的协同效果，出版物1～4中记载的技术能够否定该权利要求所述发明的创造性。 理由2 如上所述，基于说明书中实施例仅记载了含有上述4种添加剂（纤维素乙醇酸、碳酸氢钠、硬脂酸镁、无水硅酸）的含有汉方提取物的片剂的技术效果。因此，本申请的发明详细说明并没有清楚且充分地进行记载，以使本领域技术人员能够实施权利要求1～7所述的发明（不符合可实施要件）。同时，权利要求1～7所述发明也未记载在发明的详细说明中（不符合支持要件）

申请人收到2011年3月8日的驳回理由通知书后，提出了会晤审查请求；2011年4月27日，审查员与申请人进行了会晤，并记录了会晤记录单（见图6-2-5）。

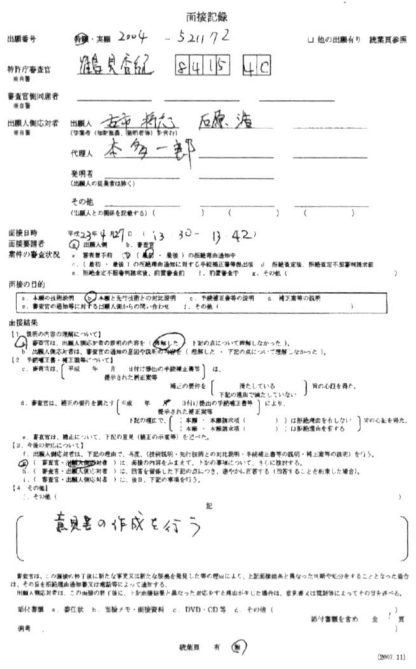

图6-2-5　2011年4月27日的会晤记录单

2011 年 4 月 27 日审查员与申请人进行了会晤后，申请人于 2011 年 5 月 9 日提交了意见书（见表 6-2-8），并提交了参考资料 1~2，以参考资料 3 的形式补交了实验数据，但未对申请文件进行修改。

表 6-2-8　2011 年 5 月 9 日的意见书

原文	译文
理由2について 　本願発明は、漢方エキス粉末、繊維素グリコール酸および炭酸水素ナトリウムを必須の配合成分とするものであり、ステアリン酸マグネシウムおよび無水ケイ酸はあくまで任意成分であります。 　ステアリン酸マグネシウムは、本願明細書第3頁下から第2行乃至第4頁第5行に「本発明の錠剤組成物に対しては、必要に応じて賦形剤や結合剤、流動化剤、滑沢剤等を添加することができ、これらには、・・・ステアリン酸マグネシウム・・・等が含まれる。」と記載されているように、必要に応じて添加される添加剤であり、錠剤製造時に滑沢剤として用いられることは本願出願時に周知であります（参考資料1：「薬学大辞典」日本工業技術連盟1982年発行）。 　また、無水ケイ酸も、本願明細書第4頁第10至13行に、「また、本発明の錠剤組成物を湿式造粒法により製造する場合には、繊維素グリコール酸および炭酸水素ナトリウムを配合するに先立って、漢方エキス粉末に対し無水ケイ酸および水を添加して撹拌造粒することが好ましく、これにより、錠剤組成物の崩壊性および溶出性を向上することができる。」と記載されているように、崩壊性および溶出性の向上のために好ましい成分であって、必須成分ではありません。医薬添加剤としての無水ケイ酸は、下記の参考資料2にも示されているように、流動化剤として広く知られております。 　今回、軽質無水ケイ酸を含む本願明細書記載の実施例1~3に対し当該軽質無水ケイ酸を含まない実施例1-2、実施例2-2、実施例3-2、同じく実施例5および実施例6に対し実施例7および8の錠剤を調製し、同様の試験を行った結果を参考資料3として以下に示します。これら追加実施例より、軽質無水ケイ酸を含まない錠剤組成物であっても本願発明の所期の効果を奏し得ることは明らかであります。 　理由1について 　本願発明においては漢方エキス粉末、繊維素グリコール酸および炭酸水素ナトリウムを必須の配合成分とするものであって、漢方エキス粉末に繊維素グリコール酸と炭酸水素ナトリウムとの双方を配合する場合の効果が単なる相加効果ではなく相乗効果を有するものであります。このことは、本願実施例より明らかであり、かかる相乗効果は刊行物1~4を如何に組み合わせたとしても当業者が予想し得ない顕著な効果であります。	关于理由2 　本发明中汉方提取物粉末、纤维素乙醇酸、碳酸氢钠是必不可少的组分，而硬脂酸镁、无水硅酸是属于可选的组分。 　正如本申请说明书第3页倒数第2行至第4页第5行所记载的"对于本发明的片剂组合物，根据需要添加赋形剂、黏合剂、流动剂、润滑剂等，这些物质包括：硬脂酸镁……等"，硬脂酸镁是根据需要加入的添加剂，其在制备片剂时可以用作润滑剂是众所周知的（参考资料1：《药学大辞典》，日本工业技术联盟，1982年发行）。 　另外，根据说明书第4页第10~13行的记载，"当通过湿法制粒法生产本发明的片剂组合物时，在将纤维乙醇酸和碳酸氢钠混合之前，优选在汉方提取物粉末中加入无水硅酸和水，并进行搅拌造粒。由此可以改善片剂组合物的崩解性和溶出度"，无水硅酸是改善崩解性和溶出度的优选组分，但并不是必需组分。如下述参考资料2所示，医药添加剂无水硅酸作为流化剂是广为人知的（参考资料2："制剂中流动化剂功能的机理研究—表面构造及润湿性的影响"，太田琴惠等，表面科学，第24卷第10期，第608-613页，2003）。 　本次，申请人补交了与含有轻质无水硅酸的实施例1~3相对应的，不含有无水硅酸的实施例1-2、实施例2-2、实施例3-2，同样地，我们还制备了与实施例5和6相对应的实施例7和8的片剂，并进行了相同的试验，试验结果如参考资料3所示。从这些补充的实施例中可以清楚地看出，即使是不包含轻质无水硅酸的片剂组合物，也可以达到本发明所期望的效果。 关于理由1 　在本发明中，汉方提取物粉末、纤维素乙醇酸、碳酸氢钠是必不可少的组分，在汉方提取物粉末中加入纤维素乙醇酸和碳酸氢钠，所达到的并不是单纯的累加作用，而是协同作用。这从本申请实施例中可以明显看出，这种协同效果是本领域技术人员无论将出版物1~4如何组合都无法预期的显著效果。

续表

原文	译文
即ち、本願表1から、炭酸水素ナトリウムとカルボキシメチルセルロースの双方を配合しない比較例1-1の錠剤の崩壊時間は65分、炭酸水素ナトリウムを配合しカルボキシメチルセルロースを配合しない比較例1-2の錠剤の崩壊時間は31分、その逆に炭酸水素ナトリウムを配合せずカルボキシメチルセルロースを配合した比較例1-3の錠剤の崩壊時間は55分、これに対し、炭酸水素ナトリウムとカルボキシメチルセルロースの双方を配合した実施例1の錠剤の崩壊時間は15分と顕著に短縮されております。 　比較例1-1に比し崩壊時間が半分以下となった比較例1-2の錠剤に、崩壊時間が多少改善されたに過ぎない比較例1-3の錠剤に配合されたカルボキシメチルセルロースを配合したとしても、当業者であれば、比較例1-2の崩壊時間とさほど変わらないであろうと考える方がむしろ至当であると思料致します。しかし、実施例1の崩壊時間は比較例1-1の崩壊時間に比し4分の1以下と顕著に短縮されております。 　また、本願表2から、実施例4のように、漢方エキス（大黄甘草湯エキス粉末）を含む造粒物とともに、繊維素グリコール酸（カルボキシメチルセルロース）と炭酸水素ナトリウムの双方を含む場合と、比較例4-2のようにこれら双方を含まない場合と、比較例4-3のように炭酸水素ナトリウムのみを含む場合と、比較例4-4のように繊維素グリコール酸（カルボキシメチルセルロース）のみを含む場合とを比較した溶出性の結果を見ると（表2）、繊維素グリコール酸（カルボキシメチルセルロース）と炭酸水素ナトリウムの双方を含む場合の相乗効果は顕著であります。 　よって、本願発明は、刊行物1~4からは当業者といえども決して容易に想到し得るものではないと思料いたします。 　以上の結果、本願発明は、その出願前に刊行物1~4に記載された発明に基づいて当業者が容易に発明をすることができたものではなく、特許法第29条第2項の規定に該当することもなく、また、本願は、特許法第36条第4項第1号及び同条第6項第1号に規定する要件を満足するものと確信いたしますので、再応ご賢察の上、速やかに特許査定を賜るよう、お願い申し上げます	根据本申请表1的记载，未加入碳酸氢钠和羧甲基纤维素的比较例1-1片剂的崩解时间为65分钟，仅加入碳酸氢钠而未加入羧甲基纤维素的比较例1-2片剂的崩解时间为31分钟，相反的，未加入碳酸氢钠而仅加入羧甲基纤维素的比较例1-3片剂的崩解时间为55分钟，与此相对，同时加入碳酸氢钠和羧甲基纤维素的实施例1片剂的崩解时间缩短至只有15分钟。 　与比较例1-1相比，加入羧甲基纤维素的比较例1-3片剂的崩解时间仅稍稍改善，而比较例1-2片剂的崩解时间相对于比较例1-1已经缩短了一半以上，在此基础上，若将羧甲基纤维素加入比较例1-2的片剂，本领域技术人员能够合理预期加入后的崩解时间相较于比较例1-2应当没有明显的变化。然而，事实上实施例1的崩解时间显著缩短到了比较例1-1崩解时间的1/4以下。 　此外，如本申请表2所述，实施例4中除含有汉方提取物（大黄甘草汤提取物粉末）造粒物外，同时还含有纤维素乙醇酸（羧甲基纤维素）和碳酸氢钠，比较例4-2中不含有纤维素乙醇酸和碳酸氢钠，比较例4-3中只含有碳酸氢钠，比较例4-4中只含有纤维素乙醇酸（羧甲基纤维素），根据比较后的溶出度结果（表2），同时包含纤维素乙醇酸（羧甲基纤维素）和碳酸氢钠时的协同作用是显著的。 　因此，本领域技术人员无法在出版物1~4的基础上容易地联想到本申请发明。 　综上所述，本申请发明不是本领域技术人员在出版物1~4的基础上就能够容易得到的，它不符合《特许法》第29条第2款的规定，并且我们相信本申请满足《特许法》第36条第4款第1项及第6款第1项规定的要件。因此，请审查员对其进行重新考虑，希望能够尽快得到授权

　2011年5月31日，审查员针对原始申请文件作出授权查定。

　通过专利申请JPWO2004006945A1的审查过程，可以看出日本专利申请实质审查程序的一些特点和规定。

1. 实质审查请求制度

《特许法》第 48 条之 2 规定，专利申请的审查，待收到对该专利申请提出的审查请求之后进行。这实际上确定了日本专利申请的实质审查请求制度。专利 JP-WO2004006945A1 的实质审查程序就是在 2006 年 6 月 14 日申请人提出实质审查请求之后启动的。

日本的审查请求制度是在 1970 年修订《特许法》时引入的。根据《特许法》第 48 条之 3 第 1 款，一件专利申请递交之后，任何人均可在申请日起 3 年内向特许厅长官提出对其进行审查的请求。审查请求不得撤回。如果在规定期间内未提交审查请求，该专利申请视为撤回。

审查请求制度设置的初衷，一是由于专利申请数量的增加使得审查负担增加；二是鉴于不少申请属于防御性申请而不需要获得授权，或者申请递交之后发现不需要获得授权；因此可以赋予专利申请是否需要实质审查的选择权，从而不必对所有专利申请一律进行审查。

2. 驳回理由通知

专利 JPWO2004006945A1 的实质审查过程中，审查员发出了两次驳回理由通知书，即 2010 年 1 月 5 日的驳回理由通知书（见表 6 - 2 - 5）以及 2011 年 3 月 8 日的驳回理由通知书（见表 6 - 2 - 7）。

在 2010 年 1 月 5 日的驳回理由通知书中涉及三个法条：A29.1（新颖性）、A29.2（创造性）以及 A29 - 2（抵触申请），使用出版物 1 评价了权利要求 1、3、7 的新颖性，使用出版物 1~3 评价了权利要求 1~7 的创造性，使用在先申请 4 评价了权利要求 1~4、7 的抵触申请。

针对 2010 年 1 月 5 日的驳回理由通知书，申请人并没有修改权利要求，仅陈述了意见。

在 2011 年 3 月 8 日的驳回理由通知书中又涉及三个法条：A29.2（创造性）、A36.4（1）（可实施要件）以及 A36.6（1）（支持要件），使用出版物 1~4 评价了权利要求 1~7 的创造性，同时指出权利要求 1~7 不符合可实施要件和支持要件。

（1）最初的驳回理由通知书和最后的驳回理由通知书。

可以看出，2011 年 3 月 8 日的驳回理由通知书更换了证据、改变了具体理由、法条以及结论，与 2010 年 1 月 5 日的驳回理由通知书驳回理由不相同。实际上，2011 年 3 月 8 日的通知书包含审查员原本应当在 2010 年 1 月 5 日的驳回理由通知中告知的驳回理由。按照日本《审查基准》规定，2010 年 1 月 5 日以及 2011 年 3 月 8 日的驳回理由通知书，都被称为"最初的驳回理由通知书"。

"驳回理由通知书"可分为"最初的驳回理由通知书"和"最后的驳回理由通知书"两种类型。日本《审查基准》第Ⅰ部第 2 章第 3 节对驳回理由通知进行了详细规定：为保证审查效率，在审查过程中，审查员原则上最多发出两次驳回理由通知书，最初和最后的驳回理由通知书各一回。针对某一案件，特许厅第一次发出的驳回理由通知书一定是"最初的驳回理由通知书"，但从第二次起，驳回理由通知书是最初还是最后，则需要根据通知书的实质内容而非次数进行判断：如果该次通知书中包含审查

209

员原本应当在"最初的驳回理由通知书"中告知的驳回理由（如被审查员遗漏的驳回理由），则审查员必须再一次发出"最初的驳回理由通知书";而如果该次通知书中仅包含申请人答复时修改而导致需要通知的驳回理由时,则需要发出"最后的驳回理由通知书"。其中"最后的驳回理由通知书"中会明确标注属于"最后"的驳回理由通知,如果申请人所收到的驳回理由通知中未注明"最后"的字样,则即使其本身能够被认定为最后的驳回理由通知,也不按最后的驳回理由通知处理。

日本《审查基准》将驳回理由通知书分为"最初的驳回理由通知书"和"最后的驳回理由通知书"两种类型,其目的在于严格限定申请人的修改范围,提高审查效率,《特许法》第17条之2规定:在收到最初的驳回理由通知后,申请人所作的修改不能超出原始申请文件所记载的范围,修改后与修改前的发明应该具有单一性;而在收到最后的驳回理由通知后,申请人所做的修改除了满足不超范围和单一性条件外,仅限于以下4种方式:①权利要求的删除;②权利要求范围的缩减;③笔误的更正;④对不清楚内容的解释。

因此,就专利JPWO2004006945A1而言,将2011年3月8日的驳回理由通知书认定为"最初的驳回理由通知书",实践中的意义在于,此时申请人如果对申请文件进行修改,只需要修改的发明不超出原始申请文件所记载的范围并且与修改前的权利要求之间满足单一性的关系,就可以进行任何方式的修改,包括删除技术特征来扩大保护范围或增加新的权利要求;而如果被认为是"最后的驳回理由通知书",则申请人的修改则只能是限缩式的,例如权利要求的删除、权利要求范围的缩减、笔误的更正、对不清楚内容的解释等。

在日本专利审查实务中,审查员在发出驳回理由通知后的后续审查过程中,如果判断驳回理由没有被消除,则无论前次的驳回理由通知是最初的驳回理由通知书还是最后的驳回理由通知书,都应该作出驳回查定。即如果审查员认为该专利没有授权前景,不需要补充或者变更对比文件就可以认定该申请不具备创造性,则审查员可能不再发出"最后的驳回理由通知书"而直接发出驳回查定。因此,驳回理由通知是最初的还是最后的,不会影响驳回查定作出的时机。

（2）新颖性、创造性以及抵触申请的审查。

在专利JPWO2004006945A1的审查过程中,2010年1月5日发出的最初的驳回理由通知书中涉及了新颖性、创造性、抵触申请的评述。

在驳回理由通知的撰写形式上,2010年1月5日的驳回理由通知书按照引用文献序号,对相关权利要求的新颖性、创造性进行了逐一评价,首先使用出版物1评价了权利要求1、3、4、7的新颖性,接着使用出版物1~3评价了权利要求1~7的创造性,最后使用在先申请4评价了权利要求1~4、7的抵触申请。

在驳回理由通知的法条使用上,对权利要求1、3、4、7同时评述了新颖性和创造性,特别是独立权利要求1、7均只有一个技术方案,并不存在并列技术方案的情况。实际上,在审查实务中,对于具体的某一权利要求,日本审查员既可以发出不符合新颖性的驳回理由通知,也可以发出不符合创造性的驳回理由通知,甚至可以对同一技术方案同时发出不符合新颖性、创造性的驳回理由通知;有时甚至可以采用相同的证据对同一技术方案进行双重评价。

日本《审查基准》对于新颖性、创造性以及抵触申请的判断方法进行了详细规定。

1）新颖性的判断方法。

日本对于新颖性的判断主要通过权利要求与对比文件的对比来进行。

第一步，对权利要求记载的技术方案进行认定。根据权利要求的记载，如果权利要求的记载是清楚的，则按记载认定。权利要求中记载的术语的含义在说明书中有定义或者有说明的，或者权利要求的记载不清楚而难以理解，但在说明书中有清楚表述的，则应参考说明书对这些术语、记载进行解释。但仅限于①权利要求的记载无法清楚且唯一地进行理解；或②权利要求的记载参考说明书的记载明显属于笔误等特殊情况。

第二步，对对比文件进行认定。对比文件为出版物中所记载的发明的，根据该出版物中记载的事项进行认定。在对记载事项进行解释时，通过参考该出版物发行时的公知常识所能够导出的事项，也能够作为出版物中记载的发明的认定基础。

第三步，对比、判断。将用来确定权利要求发明的事项（确定发明事项）与用来确定对比文件的事项（确定对比文件事项）进行对比，如果两者之间存在区别点，则该发明具备新颖性，如果不存在区别点，则没有新颖性。需要注意的是，"确定对比文件事项"是指通过语言来描述所认定的对比文件时所必不可少的记载事项。

虽然日本《审查基准》对于新颖性的判断方法进行了详细规定，但这种规定并没有法律上的强制意义，仅属于逻辑论证方法，在审查实务中，也并不需要严格地将新颖性判断的三个步骤进行详细列明。

表6-2-9　2010年1月5日驳回理由通知书中的新颖性驳回理由通知

原文	译文
下記刊行物1には、炭酸水素ナトリウムと繊維素グリコール酸が配合された漢方エキス含有錠剤が記載されているので、請求項1、3、4、7の発明は、下記刊行物1に記載されているものと認める	出版物1公开了含有汉方提取物、碳酸氢钠、纤维素乙醇酸的汉方提取物片剂，权利要求1、3、4、7请求保护的发明已经被出版物1公开

如表6-2-9所示，专利JPWO2004006945A1的新颖性审查中，未对专利申请的权利要求进行具体的认定，也未对对比文件的记载事项进行原文展示，而是在通知书中直接认定"出版物1公开了含有汉方提取物、碳酸氢钠、纤维素乙醇酸的片剂"，并直接得出"权利要求1、3、4、7请求保护的技术方案已经被出版物1公开"的结论。

但实际上，如果"出版物1公开了含有汉方提取物、碳酸氢钠、纤维素乙醇酸的片剂"，那么相对于权利要求3、4、7，出版物1至少未公开"相对于100重量份前述汉方提取物粉末，前述纤维素乙醇酸的混合量为1~50重量份""相对于100重量份前述汉方提取物粉末，前述碳酸氢钠的混合量为1~50重量份"以及片剂组合物的制造方法，即权利要求3、4、7与出版物1存在区别点。

这是因为，日本特许法规定新颖性的相同性判断中，如果权利要求与对比文件存在区别点，但区别点仅仅是用来解决技术问题的具体手段上存在细微差异（周知技术、惯用技术的增加、删除、替换等，且没有起到新效果的），则认为两个发明属于相同的技术构思，可以称之为实质相同。因此，基于《特许法》第29条之2的宗旨，应当理解成在先申请的发明与在后申请的发明如果实质上相同，则在后申请的发明不得授予专利权。

因此，虽然权利要求3、4、7与出版物1存在区别点，但由于这些区别点属于细微差异，也没有证据证明其起到新效果，因此审查员认为，权利要求3、4、7也同样不具备新颖性。

2）创造性的判断方法。

创造性的判断方法，主要是以"容易获得该发明"进行判断，具体而言，就是判断在专利申请之前，本领域技术人员根据现有技术，通过发挥通常的创造能力是否能够容易地想到该技术方案。判断过程中，通常需要考虑以下因素：①对比文件的内容中是否存在技术问题的共通性、功能和作用的共通性、技术领域的关联性等可提供动因的记载或启示；②与对比文件相比较是否存在有利的效果。逻辑论证的主要方式：第一步，将权利要求与对比文件进行对比，明确技术特征的相同点与区别点。第二步，判断该对比文件或其他对比文件（包括公知常识）中，是否存在构成对权利要求的"起因或契机（动因）"，在判断时，权利要求相对于对比文件的"有利效果"可作为创造性判断的参考。如果该逻辑成立，则不具备创造性。

2010年1月5日的驳回理由通知书的创造性判断中，其逻辑论证的方式为：

第一步：出版物1公开了含有汉方提取物、碳酸氢钠、纤维素乙醇酸的片剂；出版物2表明通过加入无水硅酸改善了崩解性。出版物3记载了碳酸氢钠与含有汉方提取物的制剂混合时，溶出度得到改善。

第二步：基于出版物1~3公开的内容，将无水硅酸进一步加入出版物1中的汉方提取物制剂中，并将出版物2和3的提取物制剂用作汉方提取物制剂，对本领域技术人员来说是不言自明的，获得权利要求1~7请求保护的技术方案是本领域技术人员容易实现的，权利要求1~7不具备创造性。

该逻辑论证并没有明确列出技术特征的相同点与区别点，也没有对"动因"进行详细的解释和说明，更没有对"有利效果"进行参考。

2011年3月8日的驳回理由通知书的创造性判断中，其逻辑论证的方式为：

第一步：出版物1显示当汉方提取物粉末中添加硬脂酸镁时溶出度增加。出版物2记载了通过将纤维素乙醇酸添加到生药提取物中，干燥获得的粉末压缩成型得到的片剂的崩解性增加。出版物3记载了碳酸氢钠与含有汉方提取物的制剂混合时，溶出度得到改善。出版物4记载了通过将无水硅酸与碳酸氢钠组合添加到汉方提取物中获得的干燥产品压缩片剂，其具有良好的崩解性。

第二步：说明书中的实施例1~6中仅仅记载了含有所有上述4种添加剂（即纤维素乙醇酸、碳酸氢钠、硬脂酸镁、无水硅酸）的含有汉方提取物的片剂的良好的崩解性和溶出度。因此，对于本发明权利要求1~7中仅包含部分添加剂的发明，与出版物1~4中记载的技术相比，本领域技术人员无法预期其具有显著的效果。

第三步：权利要求1~7的发明是基于出版物2~4记载的技术，本领域技术人员容易完成的，权利要求1~7不具备创造性。另外，即使在权利要求中记载了添加有上述4种添加剂的含有汉方提取物的片剂，由于在说明书中没有记载组合这4种添加剂的协同效应，出版物1~4中记载的技术能够否定本发明的创造性。

该逻辑论证重点强调了"有利效果"，但同样并没有明确列出技术特征的相同点与区别点，也没有对"动因"进行详细的解释和说明。

可以看出，虽然日本《特许法》对创造性的判断方法进行了较详细的规定，但在审查实务中并不需要严格按照《审查基准》的每个步骤进行审查；审查员在确保检索充分、事实认定准确的基础上，可以采用能够有效沟通的各种方式撰写驳回理由通知书，如不用明确列出技术特征的相同点与区别点，对于"动因""有利效果"的解释和说明也可以视情况省略不写。

3）抵触申请的判断方法。

《特许法》第29条之2规定：专利申请的发明与在该专利申请日之前递交的其他专利申请或实用新型申请的申请书最早所附的说明书、权利要求书或附图中所记载的发明或实用新型相同，且在该专利申请之后，该其他专利申请发行了专利刊登公报或申请被公开的，或该实用新型申请发行了实用新型刊登公报的，该发明不得授予专利。但该专利申请时其申请人与所述其他专利申请或实用新型注册申请的申请人相同时，则不在此限。

这种情形称之为"抵触申请"。专利制度对新的发明进行保护，其对价就是公开该新的发明；如果一件专利申请，与专利刊登公报中刊载的在先申请的说明书、权利要求书或附图中所记载的发明相同，则等于没有公开任何新技术，对于这样的发明不得授予专利权。

《审查基准》规定，适用第29条之2需要同时满足以下的形式要件：① 所述其他申请的申请日早于本申请；②所述其他申请在本申请的申请日之后公开；③所述其他申请的发明人与本申请的发明人实质上不完全相同在先申请与在后申请的发明的发明人相同时，关于抵触申请的规定不适用。发明人相同是指两个申请的申请书中所显示的全体发明人完全一致，如果不一致，则进行实质性判断，判断是否实质上完全一致；④所述其他申请的申请人与本申请申请时的申请人实质上不完全相同。在先申请与在后申请的发明的申请人相同时，关于抵触申请的规定不适用。

同时，还需满足实质性要件：本申请权利要求所述发明与所述其他申请最初的权利要求书、说明书或附图中记载的发明相同，所谓"相同"是指两者之间没有区别，或是虽然存在区别，但实质上相同的情形。实质上相同是指，两者的区别点仅是解决课题具体化手段上细微的差别，如没有产生新效果的周知技术、惯用技术的增加、删除、替换等，如表6-2-10所示。

表6-2-10　2010年1月5日驳回理由通知书中的抵触申请驳回理由通知

原文	译文
下記先願明細書4には、炭酸水素ナトリウム、繊維素グリコール酸、および無水ケイ酸を含有する漢方エキス製剤が記載されているものと認めるので、請求項1~4、7の発明と、下記先願明細書4記載の発明は、同一であるものと認める	在先申请4的说明书中记载了含有碳酸氢钠、纤维素乙醇酸、无水硅酸的汉方提取物制剂，本申请权利要求1~4、7请求保护的发明与在先申请4中记载的发明相同

表6-2-11　本申请与在先申请4的基本信息

	本申请 JPWO2004006945A1	在先申请4 JP2005502729A
申请日	2003-07-10	2002-07-15
公开日	2004-01-22	2005-01-27
发明人	松本和弦，丸山英之，永野芳彦，石丸顺之	Ulrike kroll，Willi kuper
申请人	津村株式会社	シユタイガーバルト・アルツナイミツテルベルク・ゲーエムベーハー

如表6-2-11所示，在先申请4首先满足了形式要件：①申请日早于本申请；②在本申请的申请日之后公开；③发明人、申请人与本申请申请时的发明人、申请人不同。而对于实质性要件，其判断与新颖性判断方法一致，即满足实质相同即可。

（3）可实施要件和支持要件的审查。

专利JPWO2004006945A1的审查过程中，2011年3月8日的驳回理由通知书（见表6-2-7）对权利要求1~7的技术方案既指出了可实施要件的问题也指出了支持要件的问题。通知书认为，说明书中实施例仅记载了混合4种（纤维素乙醇酸、碳酸氢钠、硬脂酸镁、无水硅酸）添加剂的汉方提取物的片剂技术效果，因此，该申请的发明详细说明并没有清楚且充分地进行记载，以使本领域技术人员能够实施权利要求1~7所述的发明（不符合可实施要件）。同时，权利要求1~7所述发明也未记载在发明的详细说明中（不符合支持要件）。

根据本章第一节对【案例2】JPWO2004006945A1说明书的分析，JPWO2004006945A1记载了6个实施例，每个实施例还设置了1~4个不等的对比例，对比例与实施例的不同在于配方中辅料的不同，对比例的设置采用控制变量的方法，以实施例的配方为基础，保持配方中的汉方提取物成分、部分辅料不变，改变其他部分辅料。最后对实施例及对比例获得的片剂进行崩解时间、溶出率的测定。通过各个实施例记载的内容得出组合物必要的组分技术特征，与权利要求1~7限定的组分进行比较（见表6-2-12）。

表6-2-12　必要技术特征与权利要求1~7限定的组分比较

必要技术特征	权利要求1	权利要求2	权利要求3	权利要求4	权利要求5	权利要求6	权利要求7
汉方提取物粉末	√	√	√	√	√	√	√
纤维素乙醇酸	√	√	√	√	√	√	√
碳酸氢钠	√	√	√	√	√	√	√
硬脂酸镁	—	—	—	—	—	—	—
无水硅酸	—	√	√	√	√	√	√

可见，权利要求1的技术方案中缺少必要组分硬脂酸镁、无水硅酸，权利要求2~7的技术方案中缺少必要组分硬脂酸镁。也就是说，发明的详细说明所记载的发明要解决的技术问题的必要手段并没有体现在权利要求中，从而使审查员认为请求保护的范

围超出了发明的详细说明的范围。

1）可实施要件的判断方法。

日本《特许法》第36条第4款第1项对"可实施要件"进行了规定：发明的详细说明，应当按照经济产业省令的规定，清楚且充分地进行记载，达到使具有发明所述技术领域通常知识的人能够实施的程度。立法本义是为了促进发明创造的推广使用，减少重复研究，降低研发成本，有助于技术创新、技术转让和传播，最终提高创新能力，促进科技进步和经济社会发展。

可实施要件的判断，以"具有发明所述技术领域通常知识的人"为判断主体，要求书面描述"清楚且充分"，判断标准为技术方案"能够实施"。所谓"能够实施"是指所属技术领域的技术人员按照说明书记载的内容，就能够实施该权利要求的技术方案，解决其要解决的技术问题，并产生与其相应的技术效果。

2）支持要件的判断方法。

在日本审查过程中，在判断技术方案的"能够实施"时通常与权利要求的"合理支持"相联系。"合理支持"在日本《特许法》中被称为支持要件，第36条第6款第1项对此进行了规定：权利要求所述发明不能够超出发明的详细说明中记载的范围。

在判断一项权利要求是否符合支持要件时，应当对权利要求的内容与说明书的发明的详细说明进行比较和评价，即审查二者之间是否存在实质性的对应关系，而非仅仅判断是否表述上的一致。日本《审查基准》中规定了4种典型的不符合上述规定的情形：

① 发明的详细说明没有记载或隐含权利要求记载的内容；

② 权利要求所使用的术语与发明的详细说明不一致，使权利要求与发明的详细说明的关系不清楚；

③ 即便考虑申请时的公知常识，权利要求的范围也无法由发明的详细说明记载的内容扩展或概述得到；

④ 发明的详细说明所记载的发明要解决的技术问题没有体现在权利要求中，从而请求保护的范围超出了发明的详细说明的范围。

可见，如果说明书缺乏技术手段、实施方式等内容，导致权利要求全部或部分技术方案不能实现，这既不符合可实施要件中的"能够实施"，同时权利要求也不符合支持要件"合理支持"。在说明书记载上，可实施要件是对说明书记载内容的深度要求，而支持要件是对说明书记载内容的广度要求；在逻辑上，可实施要件是支持要件的必要条件。说明书符合可实施要件、权利要求符合支持要件是专利满足授权要求的必不可少的条件。

3）JPWO2004006945A1可实施要件、支持要件的判断。

首先，以专利JPWO2004006945A1为例，可实施要件的判断，首先判断发明的详细说明是否符合"清楚且充分"的要求。专利JPWO2004006945A1的说明书记载的各实施例及其实验数据都很清楚且充分，但是权利要求1概括的不包含硬脂酸镁、无水硅酸的技术方案以及权利要求2~7概括的不包含硬脂酸镁的技术方案并没有在说明书实施例记载，所以不符合清楚且充分的书面描述。

其次，判断技术方案是否"能够实施"。"能够实施"包括实施技术方案，并解决所要解决的技术问题，产生相应的技术效果。权利要求1~7的片剂方案从技术上能够实施，但是否能够解决所要解决的技术问题，产生相应的技术效果，这就涉及了对实验数据证明力的判断。JPWO2004006945A1的发明的详细说明记载的实施例1~6崩解试验可以看出，其证明的是包含混合4种（纤维素乙醇酸、碳酸氢钠、硬脂酸镁、无水硅酸）添加剂的汉方提取物的片剂技术效果，无法证明仅包含混合两种（纤维素乙醇酸、碳酸氢钠）或3种（纤维素乙醇酸、碳酸氢钠、硬脂酸镁、无水硅酸）添加剂的汉方提取物的片剂技术效果。也就是说，JPWO2004006945A1的发明的详细说明记载的实验数据并不能证明权利要求1~7的技术方案所产生的技术效果。因此，本领域技术人员无法实施本发明权利要求1~7的技术方案。

可见，说明书并未详细记载权利要求所要求保护方案所要产生的技术效果，实验数据存在不完整的缺陷，所以导致技术方案不"能够实施"。由于这个逻辑起点存在缺陷，导致权利要求自然也就不满足"合理支持"的条件。这也就解释了，在日本审查过程中，指出可实施要件缺陷同时也会指出权利要求的支持要件缺陷。

在日本专利审查实务中，在临床数据缺乏或实验数据存在缺陷的情况下，对于具有用途的药品可以从可实施要件及支持要件两方面发出驳回理由。一方面，由于用于试验的物质没有指定或者指定的物质并非权利要求所要保护的物质，无法确认权利要求所述医药发明的物质是否具有相应作用，故而违反可实施要件。另一方面，如果权利要求中记载了包括特定组分或特定成分的发明，但发明的详细说明部分只证明了部分组分或非特定组分的效果试验及其数据，即使参照申请时的技术常识，也无法将发明详细说明部分公开的内容不作扩张地一般化到权利要求中所述发明的范围，故而违反支持要件。

另外，从该专利的驳回理由通知书中可以看出，其可实施要件的评价对象并不是说明书的整体技术方案。只要认为权利要求书中的技术方案不可实施，审查员便可以以不符合可实施要件为由发出驳回理由通知书，如该专利关于可实施要件的驳回理由通知，其结论为"因此关于说明书记载的权利要求1~7的技术方案不符合可实施要件"。

3. 意见书和补正

专利JPWO2004006945A1的审查过程中，申请人于2010年3月5日、2011年5月9日进行了答复，提供了两次意见书，但均未对申请文件进行修改和补正。

针对审查员的驳回理由通知，申请人可以提交意见书和补正书，这是《特许法》赋予申请人的法定权利，是申请人的程序利益。一是由于科学技术日新月异，即使审查员长期从事审查工作，对于一些细分的领域也不能完全理解，通过意见书可以对专利申请进一步解释说明，帮助审查员理解技术方案；二是专利申请文本的撰写是一项十分专业的法律性工作，即使水平高超的申请人或代理人也无法完全保证其专利申请文本完美无缺，通过补正书可以修正这种瑕疵，保证专利权清楚稳定，同时向公众传递准确的专利信息；三是由于检索工作十分复杂且艰巨，申请人或代理人不可能对每个专利申请都做到完美的检索,这也导致申请文件,特别是权利要求书的撰写不可能是完美的,如果不给予申请人意见陈述和补正的机会,这也有失公平。

(1) 意见书。

2010年3月5日的意见书(见表6-2-6)是针对2010年1月5日的驳回理由通知书进行的,意见书主要从证据的事实认定和该专利申请的技术效果进行了陈述:一是认为出版物1并没有公开含有该发明3种成分的片剂,在先申请4记载的交联羧甲基纤维素钠与该发明的纤维素乙醇酸(羧甲基纤维素)也明显不同;二是权利要求1请求保护的新型片剂组合物具有优异的崩解性和溶出度,这是传统片剂组合物无法达到的,效果不可预测。

2011年5月9日的意见陈述(见表6-2-8)则是在2011年4月27日申请人与审查员进行会晤之后提交的,一是认为硬脂酸镁、无水硅酸是属于可选的组分,从公知常识以及补交试验两方面进行了举证和证明;二是认为纤维素乙醇酸、碳酸氢钠与汉方提取物粉末是不可缺少的组分,并强调和分析了其组合之间具有协同作用。

申请人陈述意见时,对于实质性问题,包括新颖性、创造性、可实施要件、支持要件的答复非常重视。先认定分析对比文件公开的事实,再将对比文件的事实与权利要求的事实进行对比,从结合的技术启示、技术效果等方面详细反驳了创造性驳回理由;通过举证的方式,论述其符合可实施要件、支持要件的理由。申请人的每次意见陈述都对各通知书中所指出的问题进行针对性答复,逻辑清晰、重点突出并且注重证据的引用。

(2) 补正。

专利JPWO2004006945A1的审查过程中,申请人未对申请文件进行修改和补正,但在一定的条件下对申请文件进行补正,是申请人的法定权利。

1) 补正时机。

《特许法》第17条之2第1款规定,一项专利申请,在授权查定誊本送达申请人之前,任何时候均可对说明书、权利要求书或附图进行补正。但在收到驳回理由通知之后,其补正时机仅限于以下几种情形的期间内进行:

第1项:首次收到驳回理由通知中指定的答复期间;

第2项:收到驳回理由通知后又收到"关于文献公知发明相关信息记载的通知"时,"关于文献公知发明相关信息记载的通知"中指定的答复期间;

第3项:收到驳回理由通知后再次收到驳回理由通知时,最后收到的驳回理由通知中指定的答复期间;

第4项:提起不服驳回查定的审判程序时;

第5项:不服驳回查定的审查程序中以及再审中收到的驳回理由通知中指定的答复期间。

2) 补正范围。

《特许法》第17条之2第3款规定,对说明书、权利要求书或附图进行的补正,应当在专利申请的申请书最早所附的说明书、权利要求书或附图所记载的事项范围内进行。这是因为，如果允许申请人对说明书、权利要求书或附图无限制地进行补正，则会对其他申请不公平，与第三人的利益也无法调和，还有可能导致审查拖延。因此，如果补正引入了原始申请文件未记载的新的事实，则属于第49条第1款规定的驳回理由，也属于第123条第1款第1项规定的无效理由。另外，根据第53条第1款，如果在答复最后的驳回理由通知书时进行的补正引入了新的事实，则该补正会被拒回。

除此之外，对于权利要求书的补正，日本《特许法》还进行了特殊的限制。《特许法》第17条之2规定：在收到最初的驳回理由通知后，申请人所作的修改不能超出原始申请文件所记载的范围，修改后与修改前的发明应该具有单一性；而在收到最后的驳回理由通知后，申请人所作的修改除了满足不超范围和单一性条件外，仅限于以下4种方式：①权利要求的删除；②权利要求范围的缩减；③笔误的更正；④对不清楚内容的解释。

其中，对于缩减权利要求范围的修改，修改后的权利要求还应该充分具备"独立特许要件"，即该权利要求能够被授予专利权，如果修改后的权利要求还存在任何的实质性问题，包括发明定义、产业上利用可能性、不授权客体、新颖性、创造性、记载要件等，则该修改的权利要求不具备"独立特许要件"。

对于收到最后的驳回理由通知后所做的修改，如果其超范围或不具有单一性，或超出了上述4种修改方式，或虽然对权利要求范围进行了缩减但仍然存在各类缺陷而不具备"独立特许要件"，审查员应当发出"修改驳回决定"。修改被驳回后，申请文本回到修改之前的状态，此时，如果审查员认为最后的驳回理由通知中指出的驳回理由是正确的，由于驳回理由没有被消除，审查员应当在"修改驳回决定"的基础上再作出驳回查定。

4. 会晤审查

专利JPWO2004006945A1的审查过程中，2011年4月27日进行了会晤审查。图6-2-5给出了此次会晤的会晤记录单。从会晤记录单来看，日本的会晤记录单采用了标准化的表格，通过手写方式填写，记录内容包括涉案申请号、审查员、申请人代表、代理人、会晤时间、会晤邀请者、案件审查状况、会晤目的、会晤结果等信息。会晤记录单记录了会晤发起者是申请人方，会晤时案件的审查状况是最初的驳回理由通知过程中，会晤的目的在于该发明与现有技术的对比说明，会晤的结果为双方均理解了所说明的内容。会晤之后，申请人方就会晤讨论的内容制作并提交正式的意见书和补充实验数据，在此基础上审查员随后作出了授权查定。

通过会晤的方式，使得专利JPWO2004006945A1的审查过程中，审查员与申请人沟通更为顺畅，最终使得该专利能够在未修改的情况下获得授权。

日本专利审查原则上通过书面审查进行，但实践中，如果能够促进审查员与申请人或其代理人之间的意思沟通，有助于提高审查效率，有时还是会采用其他手段，例如会晤审查，来辅助书面审查。日本《审查基准》规定会晤审查在审查员和代理人（无代理人的情形下，则应当由申请人本人参与）之间进行，会晤有两个类型：①沟通专利审查意见的面谈；②为了审查员更容易理解技术内容而进行的说明。在审查实践中，会晤审查非常普遍，提出会晤主体是申请人和/或其专利代理人，也可以是审查员。2016 年，日本实际会晤审查的案件为 3893 件[1]。

会晤的方式多种多样，包括专利申请人或者专利代理人到特许厅进行会晤审查，审查员到专利申请人或者专利代理人所在地的出差审查，以及电视会晤。另外，2013 年 4 月起，会晤审查方式扩展到网络会议，申请人不需要特殊的软件或设备便可通过网络视频来参与会晤，而且包括申请人、代理人、审查员在内，最多能够允许 10 方同时参加，参加者相互之间也可以共享 PDF 等形式的电子数据。通过该系统，能够使审查员与申请人以及专利代理人充分交流，审查员能够充分听取专利申请人以及专利代理人的意见，并且能够更加深入地了解发明内容和技术方案。

5. 证据的使用

在专利审查意见中，通常会借助一些客观的事实或材料来论述该专利不符合专利要件，进而阐述驳回理由，以通知申请人加以解释或者补正；申请人也会借助一些客观的事实或材料进行意见陈述。这些客观的事实或材料，在司法程序上通常称之为"证据"，而在专利法体系中，又被分为"对比文件"（在日本审查实务，称之为"引用文献"或"引用发明"或"出版物"）和"公知常识"（在日本，称之为"技术常识"）。除抵触申请外，对比文件和公知常识均应当是现有技术。此外，补交的试验数据也是常见的一种证据。

专利 JPWO2004006945A1 的实质审查过程，不管是驳回理由通知书，还是申请人针对驳回理由通知书的意见答复，均使用了大量的证据（见表 6-2-13）。

表 6-2-13　JPWO2004006945A1 的实质审查过程中使用的证据

使用情形	名称	使用目的	证据来源	证据类型
2010 年 1 月 5 日的驳回理由通知书	出版物 1：Wensley W. R. et al, Release of medication from compressed formulations, Canadian Pharm. J., 1959 年, 第 93 卷, 第 141-144 页	评述权利要求 1、3、4、7 的新颖性，评述权利要求 1~7 的创造性	期刊	现有技术
	出版物 2：JPS56152416A	评述权利要求 1~7 的创造性	专利	现有技术
	出版物 3：JPH1160504A	评述权利要求 1~7 的创造性	专利	现有技术
	在先申请 4：JP2005502729A	评述权利要求 1~4、7 的新颖性（抵触申请）	专利	抵触申请文件
2010 年 3 月 5 日的意见书	第 15 版修订的日本药局方	举证驳回理由通知书中事实认定错误	工具书	公知常识
2011 年 3 月 8 日的驳回理由通知书	出版物 1：JPH05194246A	评述权利要求 1~7 的创造性	专利	现有技术
	出版物 2：JPS6133122A	评述权利要求 1~7 的创造性	专利	现有技术
	出版物 3：JPH1160504A	评述权利要求 1~7 的创造性	专利	现有技术
	出版物 4：JPS56152416A	评述权利要求 1~7 的创造性，举证不符合可实施要件	专利	现有技术

---

[1] 郑德虎，等．日本专利近况及借鉴意义［EB/OL］．［2017-11-28］［2019-09-01］．http://www.iprdaily.cn/article.17736.html．

续表

使用情形	名称	使用目的	证据来源	证据类型
2011年5月9日的意见书	参考资料1：《药学大辞典》，日本工业技术联盟，1982年发行	举证硬脂酸镁作为润滑剂是公知常识	工具书	公知常识
	参考资料2："制剂中流动化剂功能的机理研究—表面构造及润湿性的影响"，太田琴惠等，《表面科学》，第24卷第10期，第608–613页，2003	举证无水硅酸作为流化剂是公知常识	期刊	现有技术
	参考资料3：补充实验	证明无水硅酸并非本发明片剂的必需组分	补充实验	补充实验

可以看出，专利JPWO2004006945A1的实质审查过程中，审查员和申请人双方进行了大量的举证，证据形式多种多样，包括了现有技术、抵触申请文件、公知常识、补充实验，也包括了日本专利、日本期刊、日本工具书、英文期刊等。这是因为，日本特许厅要求对现有技术的检索要全面、充分，不仅对日本国内文献进行充分检索，对国外文献也应进行充分检索。事实上，为了确保检索质量和效率，日本特许厅将原本由审查员进行的现有技术文献的初步检索工作外包给检索机构，利用民间机构的活力，推进审查的迅速化。

日本对证据进行了详细的规定。

（1）现有技术。

《特许法》第29条第1款：完成了产业上可利用的发明的人，除了其发明属于下列情况之外，可就该发明获得专利：①专利申请之前在日本国内或国外为公众所知的发明；②专利申请之前在日本国内或国外已公开实施的发明；③专利申请之前在日本国内或国外公开发行的出版物上有记载的发明，或公众通过电通信线路可利用的发明。

《特许法》第29条第1款通常被认为是新颖性条款，但该规定实际上将新颖性的定义和现有技术同时进行了规定。对于现有技术而言，其时间界限应当是"专利申请之前"；其状态应当"在日本国内或国外为公众所知""在日本国内或国外已公开实施""在日本国内或国外公开发行"，即处于被不特定的人知晓或实施的状态；其形式又分为"已实施""出版物""电通信线路（即互联网）"，即形式上可以是使用公开、出版物公开，也可以是互联网公开。

（2）抵触申请文件。

《特许法》第29条之2：如果一项专利申请，与其申请日之前提交的其他专利申请中所记载的发明相同，且该其他专利申请在其申请日之后公开，则该专利申请不能获得专利权。但该专利申请时其申请人与所述其他专利申请的申请人相同时，则不在此限。

《特许法》第29条之2通常被认为是抵触申请条款，将抵触申请的定义和抵触申请文件同时进行了规定。对于抵触申请文件而言，其时间界限应当是"该抵触申请文件申请日在前，但公开日在该专利申请之后"；其形式应当是"专利申请"；实质内容上，抵触申请的发明与该专利申请的发明相同。另外，对于申请人相同的在先申请，不属于抵触申请文件。

（3）公知常识。

《审查基准》规定："技术常识"指根据本领域普通技术人员普遍知道的技术（包含公知技术、惯用技术）或经验法则而容易得出的事项。"公知技术"指本技术领域普遍知道的技术，比如，具有与其有关的相当多的公开文献，或在本行业已知，或者不必列举而熟知的技术；"惯用技术"为公知技术，并且指常用的技术。

（4）补充实验。

医药领域的研究基础是实验科学，可预见性比较低。因此，不管是技术方案能够实现，还是技术方案的效果，很多时候都有赖于实验数据的验证与支持。同时，药物研发有高投入、高风险的特点，为了最大程度地保护研究成果，很多医药企业在寻求专利保护的时候，往往采取专利保护和保留技术要点并行的策略。此外，药物研发的周期比较长，这使医药企业在完成了初步研究必须进行专利布局，而此时很多优选方案客观上无法公开。因此，不管是主观意愿使然，还是客观条件所限，医药领域申请人在申请专利的时候往往会对实验数据有一定的保留。

正是医药领域专利本身对实验数据的依赖和申请人在申请专利时对实验数据的保留之间的矛盾，在面对审查员或无效请求人对专利申请或专利说明书公开不充分或相对现有技术不具备创造性的质疑时，申请人或专利权人往往会补充提交相应的实验数据，因此补充实验是医药领域专利申请常常出现的一种证据。

日本《特许法》没有对补充实验进行相关规定，但东京高等裁判所平成2年第10238号给出了指导性判例，该判例认为：如果补交的实验数据是从原说明书公开的内容中可以认识到或推导出的，则该实验数据应当被接受。在审查实践中，审查员通常会依据该判例的精神进行补充实验的审查。

2011年5月9日的意见书中，申请人补交了与含有轻质无水硅酸的实施例1-3相对应的，不含有无水硅酸的实施例1-2、实施例2-2、实施例3-2，还制备了与实施例5和6相对应的实施例7和8的片剂，并进行了相同的试验。从这些补充的实施例中可以清楚地看出，即使是不包含轻质无水硅酸的片剂组合物，也可以达到该发明所期望的效果。最终，该补充实验帮助克服了支持要件的缺陷。

6. 高效审查

在2010年1月5日的驳回理由通知书中涉及了3个法条：A29.1（新颖性）、A29.2（创造性）以及A29-2（抵触申请），使用出版物1评价了权利要求1、3、4、7的新颖性，使用出版物1~3评价了权利要求1~7的创造性，使用在先申请4再次评价了权利要求1~4、7的新颖性。在2011年3月8日的驳回理由通知书中又涉及了3个法条：A29.2（创造性）、A36.4（1）（可实施要件）以及A36.6（1）（支持要件），使用出版物1~4评价了权利要求1~7的创造性，同时指出权利要求1~7不符合可实施要件和支持要件。

可见，审查员在通知书中，对于同一权利要求，既采用了新颖性法条进行审查，也采用了创造性法条进行审查；既对可实施要件进行审查，也对支持要件进行审查；从不同的角度提供了完整、全面的审查意见，以达到与申请人充分、及时沟通的目的。

日本特许厅审查的基本方针为及时性、准确性、公平性及透明性，要求审查员在与申请人进行充分沟通的基础上，依照《特许法》《审查基准》等规定，进行统一的、有效率的审查。为提高审查效率，日本特许厅除了提出"加快审查""超级加快审查""加快审理"等制度安排外，也要求审查员提供全面高效的审查意见。《审查基准》规定，在审查时，审查员应特别注意以下 4 个方面：

（1）注意确保及时性、准确性、公平性及透明度，按照《审查基准》等标准，进行统一审查。

（2）按照规定程序获得专利权，主要是申请人及其专利代理人的责任，审查员进行审查时还应考虑到构建高质量专利权的意图。

（3）努力确保并进一步提高现有技术检索质量和可专利性判断的审查质量。进行现有技术检索和可专利性的确定，应通过充分利用每个审查员的专业知识累积来考虑技术的复杂性和先进性。

（4）进行有效的审查，确保与申请人充分沟通。

之所以日本特许厅要求提高审查的效率，一是因为获得及时、准确的审查意见对于申请人来说至关重要，申请人根据这些审查意见可以及时调整自己的专利布局甚至研发方向，漫长的实质审查程序往往会被申请人和公众所诟病；二是实质审查本身的工作负担较重，冗长的审查程序会造成行政资源的极大浪费，案件积压会对特许厅造成巨大压力。因此，除了提高检索质量、与申请人保持充分沟通外，特许厅要求审查意见的全面且高质量，尽量避免无效的驳回理由通知书。

当然，申请人如果想要获得及时、准确的审查意见，也可以通过各种方式来加快审查效率。除通过"加快审查""超级加快审查""加快审理"等制度外，也可以利用"会晤审查"的方式与审查员进行沟通；或者利用前文提及的"背景技术文献信息的提示"，提供全面、准确的背景技术文献，来加快审查效率；这种形式既能让申请人在申请时自我评估其专利的进步性，也能帮助审查员理解发明，帮助加快审查。

二、不服驳回查定审判程序

不服驳回查定审判是指专利申请人接到驳回查定后，对驳回查定不服所提起的审判制度，属于对驳回查定不服的救济程序。《特许法》第 121 条规定：收到驳回查定者对查定不服的，可自查定誊本送达之日起 3 个月内请求不服驳回查定审判。视申请人是否修改，不服驳回查定审判在程序上也有所差别。

（一）前置审查

根据《特许法》第 162 条的规定，如果申请人在请求审判的同时对申请文件进行了修改，则该专利应先交由原审查员进行前置审查。前置审查过程中，审查员可根据情况不同，取消原驳回查定而作出授权查定，或者撰写详细的前置报告以供后续审判流程参考。

【案例 14】 JPWO2009104248A1

专利 JPWO2009104248A1（申请号 JP2009554154A）是国立大学法人旭川医科大学与津村株式会社共同申请的一件专利申请，申请日为 2008 年 2 月 19 日，公开日为 2009 年 8 月 27 日，发明名称"肾上腺髓质素产生增强剂"。该专利涉及肾上腺髓质素产生增强剂的医药用途发明，从人参提取的人参皂苷、从花椒中提取的羟基山椒素、从干姜中提取的生姜酚等具有增强肾上腺髓质素产生的效果，能够用于促进血流增加、治疗炎症性肠疾病和克罗恩病等疾病。其中，人参、花椒、干姜为大建中汤中的生药。

JPWO2009104248A1 在日本的审查过程如图 6-2-6 所示。

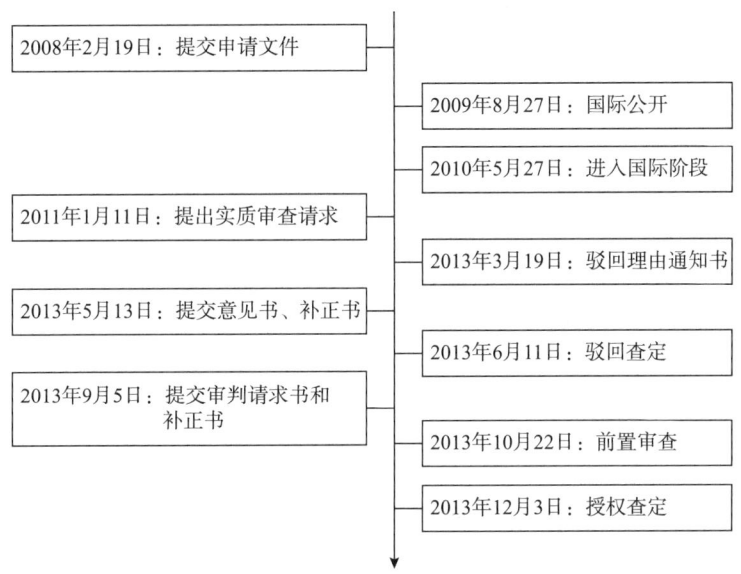

图 6-2-6 JPWO2009104248A1 的审查过程

2013 年 1 月 11 日，申请人提出实质审查请求，实质审查程序开始启动。2013 年 3 月 19 日，审查员第一次发出了驳回理由通知书，涉及单一性、A29.1（新颖性）、A29.2（创造性）以及 A36.6 之 2（明确性要件）。针对该次驳回理由通知书，申请人于 2013 年 5 月 13 日提交了意见书和补正书，经过此次补正书后，其权利要求为：

1. 含有人参皂苷 Rb1 和/或人参皂苷 Rg1，以及羟基山椒素作为有效成分的具有肾上腺髓质素产生增强作用的肠道血流增加剂。

2. 含有人参皂苷 Rb1 和/或人参皂苷 Rg1，以及羟基山椒素作为有效成分的具有肾上腺髓质素产生增强作用的炎症性肠疾病的预防/治疗剂。

3. 根据权利要求 2 所述的预防/治疗剂，其炎症性肠疾病是溃疡性结肠炎或克罗恩病。

2013 年 6 月 11 日，审查员针对补正后权利要求，作出了驳回查定（见表 6-2-14）。

表 6-2-14 2013 年 6 月 11 日的驳回查定

原文	译文
出願人は手続補正書によって補正を行うとともに、意見書において、本願請求項 1~3 に係る発明が、ジンセノシド Rb1 及び／又はジンセノシド Rg1 とヒドロキシサンショールとを組み合わせて有効成分として併用することにより、アドレノメデュリン産生が著しく増強され、それによって相乗的な腸管血流増強作用が奏され、また炎症性腸疾患に対して優れた予防・治療効果が得られることを見出したものであるのに対し、引用文献 1~4、6~9 に記載の発明は、大建中湯あるいはその構成生薬である人参、山椒、干姜を含む処方が、腸管血流増加作用や抗炎症作用などの薬理効果を有することが記載されているものの、上記「ジンセノシド Rb1 及び／又はジンセノシド Rg1 とヒドロキシサンショールと」を有効成分として特定していない旨を主張している。 上記主張について検討するに、引用文献 1~4、6~9 に記載の大建中湯あるいはその構成生薬である人参、山椒、干姜を含む処方が、明示的な記載がなくとも、上記「ジンセノシド Rb1 及び／又はジンセノシド Rg1 とヒドロキシサンショールと」を含むことは、上記意見書の第 3 頁に示された表に示される通りである。そして、上記「ジンセノシド Rb1 及び／又はジンセノシド Rg1 とヒドロキシサンショールと」を有効成分とするか否かは、物の発明である本願請求項 1~3 に係る発明を何ら限定するものと認められない。例えば、本願請求項 1~3 に係る発明は、所望の用途の剤として使用される大建中湯（又は大建中湯に由来する製剤）を包含するものと考えられるところ（本願の段落 0025、0026 参照）、例えば引用文献 3 に記載される大建中湯も、本願請求項 1 に係る発明と同様に腸管血流増加に用いられるものであって、同様の効果を奏するものであると認められる。 よって、本願請求項 1~3 に係る発明は、依然として引用文献 1~4、6~9 に記載された発明である。また、本願請求項 1~3 に係る発明は、依然として引用文献 1~4、6~9 に記載の発明に基いて当業者が容易に発明をすることができたものである	申请人在通过手续补正书进行补正的同时，在意见书中提到，本申请权利要求 1~3 通过使用人参皂苷 Rb1 和/或人参皂苷 Rg1 与羟基山椒素一起作为活性成分，对肾上腺髓质素产生具有显著增强作用，并且发挥了协同的肠道血流增强作用，同时对炎症性肠疾病具有显著的预防/治疗效果。引用文献 1~4、6~9 记载了大建中汤或含有人参、花椒、干姜的处方具有增加肠道血流、抗炎症作用等药理效果，但没有具体限定人参皂苷 Rb1 和/或人参皂苷 Rg1 与羟基山椒素为活性成分。 然而，即使引用文献 1~4、6~9 所记载的大建中汤或含有人参、花椒、干姜的处方并没有明确记载，但正如上述意见书第 3 页的表格所示，其中确实含有"人参皂苷 Rb1 和/或人参皂苷 Rg1 与羟基山椒素"。而无论是否将"人参皂苷 Rb1 和/或人参皂苷 Rg1 与羟基山椒素"作为有效成分，其并不会对作为产品发明的权利要求 1~3 产生任何限定作用。例如，可以认为本申请权利要求 1~3 所述发明包含作为所期望用途的制剂而使用的大建中汤（或大建中汤衍生而来的制剂）（参见本申请说明书第 0025、第 0026 段），而对比文件 3 中记载的大建中汤与权利要求 1 的发明同样可用于增加肠道血流，能够产生相同的效果。 因此，本申请权利要求 1~3 所述发明依然是引用文献 1~4、6~9 中所记载的发明。另外，本申请权利要求 1~3 所述发明依然是本领域技术人员在引用文献 1~4、6~9 中所记载发明的基础上容易实现的（不具备新颖性和创造性）

该专利申请人对驳回查定不服，于 2013 年 9 月 5 日提交了审判请求书，同时对权利要求进行了补正，补正后的权利要求为：

1. 仅由人参皂苷 Rb1 和/或人参皂苷 Rg1，以及羟基山椒素组成的具有肾上腺髓质素产生增强作用的肠道血流增加剂。

2. 仅由人参皂苷 Rb1 和/或人参皂苷 Rg1，以及羟基山椒素组成的具有肾上腺髓质素产生增强作用的炎症性肠疾病的预防/治疗剂。

3. 根据权利要求 2 所述的预防/治疗剂，其炎症性肠疾病是溃疡性结肠炎或克罗恩病。

根据《特许法》第 162 条的规定，如果在申请人对驳回查定不服而提起审判请求时，对申请文件进行了修改，则该专利应当首先交由原审查员进行前置审查。JP-WO2009104248A1 在提起审判请求时进行了补正，因而首先交由原审查员进行前置审查，原审查员前置审查后，由于补正后的权利要求改成了封闭式撰写方式，克服了"无论是否将'人参皂苷 Rb1 和/或人参皂苷 Rg1 与羟基山椒素'作为有效成分，并不会对权利要求 1~3 产生任何的限定作用"的缺陷，因此，前置审查后，原审查员取消了原驳回查定，直接作出了授权查定。

前置审查程序的设置是由于申请人的补正有可能克服驳回查定的缺陷，让负责审查并理解申请的技术内容的原审查员进行再次审理，可以快速判断缺陷是否克服，尽早获得授权。即使申请人的补正没有克服驳回查定的缺陷，审查员撰写的详细的前置报告也可供后续审判流程参考，帮助合议组审判官理解案由和发明的技术内容。此外，不服驳回查定审判属于准司法程序，前置审查还能够减轻准司法程序的负担，节约审查资源，提高审查效率。

（二）合议制审判❶

对于提出审判请求时没有对申请文件进行修改的，则不会进行前置审查，而是由合议组直接进行审判。审判过程中，日本特许厅审判部会组织 3 名或 5 名审判官组成合议组对案件进行审理。

如果合议组认为原驳回查定的理由成立，会作出请求不成立，维持驳回查定的决定。

如果合议组认为原驳回查定的理由不成立，且①原驳回查定仅仅是基于形式方面的理由所作出，未进行实质性审查；或②驳回查定引用的对比文件有误；或③作出驳回查定前未给予申请人意见陈述的机会，则合议组会作出请求成立，撤销驳回查定并发回重新审查的审判决定。这种情况下，审判决定（按日文的表述，以下统称"审决"）中的判断对审查员具有拘束力。

而对于原驳回理由不成立且不属于以上 3 种的情形，为兼顾行政效率，合议组会对申请进行继续审理，判断该申请是否存在新的驳回理由并告知申请人，给予其修改及意见陈述的机会，再根据最终的审理结果作出授权查定或维持驳回查定的决定。

【案例 15】JP2008044885A

专利 JP2008044885A（申请号 JP2006221825A）是小林制药株式会社的一件专利申请，申请日为 2006 年 8 月 16 日，公开日为 2008 年 2 月 28 日，发明名称为"预防疲劳的内服组合物及其制剂"。该专利涉及一种预防疲劳的内服组合物的发明，该组合物包含以生蒜发酵生产的黑蒜粉和人参作为活性成分，具有预防疲劳的作用，并证明黑蒜

---

❶ 特許庁審判部. 審判制度の概要と運用 [EB/OL]. [2019-09-01]. https://www.jpo.go.jp/system/trial_appeal/document/index/gaiyou.pdf.

粉与人参提取物具有协同作用。

JP2008044885A 的审查过程如图 6-2-7 所示。

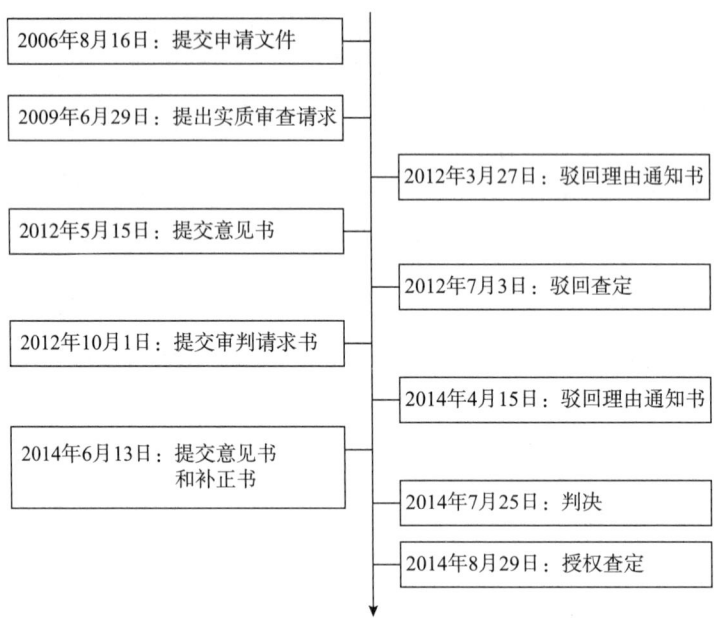

图 6-2-7 JP2008044885A 的审查过程

2009 年 6 月 29 日，申请人提出实质审查请求，实质审查程序开始启动。审查员于 2012 年 3 月 27 日第一次发出了驳回理由通知书（见表 6-2-15），其针对的权利要求为：

1. 一种预防疲劳的内服组合物，其包含以新鲜大蒜发酵的黑蒜和人参作为活性成分。

2. 如权利要求 1 所述预防疲劳的内服组合物，其特征在于，所述黑蒜由新鲜大蒜自然发酵产生。

3. 根据权利要求 1 或 2 所述预防疲劳的内服组合物，其特征在于，所述黑蒜为黑蒜粉，所述人参为固体提取物。

4. 如权利要求 1~3 任一项所述预防疲劳的内服组合物，其特征在于，黑蒜和人参的重量配比为 20∶1~1∶2。

5. 如权利要求 1~4 任一项所述预防疲劳的内服组合物，其特征在于，每日内服剂量为 0.3~400mg/kg。

6. 一种预防疲劳的内服药物制剂，其特征在于，将权利要求 1~5 中任一项所述的组合物混合得到。

7. 如权利要求 6 所述预防疲劳的内服药物制剂，其特征在于，剂型为胶囊剂、片剂、散剂、颗粒剂、丸剂或口服液。

2012 年 3 月 27 日的驳回理由通知书主要涉及 A29.2（创造性），其引用的文献如下：

1. 日本营养与食品学会会议摘要，2006 年 4 月，第 60 卷，第 194 页；
2. Jpn. J. Physiol，2001，Vol. 51 No. Suppl，P。S 167；
3. Am. J. Respir. Crit. Care Med，1997，Vol. 156 No. 1，pp. 140 – 145；
4. Japan. J. Pharmacol，1974，Vol. 24，pp. 119 – 127。

2012 年 3 月 27 日的驳回理由通知书主要审查意见如表 6 – 2 – 15 所示。

表 6 – 2 – 15　2012 年 3 月 27 日的驳回理由通知书

原文	译文
【A】 　　文献1には、黒ニンニクの抽出物が、スーパーオキサイド及び過酸化水素を消去する作用を奏することが記載されている（第194頁上段「生にんにくと熟成醗酵黒にんにくの抗酸化能の比較」全文）。 　　ここで、上記消去作用により、疲労が改善されることは、当業者に周知のことであるから（要すれば、文献2，3（文献2第S167頁右上「Effects of hydrogen peroxide on ～」全文、文献3全文、各Fig 特に Fig. 3A）等参照）、上記黒ニンニクまたはそのエキスを抗疲労剤とすることは、当業者が容易に想到し得たことである。 　　そして、医薬の分野において、薬効の増大のために同じ薬効を奏する複数成分を併用することは、当業者が通常に行うことであり、実際、抗疲労作用を奏する他の成分として高麗人参が挙げられることも、当業者に周知のことであるから（要すれば文献4（各Fig）参照）、上記2成分を併用することは、当業者が容易に為し得たことに過ぎない。また、本願明細書の記載をみても、上記併用により格別な治療効果が奏されているとも認められない。さらに、医薬の分野において、投与量や剤形、各成分の含有割合を最適化することは、当業者が適宜行うことである	【A】 　　文献 1 公开了黑蒜提取物具有消除超氧化物和过氧化氢的作用（第 194 页上部"生蒜和成熟发酵黑蒜的抗氧化能力比较"全文）。 　　在此，本领域技术人员周知，通过上述消除作用能够改善疲劳（参见文献 2、3（文献 2 第 S167 页右上 "Effects of hydrogen peroxide on…" 全文，文献 3 全文，各图，特别是图 3A）），因此，本领域技术人员容易想到将上述黑蒜或其提取物作为抗疲劳剂。 　　并且，在医药领域，为了提高药效，本领域技术人员通常会合用多种具有相同药效的成分，实际上，本领域技术人员周知，人参也是另一种具有抗疲劳作用的物质（参见参考文献 4 各图），因此，将上述两个成分组合使用是本领域技术人员可以容易实现的。另外，即使阅读本申请说明书记载的内容，也无法认为上述物质的组合使用产生了特殊的治疗效果。进一步地，在医药领域，对于本领域技术人员而言，优化每种成分的剂量、剂型和各成分的含量比例是容易实现的（不具备创造性）

2012 年 5 月 15 日，申请人针对 2012 年 3 月 27 日的驳回理由通知书，提交了意见书（见表 6 – 2 – 16），但未对申请文件进行修改。

表 6 – 2 – 16　2012 年 5 月 15 日的意见书

原文	译文
審査官殿が指摘されているように、引用文献1には、黒ニンニクの抽出物がスーパーオキサイド及び過酸化水素を消去する効果を奏することが記載されており、本願出願時の技術常識（引用文献2及び3の開示を含む）から判断して、黒ニンニクに抗疲労効果があることは、当業者には周知であったといえます。また、高麗人参に抗疲労効果があることも、当業者には周知であったといえます。 　　しかし、引用文献1～4のいずれにも、黒ニンニクと高麗人参を併用することについては、開示も示唆もされていません。	如审查员所指出的，引用文献 1 公开了黑蒜提取物具有消除超氧化物和过氧化氢的作用，根据本案申请时的技术常识（包含引用文献 2 和 3），本领域技术人员周知黑大蒜具有抗疲劳作用。此外，对于本领域技术人员而言，人参具有抗疲劳作用也是众所周知的。 　　然而，引用文献 1~4 均没有公开将黑蒜与人参一同使用，也没有给出相应的启示。

续表

原文	译文
ここで、本願出願時において、白ニンニクも疲労予防効果を有することは、一般的にも周知でした。そして、黒ニンニクと白ニンニクでは、本願明細書の図1に示されるように、抗疲労効果に大きな差は認められません。それにも関わらず、本願明細書の実施例1及び2と、比較例2とを比較しますと、高麗人参と黒ニンニクを併用した場合には、高麗人参と白ニンニクと併用した場合に比べて、疲労予防効果（抗疲労効果）が格段に向上します。具体的には、本願明細書の表1に示されているように、比較例2の評価点数（平均点＝3.5）を100％とすると、実施例1、2では、それぞれ160％及び180％という評価点数となり、極めて優れた疲労予防効果が実現されます。このような相乗的な効果は、引用文献1～4のいずれにも開示又は示唆されていない、異質な効果であります。 本願請求項1～7に係る発明は、高麗人参と、一般的な白ニンニクではなく黒ニンニクとを併用することで、高麗人参と白ニンニクとを併用することでは得られないような高い疲労予防効果（抗疲労効果）を実現したものです。このような効果は、白ニンニクと黒ニンニクの疲労予防効果（抗疲労効果）が同程度であることから、当業者の予測を超えていると判断されるべきです。このため、たとえ引用文献1～4に接した当業者であっても、本願請求項1～7に係る発明には、容易に想到し得ません。従って、本願請求項1～7に係る発明は、引用文献1～4に対して進歩性を有しています	在提交本申请时，白蒜具有疲劳预防效果也是众所周知的。并且，如本申请说明书图1所示，黑蒜和白蒜的抗疲劳作用没有显著差异。然而，比较本说明书的实施例1和2以及比较例2后可以发现，与人参、白蒜合用的情况相比，人参和黑蒜合用后的疲劳预防效果（抗疲劳效果）大大提高。具体来说，如本申请说明书表1所示，假设比较例2的评价得分（平均得分＝3.5）为100％，则实施例1和2的得分分别为160％和180％，体现出极为优异的疲劳预防效果。引用文献1~4均没有公开这样的协同效果，也没有给出相应的启示。 本申请权利要求1~7所述发明是将人参与黑蒜组合使用，而不同普通的白蒜。取得了人参与白蒜组合使用所不能达到的高度疲劳预防效果（抗疲劳效果）。对于这样的效果，由于白蒜与黑蒜本身的疲劳预防效果（抗疲劳效果）是同等程度的，应当认为其已经超出了本领域技术人员可以预期的范围。因此，即使本领域技术人员看到了引用文献1~4，也并不能容易地得到本申请权利要求1~7所述发明。因此，本申请权利要求1~7所述发明相对于引用文献1~4具备创造性

2012年7月3日，审查员作出了驳回查定（见表6-2-17），驳回查定中使用的对比文件以及理由与2012年3月27日的驳回理由通知书基本相同，最终以A29.2（创造性）进行了驳回。

表6-2-17 2012年7月3日的驳回查定

原文	译文
出願人は、意見書において、「白ニンニクと黒ニンニクは、単独による疲労改善効果に差異はないにもかかわらず、白ニンニクと高麗人参の併用に比べ、黒ニンニクと高麗人参の併用は、60％～80％も優れた疲労改善効果を奏しているのであり、当該効果は何れの文献からも予測し得ない異質なものである」旨、主張する。 しかしながら、本願明細書表1に記載の結果は、何等かの客観的に把握できる生理学的指標に基づくものではなく、10点や7.5点といった数字には根拠がないのであるから、この表に記載の結果は、効果の程度の優劣を示すに過ぎず、該表のとおりに算出した値の多少に統計学的な意味が見出せるものとは認められない。	申请人在意见书中主张"尽管白蒜与黑蒜本身的疲劳改善效果没有差异，但与白蒜和人参的组合相比，黑蒜与人参的组合的疲劳改善效果提高了60％~80％，该效果是从任何文献中都无法预测得到的特殊效果。" 然而，本申请说明书表1记载的结果并未基于任何客观的生理学指标，诸如10分或7.5分这样的数字没有任何根据，表1记载的结果仅仅能够表示效果程度的优劣，该表所计算得出数值的多少并不具有统计学的意义。

续表

原文	译文
そのうえ、上記単独同士の場合の効果の程度の比較に用いた、予備的検討における実験系は、上記併用の場合の程度を比較した実験系とは、生物種も評価系も異なるのであるから、図1の結果を根拠に、表1に記載の実施例の結果が格別な程度の効果を示しているとすることもできない。 さらに、実施例（黒ニンニクと高麗人参の併用）の結果が格別な程度のものであることを示すには、それぞれの単独成分である、黒ニンニクのみ、及び高麗人参のみの場合と比較しなければ、上記結果の程度について把握することはできないが、上記したとおり、表1に記載の評価系は、単に優劣を示すに過ぎないのであるから、該程度が格別なものであるか否かまでが、この評価系によって示されるものとは認められない。 そうすると、先に通知した文献1～4の記載からみて、黒ニンニク、高麗人参エキス共に疲労改善効果を奏するものと認められるのであり、医薬の分野においては、同じ薬効の医薬を複数併用することは、当業者が通常に行うことであるから、上記両成分を併用することは、当業者が容易に為し得たことに過ぎず、そして、上記したとおりであるから、該併用の効果が格別なものであることが示されるとも認められない。 したがって、本願の請求項1～7に係る発明は、上記文献1～4の記載に基づいて、当業者が容易に発明をすることができたものであるから、先に通知した拒絶理由【A】が解消していない。よって、出願人の主張は採用することができない	另外，初步研究中，比较单独使用时效果所用的实验系统，与比较组合使用时效果所用的实验系统，两者的生物种类和评价系统均存在差异。因此，根据图1的结果，并不能说表1所记载实施例的结果显示了特殊的效果。 进一步地，为了表明实施例（黑大蒜和人参的组合）的效果达到了特殊的程度，必须将其与单独的黑蒜和人参进行比较。但是，如上所述，表1所示的评价系统仅能单纯地显示优劣，而对于该效果是否是特殊的，该评价系统则无法对其进行确认。 从先前通知的文献1～4的记载可以看出，黑蒜和人参提取物均被认为具有改善疲劳的效果。在医药领域，本领域技术人员通常会将具有相同药效的复数种药物组合使用，因此，将上述两种成分组合使用，对本领域技术人员来说是容易实现的，其组合使用后也没有显示出特殊的效果。 因此，根据上述文献1～4所记载的内容，本领域技术人员容易得到本申请权利要求1～7所述的发明，之前通知的驳回理由【A】未得到消除。因此，不能接受申请人的主张（不具备创造性）

2012年10月1日，申请人针对驳回查定，提出了审判请求书（见表6-2-18），但未对申请文件进行修改。

表6-2-18 审判请求书

原文	译文
審査官殿が主張されるように、黒ニンニク及び高麗人参がそれぞれ抗疲労効果を奏することは、引用文献1～4に開示されており、当業者には周知であったといえます。しかし、黒ニンニクと高麗人参とを組み合わせることによって、一般的なニンニクである白ニンニクと高麗人参とを併用する以上の抗疲労効果が奏されることは、引用文献1～4には開示も示唆もされていません。 ＜予備的試験とモニタリング試験とで生物種・評価系が異なるという認定について＞	如审查员所主张的，引用文献1～4公开了黑蒜与人参分别具有抗疲劳效果，这是本领域技术人员所周知的。但是，对于黑蒜与人参组合后可以发挥出比白蒜（通常使用的蒜）与人参组合后更好的抗疲劳效果这一点，引用文献1～4没有公开，也没有给出启示。 ＜关于初步试验与观察试验的生物种类和评价系统存在差异的认定＞

续表

原文	译文
審査官殿は、拒絶査定謄本の備考欄において、予備的試験とモニタリング試験とで、生物種・評価系が異なるために、図1（予備試験）の結果を根拠に、表1（モニタリング試験）の実施例の結果が格別な程度の効果を示しているとすることはできないと認定されています。しかし、予備的検討において使用されたWister系雄性ラットは、医薬分野において、ヒト代替動物として慣用的に使用されている動物です。ヒトとWister系雄性ラットとの間で、白ニンニク及び黒ニンニクに対する種特異性が存在する可能性を完全に否定することはできませんが、当業者であれば、図1に示される実験結果から、白ニンニク及び黒ニンニクの単独での疲労予防効果は同程度と考えるのが通常です。 また、予備的検討がラット運動試験器による評価であるのに対して、モニタリング試験では通常の生活におけるモニター評価となっていますが、疲労予防効果を評価するための試験である点で共通しており、両者の評価を比較することに矛盾はありません。 ＜表1に示される実施例の効果について＞ 審査官殿は、拒絶査定謄本の備考欄において、表1に示されるモニタリング試験の結果について、生理学的指標に基づくものでなく、評価点数の数字に根拠がないため、表1に記載の結果は、効果の程度の優劣を示すに過ぎず、数字に統計学的な意味を見出せないとして、表1は本発明の実施例の効果が格別なものであることを示していないと認定されています。 これに対しては、まず疲労予防効果を示すのに、生理学的指標に基づかなければならないとする根拠はありません。服用者によるモニター試験は、医薬分野において通常行われる試験方法のひとつであり、当該試験による結果は、本願発明の効果を示すのに十分な意味を有します。 そして、疲労に対して白ニンニクと黒ニンニクとが同程度の効果を示すという予備的試験の結果に基づけば、表1に記載されているモニタリング結果が、単に効果の程度の優劣を示すものでないことは容易に理解できます。 具体的には、高麗人参を白ニンニクと組み合わせた組成物では、高麗人参単独に比べて効果が多少改善するものの、効果が「ある」（評価点数：7.5点）と評価したモニターはいませんでした。これに対して、高麗人参と、予備的試験で白ニンニクと同程度の効果を示した黒ニンニクとを組み合わせた実施例1及び実施例2の疲労予防用内服用組成物においては、効果が「ある」と感じるモニター数が明らかに増え、モニター平均点からも、実施例の方が、比較例に比べて1.6倍（=5.6/3.5）以上の効果を有することが容易に理解できます。	审查员在驳回查定誊本中提到，由于初步试验与观察试验的生物种种类和评价系统存在差异，无法以图1（初步试验）的结果为基础，证明表1（观察试验）中实施例的结果取得了特殊的效果。但是，在医药领域，初步研究所使用的Wister雄性大鼠通常用作人体的替代品。虽然不能完全否定人体和Wister雄性大鼠之间对于白蒜和黑蒜存在种属差异的可能性，但是对于本领域技术人员来说，根据图1所示的实验结果，通常会认为白蒜与黑蒜单独使用时具有相同程度的疲劳预防效果。 另外，虽然初步研究使用了大鼠运动测试仪进行评价，而观察试验使用的是日常生活的观察评价，但两者作为评价疲劳预防效果的试验是共通的，比较两者的评价结果并不存在矛盾。 ＜关于表1所示实施例的效果＞ 审查员在驳回查定誊本中提到，对于表1所示的观察试验结果，由于没有基于生理学的指标，评价分数的数字没有根据，表1所记载的结果仅能显示效果程度的优劣，不具有统计学的意义，因此，无法认为表1所示的实施例取得了特殊的效果。 对此，首先，没有证据表明疲劳预防效果的表示必须基于生理学的指标。对服用者进行的观察试验是医药领域的常规试验方法之一，该试验的结果对于显示本申请的效果具有充分的意义。 其次，如果根据白蒜和黑蒜对疲劳的影响程度相同这一初步试验的结果，则可以容易理解表1所记载的观察结果并不单纯表示效果程度的优劣。 具体来说，虽然人参与白蒜组合使用后，其效果相较于单用人参有些许地改善，但没有观察者的效果达到"有效"（评价分数7.5分）的程度。与此相对，将人参与在初步试验中和白蒜表现出同等效果的黑蒜进行组合，得到用于预防疲劳的内服组合物实施例1和实施例2，感到"有效"的观察者的数量明显增加，从观察者的平均分数也可容易看出，实施例取得了对比例的1.6倍（=5.6/3.5）以上的效果。

续表

原文	译文
すなわち、評価点数の分布及び平均点から、対照例、比較例1及び比較例2に対して、実施例1及び実施例2の効果が明らかに優れていることが読み取れます。図1に示される予備的実験の結果からは、白ニンニクと黒ニンニクの効果は同程度と予想されることから、白ニンニクと高麗人参との組み合わせ製剤と、黒ニンニクと高麗人参との組み合わせ製剤とは、同程度の疲労予防効果を示すと当業者であれば当然に予想しますが、実際のモニタリング試験の結果からは、黒ニンニクと高麗人参との組み合わせ製剤である実施例1及び実施例2は、白ニンニクと高麗人参との組み合わせ製剤である比較例2　よりも、明らかに疲労予防効果が高いことが示されています。高麗人参単独製剤である比較例1よりも、比較例2の疲労予防効果が高いであろうことは、同じ薬効の成分の組み合わせであることから、当業者の予想の範囲内であるといえますが、白ニンニクを黒ニンニクに換えることによって、さらに高い疲労予防効果が得られることは、当業者の予測を超える程度であり、決して自明の範疇ではありません。 　結び 　上述したとおり、本願請求項1~7に係る発明は、引用文献1~4に開示された発明に基づいて、当業者が容易に発明をすることができたものではありません。よって、原査定を取り消す、本願はこれを特許すべきものとする、との審決を求めます	也就是说，从评价分数的分布以及平均分数可以看出，实施例1以及实施例2的效果明显优于对照例、比较例1及比较例2。从图1所示的初步试验结果来看，白蒜与黑蒜具有同等程度的效果，则本领域技术人员自然可以预期，白蒜和人参的组合制剂，与黑蒜和人参的组合制剂，应当也会显示出同等程度的效果。但从实际的观察试验结果来看，黑蒜与人参的组合制剂实施例1和实施例2，相比于白蒜与人参的组合制剂比较例2，明显显示出了更高的疲劳预防效果。比较例2的疲劳预防效果高于单独使用人参的制剂比较例1，可以认为是相同药效成分的组合，在本领域技术人员可以预期的范围内，但是，通过将白蒜替换为黑蒜，进而取得了更高的疲劳预防效果，这已经超出了本领域技术人员可以预期的程度，绝对不是显而易见的范畴。 　结论 　如上所述，本领域技术人员在引用文献1~4公开内容的基础上，并不能容易地得到本申请权利要求1~7所述的发明。因此，请求撤销原驳回查定，本申请应被授予专利权

2014年4月15日，针对申请人的审判请求书，合议组发出了驳回理由通知书，涉及A29.1（新颖性）、A29.2（创造性），并新引用了一篇文献：

　　　　牛島光保等人，药物作用（1）－反压力作用的评估，日本未病システム学会雑誌，2005年，第11卷第1号，第111－116页

该驳回理由通知书具体审查意见如表6－2－19所示。

表6－2－19　2014年4月15日驳回理由通知书

原文	译文
理由1 　引用文献Aには、「熟成ニンニク抽出液（aged garlic extract：以下，AGEと略す）は、生ニンニクを長期間熟成することによって得られたニンニク抽出液」と記載されており（第111頁左欄下から5行目から下から行目），「本研究には、熟成ニンニク抽出液配合生薬主薬製剤（LEOPINR ROYAL：LER，湧永製薬株式会社製）を用いた。LERは，	理由1 　引用文献A公开了："熟化大蒜提取液（aged garlic extract，AGE）是通过对生大蒜长时间熟化而获得的大蒜提取液"（第111页左栏倒数第5行至倒数第2行），"在本研究中，使用了含有熟化大蒜提取液的生药制剂（LEOPINR ROYAL：LER，湧永制药株式会社

原文	译文
ヒト1日服用量の2mL中に濃縮熟成ニンニク抽出液1.8mL、ニンジンエキス273mg、ゴオウチンキ0.15mL、ロクジョウ流エキス0.03mL、トシシエキス30mg、およびイカリソウエキス5mgを含む滋養強壮剤である。」と記載されており（第111頁右欄下から2行目から第112頁左欄第5行目）、「マウスに水またはLERを経口投与し」と記載されている（第112頁左欄第17行目から第18行目）。 そうしてみると、引用文献Aには、生ニンニクを長期間熟成することによって得られたニンニク抽出液、ニンジンエキス及びその他の成分を含む滋養強壮内服剤が記載されているということができる（以下、「引用発明」という）。 本願請求項1に係る発明（以下、「本願発明」という）と引用発明とを対比すると、本願発明は、生ニンニクを発酵させて製造した黒ニンニクを用いているのに対し、引用発明は、生ニンニクを長期間熟成することによって得られたニンニク抽出液を用いている（相違点1）、本願発明は、高麗人参を用いているのに対し、引用発明は、ニンジンエキスを用いている（相違点2）、本願発明は、疲労予防用内服用組成物であるのに対し、引用発明は、滋養強壮内服剤である（相違点3）の3点で相違する。 相違点1につき、通常、長期間の熟成には、特段の防止策を講じない限り発酵を伴う蓋然性が高いため、引用発明における生ニンニクを長期間熟成することによって得られたニンニク抽出液は、本願発明における生ニンニクを発酵させて製造した黒ニンニクに相当する。 また、相違点2につき、引用文献Aに記載されたニンジンエキスは、高麗人参エキスを意味することから、相違点2は単なる表現上の差異に過ぎない。 さらに、相違点3につき、本願明細書段落【0011】には、「・・・（中略）・・・特異的に滋養強壮効果（疲労予防効果）が相乗的に発揮される」と記載されていることから、引用発明における滋養強壮は、本願発明における疲労予防に相当する。 上記のとおり、引用発明と本願発明との間に実質的な相違点はなく、本願請求項1、2、6に係る発明は、新規性ないし進歩性を有しない。また、引用文献Aに記載のLERは、ドリンク剤に相当し、本願請求項7に係る発明についても、新規性ないし進歩性を有しない。 理由2 上記の理由に加え、当該分野において、粉末と抽出エ	制造）。LER是一种滋补品，人体1日服用量为2mL，其中包含浓缩熟化大蒜提取液1.8mL，人参提取物273mg，牛黄乙醇提取物0.15mL，鹿茸流浸膏0.03mL，菟丝子提取物30mg，以及淫羊藿提取物5mg"（第111页右栏倒数第2行至第112页左栏第5行），"将小鼠口服水或LER"（第112页左栏第17行至第18行）。 可见，引用文献A公开了一种内服的滋补剂，其中含有由生大蒜经长时间熟化而得到的大蒜提取液、人参提取物以及其他成分（以下简称"对比文件"）。 本申请权利要求1所述发明（以下简称"本申请发明"）与对比文件相比，有以下3点区别：本申请发明使用了通过发酵生大蒜而制得的黑蒜，而对比文件使用了由生大蒜经长时间熟化而得到的大蒜提取液（区别点1），本申请发明使用了人参，而对比文件使用了人参提取物（区别点2），本申请发明是用于预防疲劳的内服组合物，对比文件是内服的滋补药（区别点3）。 对于区别点1，通常，如果不采取特别的措施，长时间的熟化很可能伴随着发酵，对比文件中由生大蒜经长时间熟化而得到的大蒜提取液，相当于本申请发明中通过发酵生大蒜而制得的黑蒜。 此外，对于区别点2，对比文件所述"人参提取物（ニンジンエキス）"就是指"人参提取物（高麗人参エキス）"，区别点2仅仅是表达上的差异。 进一步地，对于区别点3，本申请说明书第0011段记载了"……协同发挥特异性的滋补效果（疲劳预防效果）"，因此，对比文件的滋补作用相当于本申请发明的预防疲劳作用。 如上所述，对比文件与本申请发明之间没有实质性的区别，本申请权利要求1、2、6所述发明不具备新颖性和创造性。此外，引用文献A所公开的LER相当于口服液，因此本申请权利要求7所述发明也不具备新颖性和创造性。 理由2 此外，在本领域，粉末和提取物能够起到

续表

原文	译文
キスとが，同様の効果を奏することは周知であることから，引用発明の抽出エキスを粉末とすることに困難性はなく，そのことによる格別な効果も認められないため，本願請求項3に係る発明は，進歩性を有しない。有効成分の配合割合を調整することや，1日当たりの投与量を設定することは，当業者が適宜なし得ることに過ぎず，それらの変更による格別な効果も，本願明細書からは確認できないため，本願請求項4，5に係る発明は，進歩性を有しない。内用用の剤形を選択することも，当業者が適宜なし得ることに過ぎず，特定の剤形であることによる格別な効果も，本願明細書からは確認できないため，本願請求項7に係る発明はドリンク剤以外の剤形につき，進歩性を有しない	同样的效果是众所周知的，所以将对比文件中的提取物制成粉末也不具有困难，也没有产生特殊的效果，因此权利要求3所述发明不具备创造性。有效成分的配比的调整、日投药量的设定，均是本领域技术人员可以自行完成的，从本申请说明书中也无法确认上述调整取得了特殊的效果，因此权利要求4、5所述发明不具备创造性。选择内服用的剂型是本领域技术人员容易实现的，从本申请说明书中也无法确认特定剂型产生了特殊的效果，因此权利要求7中除口服液以外的其他剂型也不具备创造性

2014年6月13日，申请人针对2014年4月15日的驳回理由通知书，提交了意见书（见表6-2-20）和补正书，补正权利要求如下：

1. 一种预防疲劳的内服组合物，其包含以新鲜大蒜发酵的黑蒜粉和人参作为活性成分。

2. 如权利要求1所述预防疲劳的内服组合物，其特征在于，所述黑蒜粉由新鲜大蒜自然发酵产生。

3. 根据权利要求1或2所述预防疲劳的内服组合物，其特征在于，所述人参为固体提取物。

4. 如权利要求1~3任一项所述预防疲劳的内服组合物，其特征在于，黑蒜粉和人参的重量配比为20∶1~1∶2。

5. 如权利要求1~4任一项所述预防疲劳的内服组合物，其特征在于，每日内服剂量为0.3~400mg/kg。

6. 一种预防疲劳的内服药物制剂，其特征在于，将权利要求1~5中任一项所述的组合物混合得到。

7. 如权利要求6所述预防疲劳的内服药物制剂，其特征在于，剂型为胶囊剂、片剂、散剂、颗粒剂、丸剂或口服液。

这次意见书中，申请人通过引用3篇现有技术，对新颖性和创造性进行了详细的意见陈述。3篇现有技术如下：

【参考文献1】Unique Chemistry of Aged Garlic Extract，RYU K，ROSEN R T，ACS Symposium Series，No. 859 Page. 258-270（2003）.

【参考文献2】
「ニンニクおよびその成分の新しい薬理活性」，住吉博道，日薬理誌，110，補冊1，p93-97（1997）.

【参考文献 3】
Pharmacologic Activities of Aged Garlic Extract in Comparison with Other Garlic Preparations, S. Kasuga et al, 2001 American Society for Nutritional Science.

表 6-2-20　2014 年 6 月 13 日的意见书

原文	译文
<1. 新規性> 補正後の本発明においては、黒ニンニクが粉末に限定されました。引用文献 A に開示されている発明は、濃縮熟成ニンニク抽出液（AGE）を使用しています。この「熟成ニンニク抽出液」は、ニンニクを極性エタノール溶液に10ヶ月浸漬する等して調整される特異な素材です（参考文献 1）。本発明で使用される黒ニンニク粉末は粉末（固体）であって、液体であるニンニク抽出液とは明らかに異なります。従って、補正後の本発明は、引用文献 A に開示されている発明とは同一でなくなりました。 <2. 進歩性> 審判官殿は、拒絶理由通知書の理由 2 に関連し、「当該分野において、粉末と抽出エキスとが同様の効果を奏することは周知であるから、引用発明の抽出エキスを粉末とすることに困難性はなく、そのことによる格別な効果も認められない」と指摘されます。 しかし、ニンニクの加工物は、その加工法の違い等により多種存在しており、それらの生理的活性が大きく異なることが本願の出願以前から知られております。 例えば、参考文献 2 には、ニンニクの加工品において「加工法の相違により製品の性状が異なるだけでなく、その内容成分も異なる」、「有効性に加えて安全性の確認がされているのは AGE（熟成ニンニク抽出物）のみ」との記載があります。また、参考文献 3 において、生ニンニクジュース、加熱ニンニクジュース、乾燥ニンニク粉末（日本で健康食品に使用されている素材）、熟成ニンニク抽出液（湧永製薬社製 AGE）の健康改善効果の差異が検証されており、熟成ニンニク抽出液がもっとも高い効果を発揮し、乾燥ニンニク粉末には特筆すべき効果がないことが報告されております。すなわち、ニンニクの粉末と抽出エキスが同様の効果を奏するということは、ニンニク加工品を用いる組成物の技術分野においては技術常識ではなく、むしろ効果が異なることが知られていました。 そのため、引用文献 A に接した当業者であれば、ニンニク加工品を使用するのであれば、効果が高いと予想される抽出液を選択するのが通常であり、抽出液よりも効果が低いであろう粉末を使用する動機がありません。	1. 新颖性 在补正后的本发明中，黑蒜限定为粉末。引用文献 A 公开的发明中，使用了浓缩的熟化大蒜提取液（AGE）。这种"熟化大蒜提取液"是将大蒜用极性乙醇溶液浸渍 10 个月所得到独特的物质（参考文献 1）。本发明所使用的黑蒜为固体粉末，与液体状态的大蒜提取液明显不同。因此，补正后的本发明与引用文献 A 中公开的并不是同样的发明。 2. 创造性 审判员在驳回理由通知书的理由 2 中指出"在本领域，粉末和提取物能够起到同样的效果是众所周知的，所以将对比文件中的提取物制成粉末也不具有困难，也没有产生特殊的效果"。 然而，依据加工方法的不同，大蒜存在多种加工品，它们的生理活性存在很大的差异，这是本案申请以前所广为人知的。 例如，参考文献 2 中提到，对于大蒜的加工品，"依据加工方法的不同，所得制品不仅在性状上存在差异，其内容成分也不同"，"有效性和安全性得到确认的只有 AGE（熟化大蒜提取物）"。此外，在参考文献 3 中，验证了生大蒜汁、加热大蒜汁、干燥大蒜粉末（在日本健康食品中使用的材料）和熟化大蒜提取液（湧永制药的 AGE）的健康改善效果之间的差别。结果显示，熟化大蒜提取液的效果最好，干燥大蒜粉末没有明显的效果。可见，大蒜的粉末和提取液能发挥相同的效果，并不是大蒜加工品组合物所属技术领域的技术常识，不如说它们的效果各异才是被广泛知晓的。 因此，如果本领域技术人员看到了引用文献 A，在使用大蒜加工品时，通常将会选择预期效果较好的提取液，而没有动机去使用预期效果较低的粉末。 然而，在补正后的本发明中，原本效果相比于提取液较低的大蒜粉末，在与人参组合使用后，发挥出了优异的抗疲劳效果。对于这一点，进一步进行说明。

续表

原文	译文
しかし、補正後の本発明においては、ニンニク加工品のうち、抽出液よりも効果が低いとされる粉末を、高麗人参と組み合わせることにより、優れた抗疲労効果を発揮します。この点について、説明いたします。 引用文献Aで使用されている湧水製薬株式会社の「LEOPIN（登録商標）ROYAL」は、引用文献Aのp112、左欄1行目に記載されているように、大人1日当たりの服用量は、2mL（2000mg）とされています。一方、本願明細書の実施例1及び実施例2では、ソフトカプセルに充填されている内容物は300mgであり、これを健常男性に1日3粒投与しますので、1日当たりの投与量は900mgとなります。つまり、実施例1及び実施例2における1日当たりの投与量は、「LEOPIN（登録商標）ROYAL」の半分以下です。それにも拘わらず、明細書の表1に示されているように、実施例1及び実施例2は、白ニンニク粉末と高麗人参とを含有する比較例2よりも優れた疲労予防効果を発揮します。このように、黒ニンニクの粉末を用いながらも高麗人参と組み合わせることにより、少ない服用量で服用者の負担を軽減しながら明確な抗疲労作用を感じることができるという効果は、引用文献Aに接した当業者の予測を超える程度の高い抗疲労効果といえます。 従って、補正後の請求項1に係る発明の構成及び効果は、引用文献Aに開示されている発明と同一でないことはもちろん、引用文献Aに開示されている発明に基づいて当業者が容易に発明をすることができたものでもありません。すなわち、補正後の請求項1及びその従属項である請求項2～7に係る発明は、引用文献Aに開示されている発明に対して進歩性を有します。なお、補正後の本発明においては、黒ニンニクが粉末に限定されましたが、実施例1及び実施例2では、黒ニンニク粉末と高齢ニンジンエキスに、サフラワーサラダ油等を添加して溶液とした後、ソフトカプセルに充填しています。これらの製剤の内容液は、黒ニンニクの粉末を溶剤によって液剤としたものであり、熟成ニンニク抽出液のような当初から液体であるニンニク加工品の液剤とは、明確に区別することができます。黒ニンニク（の粉末）及び高麗人参エキスを、溶剤によって液剤としてもよいことは、出願当初の明細書の段落［0015］に記載されています。 上述したとおりでありますから、本願について今一度審理の上、特許審決を賜りますようお願い申し上げます	如引用文献A第112页左栏第1行所记载的那样，引用文献A使用的湧永制药株式会社的"LEOPIN（注册商标）ROYAL"成人1日的服用量为2mL（2000mg）。另一方面，在本申请说明书实施例1和实施例2中，填充至软胶囊的内容物为300mg，健康男性1日服用3粒，因此1日的用量为900mg。也就是说，实施例1和实施例2中1日的用药量，不及"LEOPIN（注册商标）ROYAL"的一半。尽管如此，如说明书表1所示，实施例1和实施例2相比于含有白蒜粉末与人参的比较例2取得了更好的疲劳预防效果。如此，通过将黑蒜粉末与人参组合使用，以较少的服药量减轻了服用者的负担，同时可以感觉到明确的抗疲劳作用，这种高度的抗疲劳效果超出了本领域技术人员可以预期的程度。 因此，补正后的权利要求1所述发明的组成和效果，均与引用文献A所公开的发明不同，同时，其也并非本领域技术人员基于引用文献A所公开的发明就可以容易得到的。也就是说，补正后的权利要求1及其从属权利要求2～7，相对于引用文献A所公开的发明具有创造性。并且，虽然补正的本发明中限定了黑蒜为粉末，但在实施例1和实施例2中，将红花色拉油等加入黑蒜粉末及成熟人参提取物中形成溶液后，再将其填充入软胶囊。此时，制剂的内容液是在黑蒜粉末中加入溶剂所形成的液体，与熟化大蒜提取液等从一开始就是液体的大蒜加工品可明确地区分开。在黑蒜（粉末）及人参提取物中加入溶剂形成液体制剂的事实，记载在本申请原始说明书第0015段。 如上所述，希望在对本申请进行再一次审理的基础上，能够给予特许审决

申请人首先对权利要求进行了修改,将"黑蒜"改为"黑蒜粉",接着从粉状固体与液体提取液的形态出发,依据参考文献 1~3,引出和论证了"依据加工方法的不同,生理活性存在很大的差异"的观点,认为根据现有技术不存在由"效果较好的提取液"改为"预期效果较低的粉末"的动机;并再次陈述了将黑蒜粉末与人参组合使用的预料不到的效果。

由于申请人的修改及意见陈述致使原拒绝查定的理由已被消除,而又未能发现其他的拒绝理由时,故合议组于 2014 年 7 月 25 日作出了"撤销原驳回查定、授予专利权"的判决,并于 2014 年 8 月 29 日进行了授权查定。

通过 JP2008044885A 的审查过程,可以看出日本专利申请不服驳回审判程序的一些特点和规定。

(1) 未经过前审查员前置审查。2012 年 10 月 1 日,申请人提交了审判请求书,但没有修改申请文件;之后直接进入了合议组审判程序。这种案件之所以不经由原审查员进行审查,是因为:原审查员并不认可该专利的创造性及授权前景,因此,倘若该专利回到原审查员进行前置审查,其很有可能依然不认可创造性,从而导致审查周期延长。

(2) 合议制。根据《特许法》第 136 条第 1 款、第 2 款,审判由 3 名或 5 名审判员组成的合议组进行,合议组的合议须过半数人同意而决定。合议组由特许厅长官指定审判员组成,并指定审判员中 1 人为审判长。审判长总理关于该审判案件的事务。JP2008044885A 的合议组就是由 3 名审判员组成(见图 6 - 2 - 8)。

审判长	特许厅审判官	村上 骑见高	8827
	特许厅审判官	渕野 留香	9048
	特许厅审判官	辰己 雅夫	2941

图 6 - 2 - 8 JP2008044885A 的合议组

(3) 审判程序中合议组使用了新的对比文件。2014 年 4 月 15 日,针对申请人的审判请求书,合议组发出了驳回理由通知书,使用了新的对比文件"牛岛光保等人,药物作用(1)——反压力作用的评估,日本未病システム学会雑誌,2005 年,第 11 卷第 1 号,第 111 - 116 页",评价了权利要求的新颖性和创造性。

可见,合议组使用了新的证据以新的理由继续进行审理。这是因为,不服驳回查定审判程序中,审判员具有证据调查的权限。根据《特许法》第 153 条第 1 款,审判中对于当事人或参加人未提出的理由,也可以进行审理。《特许法》第 150 条第 1 款规定,关于审判,依当事人或参加人的申请或依职权进行证据调查。在审判实务中,审判员也会自己检索新的证据,以兼顾行政效率。

(4) 重新通知驳回理由。合议组认为原驳回查定的理由不成立,但①原驳回查定以 A29.2（创造性）进行驳回的，并不是仅仅基于形式方面的理由所做出的；②驳回查定引用的对比文件也不存在事实认定错误，审查员与申请人的争议仅在于技术效果的争辩；③驳回查定所使用的理由在 2012 年 3 月 27 日的驳回理由通知书中通知过申请人，因此驳回查定符合驳回时机。即合议组认为原驳回查定的理由不成立，但不属于规定的 3 种撤回驳回查定的情况。因此，合议组没有作出撤销驳回查定并发回重新审查的审判决定，而是对申请进行继续审理。

（5）该专利的授权查定是由合议组作出的。不服驳回查定审判依审判请求而开始，原则上以审决而终结。《特许法》第 156 条规定，对于专利无效审判以外的审判，当案件作出审决的条件已经成熟时，审判长应当向当事人与参加人通知审理的总结。即，不服驳回查定审判的结案方式是作出审决，因此，未经过前置审查的不服驳回查定审判中的授权查定由合议组作出。

三、加快审查・审理制度[1]

日本专利加快制度包括加快审查、加快审理以及超级加快审查制度，加快审查・审理制度建立于 1986 年，旨在通过加快专利审查或审理进度，更好地保障申请人的自身权益，以促使其进一步的研究开发，保障国内工业长期持续的发展。到了 2000 年之后，加快审查案件爆发式增长，为了应对这种局面，日本特许厅在增加审查人员的基础上，于 2008 年 10 月 1 日开始试行超级加快审查制度，其审查周期与加快审查相比进一步缩短了约 3 个月的时间[2]。

汉方・生药制品的研发具有投入大、周期长等特点，对于企业来说，尽早获知专利审查结果有利于其及时调整后续研发方向，快速稳定化的专利权也有助于企业及时进行市场布局，抢占先机。因此，许多汉方・生药发明专利申请人会请求特许厅进行加快审查。

【案例 16】JP2014031367A

JP2014031367A 是东洋新药于 2013 年提出的一件专利申请，主要涉及一种促进交感神经系统作用的组合物，该组合物包含黑姜加工品，具有改善交感神经活动的作用，此外，还可用于抑制胃肠活动、消化分泌、排尿、提高血压和心率。案件的审查过程如图 6-2-9 所示。

可见，东洋新药在提出实质审查请求的同时提出了加快审查申请，并提交了"与加快审查有关的情况说明书"。根据日本特许厅《专利申请加快审查・加快审理指南》（以下简称《加快指南》）的规定，申请加快审查的案件必须是已经提交实质审查的案件（两者可以同时提交），加快审查的申请人仅限于申请人本人或其代理人，同时，每一件申请加快审查的案件都需要提交一份"与加快审查有关的情况说明书"，《加快指南》中对该情况说明书的样式作出了具体规定，如图 6-2-10 所示。

---

[1] 特許庁．特許出願の早期審査・早期審理ガイドライン［EB/OL］．[2019-09-01]．https://www.jpo.go.jp/e/system/patent/shinsa/jp-soki/document/index/guideline.pdf.

[2] 孙建．日本专利加快审查制度给予我们的启发与思考［J］．中国发明与专利，2016，4.

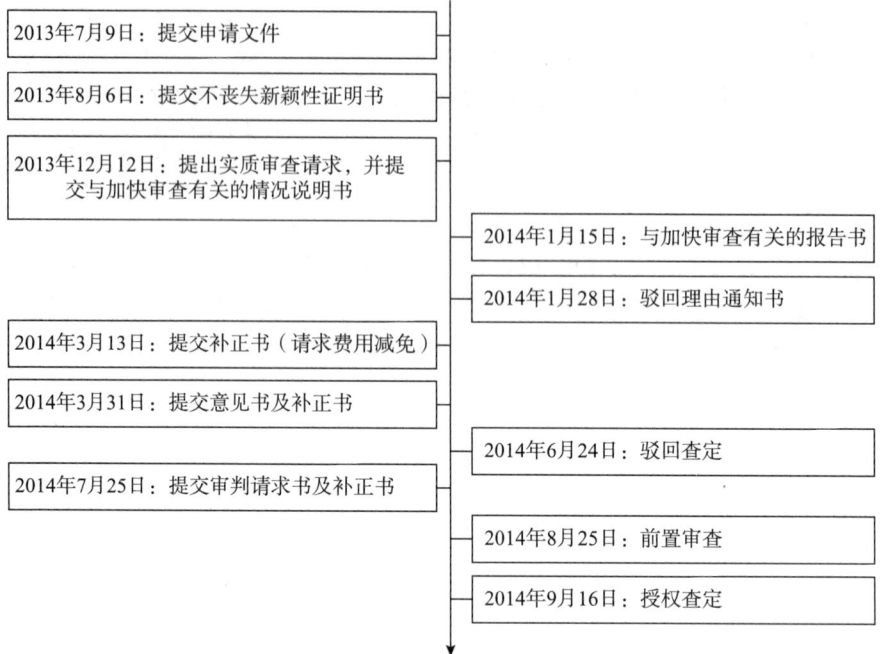

图 6-2-9　JP2014031367A 的审查过程

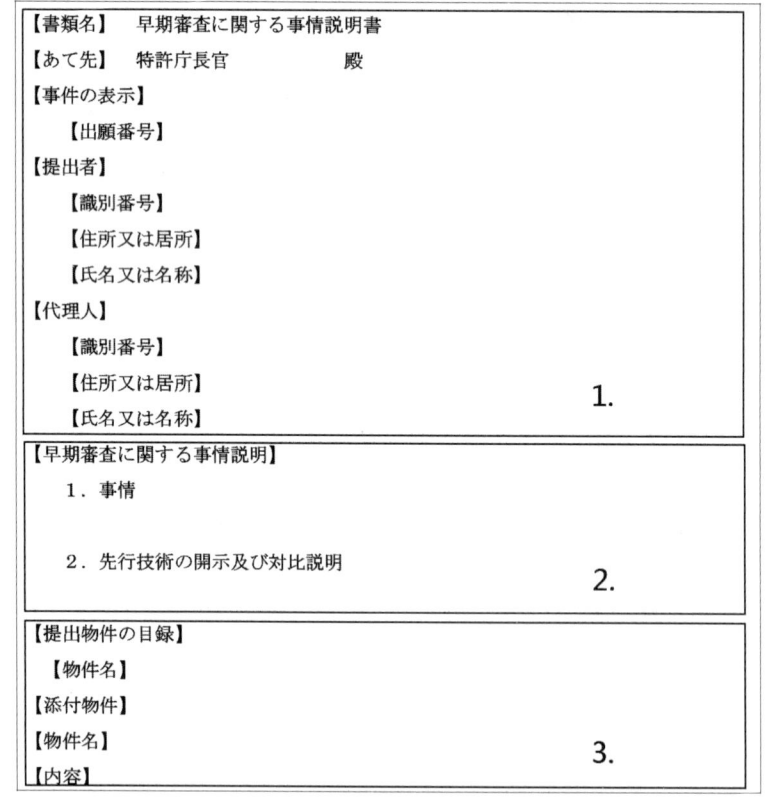

图 6-2-10　"与加快审查有关的情况说明书"样式

可见，该情况说明书主要由三部分组成：①案件著录项目信息；②与加快审查有关的情况说明；③提出物件的目录。其中，第 2 部分是加快审查申请能否得到批准的关键，这一部分的记载要件有两个，即"情形"（日语为"事情"）及"背景技术的提示与对比说明"。

（一）情形

目前，日本特许厅对于加快审查不收取任何额外的费用，但对于可以申请加快审查的情形却有着明确的限定，主要包括：

（1）申请人是中小企业、个人、大学及公共研究机构等。申请人至少一部分是中小企业或个人、大学/短期大学、公共研究机构或受申请人认可的技术转移机构。

（2）属于涉外申请。申请人就该发明不仅向日本提出了专利申请，还以其为基础向其他国家或政府机构提出了申请，包括通过巴黎公约及国际专利条约申请的国际申请。

（3）属于实施相关申请。包括申请人自身正在实施的专利申请，以及从申请人处接受了实施许可而正在实施的专利申请。

（4）属于绿色相关申请。绿色相关申请是指与环境保护相关的发明，即具有节省能源或减少二氧化碳排放等技术效果的发明。

（5）属于震灾复兴支援相关申请。专利申请的申请人至少一部分是在《灾害救助法》适用区域具有住所或居所的自然人或法人，该申请是因为地震而遭受灾害的自然人或法人的专利申请。

（6）属于《亚洲据点化推进法》相关申请。专利申请的部分申请人是特定多国籍企业为了进行研究开发事业而在日本国内设立的相关公司，这些公司将它们的研究开发的发明成果提出专利申请。

在"情形"一栏，申请人需要说明本申请属于以上何种情形，并具体说明理由。以中小企业为例，由于《中小企业基本法》中对于中小企业的雇员人数及资本金额有着明确的要求，如制造业企业雇员 300 人以下或资本金额 3 亿日元以下，因此，申请人若以中小企业为由申请加快审查，则需要在"情形"一栏详细记载申请人的雇员人数及资本金额等信息。

如果申请人同时满足以上的多种情形，《加快指南》推荐申请人从中选择一种"背景技术的提示"撰写负担相对较低的情形进行申请，并填写在"情形"一栏，一般来说，对中小企业、个人、大学及公共研究机构等情形的撰写要求最低，可优先进行选择。

目前，JPO 案卷信息查询网站（J – PlatPat）尚不公开"与加快审查有关的情况说明书"的具体内容❶（见图 6 – 2 – 11），因此，我们无法得知案件申请加快审查时的具体"情形"。

---

❶ 特許庁総務部総務課情報技術統括室. 意匠・商標の審査・審判書類がJ – PlatPatで照会可能となります[EB/OL]. （2018 – 11 – 30）[2019 – 11 – 14]. https: //www. jta. tokyo/src/20181128_意匠・商標の審査・審判書類がJ – PlatPatで照会可能となります. pdf

对于专利 JP2014031367A，可依据所掌握的企业和专利信息对其可能符合的"情形"进行分析。JP2014031367A 不存在外国同族专利，技术内容也与环境保护无太大关联，因此并不属于涉外申请及绿色相关申请。同时，东洋新药在地震受灾地不存在营业所，也未设立相关海外机构，不属于特定多国籍企业，因此该申请也不是震灾复兴支援或亚洲据点化推进法相关申请。而根据东洋新药的官方数据可知，企业的资本金额为 5000 万日元，符合相关法律对中小企业的要求，同时，也无法排除该专利申请时已经在实施或已许可他人实施，因此，东洋新药可能是以申请人为中小企业，或是属于实施相关申请为"情形"，提出了加快审查申请。

图 6-2-11　J-PlatPat 可查阅的案卷类型

另外，虽然申请超级加快审查可以进一步压缩审查周期，但特许厅对于超级加快审查的申请有着更为严格的限制，允许申请的情形仅包括以下两种：①同时属于涉外申请和实施相关申请；②由新兴企业提出的实施相关申请。所谓新兴企业，主要指开始事业未超过 10 年的个人业主，以及雇员人数在 20 人以下或是资本金额在 3 亿日元以下、设立不超过 10 年且不受其他法人控制的法人。

申请超级加快审查的申请人需要在"情形"一栏的开头明确记载"希望进行超级加快审查"，同时详细记载符合相关情形的具体理由。很显然，JP2014031367A 并不符合上述两种情形，东洋新药应当没有提出超级加快审查的申请。

（二）背景技术的提示与对比说明

为了提高加快审查案件的结案效率，同时减轻审查员的负担，特许厅要求加快审查申请人在"与加快审查有关的情况说明"部分明确记载背景技术提示内容和对比说明，而根据加快申请所依据情形的不同，特许厅对背景技术提示内容和对比说明的记载程度也有不同的要求，具体如表 6-2-21 所示。

可以看出，对记载程度的要求与申请人获取技术资料的难易程度存在直接关联。例如，对于中小企业、个人及大学这类申请人，由于可预期其检索手段较为有限，全面获取背景技术文献的难度较大，故特许厅只要求其记载申请时所知晓的背景技术文献，并将该申请的发明与背景技术文献进行对比，具体指出两者的差异，并阐述该差异所带来的有益效果。而对于有大企业参与的相关申请，一般情况下，需要其自行进行背景技术的调查,记载详细的检索结果并作对比说明。对于涉外申请来说,申请人可以充分利用特许厅或外国专利审查机构的检索结果,以避免不必要的检索负担。

表6-2-21 背景技术提示内容和对比说明的记载要求

	中小企业、个人、大学、TLO、公共研究机构			涉外申请			实施相关申请 绿色相关申请 亚洲据点化推进法相关申请	震灾复兴支援相关申请		
	单独申请		与大企业的共同申请	有特许厅的国际检索报告和初审报告	无特许厅的国际检索报告和初审报告			单独申请,或与大企业以外的共同申请	与大企业的共同申请	
		符合特例*	不符合特例*			有外国专利机构的检索结果	无外国专利机构的检索结果		共同申请人中不包括不满足要件**的大企业	共同申请人中包括不满足要件**的大企业
背景技术调查	记载所知文献	必要	可省略	记载外国专利机构的检索结果	必要	必要		记载所知文献	必要	
对比说明	与所知文献的对比说明	必要	可省略	与外国专利机构检索结果的对比说明	必要	必要		与所知文献的对比说明	必要	

特例*:与根据"中小企业制造技术进步法"的认证计划进行的特定研发成果相关的发明,中小企业权益的所有权比例为50%以上。同时,必须在所述特定研发结束后的2年内提出申请。

要件**:申请人的全部或部分是在地震灾区拥有住所或住所并因地震而遭受损害的人,或在地震中营业所遭受损害并由该营业所完成或实施发明的法人。

另外,对于必须进行背景技术调查的几种情形,如果申请人在发明的说明书部分已经详细记载了背景技术文献信息,即满足背景技术文献信息提示要件,则可以对该部分的背景技术调查内容进行省略。同理,如果说明书中已经就申请所述发明与背景技术进行对比说明,则此处的对比说明也可以进行省略。

在JP2014031367A的说明书中,东洋新药记载了3篇背景技术专利文献(见图6-2-12),但未将该申请的发明与其进行对比说明。因此,东洋新药在撰写"与加快审查有关的情况说明"时,对于"背景技术的提示"可采用"记载于说明书第0004段"这样简略的表述,但对"对比说明"方面的内容则必须进行详细的说明。

```
【0003】
  従来より、このような症状に対し、摂取により自律神経の活動を上昇させるものとして
、唐辛子や生姜等の辛味成分が知られているが、いずれも辛いことや胃腸への刺激が強い
ことから、食品として一度に多量に摂取することができず、有効に自律神経の活動を上昇
させることは困難であった。これらに代わるものとして、近年において、様々な植物の抽
出物の適用が試みられてきた(特許文献1~3)。
【先行技術文献】
【特許文献】
【0004】
【特許文献1】特開平11-302166号公報
【特許文献2】特開2002-145765号公報
【特許文献3】特開2011-178741号公報
```

图6-2-12 JP2014031367A引用的背景技术文献

（三）加快审查的批准与后续审查

在申请人提交"与加快审查有关的情况说明书"后，由审查长判断是否给予申请人加快审查的优待，并发出"与加快审查有关的报告书"，作出判断时主要从两方面进行考虑：①是否满足加快申请的相应情形；②背景技术的提示是否充分。在JP2014031367A的审查过程中，东洋新药在收到"与加快审查有关的报告书"的13天后就收到了驳回理由通知书，距离其提交实质审查申请也仅仅过去了1.5个月左右，可见JP2014031367A的加快审查申请应当是得到了批准。

加快审查的初衷是帮助申请人尽快实现权利的确定化，为了进一步加快审查速度，针对后续审查过程中的相关事宜，特许厅对申请人提出了如下要求：①避免申请延长答复通知书的期限；②鼓励通过网络提交补正书等手续材料；③在审查员申请会晤审查时积极回应；④在审查员寻求证明文件或较难获得的对比文件（如企业自身的产品目录、发明人在大学中的论文集等）时，能够快速提供。

东洋新药在收到驳回理由通知书后，于规定的期限内提交了意见陈述书及补正书，未对答复期限进行任何延长，可以看作对于特许厅相关要求的一种积极回应。

四、对于特定类型的权利要求的审查

医药领域发明专利申请存在许多特殊的问题。例如，在多数情况下，医药领域的发明技术效果难以预测，必须借助于试验结果加以证实才能得到确认；有的医药产品其结构尚不清楚，常常借助于性能参数和/或制备方法来定义；发现已知化学产品新的作用机理，如何评价其技术贡献。下面对日本《特许法》如何处理医药领域发明申请的特殊问题进行说明。

（一）两种以上医药成分的药物组合的创造性评判

日本《审查基准》对于两种以上医药成分的药物组合的创造性评判思路为：为了解决药效增强、副作用降低等本领域技术人员所熟知的课题，而将两种以上的医药成分的组合进行最优化处理，这属于本领域技术人员常规的创造能力。因此，如果权利要求所述医药发明，仅仅是为了解决上述课题而将两种以上公知的医药成分进行组合，通常，认为权利要求所述医药发明不具有创造性。但是，与上述公知的医药成分各自的效果相比，如果其有益效果显著超出了申请时技术水准可以预期的范围，或是有其他可以推断具有创造性的情况，则应该认为权利要求所述医药发明具有创造性。

【案例17】JP2008044885A

例如JP2008044885A是小林制药申请的专利，发明名称为"预防疲劳的内服组合物及其制剂"，即属于"两种以上医药成分组合的药物"类型，原始权利要求如下：

    1. 一种预防疲劳的内服组合物，其包含以生蒜发酵生产的黑蒜和人参作为活性成分。

    2. 如权利要求1所述预防疲劳的内服组合物，其特征在于，所述黑蒜由生蒜自然发酵产生。

    3. 根据权利要求1或2所述预防疲劳的内服组合物，其特征在于，所述黑蒜为黑蒜粉，所述人参为固体提取物。

4. 如权利要求1~3任一项所述预防疲劳的内服组合物，其特征在于，黑蒜和人参的重量配比为20∶1~1∶2。

5. 如权利要求1~4任一项所述预防疲劳的内服组合物，其特征在于，每日内服剂量在0.3~400mg/kg。

6. 一种预防疲劳的内服药物制剂，其特征在于，将权利要求1~5中任一项所述的组合物混合得到。

7. 如权利要求6所述预防疲劳的内服药物制剂，其特征在于，剂型为胶囊剂、片剂、散剂、颗粒剂、丸剂或饮料。

在驳回理由通知书和驳回查定中，审查员均认为权利要求1~7不具备创造性，并且从"容易获得该发明"和技术效果两方面进行了评价（驳回理由通知书原文如表6-2-15所示，驳回查定原文如表6-2-17所示，本节分析如表6-2-22所示）。

表6-2-22　JP2008044885A"容易获得"的判断

"容易获得"的判断	
驳回理由通知书	驳回查定
文献1公开了黑蒜提取物具有消除超氧化物和过氧化氢的作用（第194页上部"生蒜和成熟发酵黑蒜的抗氧化能力比较"全文）。 在此，本领域技术人员周知，通过上述消除作用能够改善疲劳（参见文献2、3（文献2第s167页右上"Effects of hydrogen peroxide on"全文，文献3全文各图，特别是图3A）），因此，本领域技术人员容易想到将上述黑蒜或其提取物作为抗疲劳剂。 并且，在医药领域，为了提高药效，本领域技术人员通常会合用多种具有相同药效的成分，实际上，本领域技术人员周知，人参也是另一种具有抗疲劳作用的物质（参见参考文献4各图），因此，将上述两个成分组合使用是本领域技术人员可以容易实现的。进一步地，在医药领域，对于本领域技术人员而言，优化每种成分的剂量、剂型和各成分的含量比例是容易实现的	从先前通知的文献1~4可以看出，黑蒜和人参提取物均被认为具有改善疲劳的效果。在医药领域，本领域技术人员通常会将具有相同药效的复数种药物组合使用，因此，将上述两种成分组合使用，对本领域技术人员来说是容易实现的
技术效果的判断	
驳回理由通知书	驳回查定
另外，即使阅读本申请说明书记载的内容，也无法认为上述物质的组合使用产生了特殊的治疗效果	本申请说明书表1记载的结果并未基于任何客观的生理学指标，诸如10分或7.5分这样的数字没有任何根据，表1记载的结果仅仅能够表示效果程度的优劣，该表所计算得出数值的多少并不具有统计学的意义。 另外，初步研究中，比较单独使用时效果所用的实验系统，与比较组合使用时效果所用的实验系统，两者的生物种类和评价系统均存在差异。因此，根据图1的结果，并不能说表1记载实施例的结果显示出了特殊的效果。 进一步地，为了表明实施例（黑大蒜和人参的组合）的效果达到了特殊的程度，必须将其与单独的黑蒜和人参进行比较。但是，如上所述，表1所示的评价系统仅能单纯地显示优劣，而对于该效果是否是特殊的，该评价系统则无法对其进行确认

该专利审查过程中，审查员从显而易见性和技术效果两个方面评价了组合物的创造性，具体而言，根据文献1~4的记载，获得黑蒜与人参组合使用是容易的；黑蒜与人参组合后用于抗疲劳是可以预期，且无法看出组合后产生了预料不到的技术效果。

可见，医药组合物的创造性从组合的显而易见性，以及组合后所达到的技术效果两个方面进行评价。

日本《审查基准》认为，基于解决药效增强、副作用降低的目的，而将两种以上的已知药物成分进行组合是显而易见的；因此药物组合物发明的创造性判断的主要考虑因素，是考察药物成分的组合是否能够取得预料不到的技术效果。该专利的原审查员对于该专利创造性的评判遵循的正是上述思路，认为将黑蒜和人参组合用于抗疲劳是本领域技术人员基于引用文献1~4容易实现的，并且认为根据说明书的记载无法证明黑蒜和人参的组合取得了特殊的技术效果，并且驳回查定中进一步详细阐述了说明书记载的技术效果无法证明发明取得了预料不到的技术效果，从而认为该专利的权利要求不具备创造性。

（二）理化性质限定的产品权利要求的新颖性审查

日本《审查基准》对"使用作用、机能、性质或特性限定的产品权利要求"的审查进行了说明：对于将固有机能、特性等写入产品权利要求的情形，通常仍然将其认定为产品本身，机能、特性等并不会对产品产生限定作用；如果现有技术中已经存在所述产品，该权利要求不具备新颖性。

【案例18】JPH07215990A

JPH07215990A涉及一种岩藻依聚糖寡糖组合物，由糖锁工学研究所株式会社申请，即属于"理化性质限定的产品权利要求"，权利要求如下：

1. 一种岩藻依聚糖寡糖组合物，其特征在于，具有以下物理化学性质：（1）分子量分布：5×10^3 以下（用纤维素 GCL－25 凝胶过滤）；（2）蛋白质含量：未检出；（3）抗凝血活性：实质上没有。

2. 如权利要求1所述的岩藻依聚糖寡糖组合物，其特征在于，分子量分布比较均匀。

驳回理由通知如表6－2－23所示。

表6－2－23　JPH07215990A 的新颖性审查

原文	译文
引用文献1には、フコイダンを酸加水分解することによりフコイダンオリゴ糖を得ることが記載されており、該フコイダンオリゴ糖は、本願請求項1の（1）～（3）に記載の理化学的の性質を有するものと認められ、さらに、本願請求項2にいう「分子量分布的に比較的均一にした・・・フコイダンオリゴ糖組成物」に該当するものと認められる。なお、引用文献1中、第522頁右欄、FIG.5の記載を特に参照のこと。 引用文献2には、フコイダンをフコイナーゼを用いて加水分解したものをゲル濾過し、10糖から2糖に相当する画分を得ることが記載されている。そして、これらの画分は、本願請求項1の（1）～（3）に記載の理化学的の性質を有するものと認められ、さらに、本願請求項2にいう「分子量分布的に比較的均一にした・・・フコイダンオリゴ糖組成物」に該当するものと認められる。なお、引用文献2中、第176頁、FIG.7の記載を特に参照のこと。	引用文献1公开了岩藻依聚糖加酸水解得到岩藻依聚糖寡糖（参见引用文献1第522页右栏，特别是图5的记载），该岩藻依聚糖寡糖应当具有本申请权利要求1中（1）～（3）所记载的理化性质，并且它应当属于本申请权利要求2所述的"分子量分布比较均匀的……岩藻依聚糖寡糖组合物"。（权利要求1～2不具备新颖性） 引用文献2公开了对岩藻依聚糖蛋白酶水解岩藻依聚糖获得的产物进行凝胶过滤，以获得相当于2糖到10糖的产物（参见引用文献第176页，特别是图7的记载），这些产物应当具有本申请权利要求1中（1）～（3）所记载的理化性质，并且它应当属于本申请权利要求2所述的"分子量分布比较均匀的……岩藻依聚糖寡糖组合物"。（权利要求1～2不具备新颖性）

权利要求 1 请求保护一种岩藻依聚糖寡糖组合物，但既未限定组合物的制备方法，也未限定结构含量，而是通过 3 种理化性质（分子量分布、蛋白质含量、抗凝血活性）对其进行限定。引用文献 1~2 仅仅公开了一种岩藻依聚糖寡糖，并没有公开岩藻依聚糖寡糖的理化性质；审查员认为权利要求 1~2 所限定的物理化学性质属于其固有特性，推定引用文献 1~2 的岩藻依聚糖寡糖也具有相同的理化性质，进而认为引用文献 1~2 的产品与权利要求 1~2 的产品是相同的，因此权利要求 1~2 不具备新颖性。

（三）机理限定的医药用途权利要求的审查

用机理限定的医药用途权利要求，请求保护的治疗用途或药物活性是用致病机理、作用机理或药理活性等体现的。日本《审查基准》明确了对于作用机理限定的权利要求的审查。

在新颖性的判断中，如果权利要求所述的医药用途，不过是新发现了引用发明医药用途的作用机理，而两者的医药用途并没有实质上的区别，此时权利要求所要保护的医药发明不具备新颖性。

在创造性的判断中，权利要求所述的医药用途即使与引用发明的医药用途不同，但根据申请时的技术水准可以推论出两者间的作用机理的关联性，则在没有有益效果等其他可以帮助肯定其创造性的情况下，通常，认为权利要求所述医药发明不具备创造性。

在明确性判断中，如果结合现有技术以及发明的详细说明，无法明确该机理的技术意义及与之对应的适应证，则具有发明所述技术领域通常知识的人无法明确把握权利要求的技术内容，进而导致该权利要求不符合明确性要件。

【案例 19】JPWO2009104248A1

JPWO2009104248A1 是国立大学法人旭川医科大学与津村共同申请的专利申请，发明名称为"肾上腺髓质素产生增强剂"，其原始权利要求如下：

1. 含有下述式（1）所示的化合物、式（2）所示的化合物和/或式（3）所示的化合物作为有效成分的肾上腺髓质素产生增强剂，其中，式（1）……，式（2）……，式（3）……。

2. 根据权利要求 1 所述的肾上腺髓质素产生增强剂，其中，上述式（1）所示的化合物为选自由人参皂苷 Rb1、人参皂苷 Rb2、人参皂苷 Rc、人参皂苷 Rd、人参皂苷 Re、人参皂苷 Rg1、人参皂苷 Rg2 和人参皂苷 Rh1 组成的组中的 1 种或 2 种以上的人参皂苷类。

3. 根据权利要求 1 或 2 所述的肾上腺髓质素产生增强剂，其中，上述式（2）所示的化合物为选自由 α-山椒素、β-山椒素、γ-山椒素、羟基-α-山椒素、羟基-β-山椒素和羟基-γ-山椒素所组成的组中的 1 种或 2 种以上的山椒素类。

4. 根据权利要求 1~3 中任一项所述的肾上腺髓质素产生增强剂，其中，上述式（3）所示的化合物为选自由 6-生姜酚、8-生姜酚和 10-生姜酚所组成的组中的 1 种或 2 种以上的化合物。

5. 含有上述式（1）所示的化合物的生药、上述式（2）所示的化合物的生药和/或上述式（3）所示的化合物的生药作为有效成分的肾上腺髓质素产生增强剂。

6. 根据权利要求5所述的肾上腺髓质素产生增强剂，其中，含有上述式（1）所示的化合物的生药为人参。

7. 根据权利要求5或6所述的肾上腺髓质素产生增强剂，其中，含有上述式（2）所示的化合物的生药为花椒。

8. 根据权利要求5~7中任一项所述的肾上腺髓质素产生增强剂，其中，含有上述式（3）所示的化合物的生药为干姜。

9. 包含含有上述式（1）所示的化合物的生药、上述式（2）所示的化合物的生药和/或上述式（3）所示的化合物的生药的汉方作为有效成分的肾上腺髓质素产生增强剂。

10. 根据权利要求9所述的肾上腺髓质素产生增强剂，其中，汉方为大建中汤。

11. 含有权利要求1~10中任一项所述的肾上腺髓质素产生增强剂作为有效成分的肠道血流增加剂。

12. 含有权利要求1~10中任一项所述的肾上腺髓质素产生增强剂作为有效成分的炎症性肠疾病的预防/治疗剂。

13. 根据权利要求12所述的炎症性肠疾病的预防/治疗剂，其中，炎症性肠疾病为溃疡性结肠炎或克罗恩病。

试验实施例如表6-2-24所示。

表6-2-24　JPWO2009104248A1说明书记载的试验实施例

实施例1	大建中汤产生的肾上腺髓质素产生增强作用
	实施例1采用大鼠试验证实了大建中汤提取物对于肾上腺髓质素（ADM）产生增强作用，增强作用具有时间相关性
实施例2	大建中汤及其构成生药产生的血流增加作用
	实施例2采用大鼠试验考察大建中汤提取物、人参提取物、干姜提取物、花椒提取物，以及人参+干姜提取物、人参+花椒提取物、干姜+花椒提取物对试验大鼠的肠道血流有增加的影响
	人参显示出在投与后15分钟短暂性的血流增加，花椒显示出在投与后75分钟形成峰值的较弱的增加作用。干姜没有显示出明确的血流增加。关于构成生药的组合，人参和干姜以及人参和花椒的组合与各自的单独投与相比显示出明显较高的维生素C的增加。没有观察到干姜和花椒的并用所产生的增加率的变化
实施例3	ADM拮抗剂前处置对于大建中汤的血流增加作用的影响
	实施例3通过ADM拮抗剂前处置，大建中汤的血流增加作用消失，由此显示出ADM有助于血流增加作用
实施例4	生药中的成分的血流增加作用（1）
	实施例4考察了花椒中的成分羟基山椒素和/或人参、人参中的成分人参皂苷Rb1、人参皂苷Rg1对于试验大鼠肠道血流增加的影响，结果发现了羟基山椒素单独使用时没有血流增加作用，而当其与人参或人参皂苷Rb1或人参皂苷Rg1组合使用时，则显示出显著的肠道血流增加作用。而且单独的人参皂苷Rb1或人参皂苷Rg1也没有表现出显著的血流增加作用。该实施例实际上能够证明羟基山椒素与人参、人参皂苷Rb1或人参皂苷Rg1对于肠道血流的增加具有协同增效的作用

续表

实施例5	生药中的成分的血流增加作用（2）
	实施例5考察了干姜中的成分6-生姜酚、6-生姜酚与人参皂苷Rb1的组合对于试验大鼠肠道血流增加的影响，结果发现了6-生姜酚单独使用时对试验大鼠的肠道血流增加在给药后30分钟形成峰值，而6-生姜酚与人参皂苷Rb1的组合使用时在给药后45分钟形成峰值
实施例6	克罗恩病动物模型中的抗肠炎作用
	实施例6采用克罗恩病小鼠模型证实了大建中汤提取物的抗肠炎作用
实施例7	大鼠肝硬化模型中的大建中汤的作用
	实施例7采用肝硬化小鼠模型证实了大建中汤提取物的抗肝纤维化作用

针对原始权利要求，审查员发出了驳回理由通知书，如表6-2-25所示。

表6-2-25 JPWO2009104248A1的驳回理由通知书

原文	译文
理由1、2 引用文献1~3のそれぞれには、人参、山椒及び乾姜を含む大建中湯が、血流増加作用を有することが記載されている（引用文献1：12~13行参照/引用文献2：2063-2065頁参照/引用文献3：754頁参照）。特に、引用文献1には、腸管血流の増加について記載されている。 引用文献3~4のそれぞれには、大建中湯或いは人参、山椒及び乾姜を含む処方が抗炎症作用を有することが記載されている（引用文献3：754頁/引用文献4：請求項1-7参照）。特に、引用文献4には、大腸炎などの治療について記載されている。 引用文献5には、山椒、人参等より選ばれる生薬が、一酸化窒素産生促進剤として作用し、高血圧症や心筋梗塞等の治療に有効であることが記載されている（引用文献5：請求項1、【0002】、【0041】参照）。 引用文献6には、乾姜及び人参を含む処方が潰瘍性大腸炎の治療に有用であることが記載されている（引用文献6：第4800頁右欄最終パラグラフ、第4806頁左欄最終パラグラフ参照）。 引用文献7には、乾姜及び人参を含む混合生薬が過敏性大腸炎、慢性腸炎などの治療に有用であることが記載されている（引用文献7：【0027】参照）。 引用文献8には、腸の炎症が原因である腸閉塞の治療に大建中湯が有用であることが記載されている（引用文献8：請求項12、14等参照）。 引用文献9には、乾姜及び人参を含む処方が大腸炎の治療に有用であることが記載されている（引用文献9：第3頁第2~3パラグラフ参照）。	理由1、2 引用文献1~3分别公开了含有人参、花椒及干姜的大建中汤具有增加血液流动的作用（参见引用文献1第12~13行/引用文献2第2063~2065页/引用文献3第754页）。特别地，引用文献1记载了肠道血流量的增加。 引用文献3~4分别公开了大建中汤或含有人参、花椒及干姜的处方的抗炎活性（参见引用文献3第764页/引用文献4权利要求1~7）。特别地，引用文献4公开了对大肠炎的治疗。 引用文献5公开了选自人参、花椒的生药作为一氧化氮生成促进剂的作用，并公开了其在高血压、心肌梗塞等治疗中有效（参见引用文献5权利要求1，第0002、第0041段）。 引用文献6公开了含有干姜及人参的处方对于溃疡性大肠炎的治疗作用（参见引用文献6第4800页右栏最后一段、4806页左栏最后一段）。 引用文献7公开了含有干姜和人参的混合生药对过敏性大肠炎、慢性肠炎的治疗作用（参见引用文献7第0027段）。 引用文献8公开了大建中汤可用于治疗由肠道炎症引起的肠梗阻（参见引用文献8权利要求12、14等）。 引用文献9记载了含有干姜和人参的处方对于大肠炎的治疗作用（参见引用文献9第3页第2~3段）。 因此，在本申请的国际申请日之前，本领域技术人员广泛知晓包含人参、花椒、干姜的处方的各种医药用途。

续表

原文	译文
このように、本願の国際出願日前に、人参、山椒及び乾姜を含む処方が、各種の医薬用途に利用できることは当業者に広く知られていたといえる。 　ところで、引用文献1～5には、アドレノメデュリンの産生についての記載は存在しないが、アドレノメデュリンの産生増加が、血流増加作用や抗炎症作用等と密接に関係することからすると（明細書の［0008］）、本願請求項1～13に係る発明は、単に引用文献1～5に記載された医薬用途を、アドレノメデュリンの産生という生体メカニズムによって言い換えたに過ぎないものといえ、明細書の実施例をみても、かかる言い換えにより引用文献1～5に記載された医薬用途とは実質的に異なる新たな医薬用途が提供されたとも認められない。 　そうすると、本願請求項1～13に係る発明は、引用文献1～9に記載された発明であるか、引用文献1～9に記載の発明から当業者が容易になし得た発明である。 　理由3 　請求項1～10における「アドレノメデュリン産生増強」との記載は、特定の疾病への適用によって物である「剤」の用途を特定しようとするものであると認められる。 　しかしながら、「アドレノメデュリン産生増強」が適用される疾病がどのようなものまでを含み得るのかが不明確である（例えば請求項11～20に特定される疾病以外にどのようなものを含み得るのか）。 　そのため、請求項1～10に係る発明は、明確でない	虽然引用文献1～5中没有关于产生肾上腺髓质素的记载，但是肾上腺髓质素生成量的增加与血流增加及抗炎作用等密切关联（说明书第0008段），本申请权利要求1～13所述发明，仅仅是利用产生肾上腺髓质素这一生物机理对引用文献1～5所公开的医药用途进行了解释，从说明书的实施例来看，本申请也未能提供与引用文献1～5所述医药用途实质上不同的全新用途。 　因此，权利要求1～13所述的发明是引用文献1～9中公开的发明，或者是本领域技术人员在引用文献1～9的基础上容易得到的发明（不具备新颖性和创造性）。 　理由3 　权利要求1～10所述的"肾上腺髓质素产生增强"，它旨在通过应用于特定疾病来限定"药剂"这一产品的用途。 　然而，尚不清楚适用"肾上腺髓质素产生增强"的疾病包含哪些（例如，除了权利要求11～20所特定的疾病之外还可以包括哪些疾病）。 　因此，权利要求1～10请求保护的技术方案不清楚（不符合明确性要件）

　　引用文献1～9并没有公开"肾上腺髓质素产生增强"，但审查员认为，对比文件1～5记载的血流量增加、抗炎作用与"肾上腺髓质素产生增强"密切相关，"肾上腺髓质素产生增强"仅是对比文件1～5中记载的医药用途（血流量增加、抗炎作用）的生物学机制解释，说明书试验实施例并不能证明该发明提供了与对比文件1～5的医药用途明显不同的新医药用途。即，日本特许厅认为，已知医药产品的新机理的发现，如果不能使其具体适应证与现有技术相区别，则这种医药用途权利要求不具备新颖性。

　　同时，即使JPWO2009104248A1的说明书试验实施例证明了"肾上腺髓质素"与"血流增加"（见实施例3）的关系，也记载了"肾上腺髓质素产生增强"的机理研究以及肠道血流增加、炎症性肠疾病如溃疡性结肠炎或克罗恩病等，审查员依旧评述了权利要求1～10的不清楚问题，认为不清楚适用"肾上腺髓质素产生增强剂"的疾病包含哪些。即，日本特许厅还认为，对于机理限定的医药用途权利要求，应当明确该机理与具体疾病相对应。医药领域属于实验科学领域，由于疾病与机理之间的关系错综复杂，一种机理往往与多种疾病相关联；也存在一些疾病虽然与该机理相关，但暂未被验证能够利用该机理进行治疗的情况。如果本领域技术人员不能明确与权利要求所限定的作用机理相关的疾病的外延界限,则导致权利要求保护范围不清楚。如果现有技术中与该机理所对应的疾病是明确的,则该权利要求保护范围也是清楚的。

附　录

附录 A　一般用汉方制剂制造销售承认基准

编号	处方名		
1	★安中散		
	[成分·分量]	桂皮 3~5、延胡索 3~4、牡蛎 3~4、茴香 1.5~2、缩砂 1~2、甘草 1~2、良姜 0.5~1	
	[用法·用量]	(1) 散：1 次 1~2g，1 日 2~3 次 (2) 汤	
	[效能·效果]	体力中等以下、腹部无力、胃痛或腹痛，时感烧心、嗳气、胃胀、食欲不振、恶心、呕吐者的以下诸症： 神经性胃炎、慢性胃炎、胃肠虚弱	
1A	安中散加茯苓		
	[成分·分量]	桂皮 3~5、延胡索 3~4、牡蛎 3~4、茴香 1.5~2、缩砂 1~2、甘草 1~2、良姜 0.5~1、茯苓 5	
	[用法·用量]	(1) 散：1 次 1~2g，1 日 2~3 次 (2) 汤	
	[效能·效果]	体力中等以下、腹部无力、神经过敏性胃痛或腹痛，时感烧心、嗳气、胃胀、食欲不振、恶心、呕吐者的以下诸症： 神经性胃炎、慢性胃炎、胃肠虚弱	
2	胃风汤		
	[成分·分量]	当归 2.5~3、芍药 3、川芎 2.5~3、人参 3、白术 3、茯苓 3~4、桂皮 2~3、粟 2~4	
	[用法·用量]	汤	
	[效能·效果]	体力中等以下、气色差、无食欲、容易疲劳者的以下诸症： 急·慢性胃肠炎、寒冷引起的腹泻	
3	★胃苓汤		
	[成分·分量]	苍术 2.5~3、厚朴 2.5~3、陈皮 2.5~3、猪苓 2.5~3、泽泻 2.5~3、芍药 2.5~3、白术 2.5~3、茯苓 2.5~3、桂皮 2~2.5、大枣 1~3、生姜 1~2、甘草 1~2、缩砂 2、黄连 2（无芍药、缩仁、黄连也可）	
	[用法·用量]	(1) 散：1 次 1~2g，1 日 3 次 (2) 汤	
	[效能·效果]	体力中等、有水样性下痢、呕吐，伴有口渴、尿量减少者的以下诸症： 食物中毒、中暑、着凉腹泻、急性胃肠炎、腹痛	
4	★茵陈蒿汤		
	[成分·分量]	茵陈蒿 4~14、山栀子 1.4~5、大黄 1~3	
	[用法·用量]	汤	
	[效能·效果]	体力中等以上、口渴、尿量少、便秘者的以下诸症： 荨麻疹、口腔炎、湿疹·皮炎、皮肤瘙痒	

续表

编号	处方名		
5	乌药顺气散		
	[成分・分量]	麻黄 2.5~3、陈皮 2.5~5、乌药 2.5~5、川芎 2~3、白僵蚕 1.5~2.5、枳壳 1.5~3、白芷 1.5~3、甘草 1~1.5、桔梗 2~3、干姜 1~2.5、生姜 1、大枣 1~3（去生姜、大枣也可）	
	[用法・用量]	汤	
	[效能・效果]	体力中等者的以下诸症： 麻木、肌肉无力、四肢疼痛、肩酸	
6	乌苓通气散		
	[成分・分量]	乌药 2~3.5、当归 2~3.5、芍药 2~3.5、香附子 2~3.5、山楂子 2~3.5、陈皮 2~3.5、茯苓 1~3、白术 1~3、槟榔子 1~2、延胡索 1~2.5、泽泻 1~2、木香 0.6~1、甘草 0.6~1、生姜 1（使用老成生姜时为 2）	
	[用法・用量]	汤	
	[效能・效果]	下腹疼痛、乳腺疼痛 注：不管体力如何，均可使用	
7	★温经汤		
	[成分・分量]	半夏 3~5、麦门冬 3~10、当归 2~3、川芎 2、芍药 2、人参 2、桂皮 2、阿胶 2、牡丹皮 2、甘草 2、生姜 1、吴茱萸 1~3	
	[用法・用量]	汤	
	[效能・效果]	体力中等以下、手脚发热、唇干者的以下诸症： 月经不调、痛经、白带、更年期障碍、失眠、神经症、湿疹・皮炎、腰腿发冷冻伤、粗糙（手湿疹・皮炎）	
8	★温清饮		
	[成分・分量]	当归 3~4、地黄 3~4、芍药 3~4、川芎 3~4、黄连 1~2、黄芩 1.5~3、山栀子 1.5~2、黄柏 1~1.5	
	[用法・用量]	汤	
	[效能・效果]	体力中等、皮肤粗糙色泽差、上火者的以下诸症： 月经不调、痛经、血脉症、更年期障碍、神经症、湿疹・皮炎	
9	温胆汤		
	[成分・分量]	半夏 4~6、茯苓 4~6、生姜 1~2（使用老成生姜时为 3）、陈皮 2~3、竹茹 2~3、枳实 1~2、甘草 1~2、黄连 1、酸枣仁 1~3、大枣 2（无黄连之后的成分也可）	
	[用法・用量]	汤	
	[效能・效果]	体力中等以下、胃肠虚弱者的以下诸症： 失眠、神经症	
9A	加味温胆汤		
	[成分・分量]	半夏 3.5~6、茯苓 3~6、陈皮 2~3、竹茹 2~3、生姜 1~2、枳实 1~3、甘草 1~2、远志 2~3、玄参 2（也可变换为五味子 3）、人参 2~3、地黄 2~3、酸枣仁 1~5、大枣 2、黄连 1~2（无黄连也可）（也可无远志、玄参、人参、地黄、大枣）	
	[用法・用量]	汤	
	[效能・效果]	体力中等以下、胃肠虚弱者的以下诸症： 神经症、失眠	

续表

编号	处方名		
9B	★竹茹温胆汤	[成分·分量]	柴胡3~6、竹茹3、茯苓3~5、麦门冬3~4、陈皮2~3、枳实1~3、黄连1~4.5、甘草1、半夏3~5、香附子2~2.5、生姜1、桔梗2~3、人参1~2
		[用法·用量]	汤
		[效能·效果]	体力中等者的以下诸症： 感冒、流感、肺炎等恢复期久热不退，或体温恢复后仍不觉神清气爽，咳嗽较多无法安睡的情况
10	★越婢加术汤	[成分·分量]	麻黄4~6、石膏8~10、生姜1（使用老成生姜时为3）、大枣3~5、甘草1.5~2、白术3~4（苍术也可）
		[用法·用量]	汤
		[效能·效果]	体力中等以上、有浮肿、咽喉干渴、出汗、时有尿量减少者的以下诸症： 浮肿、关节肿痛、关节炎、湿疹·皮炎、夜尿症、眼睛痒·疼痛
10A	越婢加术附汤	[成分·分量]	麻黄4~6、石膏8~10、白术3~4（苍术也可）、制附子0.3~1、生姜1（使用老成生姜时为3）、甘草1.5~2、大枣3~4
		[用法·用量]	汤
		[效能·效果]	体力中等以上、发冷、有浮肿、咽喉干渴、出汗、时有尿量减少者的以下诸症：浮肿、关节肿痛、肌肉痛、湿疹·皮炎、夜尿症、眼睛痒·疼痛
10B	桂枝越婢汤	[成分·分量]	桂皮4、芍药4、甘草2、麻黄5、生姜1（使用老成生姜时为2.5）、大枣3、石膏8、苍术4、制附子1
		[用法·用量]	汤
		[效能·效果]	体力中等以下者的以下诸症： 关节肿痛
10C	桂枝二越婢一汤	[成分·分量]	桂皮2.5~3.5、芍药2.5~3.5、麻黄2.5~3.5、甘草2.5~3.5、大枣3~4、石膏3~8、生姜1（使用老成生姜时为2.8~3.5）
		[用法·用量]	汤
		[效能·效果]	体力中等、咽喉干渴、出汗者的以下诸症： 感冒、头痛、腰痛、肌肉痛、关节肿痛
10D	桂枝二越婢一汤加术附	[成分·分量]	桂皮2.5、芍药2.5、甘草2.5、麻黄2.5、生姜1（使用老成生姜时为3.5）、大枣3、石膏3、白术3（苍术也可）、制附子0.5~1
		[用法·用量]	汤
		[效能·效果]	体力中等以下、发冷、咽喉干渴、出汗、时有尿量减少者的以下诸症： 关节肿痛、肌肉痛、腰痛、头痛

续表

编号	处方名		
11	延年半夏汤		
	[成分·分量]	半夏3~5、柴胡2~5、鳖甲2~5、桔梗2~4、槟榔子2~4、人参0.8~2、生姜1~2、枳实0.5~2、吴茱萸0.5~2	
	[用法·用量]	汤	
	[效能·效果]	体力中等、胸口有阻塞感、肩酸、脚发冷者的以下诸症： 慢性胃炎、胃痛、食欲不振	
12	★黄芩汤		
	[成分·分量]	黄芩4~9、芍药2~8、甘草2~6、大枣4~9	
	[用法·用量]	汤	
	[效能·效果]	体力中等、腹痛、胸口有阻塞感、时有发冷、发热者的以下诸症： 下痢、胃肠炎	
13	应钟散 （芎黄散）		
	[成分·分量]	大黄1、川芎2	
	[用法·用量]	（1）散：按需服用1次 （2）汤：上记量为1日用量	
	[效能·效果]	体力中等以上者的以下诸症： 便秘、伴随便秘的上火·肩酸	
14	黄连阿胶汤		
	[成分·分量]	黄连3~4、芍药2~2.5、黄芩1~2、阿胶3、蛋黄1个	
	[用法·用量]	汤	
	[效能·效果]	体力中等以下、易发冷、稍有上火、胸闷、有失眠倾向者的以下诸症： 鼻血、失眠、干燥性湿疹·皮炎、皮肤痒	
15	★黄连解毒汤		
	[成分·分量]	黄连1.5~2、黄芩3、黄柏1.5~3、山栀子2~3	
	[用法·用量]	（1）散：1次1.5~2g 1日3次 （2）汤	
	[效能·效果]	体力中等以上、稍有上火气色泛红、有急躁无法冷静倾向者的以下诸症： 鼻出血、失眠、神经症、胃炎、宿醉、血脉症、头晕、心悸、更年期障碍、湿疹·皮炎、皮肤瘙痒、口腔炎	
16	★黄连汤		
	[成分·分量]	黄连3、甘草3、干姜3、人参2~3、桂皮3、大枣3、半夏5~8	
	[用法·用量]	汤	
	[效能·效果]	体力中等、胃部有停滞感或重压感、食欲不振、时有恶心或呕吐者的以下诸症： 胃痛、急性胃炎、宿醉、口腔炎	
17	★乙字汤		
	[成分·分量]	当归4~6、柴胡4~6、黄芩3~4、甘草1.5~3、升麻1~2、大黄0.5~3	
	[用法·用量]	汤	
	[效能·效果]	体力中等以上、大便硬、有便秘倾向者的以下诸症： 痔核（疣痔）、肛裂、便秘、轻度脱肛	

续表

编号	处方名		
17A	乙字汤去大黄		
		[成分·分量]	当归4~6、柴胡4~6、黄芩3~4、甘草1.5~3、升麻1~2
		[用法·用量]	汤
		[效能·效果]	体力中等或稍有虚弱者的以下诸症： 痔核（疣痔）、肛裂、轻度脱肛
18	解急蜀椒汤		
		[成分·分量]	蜀椒1~2、制附子0.3~1、粳米7~8、干姜1.5~4、半夏4~8、大枣3、甘草1~2、人参2~3、胶饴20（无胶饴也可）
		[用法·用量]	汤
		[效能·效果]	体力中等以下、腹部发冷疼痛或腹部发胀、时感呕吐者的以下诸症： 寒冷引起的腹泻、急性胃肠炎、腹痛
19	加减凉膈散（浅田）		
		[成分·分量]	连翘3、黄芩3、山栀子3、桔梗3、薄荷2、甘草1、大黄1、石膏10
		[用法·用量]	汤
		[效能·效果]	体力中等以上、胃肠情况不佳者的以下诸症： 口腔炎、口中炎症
20	加减凉膈散（龚廷贤）		
		[成分·分量]	连翘2~3、黄芩2~3、山栀子1.5~3、桔梗2~3、黄连1~2、薄荷1~2、当归2~4、地黄2~4、枳实1~3、芍药2~4、甘草1~1.5
		[用法·用量]	汤
		[效能·效果]	体力中等、胃肠情况不佳者的以下诸症： 口腔炎、口中炎症
21	藿香正气散		
		[成分·分量]	白术3、茯苓3~4、陈皮2~3、白芷1~4、藿香1~4、大枣1~3、甘草1~1.5、半夏3、厚朴2~3、桔梗1.5~3、苏叶1~4、大腹皮1~4、生姜1
		[用法·用量]	汤
		[效能·效果]	体力中等以下者的以下诸症： 感冒、暑热所致食欲不振、急性胃肠炎、下痢、全身倦怠
22	葛根黄连黄芩汤		
		[成分·分量]	葛根5~6、黄连3、黄芩3、甘草2
		[用法·用量]	汤
		[效能·效果]	体力中等者的以下诸症： 下痢、急性胃肠炎、口内炎、舌炎、肩酸、失眠
23	葛根红花汤		
		[成分·分量]	葛根3、芍药3、地黄3、黄连1.5、山栀子1.5、红花1.5、大黄1、甘草1
		[用法·用量]	汤
		[效能·效果]	体力中等以上、便秘倾向者的以下诸症： 酒渣鼻、色斑

续表

编号	处方名		
24	★葛根汤		
	[成分·分量]	葛根4~8、麻黄3~4、大枣3~4、桂皮2~3、芍药2~3、甘草2、生姜1~1.5	
	[用法·用量]	汤	
	[效能·效果]	体力中等以上者的以下诸症： 感冒初期（不出汗）、鼻风、鼻炎、头痛、肩酸、肌肉痛、手肩疼痛	
24A	★葛根汤加川芎辛夷		
	[成分·分量]	葛根4~8、麻黄3~4、大枣3~4、桂皮2~3、芍药2~3、甘草2、生姜1~1.5、川芎2~3、辛夷2~3	
	[用法·用量]	汤	
	[效能·效果]	相对体力较好者的以下诸症： 鼻塞、蓄脓症（副鼻腔炎）、慢性鼻炎	
24B	独活葛根汤		
	[成分·分量]	葛根5、桂皮3、芍药3、麻黄2、独活2、生姜0.5~1（使用老成生姜时1~2）、地黄4、大枣1~2、甘草1~2	
	[用法·用量]	汤	
	[效能·效果]	体力中等或稍有虚弱者的以下诸症： 四十肩、五十肩、落枕、肩酸	
25	加味解毒汤		
	[成分·分量]	黄连2、黄芩2、黄柏2、山栀子2、柴胡2、茵陈蒿2、龙胆2、木通2、滑石3、升麻1.5、甘草1.5、灯心草1.5、大黄1.5（无大黄也可）	
	[用法·用量]	汤	
	[效能·效果]	相对体力较好、血色较好者的以下诸症： 小便不畅、痔疾（疣痔、痔痛、痔出血）	
26	栝楼薤白白酒汤		
	[成分·分量]	栝楼实2~5（栝楼仁也可）、薤白4~9.6、白酒140~700（日本酒也可）	
	[用法·用量]	汤	
	[效能·效果]	直达背部的胸部·心窝疼痛、胸部压迫感 注：不管体力如何，均可使用	
26A	栝楼薤白汤		
	[成分·分量]	栝楼仁2、薤白10、十药6、甘草2、桂皮4、防己4	
	[用法·用量]	汤	
	[效能·效果]	直达背部的胸部·心窝疼痛、胸部压迫感 注：不管体力如何，均可使用	
27	干姜人参半夏丸		
	[成分·分量]	干姜3、人参3、半夏6	
	[用法·用量]	(1) 散：1次1.5~5g，1日3次 (2) 汤：以上剂量作为1日量	
	[效能·效果]	体力中等以下、恶心·呕吐、胸口有阻塞感者的以下诸症： 孕吐、胃炎、胃肠虚弱	

续表

编号	处方名		
28	甘草干姜汤		
	[成分·分量]	甘草4~8、干姜2~4	
	[用法·用量]	汤	
	[效能·效果]	体力虚弱、手脚发冷、稀薄唾液在口中停滞者的以下诸症： 尿频、漏尿、唾液分泌过多、鼻炎、呃逆、头晕	
29	★甘草汤		
	[成分·分量]	甘草2~8	
	[用法·用量]	(1) 散：1次0.5g，1日2回 (2) 汤：一点点缓慢饮用 (3) 外用：煎液热敷患部	
	[效能·效果]	剧烈咳嗽、咽喉痛、口腔炎、声音嘶哑 外用：痔·脱肛疼痛 注：不管体力如何，均可使用	
30	甘草附子汤		
	[成分·分量]	甘草2~3、制附子0.5~2、白术2~6、桂皮3~4	
	[用法·用量]	汤	
	[效能·效果]	体力虚弱、伴有疼痛者的以下诸症： 关节肿痛、神经痛、感冒	
31	★甘麦大枣汤		
	[成分·分量]	甘草3~5、大枣2.5~6、小麦14~20	
	[用法·用量]	汤	
	[效能·效果]	体力中等以下、神经过敏、易惊吓、有时会打哈欠者的以下诸症： 失眠、小儿夜哭、抽搐	
32	甘露饮		
	[成分·分量]	熟地黄2~3、干地黄2~2.5、麦门冬2~3、枳实1~2.5、甘草2~2.5、茵陈蒿2~2.5、枇杷叶2~2.5、石斛2~2.5、黄芩2~3、天门冬2~3	
	[用法·用量]	汤	
	[效能·效果]	体力中等者的以下诸症： 口腔炎、舌头粗糙和疼痛、牙周炎	
33	★桔梗汤		
	[成分·分量]	桔梗1~4、甘草2~8	
	[用法·用量]	汤	
	[效能·效果]	不管体力如何都可使用，咽喉肿痛、时有咳嗽者的以下诸症： 扁桃体炎、扁桃体周围炎	
34	★归脾汤		
	[成分·分量]	人参2~4、白术2~4（苍术也可）、茯苓2~4、酸枣仁2~4、龙眼肉2~4、黄芪2~4、当归2、远志1~2、甘草1、木香1、大枣1~2、生姜1~1.5	
	[用法·用量]	汤	
	[效能·效果]	体力中等以下、身心疲惫、血色差者的以下诸症： 贫血、失眠、神经症、精神不安	

续表

编号	处方名		
34A	★加味归脾汤		
	[成分·分量]	人参3、白术3（苍术也可）、茯苓3、酸枣仁3、龙眼肉3、黄芪2~3、当归2、远志1~2、柴胡2.5~3、山栀子2~2.5、甘草1、木香1、大枣1~2、生姜1~1.5、牡丹皮2（无牡丹皮也可）	
	[用法·用量]	汤	
	[效能·效果]	体力中等以下、身心疲惫、血色差、时感热感者的以下诸症： 贫血、失眠、精神不安、神经症	
35	★芎归调血饮		
	[成分·分量]	当归2~2.5、地黄2~2.5、川芎2~2.5、白术2~2.5（苍术也可）、茯苓2~2.5、陈皮2~2.5、乌药2~2.5、大枣1~1.5、香附子2~2.5、甘草1、牡丹皮2~2.5、益母草1~1.5、干姜1~1.5、生姜0.5~1.5（无生姜也可）	
	[用法·用量]	汤	
	[效能·效果]	体力中等者的以下诸症，但产后不管体力如何都可使用： 月经不调、产后神经症·体力低下	
35A	芎归调血饮 第一加减		
	[成分·分量]	当归2、川芎2、地黄2、白术2（苍术也可）、茯苓2、陈皮2、乌药2、香附子2、牡丹皮2、益母草1.5、大枣1.5、甘草1、干姜1~1.5、生姜0.5~1.5（无生姜也可）、芍药1.5、桃仁1.5、红花1.5、枳实1.5、桂皮1.5、牛膝1.5、木香1.5、延胡索1.5	
	[用法·用量]	汤	
	[效能·效果]	体力中等者的以下诸症，但产后不管体力如何都可使用： 血脉症、月经不调、产后体力低下	
36	响声破笛丸		
	[成分·分量]	连翘2.5、桔梗2.5、甘草2.5、大黄1、缩砂1、川芎1、诃子1、阿仙药2、薄荷叶4（无大黄也可）	
	[用法·用量]	(1) 散：1次2~3g，1日数次 (2) 汤	
	[效能·效果]	声音嘶哑、咽喉不快 注：不管体力如何，均可使用	
37	杏苏散		
	[成分·分量]	苏叶3、五味子2、大腹皮2、乌梅2、杏仁2、陈皮1~1.5、桔梗1~1.5、麻黄1~1.5、桑白皮1~1.5、阿胶1~1.5、甘草1~1.5、紫苑1	
	[用法·用量]	汤	
	[效能·效果]	体力中等以下、心情不佳、无汗、有时脸部浮肿者的以下诸症： 咳嗽、痰、支气管炎	
38	苦参汤		
	[成分·分量]	苦参6~10	
	[用法·用量]	用500~600mL水煮至250~300mL外用	
	[效能·效果]	糜烂、皮疹、瘙痒	

续表

编号	处方名		
39	驱风解毒散（汤）		
		[成分·分量]	防风 3~5、牛蒡子 3、连翘 5、荆芥 1.5、羌活 1.5、甘草 1.5、桔梗 3、石膏 5~10
		[用法·用量]	汤
		[效能·效果]	不管体力如何均可使用，咽喉肿痛者的以下诸症：扁桃体炎、扁桃体周围炎
40	★九味槟榔汤		
		[成分·分量]	槟榔子 4、厚朴 3、桂皮 3、橘皮 3、苏叶 1~2、甘草 1、大黄 0.5~1、木香 1、生姜 1（使用老成生姜时 3）（也可去大黄，加入吴茱萸 1、茯苓 3）
		[用法·用量]	汤
		[效能·效果]	体力中等以上、全身倦怠感、特别是下肢倦怠感明显者的以下诸症：疲劳乏力、更年期障碍、心慌、气短、浮肿、神经症、胃病肠炎、关节肿痛
41	★荆芥连翘汤		
		[成分·分量]	当归 1.5、芍药 1.5、川芎 1.5、地黄 1.5、黄连 1.5、黄芩 1.5、黄柏 1.5、山栀子 1.5、连翘 1.5、荆芥 1.5、防风 1.5、薄荷叶 1.5、枳壳（实）1.5、甘草 1~1.5、白芷 1.5~2.5、桔梗 1.5~2.5、柴胡 1.5~2.5（无地黄、黄连、黄柏、薄荷叶也可）
		[用法·用量]	汤
		[效能·效果]	体力中等以上、皮肤颜色浅黑、有时手脚内侧易出汗、腹壁紧张者的以下诸症：蓄脓症（副鼻腔炎）、慢性鼻炎、慢性扁桃体炎、痤疮
42	鸡肝丸		
		[成分·分量]	鸡肝 1 具
			将 1 具鸡肝煮熟并干燥，加山药末（干燥鸡肝量的 2~3 倍量）混合成细末后制丸
		[用法·用量]	丸：1 次 2g，1 日 3 次
		[效能·效果]	体力虚弱者的以下诸症：虚弱体质
43	桂姜枣草黄辛附汤		
		[成分·分量]	桂皮 3、生姜 1（使用老成生姜时 3）、甘草 2、大枣 3~3.5、麻黄 2、细辛 2、制附子 0.3~1
		[用法·用量]	汤
		[效能·效果]	体力中等以下、发冷者的以下诸症：感冒、支气管炎、关节肿痛、鼻炎伴水样鼻涕、神经痛、腰痛、寒战
44	★桂枝加黄芪汤		
		[成分·分量]	桂皮 3~4、芍药 3~4、大枣 3~4、生姜 1~1.5（使用老成生姜时 3~4）、甘草 2、黄芪 2~3
		[用法·用量]	汤
		[效能·效果]	体力虚弱者的以下诸症：盗汗、皮疹、湿疹·皮炎
44A	黄芪桂枝五物汤		
		[成分·分量]	黄芪 3、芍药 3、桂皮 3、生姜 1.5~2（使用老成生姜时 5~6）、大枣 3~4
		[用法·用量]	汤
		[效能·效果]	体力中等以下者的以下诸症：身体和四肢麻木、面部·口腔麻木、湿疹·皮炎

续表

编号	处方名		
45	★桂枝加芍药汤		
	[成分·分量]	桂皮3~4、芍药6、大枣3~4、生姜1~1.5（使用老成生姜时3~4）、甘草2	
	[用法·用量]	汤	
	[效能·效果]	体力中等以下、有残便感、有便意并伴有腹痛者的以下诸症：	
		里急后重、腹痛、下痢、便秘	
45A	桂枝加芍药生姜人参汤		
	[成分·分量]	桂皮2.4~4、大枣2.4~4、芍药3.2~6、生姜1~2（使用老成生姜时4~5.5）、甘草1.6~2、人参2.4~4.5	
	[用法·用量]	汤	
	[效能·效果]	体力虚弱者的以下诸症：	
		胸闷、腹痛、手足痛	
45B	★桂枝加芍药大黄汤		
	[成分·分量]	桂皮3~4、芍药4~6、大枣3~4、生姜1~1.5（使用老成生姜时3~4）、甘草2、大黄1~2	
	[用法·用量]	汤	
	[效能·效果]	体力中等以下、腹胀、腹痛、便秘者的以下诸症：	
		便秘、里急后重	
46	★桂枝加术附汤		
	[成分·分量]	桂皮3~4、芍药3~4、大枣3~4、生姜1~1.5（使用老成生姜时3~4）、甘草2、苍术3~4（白术也可）、制附子0.5~1	
	[用法·用量]	汤	
	[效能·效果]	体力虚弱、出汗、手脚发冷僵硬、有时尿量减少者的以下诸症：	
		关节痛、神经痛	
46A	★桂枝加苓术附汤		
	[成分·分量]	桂皮3~4、芍药3~4、大枣3~4、生姜1~1.5（使用老成生姜时3~4）、甘草2、苍术3~4（白术也可）、制附子0.5~1、茯苓4	
	[用法·用量]	汤	
	[效能·效果]	体力虚弱、出汗、手脚发冷僵硬、尿量减少、时有心悸、眩晕、肌肉抽搐者的以下诸症：	
		关节痛、神经痛	
47	★桂枝加龙骨牡蛎汤		
	[成分·分量]	桂皮3~4、芍药3~4、大枣3~4、生姜1~1.5（使用老成生姜时3~4）、甘草2、龙骨3、牡蛎3	
	[用法·用量]	汤	
	[效能·效果]	体力中等以下、易疲劳、神经过敏、易兴奋者的以下诸症：	
		神经质、失眠、小儿夜哭、夜尿症、眼睛疲劳、神经症	

续表

编号	处方名		
48	★桂枝芍药知母汤		
	[成分·分量]	桂皮3~4、芍药3~4、甘草1.5~2、麻黄2~3、生姜1~2（使用老成生姜时3~5）、白术4~5（苍术也可）、知母2~4、防风3~4、制附子0.3~1	
	[用法·用量]	汤	
	[效能·效果]	体力虚弱、皮肤干燥、四肢或各关节慢性肿胀、疼痛者的以下诸症：关节肿痛、关节炎、神经痛	
49	★桂枝汤		
	[成分·分量]	桂皮3~4、芍药3~4、大枣3~4、生姜1~1.5（使用老成生姜时3~4）、甘草2	
	[用法·用量]	汤	
	[效能·效果]	体力虚弱、出汗者的以下诸症：感冒初期	
49A	★桂枝加葛根汤		
	[成分·分量]	桂皮2.4~4、芍药2.4~4、大枣2.4~4、生姜1~1.5（使用老成生姜时2.4~4）、甘草1.6~2、葛根3.2~6	
	[用法·用量]	汤	
	[效能·效果]	体力中等以下、出汗、肩酸或头痛者的以下诸症：感冒初期	
49B	★桂枝加厚朴杏仁汤		
	[成分·分量]	桂皮2.4~4、芍药2.4~4、大枣2.4~4、生姜1~1.5（使用老成生姜时3~4）、甘草1.6~2、厚朴1~4、杏仁1.6~4	
	[用法·用量]	汤	
	[效能·效果]	体力虚弱者的以下诸症：咳嗽、支气管炎、支气管哮喘	
50	★桂枝茯苓丸		
	[成分·分量]	桂皮3~4、茯苓4、牡丹皮3~4、桃仁4、芍药4	
	[用法·用量]	(1) 散：1次2~3g，1日3次 (2) 汤	
	[效能·效果]	相对体力较好、有时下腹痛、肩酸、头重、眩晕、上火脚冷者的以下诸症：月经不调、月经异常、痛经、更年期障碍、血脉症、肩酸、血脉症、头重、跌打伤、冻伤、色斑、湿疹·皮炎、痤疮	
50A	★桂枝茯苓丸料加薏苡仁		
	[成分·分量]	桂皮3~4、茯苓4、牡丹皮3~4、桃仁4、芍药4、薏苡仁10~20	
	[用法·用量]	汤	
	[效能·效果]	相对体力较好、有时下腹痛、肩酸、头重、眩晕、上火脚冷者的以下诸症：痤疮、色斑、手脚粗糙（手脚湿疹·皮炎）、月经不调、血脉症	

续表

编号	处方名		
50B	甲字汤		
	[成分·分量]	桂皮3~4、茯苓3~4、牡丹皮3~4、桃仁3~4、芍药3~4、甘草1.5、生姜1~1.5（使用老成生姜时3）	
	[用法·用量]	汤	
	[效能·效果]	相对体力较好、有时下腹痛、肩酸、头重、眩晕、上火脚冷者的以下诸症：月经不调、月经异常、痛经、更年期障碍、血脉症、肩酸、血脉症、眩晕、头重、跌打伤、冻伤、色斑	
51	★答脾汤		
	[成分·分量]	人参3、白术3~4（苍术也可）、茯苓3~4、莲肉3、山药3、山查子2、陈皮2、泽泻2、大枣1、生姜1（使用老成生姜时3）、甘草1（无大枣、生姜也可）	
	[用法·用量]	(1) 散：1次1~2g，1日3次 (2) 汤	
	[效能·效果]	体力虚弱、消瘦气色差、无食欲、有下痢倾向者的以下诸症：胃肠虚弱、慢性胃肠炎、消化不良、下痢	
52	荆防败毒散		
	[成分·分量]	荆芥1.5~2、防风1.5~2、羌活1.5~2、独活1.5~2、柴胡1.5~2、薄荷叶1.5~2、连翘1.5~2、桔梗1.5~2、枳壳（或枳实）1.5~2、川芎1.5~2、前胡1.5~2、金银花1.5~2、甘草1~1.5、生姜1	
	[用法·用量]	汤	
	[效能·效果]	相对体力较好者的以下诸症：急性化脓性皮肤疾病初期、湿疹·皮炎	
53	★桂麻各半汤		
	[成分·分量]	桂皮3.5、芍药2、生姜0.5~1（使用老成生姜时2）、甘草2、麻黄2、大枣2、杏仁2.5	
	[用法·用量]	汤	
	[效能·效果]	体力中等或稍有虚弱者的以下诸症：感冒、咳嗽、瘙痒	
54	鸡鸣散加茯苓		
	[成分·分量]	槟榔子3~4、木瓜3、橘皮2~3、桔梗2~3、茯苓4~6、吴茱萸1~1.5、苏叶1~2、生姜1~1.5（使用老成生姜时3）	
	[用法·用量]	汤	
	[效能·效果]	体力中等者的以下诸症：下肢倦怠、小腿紧张·压痛	
55	外台四物汤加味		
	[成分·分量]	桔梗3、紫苑1.5、甘草2、麦门冬9、人参1.5、贝母2.5、杏仁4.5	
	[用法·用量]	汤	
	[效能·效果]	喉咙痛无法发声的感冒 注：不管体力如何，均可使用	
56	坚中汤		
	[成分·分量]	半夏5、茯苓5、桂皮4、大枣3、芍药3、干姜3（生姜1也可）、甘草1~1.5	
	[用法·用量]	汤	
	[效能·效果]	体力虚弱、有时感觉胃部水停滞者的以下诸症：慢性胃炎、腹痛	

续表

编号	处方名		
57	香砂养胃汤		
	[成分・分量]	白术2.5~3、茯苓2.5~3、苍术2、厚朴2~2.5、陈皮2~2.5、香附子2~2.5、白豆蔻2（小豆蔻代用也可）、人参1.5~2、木香1.5、缩砂1.5~2.5、甘草1.5~2.5、大枣1.5~2.5、生姜0.7~1	
	[用法・用量]	汤	
	[效能・效果]	体力虚弱者的以下诸症：	
		胃弱、胃肠虚弱、慢性胃肠炎、食欲不振	
58	★香苏散		
	[成分・分量]	香附子3.5~4.5、苏叶1~3、陈皮2~3、甘草1~1.5、生姜1~2	
	[用法・用量]	(1) 散：1次1~2g，1日3次	
		(2) 汤	
	[效能・效果]	体力虚弱、神经过敏、心情不佳、胃肠虚弱者的以下诸症：	
		感冒初期、血脉症	
59	厚朴生姜半夏人参甘草汤		
	[成分・分量]	厚朴3、老成生姜3（使用生姜时1）、半夏4、人参1.5、甘草2.5	
	[用法・用量]	汤	
	[效能・效果]	体力虚弱、腹胀者的以下诸症：胃肠虚弱、呕吐	
60	牛膝散		
	[成分・分量]	牛膝3、桂皮3、芍药3、桃仁3、当归3、牡丹皮3、延胡索3、木香1	
	[用法・用量]	汤	
	[效能・效果]	相对体力较好者的以下诸症：	
		月经困难、月经不顺、痛经	
61	★五积散		
	[成分・分量]	茯苓2~3、苍术2~3（白术也可）、陈皮2~3、半夏2~3、当归1.2~3、芍药1~3、川芎1~3、厚朴1~3、白芷1~3、枳壳（实）1~3、桔梗1~3、干姜1~1.5、生姜0.3~0.6（使用老成生姜时1~2）、桂皮1~1.5、麻黄1~2.5、大枣1~2、甘草1~1.2、香附子1.2（无生姜、香附子也可）	
	[用法・用量]	汤	
	[效能・效果]	体力中等或稍虚弱、发冷者的以下诸症：	
		胃肠炎、腰痛、神经痛、关节痛、痛经、头痛、更年期障碍、感冒	
62	★吴茱萸汤		
	[成分・分量]	吴茱萸3~4、大枣2~4、人参2~3、生姜1~2（使用老成生姜时4~6）	
	[用法・用量]	汤	
	[效能・效果]	体力中等以下、手脚发冷肩酸、有时胸口胀满者的以下诸症：	
		头痛、头痛伴恶心・呕吐、打嗝	
63	五物解毒散		
	[成分・分量]	川芎5、金银花2、十药2、大黄1、荆芥1.5	
	[用法・用量]	汤	
	[效能・效果]	体力中等以上者的以下诸症：瘙痒、湿疹・皮炎	

续表

编号	处方名		
64	★五淋散		
	[成分·分量]	茯苓5~6、当归3、黄芩3、甘草3、芍药1~2、山栀子1~2、地黄3、泽泻3、木通3、滑石3、车前子3（无地黄之后的也可）	
	[用法·用量]	汤	
	[效能·效果]	体力中等者的以下诸症： 尿频、尿痛、尿不尽、尿浊	
65	★五苓散		
	[成分·分量]	泽泻4~6、猪苓3~4.5、茯苓3~4.5、苍术3~4.5（白术也可）、桂皮2~3	
	[用法·用量]	（1）散：1次1~2g，1日3次 （2）汤	
	[效能·效果]	不管体力如何均可使用，咽喉干尿量少，伴有眩晕、恶心、呕吐、腹痛、头痛、浮肿任意一种者的以下诸症： 水样性下痢、急性胃肠炎、中暑、头痛、浮肿、宿醉	
65A	★茵陈五苓散		
	[成分·分量]	泽泻4.5~6、茯苓3~4.5、猪苓3~4.5、苍术3~4.5（白术也可）桂皮2~3、茵陈蒿3~4	
	[用法·用量]	（1）散：用散时除茵陈蒿外其他生药用量为汤剂的1/8，其他生药合计为茵陈蒿的一半（1次1~2g，1日3次） （2）汤	
	[效能·效果]	体力中等以上、咽喉干、尿量少者的以下诸症： 呕吐、荨麻疹、宿醉、浮肿	
65B	★四苓汤		
	[成分·分量]	泽泻4、茯苓4、苍术4（白术也可）、猪苓4	
	[用法·用量]	（1）散：1次1~1.5g，1日2~3次 （2）汤	
	[效能·效果]	不管体力如何均可使用、咽喉干、即使喝水尿量也少、伴有恶心、呕吐、腹痛、浮肿任意一种者的以下诸症：中暑、急性胃肠炎、浮肿	
66	柴葛解肌汤		
	[成分·分量]	柴胡3~5、葛根2.5~4、麻黄2~3、桂皮2~3、黄芩2~3、芍药2~3、半夏2~4、生姜1（使用老成生姜时1~2）、甘草1~2、石膏4~8	
	[用法·用量]	汤	
	[效能·效果]	体力中等以上、有强烈感冒症状者的以下诸症： 发热、恶寒、头痛、四肢痛、口渴、失眠、鼻腔干燥、食欲不振、恶心、全身倦怠	
66A	柴葛汤加川芎辛夷		
	[成分·分量]	柴胡6、半夏3.5、黄芩3、桂皮5、芍药3、葛根6、麻黄2、竹节人参2、甘草1、大枣1.2、生姜2.5、川芎3、辛夷2	
	[用法·用量]	汤	
	[效能·效果]	体力中等以上者的以下诸症： 慢性鼻炎、蓄脓症（副鼻腔炎）	

续表

编号	处方名		
67	柴梗半夏汤	[成分·分量]	柴胡4、半夏4、桔梗2~3、杏仁2~3、栝楼仁2~3、黄芩2.5、大枣2.5、枳实1.5~2、青皮1.5~2、甘草1~1.5、生姜1.5（使用老成生姜时2.5）
		[用法·用量]	汤
		[效能·效果]	体力中等以上、感冒缠绵不愈者的以下诸症： 直达腹部的高度咳嗽
68	★柴胡加龙骨牡蛎汤	[成分·分量]	柴胡5、半夏4、茯苓3、桂皮3、大枣2.5、人参2.5、龙骨2.5、牡蛎2.5、生姜0.5~1、大黄1、黄芩2.5、甘草2 以内（无大黄、黄芩、甘草也可）
		[用法·用量]	汤
		[效能·效果]	体力中等以上、精神焦虑、伴有心悸、失眠、便秘者的以下诸症： 高血压并发症（心悸、不安、失眠）、神经症、更年期障碍、小儿夜哭、便秘
69	柴胡枳桔汤	[成分·分量]	柴胡4~5、半夏4~5、生姜1（使用老成生姜时3）、黄芩3、栝楼仁3、桔梗3、甘草1~2、枳实1.5~2
		[用法·用量]	汤
		[效能·效果]	体力中等以上者的以下诸症： 咳痰
70	★柴胡桂枝干姜汤	[成分·分量]	柴胡6~8、桂皮3、栝楼根3~4、黄芩3、牡蛎3、干姜2、甘草2
		[用法·用量]	汤
		[效能·效果]	体力中等以下、寒症、稍有贫血、神经过敏、心悸、气短、有时盗汗、头部出汗、口干者的以下诸症： 更年期障碍、血脉症、失眠、神经症、气喘、感冒后期症状、支气管炎
71	★柴胡桂枝汤	[成分·分量]	柴胡4~5、半夏4、桂皮1.5~2.5、芍药1.5~2.5、黄芩1.5~2、人参1.5~2、大枣1.5~2、甘草1~1.5、生姜1（使用老成生姜时2）
		[用法·用量]	汤
		[效能·效果]	体力中等或稍虚弱、多伴有腹痛、时有微热、寒冷、头痛、恶心者的以下诸症： 胃肠炎、感冒中期至后期症状
72	★柴胡清肝汤	[成分·分量]	汤：柴胡2、当归1.5、芍药1.5、川芎1.5、地黄1.5、黄连1.5、黄芩1.5、黄柏1.5、山栀子1.5、连翘1.5、桔梗1.5、牛蒡子1.5、栝楼根1.5、薄荷叶1.5、甘草1.5 散：柴胡2、当归1.5~2.5、芍药1.5~2.5、川芎1.5~2.5、地黄1.5~2.5、黄连1.5、黄芩1.5、黄柏1.5、山栀子1.5、连翘1.5~2.5、桔梗1.5~2.5、牛蒡子1.5~2.5、栝楼根1.5~2.5、薄荷叶1.5~2.5、甘草1.5~2.5
		[用法·用量]	(1) 散：1次2g，1日3次 (2) 汤
		[效能·效果]	体力中等、强烈瘰疬症倾向（神经过敏）者的以下诸症： 神经症、慢性扁桃体炎、湿疹·皮炎、小儿虚弱体质改善

续表

编号	处方名		
73	★柴朴汤		
	[成分·分量]	柴胡7、半夏5~8、生姜1~2（使用老成生姜时3~4）、黄芩3、大枣3、人参3、甘草2、茯苓4~5、厚朴3、苏叶2~3	
	[用法·用量]	汤	
	[效能·效果]	体力中等、心情不畅、咽喉食道有异物感、易感冒、时感心悸、眩晕、呕气者的以下诸症： 小儿哮喘、支气管哮喘、支气管炎、咳嗽、不安神经症、虚弱体质	
74	★柴苓汤		
	[成分·分量]	柴胡4~7、半夏4~5、生姜1（使用老成生姜时3~4）、黄芩2.5~3、大枣2.5~3、人参2.5~3、甘草2~2.5、泽泻4~6、猪苓2.5~4.5、茯苓2.5~4.5、白术2.5~4.5（苍术也可）、桂皮2~3	
	[用法·用量]	汤	
	[效能·效果]	体力中等、咽喉干尿量少、时感恶心、食欲不振、浮肿者的以下诸症： 水样性下痢、急性胃肠炎、中暑、浮肿	
75	左突膏		
	[成分·分量]	松脂800、黄蜡220、猪油58、芝麻油1000	
	[用法·用量]	外用	
	[效能·效果]	化脓性肿胀	
76	★三黄泻心汤		
	[成分·分量]	大黄1~5、黄芩1~4、黄连~4	
	[用法·用量]	汤	
	[效能·效果]	体力中等以上、稍有上火面部潮红、精神焦虑、胸口阻塞感、便秘倾向者的以下诸症： 高血压并发症（上火、肩酸、耳鸣、头重、失眠、焦虑）、鼻血、痔疮出血、便秘、更年期障碍、血脉症	
76A	三黄散		
	[成分·分量]	大黄1~2、黄芩1、黄连1	
	[用法·用量]	散：1次0.8g，1日3次	
	[效能·效果]	体力中等以上、稍有上火面部潮红、精神焦虑、胸口阻塞感、便秘倾向者的以下诸症： 高血压并发症（上火、肩酸、耳鸣、头重、失眠、焦虑）、鼻血、痔疮出血、便秘、更年期障碍、血脉症	
77	★酸枣仁汤		
	[成分·分量]	酸枣仁10~18、知母2~3、川芎2~3、茯苓2~5、甘草1	
	[用法·用量]	汤	
	[效能·效果]	体力中等以下、身心疲劳、精神焦虑、失眠者的以下诸症：失眠、神经症	
78	★三物黄芩汤		
	[成分·分量]	黄芩1.5~3、苦参3、地黄6	
	[用法·用量]	汤	
	[效能·效果]	体力中等或稍虚弱、手脚发热者的以下诸症： 湿疹·皮炎、手足粗糙（手足湿疹·皮炎）、失眠	

续表

编号	处方名		
79	★滋阴降火汤		
		[成分·分量]	当归2.5、芍药2.5、地黄2.5、天门冬2.5、麦门冬2.5、陈皮2.5、白术或苍术3、知母1~1.5、黄柏1~1.5、甘草1~1.5、大枣1、生姜1（无大枣、生姜也可）
		[用法·用量]	汤
		[效能·效果]	体力虚弱、咽喉干燥、咳痰不断、皮肤浅黑干燥、有便秘倾向者的以下诸症： 支气管炎、咳嗽
80	★滋阴至宝汤		
		[成分·分量]	当归2~3、芍药2~3、白术或苍术2~3、茯苓2~3、陈皮2~3、柴胡1~3、知母2~3、香附子2~3、地骨皮2~3、麦门冬2~3、贝母1~2、薄荷叶1、甘草1
		[用法·用量]	汤
		[效能·效果]	体力虚弱者的以下诸症： 慢性咳嗽、痰、支气管炎
81	★紫云膏		
		[成分·分量]	紫根100~120、当归60~100、猪油20~30、黄蜡300~400、芝麻油1000
		[用法·用量]	外用
		[效能·效果]	龟裂、皲裂、冻伤、鸡眼、痱子、糜烂、外伤、烧伤、痔核引起的疼痛、肛门裂伤、湿疹·皮炎
82	★四逆散		
		[成分·分量]	柴胡2~5、芍药2~4、枳实2、甘草1~2
		[用法·用量]	(1) 散：1次2~2.5g，1日3次 (2) 汤
		[效能·效果]	体力中等以上、胸腹部沉闷、时有焦虑、失眠者的以下诸症： 胃炎、胃痛、腹痛、神经症
82A	解劳散		
		[成分·分量]	芍药4~6、柴胡4~6、土鳖甲2~4、枳实2~4、甘草1.5~3、茯苓2~3、生姜1（使用老成生姜时2~3）、大枣2~3
		[用法·用量]	汤
		[效能·效果]	体力中等或稍虚弱、胸腹部沉闷、有时背部疼痛者的以下诸症： 慢性发热、腹痛、胃痛
82B	柴胡疏肝汤		
		[成分·分量]	柴胡4~6、芍药3~4、枳实2~3、甘草2~3、香附子3~4、川芎3、青皮2
		[用法·用量]	汤
		[效能·效果]	体力中等、胸腹部沉闷、有时头痛或肩背僵硬者的以下诸症： 腹痛、侧胸部痛、神经痛
83	四逆汤		
		[成分·分量]	甘草2~4.8、干姜1.5~3.6、制附子0.3~2.4
		[用法·用量]	汤
		[效能·效果]	体力虚弱或体力消耗、手足发冷者的以下诸症： 感冒、急·慢性胃肠炎、下痢、恶心

续表

编号	处方名		
83A	四逆加人参汤		
		[成分·分量]	甘草2~4.8、干姜1.5~3.6、制附子0.5~2.4、人参1~3
		[用法·用量]	汤
		[效能·效果]	体力虚弱或体力消耗、稍有贫血、手足发冷者的以下诸症： 感冒、急·慢性胃肠炎、下痢、恶心、贫血
84	★四君子汤		
		[成分·分量]	人参3~4、白术3~4（苍术也可）、茯苓4、甘草1~2、生姜0.5~1、大枣1~2
		[用法·用量]	汤
		[效能·效果]	体力虚弱、消瘦、气色差、无食欲、易疲劳者的以下诸症： 胃肠虚弱、慢性胃炎、胃胀、呕吐、下痢、夜尿症
85	滋血润肠汤		
		[成分·分量]	当归4、地黄4、桃仁4、芍药3、枳实2~3、韭2~3、大黄1~3、红花1
		[用法·用量]	汤
		[效能·效果]	体力中等以下、皮肤干燥者的以下诸症： 便秘、上火、肩酸
86	紫根牡蛎汤		
		[成分·分量]	当归4~5、芍药3、川芎3、大黄0.5~2、升麻1~2、牡蛎3~4、黄芪2、紫根3~4、甘草1~2、忍冬1.5~2
		[用法·用量]	汤
		[效能·效果]	体力中等以下、伴有消耗性疾病者的以下诸症： 乳腺痛、痔疮痛、湿疹·皮炎、贫血、疲劳倦怠
87	栀子豉汤		
		[成分·分量]	山栀子1.4~3.2、香豉2~9.5
		[用法·用量]	汤
		[效能·效果]	体力中等以下、胸闷、有热感者的以下诸症： 失眠、口腔炎、舌炎、咽喉炎、湿疹·皮炎
88	★栀子柏皮汤		
		[成分·分量]	山栀子1.5~4.8、甘草1~2、黄柏2~4
		[用法·用量]	汤
		[效能·效果]	体力中等、不发冷、时有瘙痒者的以下诸症： 湿疹·皮炎、瘙痒、眼睛充血
89	滋肾通耳汤		
		[成分·分量]	当归2.5~3、川芎2.5~3、芍药2.5~3、知母2.5~3、地黄2.5~3、黄柏2.5~3、白芷2.5~3、黄芩2.5~3、柴胡2.5~3、香附子2.5~3
		[用法·用量]	汤
		[效能·效果]	体力虚弱者的以下诸症： 耳鸣、听力低下、眩晕

续表

编号	处方名		
90	滋肾明目汤		
	[成分·分量]	当归3~4、川芎3~4、熟地黄3~4、地黄3~4、芍药3~4、桔梗1.5~2、人参1.5~2、山栀子1.5~2、黄连1.5~2、白芷1.5~2、蔓荆子1.5~2、菊花1.5~2、甘草1.5~2、细茶1.5、灯心草1~1.5（无灯心草也可）	
	[用法·用量]	汤	
	[效能·效果]	体力虚弱者的以下诸症：目翳、眼睛疲劳、眼睛痛	
91	柿蒂汤		
	[成分·分量]	丁子1~1.5、柿蒂5、老成生姜4（使用生姜时1）	
	[用法·用量]	汤	
	[效能·效果]	打嗝 注：不管体力如何，均可使用	
92	★四物汤		
	[成分·分量]	当归3~5、芍药3~5、川芎3~5、地黄3~5	
	[用法·用量]	(1) 散：1次1.5~2g，1日3次 (2) 汤	
	[效能·效果]	体力虚弱、寒症、皮肤干燥、色泽差、无胃肠问题者的以下诸症：月经不调、月经异常、更年期障碍、血脉症、寒症、冻伤、色斑、贫血、产后或流产后的疲劳恢复	
92A	加味四物汤		
	[成分·分量]	当归2.5~3、川芎2~3、芍药2~3、地黄2~8、苍术3（白术2.5也可）、麦门冬2.5~5、人参1.5~2.5、牛膝1~2.5、黄柏1.5~2.5、五味子1~1.5、黄连1.5~2、知母1~1.5、杜仲1.5~2	
	[用法·用量]	汤	
	[效能·效果]	体力虚弱、血色不佳者的以下诸症：下肢无力、神经痛、关节肿胀	
92B	★芎归胶艾汤		
	[成分·分量]	川芎3、甘草3、艾叶3、当归4~4.5、芍药4~4.5、地黄5~6、阿胶3	
	[用法·用量]	汤	
	[效能·效果]	体力中等以下、寒症、有出血倾向、无胃肠问题者的以下诸症：痔疮出血、贫血、月经异常·月经过多·不正常出血、皮下出血	
92C	★七物降下汤		
	[成分·分量]	当归3~5、芍药3~5、川芎3~5、地黄3~5、钓藤钩3~4、黄耆2~3、黄柏2	
	[用法·用量]	汤	
	[效能·效果]	体力中等以下、气色差、易疲劳、无胃肠问题者的以下诸症：高血压并发症（上火、肩酸、耳鸣、头重）	
92D	★当归饮子		
	[成分·分量]	当归5、芍药3、川芎3、蒺藜子3、防风3、地黄4、荆芥1.5、黄耆1.5、何首乌2、甘草1	
	[用法·用量]	汤	
	[效能·效果]	体力中等以下、寒症、皮肤干燥者的以下诸症：湿疹·皮炎（分泌物较少）、瘙痒	

续表

编号	处方名	
93	★炙甘草汤	
	[成分·分量]	炙甘草3~4、生姜0.8~1（使用老成生姜时3）、桂皮3、麻子仁3~4、大枣3~7.5、人参2~3、地黄4~6、麦门冬5~6、阿胶2~3
	[用法·用量]	汤
	[效能·效果]	体力中等以下、易疲劳、有时手脚发热者的以下诸症： 心悸、气短、脉搏紊乱
94	★芍药甘草汤	
	[成分·分量]	芍药3~8、甘草3~8
	[用法·用量]	汤
	[效能·效果]	不管体力如何均可使用，疼痛伴有肌肉的剧烈痉挛者的以下诸症： 抽筋、肌肉痉挛、腹痛、腰痛
94A	★芍药甘草附子汤	
	[成分·分量]	芍药3~10、甘草3~8、制附子0.3~1.6
	[用法·用量]	汤
	[效能·效果]	体力中等以下、伴有寒症者的以下诸症： 抽筋、肌肉痉挛、胃痛、腹痛、腰痛、神经痛
95	鹧鸪菜汤	
	[成分·分量]	海人草3~5、大黄1~1.5、甘草1~2
	[用法·用量]	汤
	[效能·效果]	驱除蛔虫 注：不管体力如何，均可使用
96	蛇床子汤	
	[成分·分量]	蛇床子10、当归10、威灵仙10、苦参10
	[用法·用量]	加水1000mL浓缩至700mL外用
	[效能·效果]	糜烂、瘙痒、癣
97	★十全大补汤	
	[成分·分量]	人参2.5~3、黄芪2.5~3、白术3~4（苍术也可）、茯苓3~4、当归3~4、芍药3、地黄3~4、川芎3、桂皮3、甘草1~2
	[用法·用量]	汤
	[效能·效果]	体力虚弱者的以下诸症： 病后·术后体力低下、疲劳倦怠、食欲不振、盗汗、手脚发冷、贫血
98	★十味败毒汤	
	[成分·分量]	柴胡2.5~3.5、樱皮（朴樕）2.5~3.5、桔梗2.5~3.5、川芎2.5~3.5、茯苓2.5~4、独活1.5~3、防风1.5~3.5、甘草1~2、生姜1~1.5（使用老成生姜时3）、荆芥1~2、连翘2~3（无连翘也可）
	[用法·用量]	(1) 散：1次1.5~2g，1日3次 (2) 汤
	[效能·效果]	体力中等皮肤疾病、发红、有时化脓者的以下诸症： 化脓性皮肤病·急性皮肤病初期、荨麻疹、湿疹·皮炎、足癣

续表

编号	处方名	
99	★润肠汤	
	[成分·分量]	当归3~4、熟地黄·干地黄各3~4（或地黄6）、麻子仁2、桃仁2、杏仁2、枳实0.5~2、黄芩2、厚朴2、大黄1~3、甘草1~1.5
	[用法·用量]	（1）散：1次2~3g，1日3次
		（2）汤：上记量为1日量
	[效能·效果]	体力中等或稍虚弱、有时皮肤干燥者的以下诸症：
		便秘
100	蒸眼一方	
	[成分·分量]	白矾（明矾）2、甘草2、黄连2、黄柏2、红花2
	[用法·用量]	各生药混合后，加水300mL煎至200mL，洗眼或热敷
	[效能·效果]	麦粒肿、眼睑炎、流行性角结膜炎
101	★小建中汤	
	[成分·分量]	桂皮3~4、生姜1~1.5（使用老成生姜时3~4）、大枣3~4、芍药6、甘草2~3、胶饴20（麦精、滋養糖也可，用糖浆时40）
	[用法·用量]	汤
	[效能·效果]	体力虚弱、易疲劳、腹痛、血色不佳、时感心悸、手脚发热、寒症、盗汗、鼻血、尿频及多尿者的以下诸症：
		小儿虚弱体质、疲劳倦怠、慢性胃肠炎、腹痛、神经质、小儿夜尿症、夜哭
101A	★黄芪建中汤	
	[成分·分量]	桂皮3~4、生姜1~2（使用老成生姜时3~4）、大枣3~4、芍药6、甘草2~3、黄芪1.5~4、胶饴20（无胶饴也可）
	[用法·用量]	汤
	[效能·效果]	体力虚弱、易疲劳者的以下诸症：
		虚弱体质、病后虚弱、盗汗、湿疹·皮炎、皮肤糜烂、腹痛、寒症
101B	归芪建中汤	
	[成分·分量]	当归3~4、桂皮3~4、生姜1~1.5（使用老成生姜时2~4）、大枣3~4、芍药5~6、甘草2~3、黄芪2~4、胶饴20（无胶饴也可）
	[用法·用量]	汤
	[效能·效果]	体力虚弱、易疲劳者的以下诸症：
		虚弱体质、病后·术后的虚弱、盗汗、湿疹·皮炎、化脓性皮肤疾病
101C	★当归建中汤	
	[成分·分量]	当归4、桂皮3~4、生姜1~1.5（使用老成生姜时4）、大枣3~4、芍药5~7.5、甘草2~2.5、胶饴20（无胶饴也可）
	[用法·用量]	汤
	[效能·效果]	体力虚弱、易疲劳血色不佳者的以下诸症：
		痛经、月经困难、月经不调、腹痛、下腹部痛、腰痛、痔疮、脱肛痛、病后·术后的体力低下
102	★小柴胡汤	
	[成分·分量]	柴胡5~8、半夏3.5~8、生姜1~2（使用老成生姜时3~4）、黄芩2.5~3、大枣2.5~3、人参2.5~3、甘草1~3
	[用法·用量]	汤
	[效能·效果]	体力中等、有时从胁腹到胸口感觉不适、食欲不振、口有苦味、舌有白苔者的以下诸症：
		食欲不振、恶心、胃炎、胃痛、胃肠虚弱、疲劳感、感冒后期诸症

续表

编号	处方名		
102A	★柴陷汤		
	[成分·分量]	柴胡5~8、半夏5~8、黄芩3、大枣3、人参2~3、甘草1.5~3、生姜1~1.5（使用老成生姜时3~4）、栝楼仁3、黄连1~1.5	
	[用法·用量]	汤	
	[效能·效果]	体力中等以上、有时从胁腹到胸口感觉不适、食欲不振、口有苦味、舌有白苔、强烈咳嗽不断、有时胸痛者的以下诸症： 咳嗽、胸痛、支气管炎	
102B	柴苏汤		
	[成分·分量]	柴胡5、半夏5、黄芩3、人参3、大枣3、香附子4、苏叶1.5~3、甘草1.5、陈皮2、生姜1	
	[用法·用量]	汤	
	[效能·效果]	体力中等、有时从胁腹到胸口感觉不适、稍有神经质、有气郁倾向者的以下诸症： 耳鸣、耳闭	
102C	★小柴胡汤加桔梗石膏		
	[成分·分量]	柴胡7、半夏5、生姜1~1.5（使用老成生姜时4）、黄芩3、大枣3、人参3、甘草2、桔梗3、石膏10	
	[用法·用量]	汤	
	[效能·效果]	相对体力较好、有时从胁腹到胸口感觉不适、食欲不振、口有苦味、舌有白苔、咽喉肿痛者的以下诸症： 喉咙痛、扁桃体炎、扁桃体周围炎	
102D	清肌安蛔汤		
	[成分·分量]	柴胡6~7、半夏5~6、生姜1~1.5（使用老成生姜时3~4）、人参3、黄芩3、甘草2、海人草3、麦门冬3	
	[用法·用量]	汤	
	[效能·效果]	体力中等、有时从胁腹到胸口感觉不适、食欲不振、口有苦味、舌有白苔者的以下诸症： 驱除蛔虫	
103	小承气汤		
	[成分·分量]	大黄2~4、枳实2~4、厚朴2~3	
	[用法·用量]	汤	
	[效能·效果]	相对体力较好、腹部胀满、有时发热者的以下诸症： 便秘	
104	★小青龙汤		
	[成分·分量]	麻黄2~3.5、芍药2~3.5、干姜2~3.5、甘草2~3.5、桂皮2~3.5、细辛2~3.5、五味子1~3、半夏3~8	
	[用法·用量]	汤	
	[效能·效果]	体力中等或稍虚弱、咳嗽伴有清水样痰或有鼻涕者的以下诸症： 支气管炎、支气管哮喘、鼻炎、过敏性鼻炎、浮肿、感冒、花粉症	

续表

编号	处方名		
104A	小青龙汤加杏仁石膏（小青龙汤合麻杏甘石汤）		
		[成分·分量]	麻黄2~4、芍药2~3、干姜2~3、甘草2~3、桂皮2~3、细辛2~3、五味子1.5~3、半夏3~6、杏仁4、石膏5~10
		[用法·用量]	汤
		[效能·效果]	体力中等、咳嗽、咽喉干渴者的以下诸症：支气管哮喘、小儿哮喘、咳嗽
104B	小青龙汤加石膏	[成分·分量]	麻黄3、芍药3、干姜2~3、甘草2~3、桂皮3、细辛2~3、五味子2~3、半夏6~8、石膏2~5
		[用法·用量]	汤
		[效能·效果]	体力中等、咳嗽伴有清水样痰或有鼻涕、咽喉干渴者的以下诸症：支气管炎、支气管哮喘、鼻炎、过敏性鼻炎、浮肿、感冒
105	椒梅汤	[成分·分量]	乌梅2、山椒2、槟榔子2、枳实2、木香2、缩砂2、香附子2、桂皮2、川楝子2、厚朴2、甘草2、干姜2
		[用法·用量]	汤
		[效能·效果]	驱除蛔虫 注：不管体力如何，均可使用
106	★小半夏加茯苓汤	[成分·分量]	半夏5~8、老成生姜5~8（使用生姜时1.5~3）、茯苓3~8
		[用法·用量]	汤
		[效能·效果]	不管体力如何均可使用，恶心、时有呕吐者的以下诸症：孕吐、呕吐、恶心、胃炎
107	★消风散	[成分·分量]	当归3、知母1~2、地黄3、胡麻1~1.5、石膏3~5、蝉退1~1.5、防风2、苦参1~1.5、苍术2~3（白术也可）、荆芥1~2、木通2~5、甘草1~1.5、牛蒡子2
		[用法·用量]	汤
		[效能·效果]	体力中等以上的皮肤疾病、强烈瘙痒、分泌物多、时有局部热感者的以下诸症：湿疹·皮炎、荨麻疹、脚癣、痱子
108	★升麻葛根汤	[成分·分量]	葛根5~6、升麻1~3、生姜0.5~1（使用老成生姜时2~3）、芍药3、甘草1.5~3
		[用法·用量]	汤
		[效能·效果]	体力中等、头痛、发热、恶寒者的以下诸症：感冒初期、湿疹·皮炎

续表

编号	处方名		
109	逍遥散 （八味逍遥散）		
		[成分·分量]	当归3~4.5、芍药3~4.5、柴胡3~4.5、白术3~4.5（苍术也可）、茯苓3~4.5、甘草1.5~3、生姜0.5~1、薄荷叶1~2.1
		[用法·用量]	汤
		[效能·效果]	体力中等以下、肩酸、易疲劳、精神焦虑等精神神经症状、有时有便秘倾向者的以下诸症： 寒症、虚弱体质、月经不调、月经困难、更年期障碍、血脉症、失眠、神经症
109A	★加味逍遥散		
		[成分·分量]	当归3、芍药3、白术3（苍术也可）、茯苓3、柴胡3、牡丹皮2、山栀子2、甘草1.5~2、生姜1、薄荷叶1
		[用法·用量]	汤
		[效能·效果]	体力中等以下、有上火感、易疲劳、精神焦虑或易怒等精神神经症状、有时有便秘倾向者的以下诸症： 寒症、虚弱体质、月经不调、月经困难、更年期障碍、血脉症、失眠
109B	加味逍遥散 加川芎地黄 （加味逍遥散 合四物汤）		
		[成分·分量]	当归3~4、芍药3~4、白术3（苍术也可）、茯苓3、柴胡3、川芎3~4、地黄3~4、甘草1.5~2、牡丹皮2、山栀子2、生姜1~2、薄荷叶1
		[用法·用量]	汤
		[效能·效果]	体力中等以下、皮肤干燥、色泽不佳、无胃肠问题、肩酸、易疲劳、精神焦虑或易怒等精神神经症状、有时瘙痒、有便秘倾向者的以下诸症： 湿疹·皮炎、色斑、寒症、虚弱体质、月经不调、月经困难、更年期障碍、血脉症
110	★辛夷清肺汤		
		[成分·分量]	辛夷2~3、知母3、百合3、黄芩3、山栀子1.5~3、麦门冬5~6、石膏5~6、升麻1~1.5、枇杷叶1~3
		[用法·用量]	汤
		[效能·效果]	体力中等以上、有浓鼻涕、时有热感者的以下诸症： 鼻塞、慢性鼻炎、蓄脓症（副鼻腔炎）
111	秦艽羌活汤		
		[成分·分量]	秦艽3、羌活5、黄芪3、防风2、升麻1.5、甘草1.5、麻黄1.5、柴胡1.5、藁本0.5、细辛0.5、红花0.5
		[用法·用量]	汤
		[效能·效果]	体力中等者的以下诸症： 瘙痒的痔疮
112	秦艽防风汤		
		[成分·分量]	秦艽2、泽泻2、陈皮2、柴胡2、防风2、当归3、苍术3、甘草1、黄柏1、升麻1、大黄1、桃仁3、红花1
		[用法·用量]	汤
		[效能·效果]	体力中等、有便秘倾向者的以下诸症：痔核所致排便疼痛

续表

编号	处方名		
113	神仙太乙膏		
	[成分·分量]	当归1、桂皮1、大黄1、芍药1、地黄1、玄参1、白芷1、芝麻油30~48、黄蜡12~48	
	[用法·用量]	汤	
	[效能·效果]	割伤、瘙痒、虫咬、轻度褥疮、烧伤	
114	★参苏饮		
	[成分·分量]	苏叶1~3、枳实1~3、桔梗2~3、陈皮2~3、葛根2~6、前胡2~6、半夏3、茯苓3、人参1.5~2、大枣1.5~2、生姜0.5~1（使用老成生姜时1.5~3、也可用干姜替代生姜）、木香1~1.5、甘草1~2（无木香也可）	
	[用法·用量]	汤	
	[效能·效果]	体力虚弱、胃肠弱者的以下诸症：感冒、咳嗽	
115	★神秘汤		
	[成分·分量]	麻黄3~5、杏仁4、厚朴3、陈皮2~3、甘草2、柴胡2~4、苏叶1.5~3	
	[用法·用量]	汤	
	[效能·效果]	体力中等、咳嗽、喘鸣、气短、少痰者的以下诸症：小儿哮喘、支气管哮喘、支气管炎	
116	★真武汤		
	[成分·分量]	茯苓3~5、芍药3~3.6、白术2~3（苍术也可）、生姜1（使用老成生姜时2~3.6）、制附子0.3~1.5	
	[用法·用量]	汤	
	[效能·效果]	体力虚弱、发冷、有疲劳倦怠感、时有下痢、腹痛、眩晕者的以下诸症：下痢、急·慢性胃肠炎、胃肠虚弱、眩晕、心悸、感冒、浮肿、湿疹·皮炎、皮肤瘙痒	
117	参苓白术散		
	[成分·分量]	人参1.5~3、山药1.2~4、白术1.5~4、茯苓1.5~4、薏苡仁0.8~8、扁豆1~4、莲肉0.8~4、桔梗0.8~2.5、缩砂0.8~2、甘草0.8~2	
	[用法·用量]	(1) 散：1次1.5~2g，1日3次 (2) 汤	
	[效能·效果]	体力虚弱、胃肠弱、消瘦气色差、无食欲、有持续下痢倾向者的以下诸症：食欲不振、慢性下痢、病后体力低下、疲劳倦怠、消化不良、慢性胃肠炎	
118	清湿化痰汤		
	[成分·分量]	天南星3、黄芩3、生姜1（使用老成生姜时3）、半夏3~4、茯苓3~4、苍术3~4（白术也可）、陈皮2~3、羌活1.5~3、白芷1.5~3、白芥子1.5~3、甘草1~1.5	
	[用法·用量]	汤	
	[效能·效果]	体力中等以下、背部有冷感及痛感者的以下诸症：神经痛、关节痛、肌肉痛	

续表

编号	处方名		
119	清上蠲痛汤 （驱风触痛汤） ［成分・分量］		麦门冬2.5~6、黄芩3~5、羌活2.5~3、独活2.5~3、防风2.5~3、苍术2.5~3（白术也可）、当归2.5~3、川芎2.5~3、白芷2.5~3、蔓荆子1.5~2、细辛1、甘草1、藁本1.5、菊花1.5~2、生姜0.5~1（使用老成生姜时1.5~2.5）（无藁本、菊花、生姜也可）
	［用法・用量］		汤
	［效能・效果］		不管体力如何均可使用，慢性疼痛者的以下诸症： 颜面痛、头痛
120	★清上防风汤 ［成分・分量］		荆芥1~1.5、黄连1~1.5、薄荷叶1~1.5、枳实1~1.5、甘草1~1.5、山栀子1.5~3、川芎2~3、黄芩2~3、连翘2.5~3、白芷2.5~3、桔梗2.5~3、防风2.5~3
	［用法・用量］		汤
	［效能・效果］		体力中等、红脸、时有潮红者的以下诸症： 痤疮、脸部・头部的湿疹・皮炎、酒糟鼻
121	★清暑益气汤 ［成分・分量］		人参3~3.5、白术3~3.5（苍术也可）、麦门冬3~3.5、当归3、黄耆3、陈皮2~3、五味子1~2、黄柏1~2、甘草1~2
	［用法・用量］		汤
	［效能・效果］		体力虚弱、易疲劳、食欲不振、时有口渴者的以下诸症： 中暑、暑热所致食欲不振・下痢、夏天消瘦、全身倦怠、慢性疾病所致体力低下・食欲不振
122	★清心莲子饮 ［成分・分量］		莲肉4~5、麦门冬3~4、茯苓4、人参3~5、车前子3、黄芩3、黄耆2~4、地骨皮2~3、甘草1.5~2
	［用法・用量］		汤
	［效能・效果］		体力中等以下、胃肠弱、有全身倦怠感、口干舌燥、排尿不畅者的以下诸症： 尿不尽、尿频、尿痛、尿浊、排尿困难、白带
123	清热补气汤 ［成分・分量］		人参3、白术3~4、茯苓3~4、当归3、芍药3、升麻0.5~1、五味子1、玄参1~2、麦门冬3、甘草1
	［用法・用量］		汤
	［效能・效果］		体力中等以下、胃肠弱者的以下诸症： 口腔炎、口腔和舌粗糙・疼痛、口干・干燥
124	清热补血汤 ［成分・分量］		当归3、川芎3、芍药3、地黄3、玄参1.5、知母1.5、五味子1.5、黄柏1.5、麦门冬1.5~3、柴胡1.5、牡丹皮1.5
	［用法・用量］		汤
	［效能・效果］		体力中等以下、无胃肠问题、稍有贫血、皮肤干燥者的以下诸症： 口腔炎、口腔和舌粗糙・疼痛、口干・干燥

续表

编号	处方名		
125	★清肺汤		
	[成分・分量]	黄芩2~2.5、桔梗2~2.5、桑白皮2~2.5、杏仁2~2.5、山栀子2~2.5、天门冬2~2.5、贝母2~2.5、陈皮2~2.5、大枣2~2.5、竹茹2~2.5、茯苓3、当归3、麦门冬3、五味子0.5~1、生姜1、甘草1	
	[用法・用量]	汤	
	[效能・效果]	体力中等、持续咳嗽、痰多不断者的以下诸症: 多痰咳嗽、支气管炎	
126	折冲饮		
	[成分・分量]	牡丹皮3、川芎3、芍药3、桂皮3、桃仁4~5、当归4~5、延胡索2~2.5、牛膝2~2.5、红花1~1.5	
	[用法・用量]	汤	
	[效能・效果]	体力中等以上、下腹部疼痛者的以下诸症: 月经不调、痛经、月经困难、神经痛、腰痛、肩酸	
127	洗肝明目汤		
	[成分・分量]	当归1.5、川芎1.5、芍药1.5、地黄1.5、黄芩1.5、山栀子1.5、连翘1.5、防风1.5、决明子1.5、黄连1~1.5、荆芥1~1.5、薄荷1~1.5、羌活1~1.5、蔓荆子1~1.5、菊花1~1.5、桔梗1~1.5、蒺藜子1~1.5、甘草1~1.5、石膏1.5~3	
	[用法・用量]	汤	
	[效能・效果]	体力中等者的以下诸症: 眼睛充血、眼睛痛、眼睛干燥	
128	★川芎茶调散		
	[成分・分量]	白芷2、羌活2、荆芥2、防风2、薄荷叶2、甘草1.5、细茶1.5、川芎3、香附子3~4	
	[用法・用量]	汤	
	[效能・效果]	不管体力如何均可使用,有头痛者的以下诸症: 感冒、血脉症、头痛	
129	千金鸡鸣散		
	[成分・分量]	大黄1~2、当归4~5、桃仁4~5	
	[用法・用量]	汤	
	[效能・效果]	跌打肿痛	
130	千金内托散		
	[成分・分量]	黄芪2、当归3~4、人参2~3、川芎2、防风2、桔梗2、白芷1~2、厚朴2、甘草1~2、桂皮2~4(也可加入金银花2)	
	[用法・用量]	汤	
	[效能・效果]	体力虚弱、患部化脓者的以下诸症: 化脓性皮肤疾病初期、痔疮、轻度褥疮	
131	喘四君子汤		
	[成分・分量]	人参2~3、白术2~4、茯苓2~4、陈皮2、厚朴2、缩砂1~2、紫苏子2、沉香1~1.5、桑白皮1.5~2、当归2~4、木香1~1.5、甘草1~3、生姜1、大枣2(也可无生姜、大枣)	
	[用法・用量]	汤	
	[效能・效果]	体力虚弱、胃肠弱者的以下诸症:支气管哮喘、气短	

续表

编号	处方名		
132	钱式白术散		
	[成分·分量]	白术4、茯苓4、葛根4、人参3、藿香1、木香1、甘草1	
	[用法·用量]	汤	
	[效能·效果]	体力虚弱、有呕吐或下痢、时有口渴或发热者的以下诸症：	
		感冒时的呕吐·下痢、小儿消化不良	
133	续命汤		
	[成分·分量]	麻黄3、桂皮3、当归3、人参3、石膏3~6、干姜2~3、甘草2~3、川芎1.5~3、杏仁2.5~4	
	[用法·用量]	汤	
	[效能·效果]	体力中等以上者的以下诸症：	
		麻木、肌无力、高血压并发症（眩晕、耳鸣、肩酸、头痛、头重、头部压迫感）、支气管炎、支气管哮喘、神经痛、关节肿痛、头痛、浮肿	
133A	小续命汤		
	[成分·分量]	麻黄2~4、防己2~3、人参1~3、黄芩2~3、桂皮2~4、甘草1~4、芍药2~3、川芎2~3、杏仁3~3.5、制附子0.3~1、防风2~4、生姜1~3（使用老成生姜时4~10）	
	[用法·用量]	汤	
	[效能·效果]	体力中等以下者的以下诸症：	
		麻木、肌无力、支气管哮喘、支气管炎	
134	★疏经活血汤		
	[成分·分量]	当归2~3.5、地黄2~3、川芎2~2.5、苍术2~3（白术也可）、茯苓1~2、桃仁2~3、芍药2.5~4.5、牛膝1.5~3、威灵仙1.5~3、防己1.5~2.5、羌活1.5~2.5、防风1.5~2.5、龙胆1.5~2.5、生姜0.5、陈皮1.5~3、白芷1~2.5、甘草1	
	[用法·用量]	汤	
	[效能·效果]	体力中等、疼痛、时有麻木者的以下诸症：	
		关节痛、神经痛、腰痛、肌肉痛	
135	苏子降气汤		
	[成分·分量]	紫苏子3~5（苏叶也可）、半夏3~5、陈皮2~3、前胡2~3、桂皮2~3、当归2.5~3、厚朴2~3、大枣1~2、生姜0.5~1或干姜0.5~1、甘草1~2	
	[用法·用量]	汤	
	[效能·效果]	体力虚弱、脚发冷或面部上火、气短者的以下诸症：	
		慢性支气管炎、支气管哮喘	
136	★大黄甘草汤		
	[成分·分量]	大黄4~10、甘草1~5	
	[用法·用量]	汤	
	[效能·效果]	便秘、便秘伴有的头重·上火·湿疹·皮炎·脓包（痤疮）·食欲不振（食欲减退）·腹胀·肠内异常发酵、痔疮等症状的缓和	
		注：不管体力如何，均可使用	
137	大黄附子汤		
	[成分·分量]	大黄1~3、制附子0.2~1.5、细辛2~3	
	[用法·用量]	汤	
	[效能·效果]	体力中等以下、发冷、时有便秘者的以下诸症：	
		腹痛、神经痛、便秘	

续表

编号	处方名		
138	★大黄牡丹皮汤		
	[成分·分量]	大黄1~5、牡丹皮1~4、桃仁2~4、芒硝3.6~4、冬瓜子2~6	
	[用法·用量]	汤	
	[效能·效果]	体力中等以上、下腹部疼痛、易便秘者的以下诸症： 月经不调、月经困难、月经痛、便秘、痔疮	
139	★大建中汤		
	[成分·分量]	山椒1~2、人参2~3、干姜3~5、胶饴20~64	
	[用法·用量]	汤	
	[效能·效果]	体力虚弱、腹部发冷疼痛者的以下诸症： 下腹部痛、腹胀	
139A	中建中汤		
	[成分·分量]	桂皮4、芍药6、甘草2、大枣4、山椒2、干姜1、人参3、（也可加入胶饴20）	
	[用法·用量]	汤	
	[效能·效果]	体力中等以下、伴有腹痛者的以下诸症： 慢性胃肠炎、下痢、便秘	
140	★大柴胡汤		
	[成分·分量]	柴胡6~8、半夏2.5~8、生姜1~2（使用老成生姜时4~5）、黄芩3、芍药3、大枣3~4、枳实2~3、大黄1~2	
	[用法·用量]	汤	
	[效能·效果]	体力充实、从胁腹到胸口感到苦闷、有便秘倾向者的以下诸症： 胃炎、习惯性便秘、高血压或肥胖伴有肩酸·头痛·便秘、神经症、肥胖症	
140A	★大柴胡汤去大黄		
	[成分·分量]	柴胡6~8、半夏3~8、生姜1~2（使用老成生姜时4~5）、黄芩3~6、芍药、大枣3、枳实2~3	
	[用法·用量]	汤	
	[效能·效果]	体力中等以上、从胁腹到胸口感到苦闷者的以下诸症： 胃炎、高血压或肥胖伴有肩酸·头痛、神经症	
141	大半夏汤		
	[成分·分量]	半夏7、人参3、蜂蜜20	
	[用法·用量]	汤	
	[效能·效果]	体力中等以下、胸口有阻塞感者的以下诸症： 呕吐、反胃、恶心	
142	★大防风汤		
	[成分·分量]	地黄2.5~3.5、芍药2.5~3.5、甘草1.2~1.5、防风2.5~3.5、白术2.5~4.5（苍术也可）、制附子0.5~2、杜仲2.5~3.5、羌活1.2~1.5、川芎2~3、当归2.5~3.5、牛膝1.2~1.5、生姜0.5~1（干姜1也可、使用老成生姜时1.2~1.5）、黄芪2.5~3.5、人参1.2~1.5、大枣1.2~2	
	[用法·用量]	汤	
	[效能·效果]	体力虚弱、体力效果过度、稍有贫血者的以下诸症： 慢性关节炎、关节肿痛、神经痛	

续表

编号	处方名		
143	泽泻汤		
	[成分·分量]	泽泻5~6、白术2~3	
	[用法·用量]	汤	
	[效能·效果]	眩晕、头重 注：不管体力如何，均可使用	
144	★治头疮一方		
	[成分·分量]	连翘3~4、苍术3~4、川芎3、防风2~3、忍冬2~3、荆芥1~4、甘草0.5~1.5、红花0.5~2、大黄0.5~2	
	[用法·用量]	汤	
	[效能·效果]	体力中等以上、脸部头部皮肤疾病、时有瘙痒、分泌物者的以下诸症： 湿疹·皮炎、婴幼儿湿疹·皮炎	
144A	治头疮一方去大黄		
	[成分·分量]	连翘3、苍术3、川芎3、防风2、忍冬2、荆芥1、甘草1、红花1	
	[用法·用量]	汤	
	[效能·效果]	体力中等以下、有下痢倾向的面部、头部皮肤疾病、时有瘙痒、分泌物者的以下诸症： 湿疹·皮炎、婴幼儿湿疹·皮炎	
145	★治打扑一方		
	[成分·分量]	川芎3、朴樕（或樱皮）3、川骨3、桂皮3、甘草1.5、丁子1~1.5、大黄1~1.5	
	[用法·用量]	汤	
	[效能·效果]	不管体力如何均可使用，肿胀、疼痛者的以下诸症： 跌打、扭伤	
146	中黄膏		
	[成分·分量]	芝麻油1000mL、黄蜡380、郁金40、黄柏20	
	[用法·用量]	外用	
	[效能·效果]	急性化脓性皮肤疾患（肿胀）初期、跌打扭伤	
147	★调胃承气汤		
	[成分·分量]	大黄2~6.4、芒硝1~6.5、甘草1~3.2	
	[用法·用量]	汤	
	[效能·效果]	体力中等者的以下诸症： 便秘、便秘伴有的头重·上火·湿疹·皮炎·脓包（痤疮）·食欲不振（食欲减退）·腹胀·肠内异常发酵·痔疮等症状的缓和	
148	丁香柿蒂汤		
	[成分·分量]	柿蒂3、桂皮3、半夏3、陈皮3、丁子1、良姜1、木香1、沉香1、茴香1、藿香1、厚朴1、缩砂1、甘草1、乳香1	
	[用法·用量]	汤	
	[效能·效果]	体力中等以下者的以下诸症： 打嗝、胃肠虚弱	

续表

编号	处方名		
149	★钓藤散		
	[成分·分量]	钓藤钩3、橘皮3（陈皮也可）、半夏3、麦门冬3、茯苓3、人参2~3、防风2~3、菊花2~3、甘草1、生姜1、石膏5~7	
	[用法·用量]	汤	
	[效能·效果]	体力中等、慢性头痛、眩晕、肩酸者的以下诸症：慢性头痛、神经症、高血压倾向	
150	★猪苓汤		
	[成分·分量]	猪苓3~5、茯苓3~5、滑石3~5、泽泻3~5、阿胶3~5	
	[用法·用量]	汤	
	[效能·效果]	不管体力如何均可使用，排尿异常、时有口渴者的以下症状：排尿困难、尿痛、尿不尽、尿频、浮肿	
150A	★猪苓汤合四物汤		
	[成分·分量]	当归3、芍药3、川芎3、地黄3、猪苓3、茯苓3、滑石3、泽泻3、阿胶3	
	[用法·用量]	汤	
	[效能·效果]	不管体力如何均可使用，皮肤干燥、色泽差、无胃肠障碍、排尿异常、时有口渴者的以下症状：排尿困难、尿痛、尿不尽、尿频	
151	★通导散		
	[成分·分量]	当归3、大黄3、芒硝3~4、枳实（枳壳也可）2~3、厚朴2、陈皮2、木通2、红花2~3、苏木2、甘草2~3	
	[用法·用量]	汤	
	[效能·效果]	体力中等以上、下腹部有压痛、易便秘者的以下诸症：月经不调、痛经、更年期障碍、腰痛、便秘、跌打伤、高血压并发症状（头痛、选用、肩酸）	
152	★核桃承气汤		
	[成分·分量]	桃仁5、桂皮4、大黄3、芒硝2、甘草1.5	
	[用法·用量]	汤	
	[效能·效果]	体力中等以上、上火易便秘者的以下诸症：月经不调、月经困难症、痛经、月经时或产后精神不安、腰痛、便秘、高血压并发症状（头痛、选用、肩酸）、痔疮、跌打伤	
153	当归散		
	[成分·分量]	当归2~3、芍药2~3、川芎2~3、黄芩2~3、白术1~1.5（苍术也可）	
	[用法·用量]	(1) 散：1次1~2g，1日3次 (2) 汤	
	[效能·效果]	体力中等以下者的以下诸症：产前产后的障碍（贫血、疲劳倦怠、眩晕、浮肿）	
154	当归四逆汤		
	[成分·分量]	当归1.8~4、桂皮1.8~4、芍药1.8~4、木通2~3、大枣1.8~6.5、细辛1.8~3、甘草1.2~2.5	
	[用法·用量]	汤	
	[效能·效果]	体力中等以下、手脚发冷、易下腹部疼痛者的以下诸症：冻伤、下腹痛、腰痛、下痢、痛经、寒症	

续表

编号	处方名		
154A	★当归四逆加吴茱萸生姜汤		
	[成分·分量]	当归3~4、桂皮3~4、芍药3~4、木通1.5~3、细辛2~3、甘草1.5~2、大枣4~6.5、吴茱萸1~6、生姜0.5~2（使用老成生姜时4~8）	
	[用法·用量]	汤	
	[效能·效果]	体力中等以下、手脚发冷、下肢发冷强烈、以下肢或下腹部疼痛者的以下诸症：寒症、冻伤、头痛、下腹痛、腰痛、下痢、痛经	
155	★当归芍药散		
	[成分·分量]	当归3~3.9、川芎3、芍药4~16、茯苓4~5、白术4~5（苍术也可）、泽泻4~12	
	[用法·用量]	(1) 散：1次1~2g, 1日3次 (2) 汤	
	[效能·效果]	体力虚弱、寒症、有贫血倾向、易疲劳、时有下腹痛、头重、眩晕、肩酸、耳鸣、心悸者的以下诸症： 月经不调、月经异常、痛经、更年期障碍、产前产后或流产导致的病症（贫血、疲劳倦怠、眩晕、浮肿）、眩晕·猛然站起眼前发黑、头重、肩酸、腰痛、足腰寒症、冻伤、浮肿、色斑、耳鸣	
155A	当归芍药散加黄芪钓藤		
	[成分·分量]	当归3、泽泻4、川芎3、芍药4、茯苓4、苍术4（白术也可）、黄芪3、钓藤钩4	
	[用法·用量]	汤	
	[效能·效果]	体力虚弱、血压高、寒症、有贫血倾向、易疲劳、时有下腹痛、头重、眩晕、肩酸、耳鸣、心悸者的以下诸症： 高血压并发症状（上火、肩酸、耳鸣、头重）	
155B	当归芍药散加人参		
	[成分·分量]	当归3.5、泽泻3.5、川芎3、芍药4、茯苓3.5、白术3（苍术也可）、人参1~2	
	[用法·用量]	汤	
	[效能·效果]	体力虚弱、胃肠弱、寒症、有贫血倾向、易疲劳、时有下腹痛、头重、眩晕、肩酸、耳鸣、心悸者的以下诸症： 月经不调、月经异常、痛经、更年期障碍、产前产后或流产导致的病症（贫血、疲劳倦怠、眩晕、浮肿）、眩晕·猛然站起眼前发黑、头重、肩酸、腰痛、足腰寒症、冻伤、浮肿、色斑、耳鸣	
155C	★当归芍药散加附子		
	[成分·分量]	当归3、泽泻4、川芎3、制附子0.4、芍药4、茯苓4、白术4（苍术也可）	
	[用法·用量]	汤	
	[效能·效果]	体力虚弱、寒症、有贫血倾向、易疲劳、时有下腹痛、头重、眩晕、肩酸、耳鸣、心悸者的以下诸症： 月经不调、月经异常、痛经、更年期障碍、产前产后或流产导致的病症（贫血、疲劳倦怠、眩晕、浮肿）、眩晕·猛然站起眼前发黑、头重、肩酸、腰痛、足腰寒症、冻伤、浮肿、色斑、耳鸣	

续表

编号	处方名		
156	★当归汤		
	[成分·分量]	当归5、半夏5、芍药3、厚朴3、桂皮3、人参3、干姜1.5、黄耆1.5、山椒1.5、甘草1	
	[用法·用量]	汤	
	[效能·效果]	体力中等以下、背部有冷感、腹胀或腹痛·胸背部痛者的以下诸症：胸痛、腹痛、胃炎	
157	当归贝母苦参丸料		
	[成分·分量]	当归3、贝母3、苦参3	
	[用法·用量]	汤	
	[效能·效果]	体力中等以下者的以下诸症：小便不畅、排尿困难	
158	独活汤		
	[成分·分量]	独活2、羌活2、防风2、桂皮2、大黄2、泽泻2、当归3、桃仁3、连翘3、防己5、黄柏5、甘草1.5	
	[用法·用量]	汤	
	[效能·效果]	体力中等者的以下诸症：腰痛、手足屈伸痛	
159	★二术汤		
	[成分·分量]	白术1.5~2.5、茯苓1.5~2.5、陈皮1.5~2.5、天南星1.5~2.5、香附子1.5~2.5、黄芩1.5~2.5、威灵仙1.5~2.5、羌活1.5~2.5、半夏2~4、苍术1.5~3、甘草1~1.5、生姜0.6~1	
	[用法·用量]	汤	
	[效能·效果]	体力中等、肩或上臂疼痛者的以下诸症：四十肩、五十肩	
160	★二陈汤		
	[成分·分量]	半夏5~7、茯苓3.5~5、陈皮3.5~4、生姜1~1.5（使用老成生姜时2~3）、甘草1~2	
	[用法·用量]	汤	
	[效能·效果]	体力中等、恶心、呕吐者的以下诸症：恶心、呕吐、胃部不适、慢性胃炎、宿醉	
160A	枳缩二陈汤		
	[成分·分量]	枳实1~3、缩砂1~3、半夏2~3、陈皮2~3、香附子2~3、木香1~2、草豆蔻1~2、干姜1~2、厚朴1.5~2.5、茴香1~2.5、延胡索1.5~2.5、甘草1、生姜1~1.5（使用老成生姜时3）、茯苓2~3	
	[用法·用量]	汤	
	[效能·效果]	体力中等以下、胃肠弱者的以下诸症：恶心、呕吐、胃痛、胃部不适、胸痛	

续表

编号	处方名		
161	★女神散 （安荣汤） [成分·分量] [用法·用量] [效能·效果]		当归 3~4、川芎 3、白术 3（苍术也可）、香附子 3~4、桂皮 2~3、黄芩 2~4、人参 1.5~2、槟榔子 2~4、黄连 1~2、木香 1~2、丁子 0.5~1、甘草 1~1.5、大黄 0.5~1（无大黄也可） 汤 体力中等以上、上火及眩晕者的以下诸症： 产前产后的神经症、月经不调、血脉症、更年期障碍、神经症
162	★人参汤 （理中丸） [成分·分量] [用法·用量] [效能·效果]		人参 3、甘草 3、白术 3（苍术也可）、干姜 2~3 （1）散：1次 2~3g，1日 3次 （2）汤 体力虚弱、易疲劳、手脚易冷者的以下诸症： 胃肠虚弱、下痢、呕吐、胃痛、腹痛、急·慢性胃炎
162A	★桂枝人参汤 [成分·分量] [用法·用量] [效能·效果]		桂皮 4、甘草 3~4、人参 3、干姜 2~3、白术 3（苍术也可） 汤 体力虚弱、胃肠弱、时感发热·恶寒者的以下诸症： 头痛、心悸、慢性胃肠炎、胃肠虚弱、下痢、伴有消化道症状的感冒
162B	★附子理中汤 [成分·分量] [用法·用量] [效能·效果]		人参 3、制附子 0.5~1、干姜 2~3、甘草 2~3、白术 3（苍术也可） 汤 体力虚弱、手脚发冷、易疲劳者的以下诸症： 胃肠虚弱、下痢、呕吐、胃痛、腹痛、急·慢性胃炎
163	★人参养荣汤 [成分·分量] [用法·用量] [效能·效果]		人参 3、当归 4、芍药 2~4、地黄 4、白术 4（苍术也可）、茯苓 4、桂皮 2~2.5、黄芪 1.5~2.5、陈皮（橘皮也可）2~2.5、远志 1~2、五味子 1~1.5、甘草 1~1.5 汤 体力虚弱者的以下诸症： 病后·术后等体力低下、疲劳倦怠、食欲不振、盗汗、手脚发冷、贫血
164	★排脓散及汤 [成分·分量] [用法·用量] [效能·效果]		桔梗 3~4、甘草 3、大枣 3~6、芍药 3、生姜 0.5~1（使用老成生姜时 2~3）、枳实 2~3 汤 化脓性皮肤疾病的初期或轻症、齿肉炎、扁桃体炎 注：不管体力如何，均可使用
164A	排脓散 [成分·分量] [用法·用量] [效能·效果]		枳实 3~10、芍药 3~6、桔梗 1.5~2、蛋黄 1个（无蛋黄也可） （1）散：1次 1.5~4g，1日 1~2次 （2）汤（蛋黄通常省略）在 1次用量 2~3g 的生药细粉中加入蛋黄，搅拌后加白开水服用，1日中顿服 1~2次 体力中等以上、患部化脓者的以下诸症： 化脓性皮肤疾病的初期或轻症、齿肉炎、扁桃体炎

续表

编号	处方名		
164B	排脓汤		
	[成分·分量]	甘草1.5~3、桔梗1.5~5、生姜0.5~1（使用老成生姜时1~3）、大枣2.5~6	
	[用法·用量]	汤	
	[效能·效果]	体力中等以下、患部化脓者的以下诸症：	
		化脓性皮肤病·齿肉炎·扁桃体炎初期或轻症	
165	★麦门冬汤		
	[成分·分量]	麦门冬8~10、半夏5、粳米5~10、大枣2~3、人参2、甘草2	
	[用法·用量]	汤	
	[效能·效果]	体力中等以下、多痰、时有剧烈咳嗽或有咽部干燥感者的以下诸症：	
		干咳、支气管炎、支气管哮喘、咽炎、声音嘶哑	
165A	竹叶石膏汤		
	[成分·分量]	竹叶1.2~2、石膏4.8~16、半夏1.6~8、麦门冬3.4~12、人参0.8~3、甘草0.6~2、粳米2~8.5	
	[用法·用量]	汤	
	[效能·效果]	体力虚弱、感冒不愈、多痰、时有热感、剧烈咳嗽、口渴者的以下诸症：	
		干咳、支气管炎、支气管哮喘、口渴、轻度中暑	
166	★八味地黄丸		
	[成分·分量]	地黄5、6~8、山茱萸3、3~4、山药3、3~4、泽泻3、3、茯苓3、3、牡丹皮3、3、桂皮1、1、制附子0.5~1、0.5~1（左侧数字是汤剂、右侧是散剂）	
	[用法·用量]	(1) 散：1次2g，1日3次	
		(2) 汤	
	[效能·效果]	体力中等以下、易疲劳、四肢易发冷、尿量减少或多尿、有时口渴者的以下诸症：	
		下肢痛、腰痛、麻木、老年人的目翳、瘙痒、排尿困难、尿不尽、夜尿、尿频、浮肿、高血压并发症状的改善（肩酸、头重、耳鸣）、轻度尿失禁	
166A	杞菊地黄丸		
	[成分·分量]	地黄5~8、8、山茱萸3~4、4、山药4、4、泽泻3、3、茯苓3、3、牡丹皮2~3、3、枸杞子4~5、5、菊花3、3（左侧数字是汤剂、右侧是散剂）	
	[用法·用量]	(1) 散：1次2g，1日3次	
		(2) 汤	
	[效能·效果]	体力中等以下、易疲劳、无胃肠问题、尿量减少或多尿、有时手脚发热或口渴者的以下诸症：	
		目翳、眼睛疲劳、上火、头重、眩晕、排尿困难、尿频、浮肿、视力低下	
166B	★牛车肾气丸		
	[成分·分量]	地黄5~8、山茱萸2~4、山药3~4、泽泻3、茯苓3~4、牡丹皮3、桂皮1~2、制附子0.5~1、牛膝2~3、车前子2~3	
	[用法·用量]	(1) 散：1次2g，1日3次	
		(2) 汤	
	[效能·效果]	体力中等以下、易疲劳、四肢易发冷或尿量减少、浮肿、有时口渴者的以下诸症：	
		下肢痛、腰痛、麻木、老年人的目翳、瘙痒、排尿困难、尿频、浮肿、高血压并发症状的改善（肩酸、头重、耳鸣）	

续表

编号	处方名		
166C	知柏地黄丸		
	[成分·分量]	地黄8、山茱萸4、山药4、泽泻3、茯苓3、牡丹皮3、知母3、黄柏3	
	[用法·用量]	(1) 散：1次2g，1日3次 (2) 汤	
	[效能·效果]	体力中等以下、易疲劳、无胃肠问题、口渴者的以下诸症： 脸部或四肢发热、排尿困难、尿频、浮肿	
166D	味麦地黄丸		
	[成分·分量]	地黄8、山茱萸4、山药4、泽泻3、茯苓3、牡丹皮3、麦门冬6、五味子2	
	[用法·用量]	(1) 散：1次2g，1日3次 (2) 汤	
	[效能·效果]	体力中等以下、易疲劳、无胃肠问题、时有咳嗽、口渴者的以下诸症： 下肢痛、腰痛、麻木、老年人的目翳、瘙痒、排尿困难、尿频、浮肿、气短、干咳	
166E	★六味丸 （六味地黄丸）		
	[成分·分量]	地黄5~6、4~8、山茱萸3、3~4、山药3、3~4、泽泻3、3、茯苓3、3、牡丹皮3、3 （左侧数字是汤剂，右侧是散剂）	
	[用法·用量]	(1) 散：1次2g，1日3次 (2) 汤	
	[效能·效果]	体力中等以下、易疲劳、尿量减少或多尿、有时手脚发热、口渴者的以下诸症： 排尿困难、尿不尽、尿频、浮肿、瘙痒、夜尿、麻木	
167	八味疝气方		
	[成分·分量]	桂皮3~4、木通3~4、延胡索3~4、桃仁3~6、乌药3、牵牛子1~3、大黄1、牡丹皮3~4	
	[用法·用量]	汤	
	[效能·效果]	体力中等以上、发冷者的以下诸症： 下腹部疼痛、腰痛、抽筋、痛经	
168	★半夏厚朴汤		
	[成分·分量]	半夏6~8、茯苓5、厚朴3、苏叶2~3、生姜1~2（使用老成生姜时2~4）	
	[用法·用量]	汤	
	[效能·效果]	体力中等、心情不畅、咽喉食道有异物感、时感心悸、眩晕、呕气者的以下诸症： 焦虑神经症、神经性胃炎、孕吐、咳嗽、声音嘶哑、咽喉阻塞感	
169	半夏散及汤		
	[成分·分量]	半夏3~6、桂皮3~4、甘草2~3	
	[用法·用量]	汤	
	[效能·效果]	咽喉痛、扁桃体炎、咽喉干、声音嘶哑 注：不管体力如何，均可使用	
170	★半夏泻心汤		
	[成分·分量]	半夏4~6、黄芩2.5~3、干姜2~3、人参2.5~3、甘草2.5~3、大枣2.5~3、黄连1	
	[用法·用量]	汤	
	[效能·效果]	体力中等、胸口有阻塞感、有时恶心、呕吐、食欲不振、腹部鸣音、有软便或下痢倾向者的以下诸症： 急·慢性胃肠炎、下痢·软便、消化不良、胃下垂、神经性胃炎、胃弱、宿醉、嗳气、烧心、口腔炎、神经症	

续表

编号	处方名		
170A	甘草泻心汤		
	[成分·分量]	半夏5、黄芩2.5、干姜2.5、人参2.5、甘草2.5~3.5、大枣2.5、黄连1	
	[用法·用量]	汤	
	[效能·效果]	体力中等、胸口有阻塞感、有时有急躁感、下痢、恶心、腹部鸣音者的以下诸症：胃肠炎、口腔炎、口臭、失眠、神经症、下痢	
170B	生姜泻心汤		
	[成分·分量]	半夏5~8、人参2.5~4、黄芩2.5~4、甘草2.5~4、大枣2.5~4、黄连1、干姜1~2、生姜1~2（使用老成生姜时2~4）	
	[用法·用量]	汤	
	[效能·效果]	体力中等、胸口有阻塞感、伴有恶心或嗳气者的以下诸症：食欲不振、烧心、恶心、呕吐、下痢、胃肠炎、口臭	
171	★半夏白术天麻汤		
	[成分·分量]	半夏3、白术1.5~3、陈皮3、茯苓3、麦芽1.5~2、天麻2、生姜0.5~2（使用老成生姜时2~4）、神曲1.5~2、黄耆1.5~2、人参1.5~2、泽泻1.5~2、黄柏1、干姜0.5~1（无神曲也可）（也可加苍术2~3）	
	[用法·用量]	汤	
	[效能·效果]	体力中等以下、胃肠弱、下肢发冷者的以下诸症：头痛、头重、猛然站起眼前发黑、眩晕、蓄脓症（副鼻腔炎）	
172	白术附子汤		
	[成分·分量]	白术2~4、制附子0.3~1、甘草1~2、生姜0.5~1（使用老成生姜时1.5~3）、大枣2~4	
	[用法·用量]	汤	
	[效能·效果]	体力虚弱、手脚发冷、时有尿频者的以下诸症：肌肉痛、关节肿痛、神经痛、麻木、眩晕、感冒	
173	白虎汤		
	[成分·分量]	知母5~6、粳米8~10、石膏15~16、甘草2	
	[用法·用量]	汤	
	[效能·效果]	体力中等以上、热感、口渴者的以下诸症：咽喉干渴、发热、湿疹·皮炎、皮肤瘙痒	
173A	白虎加桂枝汤		
	[成分·分量]	知母5~6、粳米8~10、石膏15~16、甘草2、桂皮3~4	
	[用法·用量]	汤	
	[效能·效果]	体力中等以上、热感、口渴、上火者的以下诸症：咽喉干渴、发热、湿疹·皮炎、皮肤瘙痒	
173B	★白虎加人参汤		
	[成分·分量]	知母5~6、石膏15~16、甘草2、粳米8~20、人参1.5~3	
	[用法·用量]	汤	
	[效能·效果]	体力中等以上、热感及口渴较强者的以下诸症：咽喉干渴、发热、湿疹·皮炎、皮肤瘙痒	

续表

编号	处方名		
174	伏龙肝汤		
	[成分·分量]	伏龙肝4~10、老成生姜5~8（使用生姜时1.5~3）、半夏6~8、茯苓3~5	
	[用法·用量]	汤	
	[效能·效果]	孕吐、恶心、呕吐	
		注：不管体力如何，均可使用	
175	★茯苓饮		
	[成分·分量]	茯苓2.4~5、白术2.4~4（苍术也可）、人参2.4~3、生姜1~1.5（使用老成生姜时3~4）、陈皮2.5~3、枳实1~2	
	[用法·用量]	汤	
	[效能·效果]	体力中等以下、恶心或烧心、上腹部有胀满感、尿量减少者的以下诸症：胃炎、神经性胃炎、胃肠虚弱、烧心	
175A	茯苓饮加半夏		
	[成分·分量]	茯苓5、白术4（苍术也可）、人参3、生姜1~1.5（使用老成生姜时3~4）、陈皮3、枳实1.5、半夏4	
	[用法·用量]	汤	
	[效能·效果]	体力中等以下、恶心或烧心较强、上腹部有胀满感、尿量减少者的以下诸症：胃炎、神经性胃炎、胃肠虚弱、烧心	
175B	★茯苓饮合半夏厚朴汤		
	[成分·分量]	茯苓4~6、白术3~4（苍术也可）、人参3、生姜1~1.5（使用老成生姜时4~5）、陈皮3、枳实1.5~2、半夏6~10、厚朴3、苏叶2	
	[用法·用量]	汤	
	[效能·效果]	体力中等以下、心情不畅、咽喉食道有异物感、时有心悸、眩晕、怄气、烧心、上腹部胀满感、尿量减少者的以下诸症：焦虑神经症、神经性胃炎、孕吐、烧心、胃炎、声音嘶哑、咽喉阻塞感	
176	茯苓杏仁甘草汤		
	[成分·分量]	茯苓3~6、杏仁2~4、甘草1~2	
	[用法·用量]	汤	
	[效能·效果]	体力中等以下、胸闷者的以下诸症：气短、胸痛、支气管哮喘、咳嗽、心悸	
177	茯苓四逆汤		
	[成分·分量]	茯苓4~4.8、甘草2~3、干姜1.5~3、人参1~3、制附子0.3~1.5	
	[用法·用量]	汤	
	[效能·效果]	体力虚弱或体力消耗、手脚发冷者的以下诸症：倦怠感、急·慢性胃肠炎、下痢、恶心、尿量减少	
178	茯苓泽泻汤		
	[成分·分量]	茯苓4~8、泽泻2.4~4、白术1.8~3（苍术也可）、桂皮1.2~2、生姜1~1.5（使用老成生姜时2.4~4）、甘草1~1.5	
	[用法·用量]	汤	
	[效能·效果]	体力中等以下、有胃胀、恶心、呕吐任意一项、感觉口渴者的以下诸症：胃炎、胃肠虚弱	

287

续表

编号	处方名		
179	附子粳米汤		
		[成分·分量]	制附子0.3~1.5、半夏5~8、大枣2.5~3、甘草1~2.5、粳米6~8
		[用法·用量]	汤
		[效能·效果]	体力虚弱、腹部发冷疼痛、腹部鸣音者的以下诸症：胃痛、腹痛、呕吐、极性胃肠炎
180	扶脾生脉散		
		[成分·分量]	人参2、当归4、芍药3~4、紫苑2、黄耆2、麦门冬6、五味子1.5、甘草1.5
		[用法·用量]	汤
		[效能·效果]	体力中等以下、有出血倾向、咳嗽、气短者的以下诸症： 鼻血、齿肉出血、痔疮出血、支气管炎
181	分消汤（实脾饮）		
		[成分·分量]	白术2.5~3、苍术2.5~3、茯苓2.5~3、陈皮2~3、厚朴2~3、香附子2~2.5、猪苓2~2.5、泽泻2~2.5、枳实（枳壳）1~3、大腹皮1~2.5、缩砂1~2、木香1、生姜1、灯心草1~2（使用枳壳时为实脾饮）
		[用法·用量]	汤
		[效能·效果]	体力中等以上、尿量少、时有胸口阻塞、便秘倾向者的以下诸症： 浮肿、排尿困难、腹胀
182	★平胃散		
		[成分·分量]	苍术4~6（白术也可）、厚朴3~4.5、陈皮3~4.5、大枣2~3、甘草1~1.5、生姜0.5~1
		[用法·用量]	(1) 散：1次2g，1日3次 (2) 汤
		[效能·效果]	体力中等以上、胃胀、消化不好、时有恶心、饭后腹部鸣音、下痢倾向者的以下诸症： 过度进食所致胃胀、急·慢性胃炎、消化不良、食欲不振
182A	加味平胃散		
		[成分·分量]	苍术4~6（白术也可）、陈皮3~4.5、生姜0.5~1（使用老成生姜时2~3）、神曲2~3、山查子2~3、厚朴3~4.5、甘草1~2、大枣2~3、麦芽2~3（也可无山查子）
		[用法·用量]	汤
		[效能·效果]	体力中等、胃胀、无食欲、时有烧心者的以下诸症： 急·慢性胃炎、食欲不振、消化不良、胃肠虚弱、腹胀
182B	香砂平胃散		
		[成分·分量]	苍术4~6（白术也可）、厚朴3~4.5、陈皮3~4.5、甘草1~1.5、缩砂1.5~2、香附子2~4、生姜0.5~1（使用老成生姜时2~3）、大枣2~3、藿香1（也可无藿香）
		[用法·用量]	汤
		[效能·效果]	体力中等、有过度进食、胃胀倾向者的以下诸症： 食欲异常、食欲不振、急·慢性胃炎、消化不良
182C	不换金正气散		
		[成分·分量]	苍术4（白术也可）、厚朴3、陈皮3、大枣1~3、生姜0.5~1（使用老成生姜时2~3）、半夏6、甘草1.5、藿香1~1.5
		[用法·用量]	汤
		[效能·效果]	体力中等、胃胀、无食欲、时有烧心者的以下诸症： 急·慢性胃炎、胃肠虚弱、消化不良、食欲不振、有消化道症状的感冒

续表

编号	处方名		
183	★防己黄耆汤		
	[成分·分量]	防己4~5、黄耆5、白术3（苍术也可）、生姜1~1.5（使用老成生姜时3）、大枣3~4、甘草1.5~2	
	[用法·用量]	汤	
	[效能·效果]	体力中等以下、易疲劳、有易出汗倾向者的以下诸症： 肥胖伴有关节肿痛、浮肿、多汗症、肥胖症	
184	防己茯苓汤		
	[成分·分量]	防己2.4~3、黄耆2.4~3、桂皮2.4~3、茯苓4~6、甘草1.5~2	
	[用法·用量]	汤	
	[效能·效果]	体力中等以下、手脚有浮肿或易发冷倾向者的以下诸症： 手足疼痛·麻木感、浮肿、眩晕、慢性下痢	
185	★防风通圣散		
	[成分·分量]	当归1.2~1.5、芍药1.2~1.5、川芎1.2~1.5、山栀子1.2~1.5、连翘1.2~1.5、薄荷叶1.2~1.5、生姜0.3~0.5（使用老成生姜时1.2~1.5）、荆芥1.2~1.5、防风1.2~1.5、麻黄1.2~1.5、大黄1.5、芒硝1.5、白术2、桔梗2、黄芩2、甘草2、石膏2、滑石3（无白术也可）	
	[用法·用量]	（1）散：1次2g，1日3次 （2）汤	
	[效能·效果]	体力充实、腹部皮下脂肪多、易便秘者的以下诸症： 高血压或肥胖伴有心悸·肩酸·上火·浮肿、便秘、蓄脓症（副鼻腔炎）湿疹·皮炎、脓包（痤疮）、肥胖症	
186	补气健中汤		
	[成分·分量]	白术3~5、苍术2.5~3.5、茯苓3~5、陈皮2.5~3.5、人参1.5~4、黄芩2~3、厚朴2、泽泻2~4、麦门冬2~8	
	[用法·用量]	汤	
	[效能·效果]	体力虚弱、胃肠弱者的以下诸症： 腹胀、浮肿	
187	★补中益气汤		
	[成分·分量]	人参3~4、白术3~4（苍术也可）、黄耆3~4.5、当归3、陈皮2~3、大枣1.5~3、柴胡1~2、甘草1~2、生姜0.5、升麻0.5~2	
	[用法·用量]	汤	
	[效能·效果]	体力虚弱、没有精神、胃肠运行不佳、易疲劳者的以下诸症： 虚弱体质、疲劳倦怠、病后术后的虚弱、食欲不振、盗汗、感冒	
188	补肺汤		
	[成分·分量]	麦门冬4、五味子3、桂皮3、大枣3、粳米3、桑白皮3、款冬花2、生姜0.5~1（使用老成生姜时2~3）	
	[用法·用量]	汤	
	[效能·效果]	体力中等以下者的以下诸症： 咳嗽、声音嘶哑	

续表

编号	处方名		
189	补阳还五汤		
		[成分·分量]	黄芪5、当归3、芍药3、地龙2、川芎2、桃仁2、红花2
		[用法·用量]	汤
		[效能·效果]	体力虚弱者的以下诸症： 麻木、肌无力、尿频、轻度尿失禁
190	奔豚汤 （金匮要略）		
		[成分·分量]	甘草2、川芎2、当归2、半夏4、黄芩2、葛根5、芍药2、生姜1~1.5（使用老成生姜时4）、李根白皮5~8（桑白皮也可）
		[用法·用量]	汤
		[效能·效果]	体力中等、感觉心悸由下腹部涌上胸部或咽喉者的以下诸症： 发作性心悸、焦虑神经症
191	奔豚汤 （肘后方）		
		[成分·分量]	甘草2、人参2、桂皮4、吴茱萸2、生姜1、半夏4
		[用法·用量]	汤
		[效能·效果]	体力中等以下、感觉心悸由下腹部涌上胸部或咽喉者的以下诸症：发作性心悸、焦虑神经症
192	★麻黄汤		
		[成分·分量]	麻黄3~5、桂皮2~4、杏仁4~5、甘草1~1.5
		[用法·用量]	汤
		[效能·效果]	体力充实、初感冒、发冷、发烧、头痛、咳嗽、身体各关节疼痛、发不出汗者的以下诸症：感冒、急性鼻炎、支气管炎、鼻塞
193	★麻黄附子 细辛汤		
		[成分·分量]	麻黄2~4、细辛2~3、制附子0.3~1
		[用法·用量]	汤
		[效能·效果]	体力虚弱、手脚发冷、时有恶寒者的以下诸症： 感冒、过敏性鼻炎、支气管炎、支气管哮喘、神经痛
194	★麻杏甘石汤		
		[成分·分量]	麻黄4、杏仁4、甘草2、石膏10
		[用法·用量]	汤
		[效能·效果]	体力中等以上、咳嗽、有时咽喉干渴者的以下诸症： 咳嗽、小儿哮喘、支气管哮喘、支气管炎、感冒、痔疮疼痛
194A	★五虎汤		
		[成分·分量]	麻黄4、杏仁4、甘草2、石膏10、桑白皮1~3
		[用法·用量]	汤
		[效能·效果]	体力中等以上、咳嗽剧烈者的以下诸症： 咳嗽、支气管哮喘、支气管炎、小儿哮喘、感冒、痔疮疼痛

续表

编号	处方名		
195	★麻杏薏甘汤		
	[成分·分量]	麻黄4、杏仁3、薏苡仁10、甘草2	
	[用法·用量]	汤	
	[效能·效果]	体力中等者的以下诸症： 关节痛、神经痛、肌肉痛、疣、手足粗糙（手足湿疹·皮炎）	
196	★麻子仁丸		
	[成分·分量]	麻子仁4~5、芍药2、枳实2、厚朴2~2.5、大黄3.5~4、杏仁2~2.5（也可加甘草1.5）	
	[用法·用量]	(1) 散：1次2~3g，1日1~3次 (2) 汤	
	[效能·效果]	体力中等以下、有时大便为硬块状者的以下诸症： 便秘、便秘伴头重·上火、湿疹·皮疹·脓包（痤疮）·食欲不振（食欲减退）·腹胀·肠内异常发酵·痔疮等症状的缓和	
197	★木防己汤		
	[成分·分量]	防己2.4~6、石膏6~12、桂皮1.6~6、人参2~4（竹节人参4也可）	
	[用法·用量]	汤	
	[效能·效果]	体力中等以上、胸口闷、血色不佳者的以下诸症： 心悸、气短、支气管哮喘、浮肿	
198	杨柏散		
	[成分·分量]	杨梅皮2、黄柏2、犬山椒1	
	[用法·用量]	外用。将细末混合，用醋或水调成泥状涂于患处	
	[效能·效果]	扭伤、跌打伤	
199	★薏苡仁汤		
	[成分·分量]	麻黄4、当归4、苍术4（白术也可）、薏苡仁8~10、桂皮3、芍药3、甘草2	
	[用法·用量]	汤	
	[效能·效果]	体力中等、关节或肌肉肿痛者的以下诸症： 关节痛、肌肉痛、神经痛	
200	薏苡附子败酱散		
	[成分·分量]	薏苡仁1~16、制附子0.2~2、败酱0.5~8	
	[用法·用量]	汤	
	[效能·效果]	体力虚弱者的以下诸症： 不伴有热的下腹疼痛、湿疹·皮炎、皮肤干燥、疣	
201	★抑肝散		
	[成分·分量]	当归3、钓藤钩3、川芎3、白术4（苍术也可）、茯苓4、柴胡2~5、甘草1.5	
	[用法·用量]	汤	
	[效能·效果]	体力中等、神经兴奋、易怒、急躁者的以下诸症： 神经症、失眠、小儿夜哭、小儿疳症（神经过敏）、磨牙、更年期障碍、血脉症	

续表

编号	处方名		
201A	抑肝散加芍药黄连		
		[成分・分量]	当归5.5、钓藤钩1.5、川芎2.7、白术5.3（苍术也可）、茯苓6.5、柴胡2、甘草0.6、芍药4、黄连0.3
		[用法・用量]	汤
		[效能・效果]	体力中等以上、神经高度兴奋、易怒、急躁者的以下诸症： 神经症、失眠、小儿夜哭、小儿疳症（神经过敏）、磨牙、更年期障碍、血脉症
201B	★抑肝散加陈皮半夏		
		[成分・分量]	当归3、钓藤钩3、川芎3、白术4（苍术也可）、茯苓4、柴胡2~5、甘草1.5、陈皮3、半夏5
		[用法・用量]	汤
		[效能・效果]	体力中等、消化道稍弱、神经兴奋、易怒、急躁者的以下诸症： 神经症、失眠、小儿夜哭、小儿疳症（神经过敏）、更年期障碍、血脉症、磨牙
202	★六君子汤		
		[成分・分量]	人参2~4、白术3~4（苍术也可）、茯苓3~4、半夏3~4、陈皮2~4、大枣2、甘草1~1.5、生姜0.5~1（使用老成生姜时1~2）
		[用法・用量]	汤
		[效能・效果]	体力中等以下、胃肠弱、无食欲、胸口闷、易疲劳、贫血性手脚易发冷者的以下诸症： 胃炎、胃肠虚弱、胃下垂、消化不良、食欲不振、胃痛、呕吐
202A	化食养脾汤		
		[成分・分量]	人参4、白术4、茯苓4、半夏4、陈皮2、大枣2、神曲2、麦芽2、山查子2、缩砂1.5、生姜1、甘草1
		[用法・用量]	汤
		[效能・效果]	体力中等以下、胃肠弱、无食欲、胸口闷、易疲劳者的以下诸症： 胃炎、胃肠虚弱、胃下垂、消化不良、食欲不振、胃痛、呕吐
202B	香砂六君子汤		
		[成分・分量]	人参3~4、白术3~4（苍术也可）、茯苓3~4、半夏3~6、陈皮2~3、香附子2~3、大枣1.5~2、生姜0.5~1（使用老成生姜时1~2）、甘草1~1.5、缩砂1~2、藿香1~2
		[用法・用量]	汤
		[效能・效果]	体力中等以下、心情易低落、头重、胃肠弱、无食欲、胸口闷、易疲劳、贫血性手脚易发冷者的以下诸症： 胃炎、胃肠虚弱、胃下垂、消化不良、食欲不振、胃痛、呕吐
202C	柴芍六君子汤		
		[成分・分量]	人参3~4、白术3~4（苍术也可）、茯苓3~4、半夏4、陈皮2~3、大枣2、甘草1~2、生姜0.5~1（使用老成生姜时1~2）、柴胡3~4、芍药3~4
		[用法・用量]	汤
		[效能・效果]	体力中等以下、神经质、胃肠弱、胸口闷、食欲不振、腹痛、贫血、寒症倾向者的以下诸症： 胃炎、胃肠虚弱、胃下垂、消化不良、食欲不振、胃痛、呕吐、神经性胃炎

续表

编号	处方名	
202D	八解散	
	[成分・分量]	半夏3、茯苓3、陈皮3、大枣2、甘草2、厚朴6、人参3、藿香3、白术3、生姜1（使用老成生姜时2）
	[用法・用量]	汤
	[效能・效果]	体力虚弱、胃肠弱者的以下诸症： 伴有发热、下痢、呕吐、食欲不振中任意一种的感冒
203	★立效散	
	[成分・分量]	细辛1.5~2、升麻1.5~2、防风2~3、甘草1.5~2、龙胆1~1.5
	[用法・用量]	汤
	[效能・效果]	牙痛、拔牙后的疼痛 注：不管体力如何，均可使用
204	★龙胆泻肝汤	
	[成分・分量]	当归5、地黄5、木通5、黄芩3、泽泻3、车前子3、龙胆1~1.5、山栀子1~1.5、甘草1~1.5
	[用法・用量]	汤
	[效能・效果]	体力中等以上、下腹部热感或疼痛者的以下诸症： 排尿痛、尿不尽、尿浊、白带、尿频
205	★苓甘姜味辛夏仁汤	
	[成分・分量]	茯苓1.6~4、甘草1.2~3、半夏2.4~5、干姜1.2~3（生姜2也可）、杏仁2.4~4、五味子1.5~3、细辛1.2~3
	[用法・用量]	汤
	[效能・效果]	体力中等或稍虚弱、胃肠弱、寒症、清水样痰多者的以下诸症： 支气管炎、支气管哮喘、心悸、气短、浮肿
206	★苓姜术甘汤	
	[成分・分量]	茯苓4~6、干姜3~4、白术2~3（苍术也可）、甘草2
	[用法・用量]	汤
	[效能・效果]	体力中等以下、腰以下发冷和疼痛者的以下诸症： 腰痛、腰冷、夜尿症、神经痛
207	苓桂甘枣汤	
	[成分・分量]	茯苓4~8、桂皮4、大枣4、甘草2~3
	[用法・用量]	汤
	[效能・效果]	体力中等以下、上火或心悸、神经兴奋者的以下诸症： 心悸、精神焦虑
208	★苓桂术甘汤	
	[成分・分量]	茯苓4~6、白术2~4（苍术也可）、桂皮3~4、甘草2~3
	[用法・用量]	汤
	[效能・效果]	体力中等以下、眩晕、头晕、时有上火或心悸者的以下诸症： 猛然站起后眼前发黑、眩晕、头痛、耳鸣、心悸、气短、神经症、神经过敏

续表

编号	处方名		
208A	定悸饮		
		[成分·分量]	李根皮2、甘草1.5~2、茯苓4~6、牡蛎3、桂皮3、白术2~3（苍术也可）、吴茱萸1.5~2
		[用法·用量]	汤
		[效能·效果]	体力中等、时有眩晕、头晕、上火者的以下诸症： 心悸、焦虑神经症
208B	明朗饮		
		[成分·分量]	茯苓4~6、细辛1.5~2、桂皮3~4、黄连1.5~2、白术2~4、甘草2、车前子2~3
		[用法·用量]	汤
		[效能·效果]	体力中等、时有眩晕、头晕、上火者的以下诸症： 急·慢性结膜炎、眼睛充血、流泪
208C	连珠饮		
		[成分·分量]	当归3~4、白术2~4（苍术也可）、川芎3~4、甘草2~3、芍药3~4、地黄3~4、茯苓4~6、桂皮3~4
		[用法·用量]	汤
		[效能·效果]	体力中等或稍虚弱、时有上火、头晕者的以下诸症： 更年期障碍、猛然站起后眼前发黑、眩晕、心悸、气短、贫血
209	苓桂味甘汤		
		[成分·分量]	茯苓4~6、甘草2~3、桂皮4、五味子2.5~3
		[用法·用量]	汤
		[效能·效果]	体力中等以下、手脚发冷、脸红者的以下诸症： 上火、心悸、干咳、咽喉阻塞感、耳阻塞感
210	丽泽通气汤		
		[成分·分量]	黄芪4、山椒1、苍术3、麻黄1、羌活3、白芷4、独活3、生姜1、防风3、大枣1、升麻1、葱白3、葛根3、甘草1（无葱白也可）
		[用法·用量]	汤
		[效能·效果]	体力中等者的以下诸症： 嗅觉异常、嗅觉障碍
210A	丽泽通气汤加辛夷		
		[成分·分量]	黄芪4、山椒1、苍术3、麻黄1、羌活3、白芷4、独活3、生姜1、防风3、大枣1、升麻1、葱白3、葛根3、甘草1、辛夷3（无葱白也可）
		[用法·用量]	汤
		[效能·效果]	体力中等者的以下诸症： 嗅觉异常、嗅觉障碍、鼻塞、过敏性鼻炎、慢性鼻炎、蓄脓症（副鼻腔炎）

注：1) ★同时为医疗用汉方制剂（共144处方）。

2) 未被"一般用汉方制剂承认基准"收录的医疗用汉方制剂（4处方）为：葛根加术附汤、桔梗石膏、大承气汤、肠痈汤。

附录 B 津村战略处方专利申请

附表 B1 大建中汤专利基本情况

序号	公开号	发明名称	申请年份	发明人	主分类号	主题类型	申请权利要求项数/项	是否授权	专利权失效时间	进入国家或地区	同族被引证数/次
1	JPH05961A	钙质沉着症的治疗药	1991	日高三郎；阿部公生；刘胜彦	A61K 35/78	用途	2	是	2004-01-19	—	2
2	JPH05194246A	汉方硬胶囊制剂的生产方法	1992	内田壽寬；小西伸一郎；木村孝良	A61K 9/48	制剂、制备方法	2	是	20120901	日本、欧洲、美国、德国、西班牙、奥地利	6
3	JPH07112927A	中药胶囊制剂的制备方法	1993	小西伸一郎；林田健志；内田壽寬；仲井由宣英之	A61K 47/34	制剂	2	否	—	—	2
4	JPH1160504A	锭剂组成物	1997	落司幸生；石丸順之；設楽昌孝；丸山英之	A61K 9/20	制剂、组合物	3	是	2017-08-18	—	14
5	JP2002145791A	抗炎组合物	2000	早川晃正	A61K 35/78	组合物、治疗方法	7	否	—	—	6
6	JPWO2004006945A	含有汉方提取物的片剂组合物及其制备方法	2003	松本和弘；丸山英之；永野芳彦；石丸順之	A61K 47/38	制剂、制备方法	7	是	目前仍有效	中国、美国、欧洲、韩国、加拿大、澳大利亚、西班牙、中国台湾	11

续表

序号	公开号	发明名称	申请年份	发明人	主分类号	主题类型	申请权利要求项数/项	是否授权	专利权失效时间	进入国家或地区	同族被引证数/次
7	JP2013241473A	肾上腺髓质素产生增强剂	2008	河野透；金子笃；大宫雄司	A61K 31/704	化合物、用途	20	是	目前仍有效	中国、美国、日本、加拿大、欧洲	2
8	JPWO2009016897A1	微波加热分解萃取分析二硫代氨基甲酸酯类农药的方法	2008	豊嶋貴弘；木戸亮子	G01N 31/00	分析方法	9	是	目前仍有效	日本、中国、美国	2
9	JPWO2012073881A1	大建中汤的生物测定方法及使用该方法的质量管理方法	2011	金子笃；大野渚	C12Q 1/02	测定方法	5	是	目前仍有效	欧洲、中国台湾、中国香港、美国、日本、韩国、中国	1
10	US2012208878A1	医药组合物	2011	信広大武	A61K 31/164	组合物、治疗方法	22	是	目前仍有效	—	1
11	JP2015047106A	微生物检出方法	2013	山本博章；福田勲	C12Q 1/04	检测方法	11	是	目前仍有效	中国、美国、欧洲、香港、韩国、中国台湾	0
12	JP2017175999A	大建中汤之效果预测方法以及投予量决定方法	2017	西山光惠	C12Q 1/02	预测方法、试剂盒	14	未审	—	中国、日本、韩国、欧洲、中国台湾	0

附表 B2 抑肝散专利基本情况

序号	公开号	发明名称	申请年份	发明人	主分类号	主题类型	申请权利要求项数/项	是否授权	专利权失效时间	进入国家或地区	同族被引证数/次
1	JPS61122217A	生产草药提取物的方法	1984	北崎宏典；岛村俊雄；确井公利；宫沢光；平山秀良；木村孝良；长沢道男	A61K 36/00	制造方法	1	是	2004-11-19	—	7
2	JPS61282319A	生产草药提取物的方法	1985	内田寿宽；小股和裕；栗田浩治；木村孝良	A61K 35/78	制造方法	1	是	2005-06-07	—	3
3	JPS6256434A	生产草药提取物的方法	1985	内田寿宽；小股和裕；栗田浩治；木村孝良	A61K 35/78	制造方法	1	是	2005-09-04	—	1
4	JPH0519246A	中药硬胶囊制剂的生产方法	1992	内田壽宽；小西伸一郎；木村孝良	A61K 9/48	制剂	3	是	2012-09-01	—	6
5	JPH07112927A	中药胶囊制剂的制备方法	1993	小西伸一郎；林田健志；内田壽宽；丸山英之；伸井由宣	A61K 47/34	制剂	2	否	—	—	2
6	JPS62153222A	生产草药提取物的方法	1993	内田寿宽；木村孝良	A61K 35/78	制造方法	1	是	2005-12-27	—	1
7	JPWO2008001672A1	汉方提取物含有片剂组合物	2007	高杉泰弘；松本利弘	A61K 9/20	制剂	4	是	2016-08-23	中国	11

续表

序号	公开号	发明名称	申请年份	发明人	主分类号	主题类型	申请权利要求项数/项	是否授权	专利权失效时间	进入国家或地区	同族数/引证数/次
8	US20090098228A1	改善学习和记忆障碍的药剂和方法	2007	IKARASHIYASUSHI; TABUCHIMASAHIRO	A61K 36/232	制剂、用途	8	否	—	—	10
9	JPWO2009122580A1	抑肝散的生物测定方法	2008	五十嵐康；川上善治	G01N 33/15	检测方法	4	是	目前仍有效	中国	2
10	JPWO2009157083A1	抑肝散的生物测定方法	2008	五十嵐康；川上善治；寺脇潔	G01N 33/50	检测方法	14	是	目前仍有效	中国	0
11	JPWO2009008266A1	抑肝散的生物测定方法	2008	五十嵐康；川上善治	C12Q 1/02	检测方法	5	是	目前仍有效	中国	4
12	JPWO2009101700A1	抑肝散的生物测定方法	2008	五十嵐康；寺脇潔；関口協二；山口琢児	A61K 36/18	检测方法	3	是	目前仍有效	中国	3
13	JPWO2009016897A1	微波加热分解萃取分析二硫代氨基甲酸酯类农药的方法	2008	豊嶋貴弘；木戸亮子	G01N 31/00	检测方法	7	是	目前仍有效	中国	2
14	US20110039292A1	抑肝散的生物测定方法	2009	TOHYAMAMASAYA; MATSUZAKISHIN-SUKE; HIRATSUKATORU	C12Q 1/02	检测方法	5	否	—	—	1
15	JP2014016366A	抑肝散的生物测定方法	2013	五十嵐康；関口協二；寺脇潔；山口琢児	G01N 33/536	检测方法	4	否	—	—	0
16	JP2015047106A	微生物检出方法	2013	山本博章；福田勲	C12Q 1/04	检测方法	5	是	目前仍有效	中国、欧洲	0

附表 B3 补中益气汤专利基本情况

序号	公开号	发明名称	申请年份	发明人	主分类号	主题类型	申请权利要求项数/项	是否授权	专利权失效时间	进入国家或地区	同族被引证数/次
1	JPS61115029A	抗癌剂	1984	伊藤均；志村圭志郎	A61K 36/00	组合物、制备方法	1	是	2004-11-08	—	4
2	JPH02300131A	致癌抑制剂	1989	横田正美；杉山清	A61K 31/575	组合物	3	否	—	—	4
3	JPH0543474A	易服用性汉方制剂组成物	1991	内田公子；太田ひさと；松本有右；下平秀夫；内田寬	A61K 36/18	制剂	4	是	2005-12-13	—	13
4	JPH05194246A	汉方硬胶囊制剂的生产方法	1992	内田壽寛；小西伸一郎；木村孝良	A61K 9/48	制剂、制备方法	2	是	2012-09-01	日本、欧洲、美国、德国、西班牙、奥地利	6
5	JPH07112927A	汉方药胶囊制剂的制造方法	1993	丸山英之；仲井由宣；内田壽寛；小西伸一郎；林田健志	A61K 47/34	制剂、制备方法	2	否	—	—	2
6	TW200540415A	多成分药剂之评估方法	2004	矢野耕也；服部尚子	G01N 30/02	检测方法	20	是	目前仍有效	—	2
7	JPWO2008001672A1	含有汉方提取物的片剂组合物	2007	高杉泰弘；松本利弘	A61K 9/20	制剂	3	是	2016-08-23	日本、中国、美国、韩国	11
8	JPWO2009016897A1	微波加热分解萃取分析二硫代氨基甲酸酯类农药的方法	2008	豊嶋貴弘；木戶亮子	G01N 31/00	分析方法	9	是	目前仍有效	日本、中国、美国	2
9	JP2015047106A	微生物检测方法	2013	山本博章；福田勲	C12Q 1/04	检测方法	11	是	目前仍有效	欧洲、日本、中国、美国、韩国、中国台湾、中国香港	0

附表B4 六君子汤专利基本情况

序号	公开号	发明名称	申请年份	发明人	主分类号	主题类型	申请权利要求项数/项	是否授权	专利权失效时间	进入国家或地区	同族被引证数/次
1	JPH05194246A	汉方药硬胶囊制剂的生产方法	1992	内田壽覓；小西伸一郎；木村孝良	A61K 9/48	制剂、制备方法	2	是	2012-09-01	日本、欧洲、美国、德国、西班牙、奥地利	6
2	JPH07112927A	汉方药胶囊制剂的制备方法	1993	小西伸一郎；林田健志；内田壽覓；丸山英之；仲井由宣	A61K 47/34	制剂、制备方法	2	否	—	—	2
3	JPH07188041A	半夏的制备方法	1993	久保正良；樋口正视；冈田稔；丸野政雄	A61P 1/08	制备方法	3	是	2013-12-27	—	2
4	WO2007088681	生长激素释放肽生产促进剂	2006	浅香正博；武田宏司；高崎隆次；服部智久	A61K 36/75	用途	6	否	—	美国	3
5	JPWO2009016897A1	利用微波加热分解提取法的二硫代氨基甲酸盐类农药的分析方法	2008	豐嶋貴弘；木戸亮子	G01N 31/00	分析方法	9	是	目前仍有效	中国、日本、美国	2
6	JP2015047106A	微生物检测方法	2013	山本博章；福田勲	C12Q 1/04	检测方法	11	是	目前仍有效	中国、欧洲、日本、韩国、美国、中国台湾、中国香港	0

附表 B5 芍药甘草汤专利基本情况

序号	公开号	发明名称	申请年份	发明人	主分类号	主题类型	申请权利要求项数/项	是否授权	专利权失效时间	进入国家或地区	同族被引证数/次
1	JPH05194246A	汉方药硬胶囊制剂的生产方法	1992	内田寿寛；小西伸一郎；木村孝良	A61K 9/48	制剂，制备方法	2	是	2012-09-01	日本、欧洲、美国、德国、西班牙、奥地利	6
2	JPH07112927A	汉方药胶囊制剂的制备方法	1993	小西伸一郎；林田健志；内田寿寛；丸山英之；仲井由宣	A61K 47/34	制剂，制备方法	2	否	—	—	2
3	JPH0769866A	汉方药软胶囊制剂的制备方法	1993	小西伸一郎；林田健志；内田寿寛；仲井由宣；铃木直人；田中进	A61K 9/48	制剂，制备方法	1	否	—	—	0
4	WO2007088681	生长激素释放肽生产促进剂	2006	浅香正博；武田宏司；高崎隆次；服部智久	A61K 36/75	用途	6	否	—	美国	3
5	JPWO2008001672A1	含有汉方提取物的片剂组合物	2007	高杉泰弘；松本利弘	A61K 9/20	制剂	3	是	目前仍有效	中国、日本、韩国、美国	11
6	JPWO2009016897A1	利用微波加热分解提取法的二硫代氨基甲酸盐类农药的分析方法	2008	豊嶋貴弘；木戸亮子	G01N 31/00	分析方法	9	是	目前仍有效	中国、日本、美国	2
7	JP2015047106A	微生物检测方法	2013	山本博章；福田勲	C12Q 1/04	检测方法	11	是	目前仍有效	中国、欧洲、日本、韩国、美国、中国台湾、中国香港	0

301

附表 B6 加味逍遥散专利基本情况

序号	公开号	发明名称	申请年份	发明人	主分类号	主题类型	申请权利要求项数/项	是否授权	专利权失效时间	进入国家或地区	同族数/引证数/次
1	JPS6256434A	生产草药提取物的方法	1985	内田寿寛；小股和裕；栗田浩治；木村孝良	A61K 35/78	制造方法	1	是	2005-09-04	—	1
2	JPS61282319A	生产草药提取物的方法	1985	内田寿寛；小股和裕；栗田浩治；木村孝良	A61K 35/78	制造方法	1	是	2005-06-07	—	3
3	JPH05194246A	汉方硬胶囊制剂的生产方法	1992	内田壽寛；小西伸一郎；木村孝良	A61K 9/48	制剂、制备方法	2	是	2012-09-01	日本、欧洲、美国、德国、西班牙、奥地利	6
4	JPH07112927A	汉方药胶囊制剂的制造方法	1993	小西伸一郎；林田健志；内田蕎寛；丸山英之；仲井由宣	A61K 47/34	制剂、制备方法	2	否	—	—	2
5	JPS62153222A	生产草药提取物的方法	1993	内田寿良；木村孝良	A61K 35/78	制造方法	1	是	2005-12-27	—	1
6	JPWO2008001672A1	含有汉方提取物的片剂组合物	2007	高杉泰弘；松本利弘	A61K 9/20	制剂	3	是	2016-08-23	日本、中国、美国、韩国	11
7	JPWO2009016897A1	微波加热分解萃取分析二硫代氨基甲酸酯类农药的方法	2008	豊嶋貴弘；木戸亮子	G01N 31/00	分析方法	9	是	目前仍有效	日本、中国、美国	2
8	JP2015047106A	微生物检出方法	2013	山本博章；福田勲	C12Q 1/04	检测方法	11	是	目前仍有效	中国、欧洲、日本、美国、中国香港、韩国、中国台湾	0

附表 B7 麦门冬汤专利基本情况

序号	公开号	发明名称	申请年份	发明人	主分类号	主题类型	申请权利要求项数/项	是否授权	专利权失效时间	进入国家或地区	同族被引证数/次
1	JPH05194246A	汉方硬胶囊制剂的生产方法	1992	内田壽寛；小西伸一郎；木村孝良	A61K 9/48	制剂、制备方法	2	是	20120901	日本、欧洲、美国、德国、西班牙、奥地利	6
2	JPH07112927A	中药胶囊制剂的制备方法	1993	小西伸一郎；林田健志，内田壽寛英之；仲井由宣	A61K 47/34	制剂	2	否	—	—	2
3	JPH07188041A	半夏的制备方法	1993	久保正标；樋口正视；岡田稔；丸野政雄	A61P 1/08	制备方法	3	是	2013-12-27	—	2
4	JPS62153222A	生产草药提取物的方法	1993	内田寿寛；木村孝良	A61K 35/78	制造方法	1	是	2005-12-27	—	1
5	JPWO2009016897A1	微波加热分解萃取分析二硫代氨基甲酸酯类农药的方法	2008	豊嶋貴弘；木戸亮子	G01N 31/00	分析方法	9	是	目前仍有效	日本、美国	2
6	JP2015047106A	微生物检出方法	2013	山本博章；福田勲	C12Q 1/04	检测方法	11	是	目前仍有效	中国、日本、欧洲、美国、中国香港、韩国、中国台湾	0

附表B8 五苓散专利基本情况

序号	公开号	发明名称	申请年份	发明人	主分类号	主题类型	申请权利要求项数/项	是否授权	专利权失效时间	进入国家或地区	同族数引证数/次
1	JPS5310151 3A	汉方药液剂的制造方法	1977	小菅草夫;横田正美	A61K 36/71	制剂	1	是	1997-02-17	—	0
2	JPS59112924A	利胆剂	1982	藤村一;沢田德之助	A61K 36/00	组合物、用途	1	是	2002-12-20	—	1
3	JPS61122217A	汉方药提取物的制造方法	1984	北崎宏典;岛村俊雄;碓井公利;宫沢光憲;平山秀樹;木村孝良;長沢道男	A61K 36/00	提取方法	1	是	2001-11-06	—	7
4	JPS61282319A	汉方药提取物的制造方法	1985	内田壽寛;小股和裕;内田壽寛;内田壽寛	A61K 35/78	提取方法	1	否	—	—	0
5	JPS62153222A	汉方药提取物的制造方法	1985	内田寿寛;木村孝良	A61K 35/78	提取方法	1	是	2005-12-27	—	1
6	JPS6256434A	汉方药提取物的制造方法	1985	内田寿寛;小股和裕;栗田浩治;木村孝良	A61K 35/78	提取方法	1	是	2005-09-04	—	1
7	JPH02300131A	致癌抑制剂	1989	横田正美;杉山清	A61K 31/575	组合物	3	否	—	—	4
8	JPH02255622A	治癌辅助剂	1989	池川哲郎;川村秀樹;丸山博文	A61K 33/06	组合物、用途	4	否	—	—	11
9	JPH0543474A	易服用性汉方制剂组成物	1991	内田公子;太田ひさし;松本有右;下平秀夫;内田寛	A61K 36/18	制剂	4	是	2005-12-13	—	13

续表

序号	公开号	发明名称	申请年份	发明人	主分类号	主题类型	申请权利要求项数/项	是否授权	专利权失效时间	进入国家或地区	同族被引证数/次
10	JPH05194246A	汉方硬胶囊制剂的生产方法	1992	内田寿寛；小西伸一郎；木村孝良	A61K 9/48	制剂、制备方法	2	是	2012-09-01	日本、欧洲、美国、德国、西班牙、奥地利	6
11	JPH07173188A	新型的alisol和包含alisol作为活性成分的脑功能改善剂	1993	山田純江；山口琢児；内藤崇；橘本和則	C07J 17/00	化合物	2	否	—	—	2
12	JPH07112927A	汉方药胶囊制剂的制造方法	1993	丸山英之；仲井由宣；肉田寿寛；小西伸一郎；林田健志	A61K 47/34	制剂、制备方法	2	否	—	—	2
13	JPH0769866A	中药软胶囊制剂的制备方法	1993	小西伸一郎；林田健志；肉田宣；仲井由宜；鈴木直人；田中進	A61K 9/48	制剂、制备方法	1	否	—	—	0
14	JPH07227164A	新的真菌施肥方法	1994	猪狩直樹；箕浦修介；岡田稔	A01H 1/02	微生物杂交方法	3	否	—	—	0
15	JPH1160504A	锭剂组成物	1997	洛司幸生；石丸順之；設楽昌孝；丸山英之	A61K 9/20	制剂、组合物	3	是	2017-08-18	—	14
16	JPWO2009016897A1	微波加热分解萃取分析二硫代氨基甲酸酯类农药的方法	2008	豊嶋貴弘；木戸亮子	G01N 31/00	分析方法	9	是	目前仍有效	日本、中国、美国	2
17	JP2015047106A	微生物检出方法	2013	山本博章；福田勲	C12Q 1/04	检测方法	11	是	目前仍有效	欧洲、日本、中国、美国、韩国、中国台湾、中国香港	0

305

附表 B9　牛车肾气丸专利基本情况

序号	公开号	发明名称	申请年份	发明人	主分类号	主题类型	申请权利要求项数/项	是否授权	专利权失效时间	进入国家或地区	同族被引证数/次
1	JPS5711913A	汉方药硬胶囊剂的制法	1980	市尾義昌；内田寿寛；秋山喜彦；長澤道男	A61K 9/48	制剂、制备方法	1	是	2000-06-24	—	1
2	JPS5711911A	汉方药锭剂的制法	1980	市尾義昌；内田寿寛；秋山喜彦；長澤道男	A61K 9/20	制剂、制备方法	1	是	2000-06-25	—	7
3	JPS5615241 6A	汉方药锭剂的制法	1980	市尾義昌；内田寿寛；秋山喜彦；長澤道男	A61K 9/20	制剂、制备方法	1	是	2000-04-25	—	7
4	JPS61122217A	汉方药提取物的制造方法	1984	北崎宏典；岛村俊雄；碓井公利；菅沢光憲；平山秀樹；木村孝良；長沢道男	A61K 36/00	提取方法	1	是	2001-01-16	—	7
5	JPS61282319A	汉方药提取物的制造方法	1985	内田壽寛；小股和裕；栗田浩治；木村孝良	A61K 35/78	提取方法	1	否	—	—	0
6	JPS6281322A	醛糖还原酶剂	1985	女屋敏正；多和田真人	A61 K	用途	1	是	2005-01-04	—	8
7	JPS62153222A	汉方药提取物的制造方法	1985	内田寿寛；木村孝良	A61K 35/78	提取方法	1	是	2005-12-27	—	1
8	JPS6256434A	汉方药提取物的制造方法	1985	内田寿寛；小股和裕；栗田浩治；木村孝良	A61K 35/78	提取方法	1	是	2005-09-04	—	1

续表

序号	公开号	发明名称	申请年份	发明人	主分类号	主题类型	申请权利要求项数/项	是否授权	专利权失效时间	进入国家或地区	同族被引证数/次
9	JPH02300131A	治癌抑制剂	1989	横田正美；杉山清	A61K 31/575	组合物	3	否	—	—	4
10	JPH02255622A	治癌辅助剂	1989	池川哲郎；川村秀树；丸山博文	A61K 33/06	组合物、用途	4	否	—	—	11
11	JPH0543474A	易服用性汉方制剂组成物	1991	内田公子；太田ひさ上；松本有右；下平秀夫；内田寛	A61K36/18	制剂	4	是	2005-12-13	—	13
12	JPH05194246A	汉方硬胶囊制剂的生产方法	1992	内田壽寛；小西伸一郎；木村孝良	A61K 9/48	制剂、制备方法	2	是	2012-09-01	—	6
13	JPH07112927A	汉方药胶囊制剂的制造方法	1993	丸山英之；仲井由宣；内田壽寛；小西伸一郎；林田健志	A61K 47/34	制剂、制备方法	2	否	—	—	2
14	JPH1160504A	锭剂组成物	1997	落司幸生；石丸順之；設楽昌孝；丸山英之	A61K 9/20	制剂、组合物	3	是	2017-08-18	—	14
15	JPWO2008001672A1	含有汉方提取物的片剂组合物	2007	高杉泰弘；松本和弘	A61K 9/20	制剂	3	是	2016-08-23	日本、中国、美国、韩国	11
16	JPWO2009016897A1	微波加热分解萃取分析二硫代氨基甲酸酯类农药的方法	2008	登嶋貴弘；木戸亮子	G01N 31/00	分析方法	9	是	目前仍有效	日本、中国、美国	2
17	JP2015047106A	微生物检测方法	2013	山本博章；福田勲	C12Q 1/04	检测方法	11	是	目前仍有效	欧洲、日本、中国、美国、韩国、中国台湾、中国香港	0

附表 B10　葛根汤专利基本情况

序号	公开号	发明名称	申请年份	发明人	主分类号	主题类型	申请权利要求项数/项	是否授权	专利权失效时间	进入国家或地区	同族被引证数/次
1	JPS53104716A	内服用固体汉方药的制造方法	1977	小菅卓夫；長沢道男	A61K 9/14	制备方法	1	是	1997-02-21	—	2
2	JPS5630914A	汉方药硬胶囊剂的制法	1979	市尾義昌；福井晃；秋山喜彦；長澤道男	A61K 9/16	制剂、制备方法	1	是	1998-02-10	—	0
3	JPS56152416A	汉方药锭剂的制法	1980	市尾義昌；内田寿寬；秋山喜彦；長澤道男	A61K 9/20	制剂、制备方法	1	是	2000-04-25	—	7
4	JPS61122217A	汉方药提取物的制造方法	1984	北崎宏典；碓井公利；宮沢雄；平山秀樹；木村孝良；長沢道男	A61K 36/00	提取方法	1	是	2001-01-16	—	7
5	JPS6128239A	汉方药提取物的制造方法	1985	内田寿寬；小股和裕；内田壽寬；栗田浩治；内田壽寬	A61K 35/78	提取方法	1	否	—	—	0
6	JPS62153222A	汉方药提取物的制造方法	1985	内田寿寬；木村孝良	A61K 35/78	提取方法	1	是	2005-12-27	—	1
7	JPS6256434A	汉方药提取物的制造方法	1985	内田寿寬；小股和裕；栗田浩治；木村孝良	A61K 35/78	提取方法	1	是	2005-09-04	—	1
8	JPS6383081A	苯酞衍生物	1986	小川義光；陳政雄；穂坂邦男；久保田潔	C07D 307/88	化合物	1	是	2001-11-22	—	3
9	JPS6383080A	苯酞衍生物	1986	小川義光；陳政雄；穂坂邦男；久保田潔	C07D 307/88	化合物	1	是	2001-06-25	—	3

续表

序号	公开号	发明名称	申请年份	发明人	主分类号	主题类型	申请权利要求项数/项	是否授权	专利权失效时间	进入国家或地区	同族被引证数/次
10	JPS6426559A	新型苯酰衍生物	1987	小川義光；穗坂邦男；久保田潔；里見尚則	C07D 209/46	化合物	1	是	2000-04-04	—	2
11	JPH05194246A	汉方硬胶囊制剂的生产方法	1992	肉田壽寬；小西伸一郎；木村孝良	A61K 9/48	制剂、制备方法	2	是	2012-09-01	日本、欧洲、美国、德国、西班牙、奥地利	6
12	JPH07112927A	汉方药胶囊制剂的制造方法	1993	丸山英之；仲井由宣；肉田壽寬；小西伸一郎；林田健志	A61K 47/34	制剂、制备方法	2	否	—	—	2
13	JPH0769866A	中药软胶囊制剂的制备方法	1993	小西伸一郎；林田健志；肉田壽寬；仲井由宣；鈴木直人；田中進	A61K 9/48	制剂、制备方法	1	否	—	—	0
14	JPWO2008001672A1	含有汉方提取物的片剂组合物	2007	高杉泰弘；松本利弘	A61K 9/20	制剂	3	是	2016-08-23	日本、中国、美国、韩国	11
15	JPWO2009016897A1	微波加热分解萃取分析二硫代氨基甲酸酯类农药的方法	2008	豊嶋貴弘；木戸亮子	G01N 31/00	分析方法	9	是	目前仍有效	日本、中国、美国	2
16	JP2015047106A	微生物检测方法	2013	山本博章；福田勲	C12Q 1/04	检测方法	11	是	目前仍有效	欧洲、日本、中国、美国、韩国、中国台湾、中国香港	0

附表 B11　半夏泻心汤专利基本情况

序号	公开号	发明名称	申请年份	发明人	主分类号	主题类型	申请权利要求项数/项	是否授权	专利权失效时间	进入国家或地区	同族被引证数/次
1	JPS61282319A	汉方药提取物的制造方法	1985	内田壽寛；小股和裕；栗田浩治；木村孝良	A61K 35/78	提取方法	1	否	—	—	0
2	JPS6256434A	汉方药提取物的制造方法	1985	内田寿寛；小股和裕；栗田浩治；木村孝良	A61K 35/78	提取方法	1	是	2005-09-04	—	1
3	JPH0543469A	葡萄糖醛酸酶抑制剂	1991	鎌滝哲也	A61K 36/00	组合物、用途	3	是	2008-08-09	澳大利亚、加拿大、欧洲、美国	43
4	JPH05194246A	汉方硬胶囊制剂的生产方法	1992	内田壽寛；小西伸一郎；木村孝良	A61K 9/48	制剂、制备方法	2	是	2012-09-01	日本、欧洲、美国、德国、西班牙、奥地利	6
5	JPH07112927A	汉方药胶囊制剂的制造方法	1993	丸山英之；内田壽寛；仲井由宣；小西伸一郎；林田健志	A61K 47/34	制剂、制备方法	2	否	—	—	2
6	JPH07188041A	半夏的制备方法	1993	久保正良；樋口正視；岡田稔；丸野政雄	A61P 1/08	制备方法	3	是	2013-12-27	—	2
7	JPH07324039A	一氧化氮生成促进剂	1994	福田一典；木戸敏孝；緒形孝弘；山本雅浩	A61P 43/00	组合物、用途	1	否	—	—	18

续表

序号	公开号	发明名称	申请年份	发明人	主分类号	主题类型	申请权利要求项数/项	是否授权	专利权失效时间	进入国家或地区	同族被引证数次/次
8	JPWO2009016897A1	微波加热分解萃取分析二硫代氨基甲酸酯类农药的方法	2008	豊嶋貴弘；木戸亮子	G01N 31/00	分析方法	9	是	目前仍有效	日本、中国、美国	2
9	JP2015047106A	微生物检测方法	2013	山本博章；福田勲	C12Q 1/04	检测方法	11	是	目前仍有效	欧洲、日本、美国、韩国、中国、中国台湾、中国香港	0

311

附录 C　津村装置设备专利申请

序号	公开号	发明名称	申请年份	发明人	主分类号	主题类型	申请权利要求项数/项	是否授权	专利权失效时间	进入国家或地区	同族被引证数/次
1	JP1988123724A	带有自动翻转粉状物料容器的粉状物料给料装置	1986	礒貝登；西村昌弘；鋼倉秀太郎	B65G 65/23	制剂装置	1	是	1994-11-05	—	1
2	JP1996005463B2	一种薄膜加热压接辊的压接装置	1986	礒貝登	B65B	包装装置	1	是	1999-01-24	—	7
3	JP1995079926B2	冷冻浓缩装置	1986	北崎宏典；木村孝良；鳥村俊雄；小山雅昭	B01D 9/04	制剂装置	10	是	1998-08-30	—	0
4	JP1992051401B2	粉状体的计量充填装置	1986	礒貝登	G01F 13/00	制剂装置	1	是	1995-08-19	—	10
5	JP1989052250B2	一种分包机加热器辊支撑装置	1986	八木稳之；三友国男	B65B 9/02	包装装置	1	是	1995-11-08	—	2
6	JP1989133872A	空罐头储料系统	1987	片平辰夫；西村昌弘	B65B 43/44	制剂装置	1	否	—	—	3
7	JP1989119726A	设有称重机构的包装装置	1987	片平辰夫；礒貝登	G01G 15/00	包装装置	1	否	—	—	0
8	JP1989102364A	尿检仪器	1987	高田裕亘	G01N 33/48	药理试验装置	6	否	—	—	6
9	JP1989043426A	包装机等中的纸板件供给装置	1987	片平辰夫	B65H 3/08	包装装置	1	否	—	—	3
10	JP1989009182A	防潮包装容器	1987	橘本直紀	B32B 7/02	包装装置	5	否	—	—	1

续表

序号	公开号	发明名称	申请年份	发明人	主分类号	主题类型	申请权利要求项数/项	是否授权	专利权失效时间	进入国家或地区	同族被引证数/次
11	JP198829363A	便携式尿液取样容器	1987	高田裕亘	G01N 33/48	药理试验装置	4	否	—	—	3
12	JP196018654B2	料斗状容器的干式净化装置	1987	西村昌弘；冲田幸人；冈野信孝	B65G 3/04	制剂装置	1	是	1999-02-28	—	0
13	JP199504 7416B2	切割装置的净化装置	1987	西村昌弘；矶贝登；西村义隆	B65G 53/40	生药种植、加工装置	1	是	1998-05-24	—	0
14	JP199501 4862Y2	粒径分布测定装置	1987	饭塚正纯；远藤勳；木村孝良；古闲二郎；斋藤始三；加藤博	G01B 11/08	检测装置	1	否	—	—	1
15	JP2767812B2	用于向实验动物施用液体的装置	1988	蛭田政宏	A61D	药理试验装置	1	是	2001-04-10	—	0
16	JP199004 0201A	旋转雾化器	1988	北崎宏典；小山雅昭	B01D 1/20	制剂装置	1	否	—	—	1
17	JP199000 9481A	造粒机用筛网，筛分器和破碎机	1988	中岛晃；小股和裕；木村孝良	B07B 1/46	制剂装置	1	否	—	—	10
18	JP198931 7988A	物品的自动移载装置及方法	1988	木村罐雄；小泽次男；西村昌弘	B66C 1/24	包装装置	2	否	—	—	1
19	JP198931 7581A	筛网振动器的筛网固定装置	1988	中岛晃；小股和裕；木村孝良	B07B 1/28	制剂装置	1	否	—	—	1
20	JP199047855Y2	一种瓦楞纸箱用罐进出装置	1988	片平辰夫；江口昌临	B65B 5/10	包装装置	1	是	1999-12-07	—	1

续表

序号	公开号	发明名称	申请年份	发明人	主分类号	主题类型	申请权利要求项数/项	是否授权	专利权失效时间	进入国家或地区	同族数引证数/次
21	JP2773241B2	液体处理设备管路自动切换装置中的清洗装置	1989	望月茂利；北崎宏典；森正明；宫沢光憲	F16K 11/074	制剂装置	1	是	2009-04-24	—	1
22	JP2727653B2	液体处理设备管道自动切换装置的驱动装置	1989	望月茂利；北崎宏典；森正明；秋山喜彦	F16K 11/074	制剂装置	2	是	2009-05-17	—	0
23	JP2773240B2	液体处理设备管路自动切换装置	1989	望月茂利；北崎宏典；森正明；長澤道男	F16K 11/074	制剂装置	1	是	2009-04-24	—	2
24	JP2748563B2	片剂的制备方法	1989	小股利裕	A61J 3/10	制剂装置	1	是	2006-02-20	—	3
25	JP1991094999A	片剂的制备装置	1989	岩沢强；八木淳	A61J 3/06	制剂装置	2	否	—	—	2
26	JP1991092707A	片剂测量仪器	1989	岩沢强；戸塚眞一郎	G01G 11/00	检测装置	2	否	—	—	1
27	JP1990304286A	液体处理设备中多点管道自动切换装置检漏装置	1989	望月茂利；北崎宏典；森正明；長澤道男	F16K 37/00	制剂装置	1	否	—	—	1
28	JP1990304285A	液体处理设备中多点管路自动切换装置的工作点检测装置	1989	望月茂利；北崎宏典；森正明；秋山喜彦	F16K 37/00	制剂装置	1	否	—	—	0
29	JP1990304277A	液体处理设备中多点线自动切换装置的密封部件	1989	望月茂利；北崎宏典；森正明；成瀬弘明	F16K 11/074	制剂装置	1	否	—	—	4
30	JP1995015440Y2	反应答器	1989	片倉充；角田幹夫；木村孝良	C12M 1/06	制剂装置	1	是	1998-04-12	—	0

续表

序号	公开号	发明名称	申请年份	发明人	主分类号	主题类型	申请权利要求项数/项	是否授权	专利权失效时间	进入国家或地区	同族被引证数/次
31	JP2834548B2	液体处理设备管路自动切换装置	1990	望月茂利；北崎宏典；森正明；长泽道男；秋山章彦；成濑弘明；宫沢光憲；望月喜義	B08B 9/02	制剂装置	3	是	2010-07-10	德国、丹麦、欧洲、日本、美国	16
32	JP1996010796Y2	一种生物组织切片试验装置	1990	蛭田政宏；福山潔	G01N 33/483	药理试验装置	1	是	2000-03-29	—	0
33	JP1995048056Y2	自动喂食装置	1990	蛭田政宏	A01K 5/02	药理试验装置	2	是	1999-11-08	—	0
34	JP2537028Y2	代谢笼	1991	滝昌之；前村俊一；峰松澄穗；渡辺正比古	G01N 1/10	药理试验装置	1	是	2000-03-07	—	0
35	JP2742645B2	制袋包装充填机的计量充填装置	1992	橘ヶ谷修司；望月茂利；杉田亨；长泽道男；石井唯雄	B65D	包装装置	1	是	2012-02-06	—	0
36	JP2764509B2	包装物品的称重装置	1992	橘ヶ谷修司；望月茂利；杉田亨；长泽道男；石井唯雄	G01G	包装装置	1	是	2012-04-03	—	1
37	JP2573531Y2	制袋包装充填机的切割装置	1992	橘ヶ谷修司；望月茂利；杉田亨；长泽道男；石井唯雄	B65B 61/08	包装装置	1	是	2001-03-20	—	2

续表

序号	公开号	发明名称	申请年份	发明人	主分类号	主题类型	申请权利要求项数/项	是否授权	专利权失效时间	进入国家或地区	同族被引证数/次
38	JP2761827B2	制袋包装灌装机的单包取出计量装置	1992	橘ヶ谷修司；望月茂利；杉田亨；長澤道男；石井唯雄	B65B 61/08	包装装置	2	是	2012-03-27	—	1
39	JP2799654B2	用于包装物品的综合运输装置	1992	橘ヶ谷修司；望月茂利；杉田亨；長澤道男；石井唯雄	B65G	包装装置	1	是	2007-07-10	—	0
40	JP2740930B2	包装物品的运输装置	1992	橘ヶ谷修司；望月茂利；杉田亨；長澤道男；石井唯雄	B65G	包装装置	1	是	2007-07-10	—	3
41	JP2742646B2	制袋包装灌装机的计量灌装装置	1992	橘ヶ谷修司；望月茂利；杉田亨；長澤道男；石井唯雄	G01G 13/00	包装装置	3	是	2007-02-06	—	0
42	JP2743049B2	制箱装置	1992	橘ヶ谷修司；望月茂利；杉田亨；斉藤富治；島倉強；桜井久雄	B65B	包装装置	2	是	2012-06-10	—	3
43	JP1994044706U	一种制袋包装充填机的密封装置	1992	橘ヶ谷修司；望月茂利；杉田亨；長澤道男；石井唯雄	B65B 9/12	包装装置	1	否	—	—	6
44	JP1994156436A	一种制袋包装充填机的捆扎装置	1992	橘ヶ谷修司；望月茂利；杉田亨；長澤道男；石井唯雄	B65B 41/00	包装装置	1	否	—	—	2

续表

序号	公开号	发明名称	申请年份	发明人	主分类号	主题类型	申请权利要求项数/项	是否授权	专利权失效时间	进入国家或地区	同族被引证数/次
45	JP199331 8198A	片剂的生产方法	1992	岩沢强；小股和裕	B30B 15/00	制剂装置	1	否	—	—	3
46	JP199504 2410Y2	动物用适配器	1992	蛭田政宏	A61D 7/00	药剂试验装置	2	是	2005-10-04	—	1
47	JP346511 5B2	用于薄膜进给辊的制动控制装置	1993	橘ヶ谷修利；杉田章；望月茂男；长泽道雄；石井唯健一	B65H	包装装置	1	是	2013-08-29	—	0
48	JP199504 2939U	微波干燥固体成分浓度湿度计	1993	伊东正晃；木下顺二；大泽照夫；岛村俊雄；森正明	G01N 5/04	检测装置	1	否	—	—	2
49	JP199432 5728A	精密质量数测定装置	1993	竹田武弘；久保正良；嘉野和明；林纮司	H01J 49/26	检测装置	1	否	—	—	0
50	JP199406 9196U	胶囊填充器	1993	仲井由宣；浜田雄二；前田秀荣；高桥春彦	B67C 3/00	制剂装置	1	是	2003-03-11	—	0
51	JP199419 2696A	具有装饰的固体浴剂及其制备方法	1993	荻田一夫；松本功；安田实；谷野伸吾；才茂康彦；中西信之	C11D 17/00	制剂装置	2	否	—	—	4
52	JP276028 3B2	动物适配器	1994	蛭田政宏	A61M 39/10	药剂试验装置	3	是	2008-03-20	澳大利亚、加拿大、中国、德国、欧洲、日本、韩国、中国台湾、美国	21

续表

序号	公开号	发明名称	申请年份	发明人	主分类号	主题类型	申请权利要求项数/项	是否授权	专利权失效时间	进入国家或地区	同族被引证数/次
53	JP3533698B2	包装机的计数管理装置	1994	橘ヶ谷修司；望月茂利；杉田亨；長澤道男；石井唯雄；井森健一	B65B 1/30	包装装置	1	是	2010-03-19	—	9
54	JP3010038U	包装用纸箱	1994	野崎友己	B65D 5/66	包装装置	2	是	2000-10-11	—	1
55	JP3850903B2	旋回回流型喷雾干燥装置	1995	小山雅昭；北崎宏典；西内典明；ミーマスターズ；木村孝良；長澤道男	B01D 1/18	制剂装置	4	是	2015-09-01	—	17
56	JP2783186B2	动物实验用自由移动装置	1995	蛭田政宏	A01K 15/04	药理试验装置	6	是	2008-05-22	—	1
57	JP2980019B2	自动清洁装置	1996	北崎宏典；宮沢光慧；森正明；黒田步	B08B	制剂装置	2	是	2016-02-02	—	4
58	JP1998191822A	喂食器	1996	蛭田政宏	A01K 5/00	药理试验装置	7	否	—	—	2
59	JP1998191821A	饵容器	1996	蛭田政宏	A01K 5/00	药理试验装置	5	否	—	—	0
60	JP1998084812A	动物实验用自由移动装置	1996	蛭田政宏	A01K 67/00	药理试验装置	3	否	—	—	2
61	JP3033401U	陈列架分隔件	1996	阿部忠弘	A47F 5/00	其他装置	3	是	2000-10-30	—	0
62	JP1998194251A	自动开袋机	1997	橘ヶ谷修司；望月茂利；小股利裕	B65B 69/00	包装装置	4	否	—	—	8

续表

序号	公开号	发明名称	申请年份	发明人	主分类号	主题类型	申请权利要求项数/项	是否授权	专利权失效时间	进入国家或地区	同族被引证数/次
63	JP1999337389A	实验用小动物体重和摄食量的自动测量装置	1998	蛭田政宏	A01K 1/03	药理试验装置	5	否	—	—	11
64	JP2001058627A	包装用容器	1999	佐田淳；山口誠；岡村正信；高木崇	B65D	包装装置	5	是	目前仍有效	—	1
65	JP2000238845A	密封容器	1999	佐田淳；日高隆一郎；岡村正信；内山岩男	B65D 77/20	包装装置	6	否	—	—	3
66	JP2000309330A	密封容器	1999	佐田淳；三津間敏夫；小林進一郎；山口誠；内山岩男；高木崇	B65D 3/00	包装装置	9	是	2019-08-23	—	2
67	JP2002336280A	一种简易佩戴式口腔清洁具	2001	崎山泰祐；中村憲司	A61B 17/24	其他装置	8	否	—	—	9
68	JP2002336278A	口腔用清扫具	2001	崎山泰祐；中村憲司	A61C 15/02	其他装置	11	否	—	—	17
69	JP2005227238A	针孔检查装置	2004	小池隆；原田堅児；押尾理弘	G01N 21/894	检测装置	7	否	—	—	1
70	JP4586491B2	出库系统及出库方式	2004	津田亮一；西田眞；三村明義；八木稔之；新田正純	B65G 1/137	其他装置	6	是	目前仍有效	—	2
71	JP2007051117A	用于制造固体浴制剂的压块机和制备固体浴制剂的方法	2005	北崎宏典；碓井公利	A61K 8/00	制剂装置	5	是	目前仍有效	—	0

续表

序号	公开号	发明名称	申请年份	发明人	主分类号	主题类型	申请权利要求项数/项	是否授权	专利权失效时间	进入国家或地区	同族被引证数/次
72	JP4967255B2	低温杀虫方法和低温杀虫设备	2005	北崎宏典；碓井公利；服部雅彦；山本博章	A01M 1/00	生药种植、加工装置	6	是	2015-04-13	中国、日本	4
73	JP2007050359A	一种包料辊，其制备方法及包料机	2005	北崎宏典；碓井公利；辻野充；柳樂勝洋；土方泰一；家森修一	B01J 2/22	制剂装置	8	否	—	—	3
74	JP3111592U	PTP片包装体	2005	北川雅一	A61J 1/03	包装装置	3	是	2008-06-08	—	1
75	JP2007240326A	波形解析装置	2006	済木育夫；尾山卓也；柴垣ゆかり；山本雅浩；小川和生；松本千波；小嶋徹子	G01N 27/62	检测装置	15	否	—	—	2
76	JP5322045B2	使用二氧化碳的害虫防除方法及害虫防除装置	2008	宮ノ下明大；今村大郎；渡辺俊彦；山本博章	A01P 7/04	生药种植、加工装置	12	是	目前仍有效	中国、日本	7
77	JP2011084332A	装箱装置及装箱方法	2009	橘ヶ谷修司；岩崎英之	B65B 5/06	包装装置	9	否	—	—	4
78	JP5838504B2	使用机器人的容器清洁系统	2011	小松崎勉；名倉成之；安立美信；阿部尚之；堀井知弘；千賀茂樹	B08B 9/20	制剂装置	8	是	目前仍有效	—	12
79	JP5698112B2	一种四方密封包装体的制造装置及四方密封包装体的制造方法	2011	古田裕貴；橘ヶ谷修司；田平泰三；朝日雅之	B65B 9/02	包装装置	2	是	目前仍有效	—	0

续表

序号	公开号	发明名称	申请年份	发明人	主分类号	主题类型	申请权利要求项数/项	是否授权	专利权失效时间	进入国家或地区	同族被引证数/次
80	JP6007362B2	输送机装置和输送设备	2012	名仓成之；安立实信；千贺茂树；小松崎勉；阿部尚之；堀井知弘	B65G 21/00	制剂装置	4	是	目前仍有效	—	0
81	JP6059999B2	一种水溶液浓缩装置及方法	2013	叶山顺；望月茂利；间野日出男；石神淑生；柴田雅己	B01D 1/28	制剂装置	16	是	目前仍有效	中国，日本	1
82	JP2015078028A	滑动阻尼器和粉末供应装置	2013	小松崎勉；阿部尚之；安藤正昭；千贺茂树	B65G 65/40	制剂装置	3	否	—	—	0
83	JP6408354B2	检查装置和生产管理方法	2014	井中千草；川口浩志；望月茂利；荻野隆则；岩濑英昭	G01N 21/90	检测装置	6	是	目前仍有效	—	3
84	JP2017083242A	粉末/颗粒材料计量给料器中的阀门装置	2015	西谷博久；齐须康仁；桥ヶ谷修司；朝日雅之；前川润哉	G01G 13/00	制剂装置	7	否	—	—	0
85	US20170007502A1	配制多组分药物的方法和设备	2016	森芳利；野田桂一；牧野文昌	A61J 3/02	制剂装置	14	否	—	美国	1
86	US20170074841A1	配制多组分药物的方法和设备	2016	森芳利；野田桂一；牧野文昌	G01N 30/86	制剂装置	20	是	目前仍有效	中国，欧洲，中国香港，日本，韩国，中国台湾，美国	4

附录 D 丸善制药甘草相关专利申请

序号	公开号	发明名称	申请年份	发明人	主分类号	主题类型	申请权利要求项数/项	是否授权	专利权失效时间	进入国家或地区	同族被引证数/次
1	JP65007191B2	N1-甘草次酸-N2-异烟肼	1962	—	—	化合物	—	是	—	日本	—
2	JP65009272B2	吡咯醇甘草酸盐	1963	—	—	化合物	—	是	—	日本	—
3	JP67007393B2	S-glycyrrhetinoylthiamines	1963	—	—	化合物	—	是	—	日本	—
4	JP68013658B2	由甘草酸及可溶性淀粉制成的甜味剂	1964	—	—	组合物	—	是	—	日本	—
5	JP67014944B2	甘草次酸酯	1964	—	—	化合物	—	是	—	日本	—
6	JPS497227B2	甘草酸呈味性质的改良方法	1965	才塚博雄	A23L1/26	制备方法	1	是	1985-11-17	日本	0
7	JP69011913B2	甘草酸盐	1965	—	—	化合物	—	是	—	日本	—
8	JP70025266B2	一种液体甜味剂的制备方法	1966	—	—	制备方法	—	是	—	日本	—
9	JP68029001B2	甘草抗溃疡物质	1966	—	—	用途	—	是	—	日本	—
10	JP68016049B2	非吸湿性甘草制剂	1966	—	—	组合物	—	是	—	日本	—
11	JP72007366B2	甘草次酸衍生物	1969	—	—	化合物	—	是	—	日本	—
12	JPS4910503B2	甘草酸衍生物的制备方法	1970	近藤安治	C07C103/86	制备方法	2	是	1990-12-24	日本	0

续表

序号	公开号	发明名称	申请年份	发明人	主分类号	主题类型	申请权利要求项数/项	是否授权	专利权失效时间	进入国家或地区	同族被引证数/次
13	JPS4910504B2	甘草酸衍生物的制备方法	1970	野事嘉造	C07C 103/86	制备方法	2	是	1990-12-24	日本	0
14	JPS4828463A	甘草酸衍生物的制备方法	1971	近藤安治	—	制备方法	1	否	—	日本	1
15	JP48005752A	甘草次酸衍生物	1971	—	—	化合物	—	否	—	日本	—
16	JPS4881848A	甘草酸衍生物的制备方法	1972	近藤安治	—	制备方法	3	否	—	日本	1
17	JPS4888213A	甘草成分的分离方法	1972	宫崎文雄	—	制备方法	1	是	1992-03-01	日本	6
18	JPS49124217A	从甘草提取物中分离精制甘草酸的方法	1973	難波恒雄	A61K35/78	制备方法	1	是	1993-04-02	日本	3
19	JPS5379853A	O-α-(对氯苯氧基)异丁酰基-甘草次酸酯及其制备方法	1976	服部一義；近藤安治	C07C 69/22	化合物	1	否	—	日本	0
20	JPS5655398A	甘草甜素的纯化方法	1979	中村喜孝；横田敏博；谷口民男	C07H 15/256	制备方法	2	否	—	日本	7
21	JPS5642560A	水溶性甜味剂固体物质的制备方法	1979	幣原信忠	A23L 27/00	制备方法	2	否	—	日本	12
22	JPS5651500A	甘草甜素的净化方法	1979	中村喜孝；倉本隆志；井元勝惠	C07H 15/256	制备方法	2	是	1999-10-04	日本	2
23	JPS5686199A	甘草甜素的纯化方法	1979	中村喜孝；小川進	C07H 15/256	制备方法	2	是	1999-12-15	日本	3
24	JPS5696678A	甜味剂	1979	倉本隆志；中浦正治；亀田孝	A23L 27/00	用途	1	否	—	日本	1

续表

序号	公开号	发明名称	申请年份	发明人	主分类号	主题类型	申请权利要求项数/项	是否授权	专利权失效时间	进入国家或地区	同族被引证数/次
25	JPS5697298A	甘草甜素的分离纯化方法	1979	中村喜孝；有田利弘	C07H 15/256	制备方法	1	否	—	日本	2
26	JPS56125306A	透明化妆品	1980	近藤光男；大谷泰未；宫下晶；冈田宪三；仓本隆志	A61K 7/00	组合物、化妆品	6	是	2000-01-14	日本	3
27	JPS5762214A	乳脂状或乳液状化妆品	1980	南野博美；大谷泰未；近藤光男；宫下晶；冈田宪三；仓本隆志	A61K 8/60	组合物、化妆品	12	是	2000-04-27	日本、美国、法国、英国	5
28	JPS56115797A	18-α-甘草酸及其制剂	1980	宫下晶；冈田宪三；仓本隆志	A23L 27/00	化合物	3	是	1999-05-17	日本、美国、法国、英国	0
29	JPS56128795A	甘草甜素的纯化	1980	小川进；马场保；古市光春；一濑尚；落海司	C07H 15/256	制备方法	3	是	2000-03-12	日本	5
30	JPS57144297A	甘草甜素的纯化方法	1981	中村喜孝	C07H 15/256	制备方法	1	否	—	日本	0
31	JPS588044A	11-脱氧甘油基甘草酸盐和含有与活性成分相同的药物	1981	丰岛滋；藤村一；伊藤俊介；近藤安治	A61K 31/19	化合物	2	是	1998-10-18	日本、欧洲、德国	25
32	JPS57129668A	风味促进剂及其制备方法	1981	中村喜孝	A23L 27/10	制备方法、食品	2	否	—	日本	0
33	JPS57129669A	风味促进剂及其制备方法	1981	中村喜孝	A23L 27/10	制备方法、食品	2	否	—	日本	0

续表

序号	公开号	发明名称	申请年份	发明人	主分类号	主题类型	申请权利要求项数/项	是否授权	专利权失效时间	进入国家或地区	同族被引证数/次
34	JPS57145897A	甘草甜素的纯化方法	1981	中村喜孝	C07H 15/256	制备方法	1	否	—	日本	2
35	JPS57159800A	甘草甜素的纯化方法	1981	山本正次；小川进	C07H 15/256	制备方法	2	否	—	日本	1
36	JPS5836368A	固体甜味剂的制备方法	1981	才塚博雄；中浦正治；田村幸吉	A23L 27/00	制备方法	2	否	—	日本	10
37	JPS58116420A	抗溃疡物质的制备方法	1981	吉田正也；堤龍彦；横田敏博	A61K 36/48	制备方法	1	否	—	日本	2
38	JPS58180455A	11-脱氧甘草次酸的制备方法	1982	伊藤俊介；近藤安治	C07C 51/367	制备方法	1	是	1999-08-13	日本	0
39	JPS58217583A	抗氧化剂的制备方法	1982	堤龍彦	C09K 15/34	制备方法	1	是	2002-06-11	日本	7
40	JPS5946210A	抗菌和抗真菌剂	1982	村上文和	A01N 65/00	用途	2	是	2002-09-09	日本	12
41	JPS5970638A	11-脱氧甘草次酸的制备方法	1982	黑野昌庸；海野良一；伊藤俊介；近藤安治	C07C 62/32	化合物、用途	1	是	2001-05-29	日本	1
42	JPS59172420A	肝脏疾病治疗剂	1983	澤井喜一；藤村一；豊島滋；黑野昌庸；林元英；池田真一；近藤安治	A61K 31/22	用途	1	是	1998-01-10	日本	3
43	JPS6038392A	11-脱氧甘草次酸的制备方法	1983	冈田憲三	C07H 15/256	制备方法	1	是	1998-02-11	日本	4
44	JPS6044580A	抗氧化剂	1983	堤龍彦	C09K 15/34	用途	3	否	—	日本	3
45	JPS60163895A	甘草次酸的制备方法	1984	倉本隆志；冈田茂孝；至哲雄	C07H 15/256	制备方法	3	否	—	日本	3

续表

序号	公开号	发明名称	申请年份	发明人	主分类号	主题类型	申请权利要求项数/项	是否授权	专利权失效时间	进入国家或地区	同族被引证数/次
46	JPS60164484A	新型水解酶及其制备方法	1984	仓本隆志；冈田茂孝；室哲雄	C12N 9/24	酶、制备方法	3	否	—	日本	2
47	JPS6137798A	纯化甘草酸的方法	1984	余陵隆；币原信忠；中浦正治	C07H 15/256	制备方法	2	是	1998-12-24	日本	3
48	JPS61112006A	甘草酸组合物的水溶液	1984	池田孝夫；神原敏光	A61K 8/30	组合物	2	否	—	日本	3
49	JPS6320395A	稳定的棕榈油组合物	1986	高梢丁士	C11B 5/00	组合物	2	否	—	日本	1
50	JPS63110290A	稳定的硬化油组合物	1986	高梢丁士	C11B 5/00	组合物	2	否	—	日本	0
51	JPS6320383A	抗氧化剂	1986	高梢丁士	C11B 5/00	用途	3	否	—	日本	2
52	JPS62164650A	甘草饮酸衍生物和合有所述衍生物的抗溃疡剂	1986	冈田宪三；吉田正也	A61K 31/215	化合物、用途	2	否	—	日本	3
53	JPS62223291A	抗氧化和抗菌物质制备方法	1986	币原信忠；才塚博雄	C09K 15/34	制备方法	2	否	—	日本	7
54	JPS62224246A	家畜和家禽饲料添加剂	1986	币原信忠；才塚博雄；高田昭良；羽田洋	A23K 1/16	组合物	1	否	—	日本	3
55	JPS63109759A	坚果组合物具有特久的风味	1986	高梢丁士	A23L 25/00	组合物、食品	4	否	—	日本	1
56	JPS63145367A	类胡萝卜素色素组合物	1986	高梢丁士	C09B 61/00	组合物	2	是	1998-07-05	日本	20
57	JPS63145208A	天然防腐剂	1986	币原信忠；田村幸吉	A01N 63/00	组合物	1	否	—	日本	6

续表

序号	公开号	发明名称	申请年份	发明人	主分类号	主题类型	申请权利要求项数/项	是否授权	专利权失效时间	进入国家或地区	同族被引证数/次
58	JPS63218670A	2-(2',4'-二羟基苯基)-4-甲氧基-5-(3-甲基丁基)-6-羟基香豆酮和优质防腐剂	1987	冈田宪三；高柿丁士；平贺敬夫	A23L 3/34	化合物	2	是	1999-10-03	日本	3
59	JPH01102092A	甘草甜素的制备方法	1987	田村幸吉；中村重治；后藤胜美	C07H 15/256	制备方法	1	是	2003-11-14	日本	12
60	JPH01149706A	美白化妆品	1987	高柿丁士	A61K 8/96	用途、化妆品	1	否	—	日本	12
61	JPH01157909A	紫外线吸收剂	1987	高柿丁士	C09K 3/00	用途	3	是	2007-11-21	日本	17
62	JPH01226822A	甘草次酸衍生物的药物组合物	1988	古谷力；膳昭之助；会泽辰男；吉田正也；大嶽信弘	C07H 15/256	用途	3	是	2003-04-25	日本	3
63	JPH01311011A	抑制黑色素的外用药物	1988	堤龙彦	C12N 9/99	用途	3	是	2008-06-09	日本	17
64	JPH02134324A	抗皮肤真菌剂	1988	田村幸吉	A61K 8/96	用途	2	是	2008-11-15	日本	3
65	JPH02204417A	疏水性甘草黄酮类制剂	1989	高柿丁士	A23L 3/3472	化合物	1	是	2009-02-02	日本	34
66	JPH02204495A	甘草疏水性黄酮类化合物的提取方法	1989	高柿丁士	A23L 3/3472	制备方法	2	否	—	日本	22
67	JPH02207768A	从含甘草甜素的溶液中去除苦味的方法	1989	币原信惠；仓本隆志；汤木隆；高屋巍夫	A23L 5/20	制备方法	1	是	2004-08-28	日本	4

续表

序号	公开号	发明名称	申请年份	发明人	主分类号	主题类型	申请权利要求项数/项	是否授权	专利权失效时间	进入国家或地区	同族被引证数/次
68	JPH02233795A	抗氧化剂	1989	高柿丁士	C12N 9/99	用途	2	是	2009-03-08	日本	6
69	JPH0315397A	葡萄糖酯甘草次酸盐的制备方法和抗炎剂	1989	古合力；会泽辰男；吉田正也；大嶽信弘	C12P 33/00	制备方法、用途	3	否	—	日本	2
70	JPH037300A	甘草次酸的衍生物及其制备方法	1989	古合力；会泽辰男；田村幸吉；大嶽信弘	C07H 15/256	化合物、制备方法	3	否	—	日本	0
71	JPH0381227A	超氧化物去除剂	1989	野崎正勝；堤龍彦	A23L 5/20	用途	2	否	—	日本	3
72	JPH03109314A	抗龋剂	1989	西田紘一；川合俊弘；田村幸吉；堤龍彦	C07D 311/58	用途	3	否	—	日本	5
73	JPH03117466A	甜味剂	1989	田村幸吉；土居茂樹；倉本隆志；中浦正治	A23L 27/30	用途、食品	6	是	2009-05-15	日本	3
74	JPH03123465A	味道改善方法	1989	中村喜孝；山本正次	A23L 17/60	使用方法	1	是	2009-06-12	日本	0
75	JPH03127960A	甜味剂	1989	中村喜孝；山本正次	A23L 27/00	化合物、食品	1	是	2009-05-15	日本	2
76	JPH03173827A	鱼类感染预防剂及预防感染的方法	1989	塩滴捷夫；会澤辰男；大嶽信弘	A01K 61/00	用途	2	否	—	日本	1
77	JPH03175934A	用于渔业的甘草制剂	1989	塩滴捷夫；会澤辰男；大嶽信弘	A23K 1/18	用途、组合物	1	否	—	日本	1
78	JPH03294234A	抑制甘草酸甜味的方法	1990	幣原信忠；土居茂樹；藤倉淳子	C07H 15/256	使用方法	3	是	2006-04-14	日本	2

续表

序号	公开号	发明名称	申请年份	发明人	主分类号	主题类型	申请权利要求项数/项	是否授权	专利权失效时间	进入国家或地区	同族被引证数/次
79	JPH04166040A	用于香鱼的饲料添加剂及饲料	1990	渡辺武；会澤辰男；大簱信弘	A23K 1/18	用途	2	否	—	日本	3
80	JPH0423965A	风味改良剂	1990	山本正次；土居茂樹	A23L 29/00	用途	1	是	2009-11-27	日本	3
81	JPH0423982A	新的 β-葡萄糖醛酸酶	1990	倉本隆志；田村幸吉	C12N 9/24	酶	1	是	2008-10-22	日本	5
82	JPH0423998A	单葡萄糖醛酸基甘草次酸的制备方法	1990	倉本隆志；田村幸吉；水谷健二	C12N 9/24	制备方法	3	是	2009-02-19	日本	0
83	JPH0426607A	化妆品	1990	倉本隆志；岡田憲三	A61K 8/60	用途、化妆品	1	是	2010-04-09	日本	0
84	JPH0426608A	透明化妆品	1990	倉本隆志；岡田憲三	A61K 8/60	用途、化妆品	1	是	2005-04-09	日本	2
85	JPH0570349A	抗纤溶酶剂	1991	堤龍彦；橘井洋子	A61K 31/35	用途	1	是	2011-06-04	日本	6
86	JPH05306228A	癌症进展抑制剂	1992	小塚隆夫；德田春邦；水谷健二；田村幸吉；倉本隆志	A61K 31/7028	用途	1	是	2012-04-24	日本	0
87	JPH06157277A	皮肤化妆品	1992	小川進	A61K 31/352	用途、化妆品	1	是	20121119	日本	18
88	JPH06256150A	皮肤化妆品	1993	小川克樹	C07C 39/21	用途、化妆品	1	是	2013-03-01	日本	7
89	JPH06256151A	皮肤化妆品	1993	小川克樹	A61K 8/98	用途、组合物、化妆品	1	是	2013-03-01	日本	8

续表

序号	公开号	发明名称	申请年份	发明人	主分类号	主题类型	申请权利要求项数/项	是否授权	专利权失效时间	进入国家或地区	同族被引证数/次
90	JPH0625 6152A	皮肤化妆品	1993	小川克樹	A61Q 19/00	用途、化妆品	1	是	2013-03-01	日本	8
91	JPH0630 5932A	皮肤外用剂	1993	神原敏光；倉本隆志	A61K 7/00	用途	1	否	—	日本	10
92	JPH0889 224A	食品防腐性改善方法和食品防腐剂	1994	山本正攸	A63H 30/04	用途、食品	5	是	2014-09-20	日本	19
93	JPH0827 5792A	光甘草定的生产方法	1995	田村幸吉；小田真弓	C12N 9/99	制备方法	3	是	2013-01-30	日本	1
94	JPH1129 9426A	冰淇淋般的食物	1998	大野雅美；山本正攸	A23G 9/44	用途、食品	3	否	—	日本	12
95	JP2000 191498A	胶原蛋白生产促进剂和皮肤外用剂	1998	神原敏光；川嶋善仁	A61K 36/48	用途	3	是	2018-12-24	日本	35
96	JP2001 163718A	皮脂分泌抑制剂和皮肤外用剂	1999	岸田直子；周艶陽；神原敏光	A61K 7/00	用途	4	是	2007-03-27	日本	19
97	JP2000 239176A	含疏水性甘草提取物的组合物	1999	田川正人；李金華；池田孝夫；堤龍彦	A61K 36/48	组合物、用途	9	是	2013-12-04	日本	13
98	JP2000 314085A	纤维结构及其加工方法	1999	小川進；傍島光郎；亀井隆次	A61K 31/7028	用途、材料	4	是	2018-01-22	日本	7
99	JP2002 097151A	皮肤外用剂	2000	木曽昭典；川嶋善仁；周艶陽	A61K 36/24	用途、化妆品	12	是	目前仍有效	日本	11
100	JP2002 138029A	皮肤化妆品	2000	秦ゆう子；堤龍彦	A61K 8/31	组合物	2	否	—	日本	2
101	JP2002 179585A	骨代谢改善剂和用于预防或治疗骨质疏松症的食品或饮料	2000	神原敏光；木曽昭典；川嶋善仁；腰原康子	A61K 36/48	用途、食品	4	是	目前仍有效	日本	29

续表

序号	公开号	发明名称	申请年份	发明人	主分类号	主题类型	申请权利要求项数/项	是否授权	专利权失效时间	进入国家或地区	同族被引证数/次
102	JP2003063946A	浴用剂组合物	2001	山本進	A61K 8/97	用途、化妆品	1	否	—	日本	1
103	JP2002346575A	残留氯去除剂	2001	伊藤洋子	A61K 8/97	用途	1	否	—	日本	14
104	JP2002363054A	聚丝蛋白合成促进剂	2001	大戸信明；神原敏光；鳥居宏右；岡野由利；正木仁	A61K 36/48	用途	6	是	2021-06-05	日本	31
105	JP2002363086A	骨代谢改善剂和用于预防或治疗骨质疏松症的食品或饮料	2001	川嶋善仁；木曽昭典	A61K 36/48	用途、食品	7	是	2015-05-18	日本	11
106	JP2003081744A	抗氧化剂	2001	山本進；周艶陽	C09K 15/34	用途	2	是	目前仍有效	日本	16
107	JP2003238379A	皮肤化妆品和头发化妆品	2002	秦ゆう子；堤龍彦	A61K 8/33	用途、组合物	2	否	—	日本	18
108	JP2003367882A	皮肤化妆品	2002	岸田直子；新田奈美	A61K 8/97	组合物、化妆品	5	否	—	日本	9
109	JP2004065128A	含有甘草油性提取物的可溶性组合物，饮料，液体调味料，化妆品和医药部外品	2002	山本正次；大野裕和；南条文雄	A61K 8/97	组合物、化妆品、食品	8	是	目前仍有效	日本	22
110	JP2004091393A	生产结晶甘草酸单铵的方法	2002	清水健司；小川薫；兼永洋希；高橋雅彦	C07H 15/24	制备方法	9	是	2014-06-05	日本	0
111	CN1520811A	含有油溶性甘草提取物的外用剂组合物及其稳定化的方法	2003	青山知令	A61K 31/35	组合物	19	否	—	中国	1

续表

序号	公开号	发明名称	申请年份	发明人	主分类号	主题类型	申请权利要求项数/项	是否授权	专利权失效时间	进入国家或地区	同族被引证数/次
112	KR20040073681A	含有油溶性甘草提取物的外用剂组合物及其稳定化的方法	2003	青山知令	A61K 8/23	组合物	19	否	—	韩国	2
113	JP2004250368A	细胞紫外线损伤改善剂	2003	大户信明；木曾昭典；川嶋善仁；土肥圭子	A61Q 19/00	用途	6	否	—	日本	3
114	JP2004285018A	头发化妆品	2003	山本進	A61K 8/97	用途、化妆品	2	否	—	日本	6
115	JP2004293385A	抗鱼致病菌的抗菌剂及其生产方法	2003	大野裕和；山本正次；芝恒男；前田俊道；古下学	A61K 35/78	用途、制备方法	3	否	—	日本	16
116	JP2004300048A	内皮素-1mRNA表达抑制剂	2003	木曾昭典	A61K 31/56	用途	6	是	目前仍有效	日本	14
117	JP2004352697A	酪氨酸酶表达抑制剂	2003	岸田直子	A61K 8/96	用途	1	否	—	日本	15
118	JP2005314285A	植物病害防治剂、生产方法，农药和肥料	2004	大野裕和；宫川久義	A01N 65/00	用途、农药	6	是	目前仍有效	日本	8
119	JP2006045121A	抗菌性组合物	2004	田村幸吉；三好省三；小西正鹹；大塚百合	A61K 36/48	组合物、药品、食品、化妆品	9	是	目前仍有效	日本	22
120	WO2006098006A1	抗炎剂	2005	三宅康夫；伊藤洋子	A61K 36/48	用途	12	是	目前仍有效	日本、中国、欧洲、美国	14

续表

序号	公开号	发明名称	申请年份	发明人	主分类号	主题类型	申请权利要求项数/项	是否授权	专利权失效时间	进入国家或地区	同族被引证数/次
121	JP2006298877A	植物病害防治剂，农药和化肥	2005	大野裕和；山本正次；宫川久义	A01N 65/00	用途、农药	4	是	2017-07-01	日本	10
122	JP2007070240A	鱼病防治剂及其生产方法和饲料	2005	大野裕和；福田穰；朝井隆元	A23K 1/18	用途	3	是	目前仍有效	日本	8
123	WO2007055230A1	脂溶性甘草根提取物的还原产物及其制备方法	2005	伊藤洋子；三宅康夫；冈田宪三	A61K 8/96	化合物、用途	20	否	—	日本	12
124	JP2007326806A	抑菌剂，洗涤剂和皮肤化妆品	2006	中原达雄	C11D 7/44	用途、组合物	7	是	目前仍有效	日本	13
125	JP2008255051A	神经酰胺合成促进剂	2007	土肥圭子；木曾昭典	A61K 36/48	用途	6	否	—	日本	6
126	JP2008273875A	干细胞生长因子表达升高抑制剂	2007	土肥圭子	A61K 36/18	用途	1	是	目前仍有效	日本	19
127	JP2009001523A	抗雄激素药，生发剂和头发化妆品	2007	村上直子；村上敏之	A61K 8/35	用途、化妆品	5	否	—	日本	1
128	JP2009107983A	美拉德反应抑制剂，抗衰老剂和皮肤外用剂	2007	村上直子	A61K 8/97	用途、化妆品	3	否	—	日本	17
129	JP2009114146A	转谷氨酰胺酶-1生成促进剂和外皮蛋白生成促进剂	2007	木曾昭典	A61K 31/704	用途	4	否	—	日本	15
130	JP2009132662A	谷胱甘肽生产促进剂	2007	大户信明	A61K 36/18	用途	1	否	—	日本	45

续表

序号	公开号	发明名称	申请年份	发明人	主分类号	主题类型	申请权利要求项数/项	是否授权	专利权失效时间	进入国家或地区	同族被引证数/次
131	JP2009155293A	发酵的甘草提取物及其制备方法，含有发酵的甘草提取物的皮肤外用制剂和美容用食品	2007	田村幸吉；宫腰正纯；村上敏之；木曽昭典；周艳赐；合口隆雄；ダバンマァルマズムダル	A61K 36/48	提取物、用途、制备方法	9	是	2016-03-22	日本	5
132	JP2009298712A	抗氧化剂，抗炎剂，抗衰老剂，毛发生长剂，皮肤外用剂和食品和饮料	2008	宫腰正纯；新穂健二；渡邊介；水谷健二；高志	A61K 36/18	化妆品、食品	10	是	目前仍有效	日本	4
133	JP2009221148A	鱼类免疫刺激剂和鱼类免疫刺激饲料	2008	大野裕和；福田穣；山本義博；三吉素之	A23K 1/18	用途	2	否	—	日本	2
134	JP2009256270A	胰岛素样生长因子-1表达促进剂	2008	土肥圭子	A61K 36/896	用途	2	否	—	日本	18
135	JP2009256271A	水通道蛋白3mRNA表达促进剂和皮肤保湿改善剂	2008	木曽昭典	A61K 36/18	用途	2	否	—	日本	9
136	JP2009256272A	ATP产生促进剂和表皮细胞活化剂	2008	岩橘弘恭	A61K 36/18	用途	2	否	—	日本	12
137	JP2009269889A	含胱甘肽生产促进剂，含胱甘肽缺乏引起的疾病的预防/治疗剂，食品	2008	大戸信明；村上敏之；大野裕和	A61K 31/352	用途、食品	3	是	目前仍有效	日本	11

续表

序号	公开号	发明名称	申请年份	发明人	主分类号	主题类型	申请权利要求项数/项	是否授权	专利权失效时间	进入国家或地区	同族数/次 引证数/次
138	JP2009298723A	Ⅳ型胶原蛋白生成促进剂	2008	周艳阳	A61K 8/97	用途	1	否	—	日本	8
139	JP2010090035A	胆固醇合成促进剂和透明质酸产生促进剂	2008	木曽昭典；新穂大介	A61K 31/353	用途	8	是	目前仍有效	日本	5
140	JP2010215571A	内皮素－1mRNA表达增加抑制剂	2009	屋敷圭子	A61K 36/18	用途	3	否	—	日本	5
141	WO2009136611A1	谷胱甘肽产生增强剂	2009	大戸信明	A61K 36/48	用途	6	是	目前仍有效	日本、韩国、美国	14
142	JP2011020965A	化妆品套装和化妆方法	2009	木曽昭典；周艳阳	A61N 5/06	用途、化妆品	9	否	—	日本	7
143	JP2011148715A	蛋白质羰基化抑制剂和皮肤透明度改进剂	2010	岩橋弘恭	A23L 1/30	用途、化妆品	2	否	—	日本	11
144	JP2011148732A	水通道蛋白3产生促进剂	2010	木曽昭典	A61K 8/63	用途	1	否	—	日本	3
145	JP2012062261A	用于改善情绪障碍的组合物	2010	宮腰正純、大野裕和；吉村裕之	A61K 8/60	用途、组合物	4	否	—	日本	4
146	JP2012121874A	抗糖化作用剂	2010	川嶋善仁	A61K 36/18	用途	1	是	目前仍有效	日本	11
147	JP2013035795A	新的苯基乙醇苷和皮肤化妆品	2011	岩崎大剛；周艳阳	C07H 15/18	化合物、化妆品	11	是	目前仍有效	日本	3
148	JP2013193959A	头发硬度改善剂	2012	奥田洋；屋敷圭子	A61K 36/48	用途	2	否	—	日本	1

续表

序号	公开号	发明名称	申请年份	发明人	主分类号	主题类型	申请权利要求项数/项	是否授权	专利权失效时间	进入国家或地区	同族数/次引证数/次
149	JP2014050357A	甘草次酸氢氧化物发酵产物及其制备方法	2012	大塚百合三；三好省三；村上敏之；屋敷圭子；田村幸吉	A61K 8/63	制备方法、化妆品	8	否	—	日本	0
150	JP2014150738A	鱼用饲料，防治鱼病的药物及鱼病防治方法	2013	大野裕和	A23K 1/18	用途、组合物	8	是	目前仍有效	日本	2
151	JP2013107907A	胰岛素样生长因子-1表达促进剂	2013	土肥圭子	A61K 36/48	用途	3	是	目前仍有效	日本	0
152	JP2014185130A	生发用头发化妆品	2013	鸟家圭悟；大户信明；岩桥弘恭	A61K 8/97	用途、化妆品	8	否	—	日本	2
153	JP2015070823A	水果和蔬菜的糖度改善剂，其制备方法和改善糖度的方法	2013	大野裕和	A01N 65/00	用途	3	是	目前仍有效	日本	0
154	JP2015151362A	骨关节炎改善剂	2014	大野裕和；野村義宏	A61K 36/48	用途	3	是	目前仍有效	日本	1
155	JP2017048155A	DKK1发现促进剂和增白剂	2015	木曽昭典	A61K 8/97	用途、化妆品	2	在审	—	日本	0

附录 E 东洋新药麦若叶及甘薯叶相关专利申请

序号	公开号	发明名称	申请年份	发明人	主分类号	主题类型	申请权利要求项数/项	是否授权	专利权失效时间	进入国家或地区	同族数引证数/次
1	JP2000300209A	麦若叶粉末	1999	服部利光	A23L 1/30	食品、制备方法	3	是	2019-04-26	—	4
2	JP2000245391A	健康食品	1999	服部利光	A23L 1/308	食品	2	是	2019-03-02	—	7
3	JP2001299204A	生产绿色植物粉末的方法	2000	津崎慎二；高垣欣也	A23L 1/30	制备方法	4	否	—	—	8
4	JP2001309766A	含有来自麦若叶成分的抗高血压食品	2000	津崎慎二；高垣欣也	A61K 36/28	用途	4	是	目前仍有效	—	9
5	JP2001314170A	含有来自麦若叶成分的抗胆固醇食品	2000	津崎慎二；高垣欣也	A23L 1/308	食品、用途	7	否	—	—	7
6	JP2001340061A	禾本科植物干燥绿叶粉的生产方法	2000	津崎慎二；高垣欣也	A23L 1/305	制备方法	2	否	—	—	1
7	JP2001340062A	含γ-氨基丁酸的禾本科植物或其干燥绿叶粉的生产方法	2000	津崎慎二；高垣欣也	A61K 31/197	制备方法	2	否	—	—	5
8	JP2001352942A	提高禾本科产品中γ-氨基丁酸含量的方法	2000	津崎慎二；高垣欣也	A23L 1/30	制备方法	7	是	2012-04-25	—	0
9	JP2002000226A	含有麦若叶的食品	2000	津崎慎二；高垣欣也	A23L 1/30	食品	1	否	—	—	9

续表

序号	公开号	发明名称	申请年份	发明人	主分类号	主题类型	申请权利要求项数/项	是否授权	专利权失效时间	进入国家或地区	同族数引证数/次
10	JP2002000227 A	含有来自麦若叶成分的预防高血压的食品	2000	津崎慎二；高垣欣也	A23L 1/30	食品	5	否	—	—	6
11	JP2002045147 A	芝麻青麦配方	2000	津崎慎二；高垣欣也	A23L 1/30	食品	6	否	—	—	3
12	JP2002051731 A	含有来自麦若叶成分的改善便秘的食品	2000	津崎慎二；高垣欣也	A23L 1/308	食品、用途	5	否	—	—	24
13	JP2002051753 A	含有来自麦若叶成分的青汁食品	2000	津崎慎二；高垣欣也	A23L 1/30	食品	5	否	—	—	14
14	JP2002058449 A	生产粉状乳清叶粉的方法	2000	津崎慎二；高垣欣也	A23L 1/30	制备方法	4	否	—	—	9
15	JP2002058458 A	芝麻大麦颗粒的制造方法	2000	津崎慎二；高垣欣也	A61K 9/16	制备方法	5	否	—	—	8
16	JP2002065205 A	美容保健食品含有来自麦若叶的成分	2000	津崎慎二；高垣欣也	A23L 1/305	食品	6	否	—	—	10
17	JP2002065206 A	免疫赋活食品	2000	津崎慎二；高垣欣也	A23L 1/305	食品、用途	8	否	—	—	9
18	JP2002068952 A	化妆品	2000	津崎慎二；高垣欣也	A61K 8/44	化妆品	5	否	—	—	6
19	JP2002153239 A	健康食品	2000	高垣欣也	A23L 1/30	用途	2	否	—	—	2
20	JP2002065175 A	动物饲料	2000	津崎慎二；高垣欣也	A23K	饲料、制备方法	4	是	2013-01-31	—	12
21	JP2002065204 A	禾本科植物绿叶粉末的制备方法	2000	津崎慎二；高垣欣也	A23L 1/305	制备方法	4	是	目前仍有效	—	14

续表

序号	公开号	发明名称	申请年份	发明人	主分类号	主题类型	申请权利要求项数/项	是否授权	专利权失效时间	进入国家或地区	同族被引证数/次
22	JP2002000212A	生产粉状乳清叶粉的方法	2000	津崎慎二；高垣欣也	A23L 1/30	制备方法	3	是	目前仍有效	—	11
23	JP2002034446A	生产绿色植物干燥绿叶粉的方法	2000	津崎慎二；高垣欣也	A23L 1/30	制备方法	4	是	目前仍有效	—	3
24	JP2002065227A	健康茶和健康饮料及其制造方法	2000	津崎慎二；高垣欣也	A23F 3/14	食品、制备方法	14	是	2012-06-27	—	43
25	JP2002142721A	具有提高钙利用效率的含有膳食纤维的食品	2000	津崎慎二；高垣欣也	A23L 1/308	食品	4	是	目前仍有效	—	11
26	JP2002000228A	含有米白麦若叶成分的抗高血压食品	2000	津崎慎二；高垣欣也	A23L 1/30	用途	2	是	2014-02-22	—	8
27	WO2002041712A1	含有麦若叶粉的食品	2000	津崎慎二；高垣欣也	A23F 3/14	食品、用途	7	是	—	澳大利亚、加拿大、欧洲、美国	14
28	JP2002218945A	用于含膳食纤维的食品的黏合剂及其成型方法	2001	高垣欣也；丸山真二郎	A23L 1/00	食品、制备方法	8	否	—	—	17
29	JP2002275076A	血糖升高抑制剂和保健食品	2001	高垣欣也；丸山真二郎	A61K 35/78	用途	6	否	—	—	33
30	JP2003000178A	生产粉状乳清叶粉的方法	2001	高垣欣也；丸山真二郎	A23L 1/30	制备方法	5	否	—	—	12
31	JP2003000194A	健康食品	2001	高垣欣也；丸山真二郎	A23L 1/302	食品、用途	2	否	—	—	2

续表

序号	公开号	发明名称	申请年份	发明人	主分类号	主题类型	申请权利要求项数/项	是否授权	专利权失效时间	进入国家或地区	同族数引证数/次
32	JP2003009813A	健康食品	2001	高垣欣也;丸山真二郎	A23L 1/308	食品、用途	3	否	—	—	8
33	JP2003144093A	健康食品	2001	高垣欣也;丸山真二郎	A61K 36/28	食品	3	是	目前仍有效	—	12
34	JP2002262817A	麦若叶末的混合方法及所得混合粉末	2001	高垣欣也;丸山真二郎	A23L 1/30	制备方法	3	是	目前仍有效	—	1
35	JP2003144092A	含有麦若叶的食品	2001	高垣欣也;丸山真二郎	A23L 1/308	食品	2	是	目前仍有效	—	3
36	JP2003061614A	健康食品	2001	高垣欣也;丸山真二郎	A23L 1/308	食品	3	是	目前仍有效	—	6
37	JP2003052334A	减肥食品	2001	高垣欣也;丸山真二郎	A23L 1/308	食品、用途	2	是	目前仍有效	—	2
38	JP2002272416A	健康食品	2001	高垣欣也;丸山真二郎	A23L 1/30	用途	1	是	2013-06-18	—	0
39	JP2002305933A	叶茎枕	2001	高垣欣也;桧垣隆利;山田真义	A01D 43/077	医疗器械	5	是	2014-03-18	—	5
40	WO2002074104A1	含有麦若叶粉的食品	2001	高垣欣也;丸山真二郎	A23L 1/30	食品、用途	9	是	—	—	4
41	JP2003250480A	由麦若叶制成的去口臭食品	2002	高垣欣也;丸山真二郎	A61K 9/16	食品;制备方法	5	否	—	—	4

续表

序号	公开号	发明名称	申请年份	发明人	主分类号	主题类型	申请权利要求项数/项	是否授权	专利权失效时间	进入国家或地区	同族被引证数/次
42	JP2003250492A	由麦子嫩叶子碎粒制成的咀嚼食品	2002	高垣欣也；丸山真二郎	A23L 1/30	食品、制备方法	5	否	—	—	2
43	JP2003250493A	由麦若叶颗粒组成的预防蛀牙的食品	2002	高垣欣也；丸山真二郎	A23L 1/30	食品、制备方法	5	否	—	—	2
44	JP2003325134A	健康食品	2002	高垣欣也	A23L 1/30	食品	4	否	—	—	8
45	JP2003325135A	健康食品	2002	高垣欣也	A61K 31/7042	食品	4	否	—	—	23
46	JP2003334022A	改善耐力用食品组合物	2002	高垣欣也	A23L 1/30	食品、用途	4	否	—	美国	14
47	JP2003334024A	健康食品	2002	高垣欣也	A23L 1/30	食品	1	否	—	—	5
48	JP2003334025A	健康食品	2002	高垣欣也	A23L 1/30	食品	1	否	—	—	4
49	JP2003334026A	健康食品	2002	高垣欣也	A61K 31/734	食品	1	否	—	—	6
50	JP2003334028A	健康食品	2002	高垣欣也	A23L 1/30	食品	1	否	—	—	5
51	JP2003334029A	健康食品	2002	高垣欣也	A23L 1/28	用途	1	否	—	—	1
52	JP2003334030A	健康食品	2002	高垣欣也	A23L 1/30	食品	1	否	—	—	4
53	JP2003339347A	健康食品	2002	高垣欣也	A61K 31/352	用途	1	否	—	—	0
54	JP2003339348A	健康食品	2002	高垣欣也	A23L 1/30	用途	1	否	—	—	3
55	JP2003339349A	健康食品	2002	高垣欣也	A23L 1/30	用途	1	否	—	—	2
56	JP2003339350A	减肥食品	2002	高垣欣也	A61K 31/702	用途	1	否	—	—	9
57	JP2003339351A	健康食品	2002	高垣欣也	A23L 1/30	食品	1	否	—	—	0
58	JP2004033170A	健康食品	2002	高垣欣也	A23L 1/30	食品	1	否	—	—	4

续表

序号	公开号	发明名称	申请年份	发明人	主分类号	主题类型	申请权利要求项数/项	是否授权	专利权失效时间	进入国家或地区	同族数/次 引证数/次
59	JP2004065018A	健康食品	2002	高垣欣也；三井雄史	A61K 36/48	食品	4	是	目前仍有效	—	17
60	JP2004115466A	皮肤外用剂	2002	高垣欣也；三井雄史	A61K 31/353	用途	4	否	—	—	23
61	JP2004123622A	改善血流外用剂	2002	高垣欣也；三井雄史	A61K 8/97	用途	4	否	—	—	17
62	JP2004159547A	绿叶末	2002	高垣欣也；三井雄史	A23L 1/30	制备方法	2	否	—	—	3
63	JP2004175719A	与生活习惯有关的疾病的预防剂	2002	高垣欣也；三井雄史	A61K 36/18	用途	4	否	—	—	5
64	JP2003250464A	由麦若叶组成的动物饲料	2002	高垣欣也；丸山真二郎	A23K 1/00	饲料、制备方法	5	是	2014-07-02	—	17
65	JP2003250495A	麦若叶粉的颗粒状材料及其制备方法	2002	高垣欣也；丸山真二郎	A23L 1/30	制备方法	7	是	目前仍有效	—	12
66	JP2004000210A	芝麻大麦颗粒的制造方法	2003	津崎慎二；高垣欣也	A61K 9/16	制备方法	3	否	—	—	1
67	JP2004115503A	具有增强的抗高血压作用的禾本科植物绿叶处理产品	2003	高垣欣也；三井雄史	A61K 35/78	用途、制备方法	6	否	—	—	2
68	JP2004290005A	黑醋	2003	高垣欣也；三井雄史	C12J 1/00	食品	4	否	—	—	1
69	JP2005237291A	健康食品	2004	高垣欣也；三井雄史	A23L 1/308	食品	2	否	—	—	6
70	JP2006045178A	含有麦若叶加工物的组合物	2004	森贞夫	A61K 47/26	制剂	4	是	目前仍有效	—	4
71	JP2004277411A	甘薯淀粉粕的干燥粉末和含有它的组合物	2004	森贞夫	A23K 1/00	制备方法	3	否	—	日本	2

续表

序号	公开号	发明名称	申请年份	发明人	主分类号	主题类型	申请权利要求项数/项	是否授权	专利权失效时间	进入国家或地区	同族被引证数次
72	JP2005278596A	甘薯茎叶处理物的制备方法	2004	菅原晃美；顧炯炎；深澤秀夫；吉元誠；高垣欣也；森貞夫	A23L 1/30	制备方法	2	否	—	日本	8
73	JP2005330240A	抗高血压药	2004	吉元誠；石黑浩二；倉田理惠；高垣欣也；森貞夫	A61K 31/216	制剂、用途	4	否	—	日本	5
74	WO2006038308A1	用于预防或治疗Ⅱ型糖尿病的组合物	2004	高垣欣也；鍔田仁人	A61K 31/216	制剂、用途	4	同族只有WO	—	—	0
75	JP2005124589A	生产粉状乳清叶粉的方法	2005	高垣欣也；丸山真二郎	A23L 1/30	制备方法	4	否	—	—	2
76	JP2006325471A	用于烘焙糖果的组合物及烘焙的糖果	2005	高垣欣也；浦川明子	A21D 13/08	食品	6	否	—	—	8
77	JP2006042805A	含有麦苕叶加工物的颗粒	2005	高垣欣也；森貞夫	A23L	制剂、制备方法	3	是	目前仍有效	—	8
78	JP2006262889A	含有松科和特定成分的食品	2005	高垣欣也	A23L	食品	2	是	目前仍有效	—	5
79	JP2005328843A	聚集沉淀得到改善的含有壳聚糖叶组合物及饮料	2005	亀山博；前崎祐二；水飼康之；池口主弥；高垣欣也	A61K 31/722	制剂	8	是	目前仍有效	—	1
80	JP2006151951A	肠运动改善剂	2005	高垣欣也；池口主弥	A61K 36/899	制备方法	4	是	目前仍有效	—	0

续表

序号	公开号	发明名称	申请年份	发明人	主分类号	主题类型	申请权利要求项数/项	是否授权	专利权失效时间	进入国家或地区	同族数引证数/次
81	JP2006006317A	味道调节剂	2005	高垣欣也	A23L 1/03	食品、用途	3	否	—	日本	2
82	JP2006006318A	味道调节剂	2005	高垣欣也	A23L 1/03	食品	3	否	—	日本	2
83	JP2006008665A	甘薯茎叶的提取物	2005	高垣欣也	A23L 1/212	制备方法	6	否	—	日本	11
84	JP2006045212A	含有特定奎尼酸衍生物的口服组合物	2005	高垣欣也	A61K 31/216	制剂、化合物、用途	6	否	—	日本	14
85	JP2007020465A	加工食品用原料	2005	高垣欣也	A23L 1/214	食品	4	否	—	日本	0
86	JP2007031313A	外用剂用原料	2005	高垣欣也	A61K 8/00	用途	3	否	—	日本	0
87	JP2008208030A	肝脏脂质蓄积抑制剂	2005	高垣欣也	A61K 36/18	制剂	2	否	—	日本	7
88	JP2006230225A	抗肥胖剂	2005	高垣欣也	A61K 31/122	用途	2	是	目前仍有效	日本	8
89	JP2005328844A	含有壳聚糖、绿叶素组合物，改善漂浮和凝结沉淀	2005	龟山博；前崎祐二；水饲康之；池口主弥；高垣欣也	A23L 1/30	食品	7	是	目前仍有效	日本	3
90	JP2007119346A	糖尿病或糖尿病并发症预防剂	2005	吉元誠；高垣欣也；鍔田仁人；倉田理惠；森貞夫	A61K 31/216	制剂、用途	1	是	—	日本	14
91	JP2006306840A	抗肥胖剂和含有所述抗肥胖剂的食品	2006	高垣欣也	A61K 31/197	用途	2	否	—	—	2
92	JP2008048673A	食品组合物	2006	高垣欣也	A23L 1/30	食品	4	否	—	—	0
93	JP2007217479A	麦若叶肥皂	2006	高垣欣也	C11D 9/26	化妆品	2	是	目前仍有效	—	6
94	JP2006306851A	健康食品	2006	高垣欣也	A61K 31/197	用途	2	否	—	日本	5

续表

序号	公开号	发明名称	申请年份	发明人	主分类号	主题类型	申请权利要求项数	是否授权	专利权失效时间	进入国家或地区	同族被引证数/次
95	JP2006306852A	抗肥胖剂	2006	高垣欣也	A61K 36/18	用途	1	否	—	日本	3
96	JP2007091717A	洗涤剂	2006	高垣欣也	A61K 8/99	用途	2	否	—	日本	4
97	JP2007153871A	经皮吸收调节剂	2006	高垣欣也；榊教生	A61K 8/49	制剂	7	否	—	日本	7
98	JP2009011163A	抗酸化食品	2007	鰐田仁人	A23L 1/212	食品	3	否	—	—	2
99	JP2009060915A	含有来自麦若叶的成分的美容保健食品	2008	津崎慎二；高垣欣也	A23L 1/30	食品、用途	3	否	—	—	4
100	JP2009291128A	改善含有大麦若叶的食品和饮料的胶原蛋白风味的方法	2008	池功二郎	A23J 3/04	食品	2	是	目前仍有效	—	6
101	JP2010037220A	化妆品	2008	東祐子	A61K 8/97	化妆品	2	否	—	日本	0
102	JP2010047605A	含有麦若叶作为活性成分的肠改善剂	2009	高垣欣也；池口主弥	A61K 36/899	用途	2	是	目前仍有效	—	6
103	JP2011055712A	含有麦若叶和葡萄糖胺的组合物	2009	鰐田仁人；杉山大二朗	A23L 1/30	食品	2	否	—	—	3
104	JP2011115046A	用于加速胶原蛋白吸收的组合物	2009	鰐田仁人；杉山大二朗；高垣欣也	A23L 1/30	用途	2	否	—	—	7
105	JP2010172304A	改善含有马铃薯提取物的食品的味道的方法	2009	池功二郎	A23L 1/216	食品、制备方法	3	是	目前仍有效	日本	0
106	JP2012019762A	悬浊用组合物	2010	石松郁子；池口主弥；高垣欣也	A23L 1/30	食品	3	否	—	—	13

续表

序号	公开号	发明名称	申请年份	发明人	主分类号	主题类型	申请权利要求项数/项	是否授权	专利权失效时间	进入国家或地区	同族被引证数/次
107	JP2012019764A	饮料	2010	石松郁子;池口主弥;高垣欣也	A23L 2/52	食品	3	否	—	—	27
108	JP2012130261A	悬浊用组合物	2010	高垣欣也;池口主弥;石松郁子;村永洋一;長谷川傑	A23L 1/29	食品	4	否	—	—	1
109	JP2010285429A	崩解剂	2010	高垣欣也;西元琢也;村永洋一	A61K 47/46	用途、制剂	2	是	目前仍有效	—	1
110	JP2012121840A	与食品摄入有关的血液甘油三酯上升抑制剂	2010	永峰里花	A23L 33/22	用途	1	是	目前仍有效	—	2
111	JP2012085583A	含有绿叶粉和钙化合物的悬浮液组合物及其改善口感的方法	2010	平川修司;橘憙司	A23L 1/212	食品	4	否	—	日本	5
112	JP2012249595A	片剂和片剂的制造方法	2011	阪田哲郎;村永洋一;長谷川傑;高垣欣也	A23L 1/30	制备方法、制剂	6	是	目前仍有效	—	3
113	JP2012020993A	胰高血糖素样肽-1分泌促进剂	2011	鰐田仁人;原博比;良徹	A61K 36/39	用途	2	是	目前仍有效	日本	3
114	JP2014088339A	用于改善肿胀的组合物	2012	草場宣廷;神谷智康;高垣欣也	A61K 31/721	用途	1	是	目前仍有效	—	2
115	JP2013031426A	用于乳酸菌繁殖的组合物;培养基和培养方法	2012	鈴木誠;青木幸久;高垣欣也	C12N 1/20	制备方法、用途	8	是	目前仍有效	—	13

续表

序号	公开号	发明名称	申请年份	发明人	主分类号	主题类型	申请权利要求项数/项	是否授权	专利权失效时间	进入国家或地区	同族被引证数/次
116	JP2014065683A	抗糖化用组合物	2012	北村整一人；高垣欣也	A61K 8/97	用途	1	是	目前仍有效	—	3
117	JP2012228246A	鞘脂的制备方法	2012	北垣浩志；冈崎俊朗；平田みよ；北合和之	C12P 7/64	制备方法	7	是	目前仍有效	—	8
118	JP2013255512A	用于加速胶原蛋白吸收的组合物	2013	锷田仁人；杉山大二朗；高垣欣也	A23L 1/305	用途	2	否	—	—	6
119	JP2014230520A	青汁的饮食用组合物	2013	石井茉里子；山口和也；高垣欣也	A23L 1/30	食品	2	是	目前仍有效	—	19
120	JP2015077112A	具有改善风味的食品组合物和风味改善方法	2013	高垣欣也；阪田哲郎；高桥宏哉；永石聪子	A23L 1/30	食品	4	是	目前仍有效	—	2
121	JP2015059094A	儿茶素结合用组合物	2013	田头英樹；锷田仁人；高垣欣也	A61K 36/899	用途、制剂	3	是	目前仍有效	—	1
122	JP2015096051A	包含N-乙酰葡糖胺的风味改善方法及风味改善组合物	2013	高垣欣也；阪田哲郎；高桥宏哉；永石聪子	A23L 1/226	用途	2	是	目前仍有效	—	1
123	JP2013223505A	含有大麦叶粉和胶原蛋白的组合物	2013	池功二郎	A23J 3/04	食品	1	是	目前仍有效	—	0
124	JP2015059095A	肠细胞活性化用组合物	2013	田头英樹；锷田仁人；高垣欣也	A61K 36/899	用途	2	是	目前仍有效	—	2

续表

序号	公开号	发明名称	申请年份	发明人	主分类号	主题类型	申请权利要求项数/项	是否授权	专利权失效时间	进入国家或地区	同族数引证数/次
125	JP2015025008A	抗糖化用组合物	2014	北村鳌一；鳄田仁人；高垣欣也	A61K 36/18	用途	1	否	—	—	2
126	JP2015006161A	用于繁殖乳酸菌的组合物	2014	石井茉里子；山口和也；高垣欣也	A23L 1/30	用途	1	是	目前仍有效	—	13
127	JP2015109822A	阿苏产大麦叶和/或茎及含有其的食品和饮料组合物	2014	石井茉里子；永瀧达大；山口和也；高垣欣也	A23L 1/10	食品	2	是	目前仍有效	—	14
128	JP2016007168A	食品和风味改善方法	2014	木原香缕；西元琢也；高垣欣也	A23L 2/02	食品	4	是	目前仍有效	—	2
129	JP2016063748A	口服组合物和改善口味的组合物	2014	高嶋慎一郎；八寻衣里奈；神谷智康；高垣欣也	A23L 1/30	食品	3	是	目前仍有效	—	1
130	JP2015126731A	膳食组合物，味道改进的方法	2014	石井茉里子；永瀧达大；山口和也；高垣欣也	A23L 1/212	食品	5	是	目前仍有效	—	7
131	JP2016059334A	食品和饮料用的绿叶粉末及改善食品和饮料摄饮的方法	2014	永瀧达大；青亨辛久；山口和也；高垣欣也	A23L 1/212	食品	3	是	目前仍有效	—	0
132	JP2015109825A	用黑土培育的大麦叶和/或茎	2014	石井茉里子；永瀧达大；山口和也；高垣欣也	A01G 1/00	制备方法	3	是	目前仍有效	—	3

续表

序号	公开号	发明名称	申请年份	发明人	主分类号	主题类型	申请权利要求项数/项	是否授权	专利权失效时间	进入国家或地区	同族被引证数/次
133	JP2015109831A	用于饮食和改善风味的组合物	2014	高桥宏哉；高垣欣也	A23L 2/38	食品	1	是	目前仍有效	—	6
134	JP2015147735A	消化道蠕度增加剂	2014	高野晃；神谷智康；高垣欣也	A61K 36/899	用途	1	是	目前仍有效	—	0
135	JP2015203012A	口服组合物	2014	八寻衣里奈；神谷智康；山口和也；高垣欣也	A61K 36/8998	用途	2	是	目前仍有效	—	2
136	JP2015126728A	用黑土栽培的大麦的叶和/或茎	2014	石井茉里子；永瀧達大；山口和也；高垣欣也	A01G 22/20	栽培方法	1	是	目前仍有效	—	2
137	JP2015127339A	抗糖化组合物	2015	北村整一；鍔田仁人；高垣欣也	A61K 36/18	用途	2	否	—	—	0
138	JP2016174582A	新面食及其生产方法	2015	西元琢也；橘憙司；高橋寛月	A23L 7/109	食品	5	否	—	—	0
139	JP2016188180A	含有特定成分的组合物	2015	尾上貴俊；長崎步；北村整一；高垣欣也	A61K 8/97	化妆品	8	在审	—	—	0
140	JP2016193882A	抗衰老剂	2015	宮元彩希；森川琢海；山下薗香；鍔田仁人；山口和也；高垣欣也	A61K 36/185	用途	4	在审	—	—	0
141	JP2016210757A	骨增强剂	2015	佐藤敬；鍔田仁人；山口和也；高垣欣也	A61K 31/353	用途	5	在审	—	—	0

续表

序号	公开号	发明名称	申请年份	发明人	主分类号	主题类型	申请权利要求项数/项	是否授权	专利权失效时间	进入国家或地区	同族被引证数/次
142	JP2017001966A	血中中性脂肪上升抑制剂	2015	佐藤敬；锷田仁人；山口和也；高垣欣也	A61K 31/718	用途	5	在审	—	—	0
143	JP2017014164A	改善关节功能的组合物	2015	宫元彩希；锷田仁人；山口和也；高垣欣也	A61K 31/7008	制剂	7	在审	—	—	1
144	JP2017014187A	用于抑制血糖上升、抗氧化、调整胶原蛋白吸收、促进钙吸收以及抑制血液中胆固醇升高的青汁	2015	永峰里花；友泽宽；长崎步；北村整一；锷田仁人；山口和也；高垣欣也	A61K 36/8998	用途	1	在审	—	—	0
145	JP2017039658A	肠道调节剂	2015	佐藤敬；友泽宽；永峰里花；上野栞；锷田仁人；山口和也；高垣欣也	A61K 36/899	用途	7	在审	—	—	0
146	JP2017043554A	α防御素分泌促进剂和抗菌剂	2015	森川琢海；北村整一；锷田仁人；绫部时芳；中村公则	A61K 36/8998	用途	6	在审	—	—	0
147	JP2017105728A	血糖水平上升抑制剂和肠道调节剂	2015	森川琢海；山下蘭香；锷田仁人	A61K 36/8998	制剂、用途	4	在审	—	—	0
148	JP2017112935A	粉末青汁饮料	2015	佐藤敬；友泽宽；森川琢海；锷田仁人；山口和也；高垣欣也	A23L 33/10	食品	5	在审	—	—	0

续表

序号	公开号	发明名称	申请年份	发明人	主分类号	主题类型	申请权利要求项数/项	是否授权	专利权失效时间	进入国家或地区	同族被引证数/次
149	JP5807136B1	饮食用组合物，改善食品和饮料组合物味道的方法	2015	石井茉里子；永瀧達大；山口和也；高垣欣也	A23L 2/38	食品、制备方法	1	是	目前仍有效	—	0
150	JP5866744B1	用于繁殖乳酸菌的组合物	2015	石井茉里子；永瀧達大；山口和也；高垣欣也	C12N 1/20	用途	4	是	目前仍有效	—	5
151	JP2017093879A	含有大麦茎和叶粉末的血糖水平增加抑制剂	2015	永峰里花；友澤寬；長崎步；北村鳌一；鍔田仁人；山口和也；高垣欣也	A61K 36/8998	用途	3	是	目前仍有效	—	1
152	JP2017099318A	青汁的食品和饮料组合物的方法	2015	高橋宏哉；永瀧達大；高垣欣也	A23L 2/02	制备方法	3	是	目前仍有效	—	1
153	JP2016059380A	食品和饮料用的绿叶粉末及改善饮料摄取方法	2015	永瀧達大；青木幸久；山口和也；高垣欣也	A23L 33/10	制备方法	1	是	目前仍有效	—	0
154	JP2016185931A	GLP-1分泌促进剂	2015	永峰里花；友澤寬；高垣欣也	A61K 36/8998	用途	2	是	目前仍有效	—	0
155	JP2016169202A	肠道调节剂	2015	永峰里花；友澤寬；鍔田仁人；山口和也；高垣欣也	A61K 36/8998	用途、制剂	3	是	目前仍有效	—	0

续表

序号	公开号	发明名称	申请年份	发明人	主分类号	主题类型	申请权利要求项数/项	是否授权	专利权失效时间	进入国家或地区	同族被引证数/次
156	JP2016059384A	食品和饮料用的绿叶粉末及改善食品和饮料摄饮的方法	2015	永瀧達大；青木辛久也；山口和也；高垣欣也	A23L 19/00	食品	2	是	目前仍有效	—	0
157	JP2016169203A	钙吸收促进剂	2015	永峰里花；鍔田仁人；高垣欣也	A61K 36/8998	用途	3	是	目前仍有效	—	0
158	JP2016168042A	胶原蛋白吸收促进剂	2015	永峰里花；友澤寬；鍔田仁人；山口和也；高垣欣也	A61K 36/8998	用途、制剂	3	是	目前仍有效	—	0
159	JP2016169204A	血胆固醇升高抑制剂	2015	永峰里花；鍔田仁人；高垣欣也	A61K 36/8998	用途、制剂	3	是	目前仍有效	—	0
160	JP2016056178A	抗糖化用组合物	2015	北村整一；鍔田仁人；高垣欣也	A61K 36/39	制剂、用途	1	是	目前仍有效	—	0
161	JP2016216374A	美容组合物	2015	中島千絵；長崎步；鍔田仁人；山口和也；高垣欣也	A61K 8/9767	化妆品	3	是	目前仍有效	—	0
162	JP2017002009A	免疫增强剂	2015	長崎步；北村整一；鍔田仁人；山口和也；高垣欣也	A61K 38/16	化合物	5	在审	—	日本	0
163	JP2017012177A	食品和饮料用的绿叶粉末及改善食品和饮料摄饮的方法	2016	永瀧達大；青木辛久也；山口和也；高垣欣也	A23L 2/38	食品	3	在审	—	—	0

续表

序号	公开号	发明名称	申请年份	发明人	主分类号	主题类型	申请权利要求项数/项	是否授权	专利权失效时间	进入国家或地区	同族被引证数/次
164	JP2017018089A	含有啤酒花叶子的食品和饮料	2016	吉本雄；森川琢海；鳄田仁人；高垣欣也	A23L 33/10	食品	3	在审	—	—	0
165	JP2017190308A	血中中性脂肪上升抑制剂用组合物	2016	尾上贵俊；鳄田仁人；山口和也；高垣欣也	A61K 36/185	制剂、用途	2	在审	—	—	0
166	JP2017197461A	用于加速钙吸收的组合物	2016	中岛干绘；长崎步；鳄田仁人；高垣欣也	A61K 36/8998	制剂	3	在审	—	—	0
167	JP2017210424A	化妆品、抗糖化组合物	2016	中岛干绘；北村整一；鳄田仁人；高垣欣也	A61K 8/97	化妆品	4	在审	—	—	0
168	JP2018012681A	口服组合物	2016	中岛干绘；山口和也；高垣欣也	A61K 31/198	制剂	4	公开	—	—	1
169	JP2018052880A	抗过敏剂、肠道免疫增强剂、乳酸菌肠粘连改善剂	2016	中岛干绘；北村整一；高垣欣也	A61K 36/8998	用途	6	公开	—	—	0
170	JP2018080148A	用于预防和/或改善绝经期症状的组合物	2016	川崎美纱；田头英树；北村整一；山口和也；高垣欣也	A61K 31/352	制剂	5	公开	—	—	0
171	JP2018093818A	组合物	2016	友泽宽；佐藤敬；森川琢海；鳄田仁人；高垣欣也	A23L 33/00	食品	3	在审	—	—	0

续表

序号	公开号	发明名称	申请年份	发明人	主分类号	主题类型	申请权利要求项数/项	是否授权	专利权失效时间	进入国家或地区	同族数/次 引证数/次
172	JP2018095609A	组合物	2016	友泽寛；佐藤敬；山下蔺香；森川琢海；北村整一；鳄田仁人；高垣欣也	A61K 36/8998	制剂	3	在审	—	—	0
173	JP2018095610A	组合物	2016	友泽寛；佐藤敬；山下蔺香；森川琢海；北村整一；鳄田仁人；高垣欣也	A61K 36/8998	制剂	2	在审	—	—	0
174	JP2018102202A	绿叶粉利组合物	2016	田头英樹；尾上貴俊；高垣欣也	A23L 33/105	食品	5	公开	—	—	0
175	JP2017006112A	饮食用组合物	2016	石井茉里子；山口和也；高橋宏哉；永瀧達大；欣也；鳄田仁人；友泽寛；吉本雄	A23L 2/38	食品	2	是	目前仍有效	—	0
176	JP2017147990A	双歧杆菌繁殖组合物	2016	鳄田仁人；高垣欣也	C12N 1/20	用途	1	是	目前仍有效	—	0
177	JP2018102206A	饮食用组合物	2016	高橋宏哉；鳄田仁人；高垣欣也	A23L 33/105	食品	2	是	目前仍有效	—	0
178	JP2017052806A	抗糖化用组合物	2016	北村整一；鳄田仁人；高垣欣也	A61K 36/39	用途	1	是	目前仍有效	—	0
179	JP2017127231A	饮食用组合物	2016	高橋宏哉；高垣欣也	A23L 2/38	食品	2	是	目前仍有效	日本	1

续表

序号	公开号	发明名称	申请年份	发明人	主分类号	主题类型	申请权利要求项数/项	是否授权	专利权失效时间	进入国家或地区	同族被引证数/次
180	JP2017155062A	美容组合物	2017	中島千絵；鍔田仁人；山口和也；高垣欣也；長崎歩	A61K 8/9767	化妆品	3	在审	—	—	0
181	JP2018123078A	用于口腔护理的口服组合物	2017	上野菜；北村整一；高垣欣也	A61K 36/15	用途	3	公开	—	—	0
182	JP2018171044A	口服组合物	2017	田中夏子；北村整一；高垣欣也	A23L 33/17	用途	5	在审	—	—	0
183	JP2019041687A	饮食用组合物	2017	高橋宏哉；高垣欣也	A23L 33/18	食品	2	是	目前仍有效	—	0
184	JP2018171015A	饮食用组合物	2017	高橋宏哉；高垣欣也	A23L 2/00	食品	1	是	目前仍有效	—	0
185	JP2018027982A	抗糖化用组合物	2017	北村整一；鍔田仁人；高垣欣也	A61K 36/81	用途	1	是	目前仍有效	—	0
186	JP2018062534A	口服组合物	2018	八尋衣里奈；神谷智康；高垣欣也	A61K 36/8998	制剂	3	在审	—	—	0
187	JP2018177819A	含有特定成分的组合物	2018	尾上貴俊；長崎歩；北村整一；高垣欣也	A61K 8/98	用途	4	公开	—	—	0